Über dieses Buch

Die ›Humanisierung der Arbeitswelt‹ ist in den letzten Jahren immer mehr zu einem zentralen Thema der Politik und vor allem auch gewerkschaftlicher Forderungen geworden. Begriffe wie ›Arbeitszufriedenheit‹ und ›Arbeitsstrukturierung‹ rücken in den Vordergrund des Interesses und damit auch ein Wissenschaftszweig, der bislang relativ wenig Aufmerksamkeit und kaum Kritik fand: die ›Arbeitswissenschaft‹ und insbesondere die ›Arbeitspsychologie‹. Die Autoren liefern eine Kritik dieser Ansätze und kennzeichnen sie als Strategien zur Lenkung beruflicher Sozialisationsprozesse im Interesse der Unternehmer.

Im ersten Teil wird die bürgerliche Arbeitswissenschaft (einschließlich der Arbeitspsychologie) als stufenweise Entwicklung neuer Strategien zur Intensifikation der Arbeit und zur Integration der Arbeitenden im Rahmen der kapitalistischen Produktionsweise dargestellt. Aus dieser Kritik wird das Konzept einer ›Wissenschaft vom arbeitenden Menschen im Kapitalismus‹ abgeleitet. Der Verfasser diskutiert die Beiträge von L. Sève und W. Hacker zu einer solchen Wissenschaft und entwickelt, darauf aufbauend, einen eigenen Ansatz.

Der zweite Teil konzentriert sich auf neuere arbeitspsychologische Strategien der ›Humanisierung‹. Es wird diskutiert: 1. vor welchem Hintergrund von Interessen, methodischen Ansätzen und theoretischen Vorannahmen diese Strategien als der ›Humanisierung‹ dienlich vertreten sind und 2., welche Auswirkungen diese Strategien im Rahmen der beruflichen Sozialisation auf Einstellungen und Verhaltensweisen der Arbeitenden haben können.

Die Autoren

PETER GROSKURTH, geb. 1943, Studium der Psychologie, Philosophie und Organisationswissenschaft an der TU und FU (PI und IfP) Berlin. Wissenschaftlicher Mitarbeiter am Lehrinstitut für Arbeits- und Betriebspsychologie der Eidgenössischen Technischen Hochschule Zürich und Lehrbeauftragter an der PH Berlin.
Wichtigste Veröffentlichungen (zusammen mit A. Bruggemann und E. Ulich): *Neue Formen der Arbeitsgestaltung* (1973); *Arbeitszufriedenheit* (1975).

Prof. Dr. WALTER VOLPERT, geb. 1942, Studium der Psychologie, Soziologie und Pädagogik in München und West-Berlin. Diplom 1966 an der Universität München, Promotion 1969 an der TU Berlin. Ordentlicher Professor für das Fachgebiet ›Berufliche Sozialisation‹ an der TU Berlin.
Wichtigste Veröffentlichungen: *Sensumotorisches Lernen* (1971); *Arbeitswissenschaftliche Grundlagen der Berufsbildungsforschung* (1973); *Die »Humanisierung der Arbeit« und die Arbeitswissenschaft* (1974); *Handlungsstrukturanalyse als Beitrag zur Qualifikationsforschung* (1974).

Peter Groskurth
Walter Volpert

Lohnarbeitspsychologie

Berufliche Sozialisation:
Emanzipation zur Anpassung

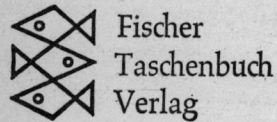

Fischer
Taschenbuch
Verlag

Originalausgabe
Fischer Taschenbuch Verlag
Oktober 1975
Umschlagentwurf: Jan Buchholz / Reni Hinsch
Fischer Taschenbuch Verlag, Frankfurt am Main
© Fischer Taschenbuch Verlag GmbH, Frankfurt am Main 1975
Gesamtherstellung: Hanseatische Druckanstalt GmbH, Hamburg
Printed in Germany
580-ISBN 3 436 02151 2

Inhalt

Teil II: Zur Systemanalyse der »Neuen Formen der Arbeitsgestaltung« (P. Groskurth) 197

Vorwort

Die Diskussion um eine »Humanisierung der Arbeitswelt« durch Abschaffung der Fließbandarbeit und ähnliche Maßnahmen verläuft weithin nach einem bestimmten Muster: Man geht davon aus, daß eine über den Parteien stehende und nur der Humanität verpflichtete Wissenschaft zu unbestreitbaren Erkenntnissen über eine menschengerechte Arbeitsgestaltung gekommen ist, und diskutiert nun darüber, in welcher Form und gegen welche Widerstände diese Erkenntnisse zu konkreten Veränderungen in den Betrieben führen könnten. Die Wissenschaft selbst — also die Arbeitswissenschaft und insbesondere die Arbeitspsychologie — kommt höchstens in der Form mit in die Diskussion, daß man ihren Fortschritt, die Überwindung unzulänglicher (»tayloristischer«) Konzeptionen, lobend hervorhebt.

Gleichzeitig ist hinsichtlich des Engagements der kritischen Gesellschaftstheorie für einzelne sozialwissenschaftliche Fragestellungen eine bemerkenswerte Entwicklung zu beobachten: Bestimmte Fragestellungen — wie die der Sozialisationstheorie — verschmelzen geradezu mit dieser kritischen Gesellschaftstheorie, während andere — wie die der Arbeitswissenschaft — weitgehend ignoriert bleiben. Der Grund für dieses unterschiedliche Engagement dürfte u. a. darin zu sehen sein, daß

1. die Sozialisationstheorie als herrschaftsrelevante Wissenschaft akzeptiert wird, in der Arbeitswissenschaft hingegen lediglich eine Technologie zur Optimierung der Arbeitsproduktivität gesehen wird, und daß

2. häufig davon ausgegangen wird, im »Sozialisationsbereich« gebe es — relativ zum »Produktionsbereich« — größere »Freiräume« zu antikapitalistischen Strategien.

Wir halten beide Annahmen für weitgehend falsch.

Zu 1: Die kategoriale Unterscheidung von Sozialisationstheorie und Arbeitswissenschaft gründet zum Teil auf unzutreffenden Vorstellungen und Definitionen und ist irreführend. Die Arbeitswissenschaft hat neben der Funktion der Produktivitäts- und Profitoptimierung wesentlich auch die Funktion einer »Sozialisationswissenschaft«: Sie zielt auf die normative und praktische Integration des Lohnarbeiters, d. h. auf die Anpassung der normativen und kognitiven Orientierungen sowie der Handlungsstrukturen an bürgerlichkapitalistische Ideologie und Praxis. Diese Anpassung ist entscheidende Voraussetzung für eine möglichst störungs- und konfliktfreie Mehrwertproduktion. Der Arbeitswissenschaft geht es nicht nur um die Entwicklung und Optimierung von Fertigkeiten und »Fähigkeiten« des Lohnarbeiters innerhalb eines »Mensch-Maschine-Systems«, sondern auch um die »soziale«, affektive oder normative Qualifizierung innerhalb der kapitalistischen Produktionsweise. Die Arbeitswissenschaft ist somit wesentlich auch die Wissenschaft von der *beruflichen Sozialisation*. Unter »beruflicher Sozialisation« verstehen wir dabei — ganz in Analogie zur »familialen Sozialisation« — die gezielte Entwicklung von Strukturen des Handelns durch die gelenkte berufliche Praxis des Individuums. Wir meinen also weniger die Sozialisation *in* den Beruf als die Sozialisation *durch* den Beruf.

Zu 2: Die Behauptung des »größeren Freiraums« ignoriert den elementaren Sachverhalt der beherrschenden Rolle gesellschaftlicher Arbeit gegenüber allen anderen »Sphären« gesellschaftlicher Existenz. Die objektive Dienstfunktion dieser »Sphären« gegenüber der Produktion erlaubt zwar verschiedene Strategien der Sozialisation, nicht aber deren Verselbständigung. Im Gegenteil können die Wechsel in den Sozialisationsstrategien — am direktesten natürlich im Bereich der (Aus-)Bildung — weitgehend auf Wechsel in den Anforderungen an die Qualifikation der Arbeitskraft zurückgeführt werden. Wir sind der Meinung, daß die berufliche Sozialisation letztlich die Inhalte aller anderen »Sozialisationen« in dem Maße bestimmt, in dem die gesellschaftliche Arbeit alle anderen Tätigkeiten bestimmt.

Aus diesen Überlegungen folgt, daß der Zusammenhang zwischen der kritischen Gesellschaftstheorie und einer als Wissenschaft beruflicher Sozialisation bestimmten Arbeitswissenschaft nicht eng genug sein kann. Der vorliegende Band will diesen Zusammenhang betonen und aus der Kritik des Bestehenden Ansätze für eine Alternativkonzeption entwickeln. Wir gehen davon aus, daß

1. bürgerliche Arbeitswissenschaft eine spezifische, gesellschaftlich gewordene Form von Arbeit untersucht — die Lohnarbeit im Kapitalismus —, dabei aber den Anschein erweckt, als untersuche sie Arbeit schlechthin, Arbeit im allgemeinen, und eben dadurch diese spezifische und veränderungsbedürftige Form verschleiert, und daß

2. sie demzufolge darauf ausgerichtet ist, Strategien zur Lenkung beruflicher Sozialisationsprozesse im Interesse des Kapitals zu entwickeln.

Im *ersten Teil* wird die *allgemeine* Struktur und Funktion der Arbeitswissenschaft analysiert und versucht, das Konzept einer

Psychologie des arbeitenden Menschen bzw. der Arbeitstätigkeit zu umreißen. Der *zweite Teil* konzentriert sich auf die *besonderen* Bedingungen und Merkmale der neuesten Version der »Humanisierung der Arbeit« und ihre Konkretisierung in den »Neuen Formen der Arbeitsgestaltung«.

Dem Leser wird nicht verborgen bleiben, daß sich die beiden Ansätze hinsichtlich mancher Einschätzungen und teilweise auch in ihrer Terminologie unterscheiden. Diese Differenzen haben die gemeinsame Diskussion und Vorbereitung des Buches überdauert; es schien uns nicht sinnvoll, sie sozusagen unter den Teppich kehren zu wollen.

Der vorliegende Band versteht sich als Kritik einer sehr anwendungsorientierten Wissenschaft. Die Kritik soll Hinweise dafür liefern, wie die Betroffenen mit den »Segnungen« solcher Wissenschaft umgehen können. Es war aber nicht unser Ziel, Gegenstrategien der Lenkung beruflicher Sozialisationsprozesse zu entwerfen; diese entwickeln sich im organisierten Handeln der Betroffenen. Ihre Ausarbeitung wird jedoch nicht auf eine Einschätzung jener Forschungsbereiche verzichten können, um deren Erkenntnisse und Vorschläge es hier geht.

Peter Groskurth
Walter Volpert

Walter Volpert

Teil I: Die Lohnarbeitswissenschaft und die Psychologie der Arbeitstätigkeit

>Zwangsläufig hat sich die Arbeitspsychologie jeweils mit den Arbeitstätigkeiten befaßt, die sie vorfand« (Hoyos 1974, 15).

>Außer in den Arbeiten weniger Forscher, deren Gedankenarbeit auf dem Marxismus basiert oder wenigstens von ihm inspiriert ist, wird die ›Arbeitspsychologie‹ in seltsamer Verblendung als kleine Spezialrichtung neben der allgemeinen Psychologie oder günstigstenfalls als eine ihrer Einzelsparten aufgefaßt. Man erlebt sogar, daß sich eine ›Wissenschaft von der Arbeit‹ — die Ergonomie — entwickelt und sich allen Ernstes das Problem stellt, das Verhalten des Menschen bei der Arbeit unter anderem auf Grund dessen zu klären, was eine Psychologie, *die die Arbeit ignoriert*, zur Persönlichkeit sagt: Da steht die Welt wirklich auf dem Kopf« (Sève 1972, 169, Hervorh. v. S.).

1. Bürgerliche Arbeitswissenschaft: Strategien zur Lenkung beruflicher Sozialisationsprozesse

1.1. *Der Ausgangspunkt: Intensifikation der Arbeit*

»Es ist nicht genug, daß die Arbeitsbedingungen auf den einen Pol als Kapital treten und auf den andren Pol Menschen, welche nichts zu verkaufen haben als ihre Arbeitskraft. Es genügt auch nicht, sie zu zwingen, sich freiwillig zu verkaufen. Im Fortgang der kapitalistischen Produktion entwickelt sich eine Arbeiterklasse, die aus Erziehung, Tradition, Gewohnheit die Anforderungen jener Produktionsweise als selbstverständliche Naturgesetze anerkennt« (MEW 23, 765).[1]

Karl Marx umschreibt mit diesen Sätzen die allgemeine Ausrichtung der Sozialisation des Proletariers in der kapitalistischen Gesellschaft. Daß ein solches Ziel erreicht wird, hängt zunächst mit der Produktionsweise selbst zusammen: »Der stumme Zwang der ökonomischen Verhältnisse besiegelt die Herrschaft des Kapitalisten über den Arbeiter« (a.a.O.). Keineswegs aber vollzieht sich dieser Vor-

---

[1] Um der besseren Lesbarkeit willen weichen wir in zwei Punkten von der üblichen Zitierweise ab:

a) Hervorhebungen des zitierten Autors werden in der Regel nicht übernommen. (Finden sich in diesem Text derartige Hervorhebungen, so geben wir stets an, ob sie vom zitierten Autor oder von uns — W. V. — stammen.)

b) Bei Zitaten von Marx und Engels findet eine abgekürzte Quellenangabe statt, die sich auf die Ausgaben des Dietz-Verlages, Berlin (DDR) stützt. Dabei bezeichnet *MEW* die »Marx-Engels-Werke« (mit zusätzlicher Angabe der Bandzahl), *EB I* den 1. Teil des Ergänzungsbandes dieser Ausgabe und *Gr* den gesondert erschienenen Band »Grundrisse der Kritik der politischen Ökonomie (Rohentwurf)«. *MEW 23* ist das Kürzel für den I. Band des »Kapital« in dieser Ausgabe.

gang ungebrochen, widerspruchslos, gleichsam automatisch. Weder verfolgen alle Agenten der Sozialisation (z. B. Eltern, Lehrer, Vorgesetzte) ein solches Ziel unmittelbar, noch ist es selbst — wenngleich durch die Produktionsverhältnisse erzwungen — unumschränkt anerkannt und bruchlos durchsetzbar. Solidarisches Handeln der Arbeiterklasse, gegründet auf die Einsicht in die eigene Lage, ist Voraussetzung und Ergebnis von Gegenstrategien der Sozialisation. Andere Gegenstrategien sind das Ergebnis von Nebenwidersprüchen in der Gesellschaft, entwickeln sich etwa in den Köpfen rebellierender jugendlicher Intellektueller. Sie treten zu den Gegenstrategien der organisierten Arbeiterschaft bisweilen verstärkend, bisweilen desorientierend hinzu (z. B. als Propagierung »repressionsfreier«, »antiautoritärer« Erziehung).

. Um dieser Situation zu begegnen und um die eigenen Interessen möglichst weitgehend durchzusetzen, bedient sich die herrschende Klasse neuer Wissenschaftsbereiche: Es entstehen Human- und Sozialwissenschaften, deren Gegenstand menschliche Handlung ist und aus deren Erkenntnissen Anweisungen zur Entwicklung und Steuerung von Handlungen ableitbar sind. Es versteht sich von selbst, daß auch hier Funktionszuweisung und reale Entwicklung keineswegs identisch sind, im Gegenteil: »Der größte Feind der bürgerlichen Wissenschaft ist heute die Wissenschaft selbst« (TOMBERG 1973, 141).

Die Beschäftigung mit bürgerlicher Wissenschaft im allgemeinen ist jedoch nicht Anliegen dieses Textes (vgl. hierzu besonders TOMBERG 1973, aber auch BERNAL 1970). Wir wollen uns hier mit Funktion und Entwicklung speziell einer Forschungsrichtung befassen, der Arbeitswissenschaft — unter besonderer Berücksichtigung der Arbeitspsychologie —, und mit den von ihr erarbeiteten, »überwundenen«, verbesserten Strategien einer Sozialisation am Arbeitsplatz.

Wenden wir uns also diesem Arbeitsplatz zu. Arbeiter und Unternehmer sind sich als Verkäufer und Käufer der Ware Arbeitskraft gegenübergetreten, der Arbeiter hat dem Unternehmer die Verfügung über seine Arbeitskraft überlassen, der letztere venutzt sie nunmehr in seinem Interesse. Der Zwang der ökonomischen Verhältnisse wirkt auf Lohnabhängige, die meist schon in einem langandauernden Prozeß darin eingeübt sind, einen langen Arbeitstag einfache und monotone Arbeitstätigkeiten für den Profit anderer und um einen kargen Lohn zu verrichten. Dennoch gibt es auf der Grundlage dieses Verhältnisses zwischen Lohnarbeiter und Kapitalisten einen Raum, in dem nicht alles Verhalten festgelegt ist, sind »die Arbeitsbedingungen und mit ihnen die Verhaltensanforderungen, denen sich die lohnabhängig Beschäftigten ausgesetzt sehen, nicht eindeutig bestimmt« (BRANDT u. a., 189). Kauf und Verkauf der Arbeitskraft haben eines ungeklärt gelassen: das Ausmaß der *Arbeitsveraus-*

gabung. Der Käufer der Arbeitskraft hat zwar nunmehr die Verfügung über diese, nicht notwendig aber den Zugang zu den Schleusen, deren Öffnung das volle Verströmen der Arbeitskraft sichern würde.

Dies wird Anlaß zahlreicher inner- und überbetrieblicher Konflikte, die nicht auf einem formalen Verstoß gegen die Regeln des Verkaufs und Kaufs von Arbeitskraft beruhen, sondern diese Regeln zur Voraussetzung haben. Der Kapitalist glaubt sich durch »Drückebergerei« und »Bummelantentum« der Arbeiter bestohlen und holt sich von daher die Legitimation, solches Verhalten soweit wie möglich zu unterbinden; die Lohnarbeiter hingegen sind der Auffassung, daß ihr Arbeitsvermögen über Gebühr ausgesaugt und ausgepreßt wird, und ergreifen kollektive Gegenmaßnahmen. Die auffälligste dieser Maßnahmen ist auch hier der Streik. Doch ist dieser — vor allem wenn es vorwiegend um eine Verbesserung der Arbeitsbedingungen geht — eine Ausnahmesituation. Der tägliche Kleinkampf gegen die Arbeitsauspressung wird in den Wissenschaften dezent mit »Leistungszurückhaltung« umschrieben. Jede Gruppe von Arbeitern dürfte vielfältige Methoden eines solchen »Bremsens« kennen (der Soziologe spricht von »restriktiven Praktiken informeller Arbeitsgruppen«, BRANDT u. a., 193); manchem Vorgesetzten und den meisten Unternehmern hat der Gedanke daran schlaflose Nächte bereitet.

Nach Max WEBER ist dieses Bremsen »die Form, in der eine Arbeiterschaft, bewußt und hartnäckig, aber wortlos, mit dem Unternehmer um den Kaufpreis für ihre Leistung feilscht und ringt« (1924, 156). Es »verläuft, wenn es von breiteren Arbeiterschichten solidarisch durchgeführt wird, ähnlich wie der Streik (dessen Surrogat es ja oft genug ist)« (157).

Doch wir greifen vor. Der wohl härteste Konflikt um die Arbeitsverausgabung — der erste, der weithin in das Bewußtsein der Allgemeinheit eindrang — war der Kampf um die Länge des Arbeitstages. MARX beschreibt ihn im »Kapital« ausführlich und stellt den Bezug zu Kauf und Verkauf der Ware Arbeitskraft her. »Der Kapitalist beruft sich also auf das Gesetz des Warenaustausches. Er, wie jeder andre Käufer, sucht den größtmöglichen Nutzen aus dem Gebrauchswert seiner Ware herauszuschlagen. Plötzlich aber erhebt sich die Stimme des Arbeiters ... : ... Ich will wie ein vernünftiger, sparsamer Wirt mein einziges Vermögen, die Arbeitskraft, haushalten und mich jeder tollen Verschwendung derselben enthalten. Ich will täglich nur soviel von ihr flüssig machen, in Bewegung, in Arbeit umsetzen, als sich mit ihrer Normaldauer und gesunden Entwicklung verträgt ... Die Benutzung meiner Arbeitskraft und die Beraubung derselben sind ganz verschiedne Dinge ... Der Kapitalist behauptet sein Recht als Käufer, wenn er den Arbeitstag so lang als möglich und womöglich aus einem Arbeitstag zwei zu machen sucht ... der Arbeiter behauptet sein Recht als Verkäufer, wenn er den Arbeitstag auf eine bestimmte Normalgröße beschränken will. Es findet hier also eine Antinomie statt, Recht wider Recht, beide gleichmäßig durch das Gesetz des Warenaustausches besiegelt. Zwischen gleichen Rechten entscheidet die Gewalt. Und so stellt sich in der Geschichte der kapitalistischen Produktion die Normierung des Arbeitstags als Kampf um die Schranken des Arbeitstags dar — ein Kampf zwischen dem Gesamtkapitalisten, d. h. der Klasse der Kapitalisten, und dem Gesamtarbeiter, oder der Arbeiterklasse« (MEW 23, 247 ff).

Wie bekannt, war das Ergebnis dieses »Bürgerkriegs« (316) der Normalarbeitstag, die gesetzliche Festlegung einer maximalen Zahl von Arbeitsstunden pro Tag. *Ein* Zugang zu den Schleusen der Arbeitsverausgabung war den Kapitalisten erschwert.

Daß dies nicht der einzige Zugang sein kann, legt eine einfache Überlegung nahe: Man kann das Ausmaß der Arbeitsverausgabung steigern entweder, indem man die Schleusen *länger* öffnet, oder indem man sie *weiter* öffnet, indem man also entweder die Zeit oder den Grad der Arbeitsverausgabung steigert. MARX spricht hier von extensiv und von intensiv gesteigerter Ausbeutung der Arbeitskraft (469). Art und Grad möglicher *Intensifikation der Arbeit* hängen vom Entwicklungsstand der Produktionsweise ab. »Ein Handwerker, der die verschiednen Teilprozesse in der Produktion eines Machwerks nacheinander ausführt, muß bald den Platz, bald die Instrumente wechseln. Der Übergang von einer Operation zur andren unterbricht den Fluß seiner Arbeit und bildet gewissermaßen Poren in seinem Arbeitstag. Diese Poren verdichten sich, sobald er den ganzen Tag eine und dieselbe Operation kontinuierlich verrichtet, oder sie verschwinden in dem Maße, wie der Wechsel seiner Operation abnimmt« (360 f).

Die Unterwerfung des Arbeiters unter die Maschine in der »großen Industrie« verringert diese »Poren« weiter. So wie es in unserem Bild naheliegt, die Schleusen *gleichzeitig* möglichst weit und möglichst lange geöffnet zu halten, ging dabei zunächst »die Verlängerung des Arbeitstages Hand in Hand mit der wachsenden Intensität der Fabrikarbeit«; doch kann man offenkundig Extension und Intensifikation der Arbeit nicht gleichzeitig aufs höchste steigern, so daß »ein Knotenpunkt eintreten muß, wo Ausdehnung des Arbeitstags und Intensität der Arbeit einander ausschließen« (432).

Diese Beziehung wirkte sich zunächst als Hindernis der Intensifikation aus, da es nicht möglich war, die Schleusen möglichst weit *und* möglichst lange zu öffnen. War aber der Arbeitstag gesetzlich beschränkt, so lag es nahe, die Verkürzung der Arbeitszeit durch verstärkte Füllung ihrer »Poren« auszugleichen. Doch vollzieht sich diese Änderung in einem allgemeineren Rahmen. MARX zufolge erlangt nach der gesetzlichen Beschränkung des Arbeitstages die Produktion des »relativen Mehrwerts« vorrangige Bedeutung. »Im allgemeinen besteht die Produktionsmethode des relativen Mehrwerts darin, durch gesteigerte Produktivkraft der Arbeit den Arbeiter zu befähigen, mit *derselben* Arbeitsausgabe in derselben Zeit mehr zu produzieren ... Anders jedoch, sobald die gewaltsame Verkürzung des Arbeitstags mit dem ungeheuren Anstoß, den sie der Entwicklung der Produktivkraft und der Ökonomisierung der Produktionsbedingungen gibt, zugleich *vergrößerte* Arbeitsausgabe in derselben Zeit, erhöhte Anspannung der Arbeitskraft, dichtere Ausfüllung der Poren der Arbeitszeit, d. h. Kondensation der Arbeit dem Arbeiter zu einem Grad aufzwingt, der nur innerhalb des verkürzten Arbeitstags erreichbar ist« (432, Hervorh. v. W. V.). Bei der Produktion des relativen Mehrwerts sind also *Erhöhung der Produktivkraft der Arbeit* und *Intensifikation der Arbeit* analytisch zu trennen, wenngleich sie historisch miteinander verbunden sind (vgl. hierzu auch bei MARX, 547 f).

»Es fragt sich nun, wie wird die Arbeit intensifiziert? Die erste Wirkung des verkürzten Arbeitstags beruht auf dem selbstverständlichen Gesetz, daß die Wirkungsfähigkeit der Arbeitskraft im umgekehrten Verhältnis zu ihrer Wirkungszeit steht. Es wird daher, innerhalb gewisser Grenzen, am Grad der Kraftäußerung gewonnen, was an ihrer Dauer verlorengeht. Daß der Arbeiter aber auch wirklich mehr Arbeitskraft flüssig macht, dafür sorgt das Kapital durch die Methode der Zahlung« (433).

Die Verkürzung des Arbeitstags öffnet also sozusagen automatisch neue Potentiale der Arbeitsintensifikation. Diese Öffnung ist jedoch zunächst nur als Möglichkeit gegeben. Es muß zusätzlich gesichert werden, daß der Arbeiter gegen die vermehrte Arbeitsverausgabung keinen Widerstand leistet. Erst wenn beides zusammen erreicht wird, ist das neue Intensifikationspotential erschlossen. Anfänglich dürfte ein solcher Widerstand nicht allzugroß sein, weil und insofern die Arbeiter die neuen Arbeitsbedingungen als Erleichterung und Verbesserung ihrer Situation empfinden. MARX berichtet von einem bemerkenswerten Experiment. Während der Debatte um die Verkürzung des bis dahin 12stündigen Arbeitstages verringerten einige Unternehmer freiwillig die tägliche Arbeitszeit auf 11 Stunden, ohne ansonsten etwas am Arbeitsprozeß oder an der Lohnform (Stücklohn) zu verändern. Nach einiger Zeit wurde in 11 Stunden dasselbe Quantum oder sogar mehr produziert als vorher in 12. Die Ergebnisse des Experiments schienen für Kapitalisten *und* Lohnarbeiter vorteilhaft: »Während (die Arbeiter) denselben Lohn empfingen und 1 Stunde freie Zeit gewannen, erhielt der Kapitalist dieselbe Produktenmasse und sparte Verausgabung von Kohle, Gas usw. für eine Stunde.« Eine in unserem Zusammenhang sehr wichtige Anmerkung schließt MARX als Fußnote an: »Das moralische Element spielte bedeutende Rolle in den oben erwähnten Experimenten. ›Wir‹, erklärten die Arbeiter dem Fabrikinspektor, ›wir arbeiten munterer, wir denken ständig an die Belohnung, abends früher wegzukommen, und ein tatkräftiger und freudiger Geist durchdringt die ganze Fabrik, vom jüngsten Anstücker bis zum ältesten Arbeiter, und wir können einander viel bei der Arbeit helfen‹« (434).

Allzulange dürfte der »freudige Geist« jedoch nicht gewährt haben. Innerhalb der »verbesserten« Arbeitsbedingungen wird nun nämlich mit geeigneten Maßnahmen eine weiterhin gesteigerte Arbeitsverausgabung erzwungen: »Es unterliegt nicht dem geringsten Zweifel, daß die Tendenz des Kapitals, sobald ihm Verlängrung des Arbeitstags ein für allemal durch das Gesetz abgeschnitten ist, sich durch systematische Steigrung des Intensitätsgrads der Arbeit gütlich zu tun und jede Verbeßrung der Maschinerie in ein Mittel zu größrer Aussaugung der Arbeitskraft zu verkehren, bald wieder zu einem Wendepunkt treiben muß, wo abermalige Abnahme der Arbeitsstunden unvermeidlich wird. Andrerseits überflügelt der Sturmmarsch der englischen Industrie… während der Periode des 10stündigen Arbeitstags noch weit mehr… die Periode des 12stündigen Arbeitstags, als letztre… die Periode des unbeschränkten Arbeitstags« (440).

Offenbar wird also unter den neuen Bedingungen (verkürzte Arbeitszeit) das Aussaugen der Arbeitskraft wiederum zu einem Ausmaß getrieben, das den Widerstand der Betroffenen und zudem Warnungen einsichtiger Vertreter der herrschenden Klasse hervorruft. Auf der Grundlage weiterentwickelter Produktivkräfte führt dies zu »Zugeständnissen«, die neue Potentiale der Auspressung von Arbeitskraft erschließen. Diese Potentiale werden wiederum in einem Ausmaß genutzt, das den oberflächlichen »Verlust« gegenüber den vorhergehenden Bedingungen ausgleicht und meist sogar übertrifft. Die Nutzung erreicht erneut ein Übermaß, so daß wir uns auf einer höheren Stufe wieder in der Ausgangssituation befinden.

Solange solche Prozesse im wesentlichen durch die Maßnahmen *Verkürzung der Arbeitszeit – Erhöhung der Arbeitsintensität durch technische Veränderungen* gekennzeichnet sind, behalten sie einen sozusagen naturwüchsigen Charakter. Arbeitstätigkeit und Arbeitspersönlichkeit des Proletariers geraten als solche nur am Rande ins Blickfeld. Arbeitsplatzspezifische Sozialisationsstrategien sind kaum entwickelt, man verläßt sich auf den »stummen Zwang der ökonomischen Verhältnisse«, die Abhängigkeit des Arbeitenden von der Maschine, die Wirkung allgemeiner »Arbeitstugenden« und Ideologien. Gegenstrategien der Lohnabhängigen im Sinne des »Bremsens« versucht man durch äußere Maßnahmen zu unterdrücken; der

Wunsch, sie auch aus den Köpfen der Arbeitenden herauszubekommen, setzt sich weniger in konkreten Maßnahmen am Arbeitsplatz als in moralischen Appellen durch. Freilich lassen diese alten Methoden in ihrer Wirksamkeit zu wünschen übrig, und dies ist der Ausgangspunkt, sich systematisch der Entwicklung verfeinerter Strategien der Intensifikation von Arbeit und der Sozialisation am Arbeitsplatz zuzuwenden: die Arbeitswissenschaft tritt ihren Dienst an.

1.2. Die Anfänge der Arbeitswissenschaft: Das Taylor-System

Die Anwendung von Wissenschaft kennzeichnet die große Industrie, die entwickelte kapitalistische Produktionsweise. »Ihr Prinzip, jeden Produktionsprozeß, an und für sich und zunächst ohne alle Rücksicht auf die menschliche Hand, in seine konstituierenden Elemente aufzulösen, schuf die ganz moderne Wissenschaft der Technologie« (MEW 23, 510). In der weiteren Entwicklung beschränkt sich jedoch die Entfaltung und Anwendung von Wissenschaft nicht auf den naturwissenschaftlichen Bereich. Sie erstreckt sich auch auf die Formung, »Pflege« und Verausgabung der menschlichen Arbeitskraft und nimmt damit in neuer Form wieder Rücksicht auf die »menschliche Hand«. Solch wissenschaftliches Engagement wendet sich auch den konkreten Arbeitätigkeiten im Produktionsprozeß zu, analysiert, korrigiert, gestaltet sie. Man könnte nun vermuten, ihr Ziel sei die Steigerung der produktiven Fähigkeiten des einzelnen. Doch macht die Entwicklung der kapitalistischen Produktionsweise eine solche Steigerung keineswegs notwendig, sondern verhindert sie sogar weithin: den Ausführenden werden einfache und schnell erlernbare Tätigkeiten aufgezwungen, die sich ständig starr wiederholen. Nicht Steigerung der produktiven Fähigkeiten der Arbeiter kann darum das Ziel jener wissenschaftlichen Bemühungen sein, die sich auf die konkrete Arbeitätigkeit wenden: Es geht darum, neue Intensifikationspotentiale zu erschließen und — damit untrennbar verbunden — Abwehrmöglichkeiten der Arbeiter gegen gesteigerte Arbeitsverausgabung auszuschalten. Kurz: Es geht um die dauerhafte Zurichtung des Industriearbeiters für die ihm zugewiesenen Arbeitätigkeiten, die Sozialisation des Lohnabhängigen im Beruf und durch den Beruf.

Etwa um die Wende vom 19. zum 20. Jahrhundert war die Zeit reif für die erste ausgeprägte Form einer »Arbeitswissenschaft«. Es entstanden zunehmend marktbeherrschende Konzerne, der Konkurrenz- und Rationalisierungsdruck nahm zu. Dabei wird »das neue Kampffeld der Kosten entdeckt« (HOFFMANN 1969 a, 107). Die Lage der Arbeiterklasse verbesserte sich, die Gewerkschaften festigten ihre

Position. Die Unternehmer und ihre Manager wollten einerseits das Maß der Arbeitsverausgabung ihrer Lohnabhängigen erneut anheben, mußten andererseits aber feststellen, daß die bisherigen Methoden der Überwachung und Kontrolle bei zunehmender Betriebsgröße immer unbrauchbarer wurden. So konnten die Arbeiter noch in zu großem Ausmaße über Art und Umfang ihres Arbeitseinsatzes bestimmen, was zu »überflüssiger« Arbeit und zu »überflüssigen« Pausen führte; zudem »vergeudeten« sie wertvolle Energie im Kampf gegen Manager und Unternehmer. Die Aufgabe stellte sich klar: Arbeitstätigkeit und Arbeitsverausgabung mußten systematisch in den Griff genommen, die Widerstandsreservate der Betroffenen zunichte gemacht werden. In einem vorher nicht gekannten Ausmaß sollte der gesamte Arbeitsprozeß der Kontrolle des Kapitals unterworfen, sollte der Arbeiter als mögliche Quelle von Störungen weithin ausgeschaltet werden.

Der wichtigste Name, mit dem sich dieser neue Forschungsansatz verbindet, ist der des amerikanischen Ingenieurs Frederick W. TAYLOR, dessen Hauptwerke um die Jahrhundertwende erschienen. TAYLOR verfügte nicht nur über ungewöhnliches Talent und ungewöhnliche Motivation für Rationalisierung und Arbeitsgestaltung im Rahmen des bestehenden Wirtschaftssystems, sondern hatte auch noch die besondere Gabe, seine Maßnahmen mit allgemein positiv besetzten Vokabeln wie »Wohlstand«, »Einigkeit« und »Humanität« zu verbinden — ein Vorbild, das von späteren Arbeitswissenschaftlern bewundert und nachgeahmt, selten jedoch erreicht wurde.

»TAYLOR bestreitet auf das entschiedenste, daß heute in der Mehrzahl der Fälle die geleistete Arbeit ein Äquivalent für den dafür gezahlten Lohn darstellt« (ROESLER 1919, XIV). Dies habe seinen Grund darin, daß die konkrete Form der Arbeitsverrichtung in viel zu hohem Maße in der Willkür des Arbeiters liegt: »Die Tätigkeit der Maschine wurde sorgfältig vorher bedacht, die Frage, wie die Arbeiter ihre Aufgaben lösen würden, aber ihnen selbst zur Beantwortung überlassen« (a.a.O., XI). Die Folge sei, daß die Arbeitskraft unökonomisch und — was das Wesentlichere sei — nicht voll eingesetzt werde. »Ich glaube mit der Behauptung, daß dieses ›Sich-um-die-Arbeit-Drücken‹, wie es bei uns meistens genannt wird, das größte Übel darstelle, an dem gegenwärtig die arbeitende Bevölkerung in Amerika und England krankt, keinen Widerspruch fürchten zu müssen« (TAYLOR 1919, 12). Dieses Verhalten beeindruckt TAYLOR um so mehr, als sich etwa beim Sporttreiben zeigt, daß der Arbeiter durchaus bereit ist, sich Äußerstes abzuverlangen. Kehrt er aber an den Arbeitsplatz zurück, so »wird er in den meisten Fällen mit dem Vorsatz beginnen, so wenig zu tun, als er, ohne aufzufallen, tun kann«. Und hätte er selbst anderes im Sinn, »so würde er von seinen Mitarbeitern noch schlimmer behandelt, als wenn er sich beim Baseball als Kneifer gezeigt hätte.« (12). Eine besondere Rolle bei dieser »fortwährenden Vergeudung menschlicher Arbeitskraft« spielt dabei die »Gewaltherrschaft« »mißgeleiteter« gewerkschaftlicher Organisationen (85). Der Schluß ist klar: »Wenn man dieses ›Sich-Drücken‹ in jeglicher Form ausmerzen und die Beziehungen zwischen Arbeitnehmer und Arbeitgeber so gestalten könnte, daß jeder Arbeiter in freundschaftlicher, enger Fühlung und mit Unterstützung der Leitung möglichst vorteilhaft und schnell arbeitet, so würde sich im Durchschnitt die Produktion jeder Maschine und jedes Arbeiters annähernd verdoppeln« (12 f). Das Ziel erwünschter Sozialisation am Arbeitsplatz ist markiert — doch wie ist es zu erreichen?

TAYLOR berichtet von seiner persönlichen Entwicklung: Nachdem er als Dreher wegen besonderer Leistungen zum Vorgesetzten befördert worden war, erwarteten seine Kollegen von ihm, daß er in dieser Position die ungeschriebenen Gesetze der Arbeitsgruppe befolgen würde. »Ich sagte ihnen unverhohlen, daß ich jetzt auf seiten des Geschäftes stände, und daß ich mein möglichstes tun würde, um eine richtige Tagesarbeit von jeder Drehbank zu erhalten. Damit begann der Krieg … Wer es nicht aus Erfahrung kennt, macht sich keinen Begriff von der Erbitterung bei einem solchen Kampf« (52 f). TAYLOR war in seinen Methoden nicht zimperlich. Er scheute nicht vor Entlassungen, Lohnkürzungen, Sabotagevorwürfen und der Abpressung von Versprechungen zurück. Dafür mußte er um Leib und Leben fürchten. »Nach einem solchen Kampf von ungefähr drei Jahren hatte sich die Produktion der Maschinen bedeutend vergrößert, in mehreren Fällen sogar verdoppelt« (55). TAYLOR wurde weiter befördert, bekam aber zunehmend Zweifel an einer Arbeitsorganisation, in der ein solcher Krieg unvermeidlich schien. »Kaum war ich daher Obermeister geworden, so entschloß ich mich, das ganze Verwaltungssystem so umzugestalten, daß die Interessen der Leitung und der Arbeiter die gleichen wären, statt sich gegenüberzustehen« (55 f). Solchen Umgestaltungen widmete er schließlich den Rest seines Lebens, wobei er sich stets darüber im klaren war, daß der entscheidende Vorgang hierbei »in einer vollständigen Umwälzung in der geistigen Auffassung und den Lebens- und Arbeitsgewohnheiten aller in der Verwaltung Tätigen wie auch der Arbeiter« (141) bestehe.

Der Grundirrtum, den es nach TAYLOR zu überwinden galt, war die Auffassung, »daß die grundlegenden Interessen des Arbeitgebers und Arbeitnehmers sich unvereinbar gegenüberstehen. Im Gegensatz hierzu liegt einer auf wissenschaftlicher Grundlage aufgebauten Verwaltung als Fundament die unumstößliche Überzeugung zugrunde, daß die wahren Interessen beider Parteien ganz in derselben Richtung liegen, daß Prosperität des Arbeitgebers auf lange Jahre hinaus nur bei gleichzeitiger Prosperität des Arbeitnehmers bestehen kann und umgekehrt; es muß möglich sein, gleichzeitig dem Arbeiter seinen höchsten Wunsch — nach höherem Lohne — und dem Arbeitgeber sein Verlangen — nach geringen Herstellungskosten seiner Waren — zu erfüllen« (8). Unter Prosperität für den Arbeitenden soll dabei »nicht nur ein über das Normale hinausgehender Lohn verstanden sein, sondern die Entwicklung eines jeden einzelnen zur höchsten Stufe der Verwertung seiner Fähigkeiten« (7). Aus einer solchen Auffassung ergibt sich, daß größtmögliche Arbeitsverausgabung im ureigensten Interesse des Arbeiters liegt: »Die größte Prosperität ist das Resultat einer möglichst ökonomischen Ausnutzung des Arbeiters und der Maschinen, d. h. Arbeiter und Maschine müssen ihre höchste Ergiebigkeit, ihren höchsten Nutzeffekt erreicht haben« (10). Doch ist es nach TAYLORS Meinung nicht (jedenfalls nicht nur) Dummheit und Verblendung, welche die Arbeiter ihre Interessen so fundamental verkennen läßt. Er kam auch zur Einsicht, daß »Drückebergerei« nur in zweiter Linie auf einen dem Menschen angeborenen Hang zur Faulheit sowie die (nach TAYLOR unbegründete) Angst zurückzuführen sei, durch schnelleres Arbeiten Arbeitsplätze zu vernichten. Den wichtigeren Grund sah er darin, daß die bestehenden Lohnsysteme sowie die Art, wie sie üblicherweise verändert wurden, die Arbeiter geradezu zu einem solchen Verhalten zwingen. Zudem verschwendeten selbst die »Arbeiter mit den besten Absichten« durch »unökonomische Faustregel-Methoden... einen großen Teil ihrer Kraft« (14 f). Das effektivste der »üblichen Betriebssysteme« sei jenes, »bei dem die Arbeiter ihr Bestes hergeben und als Entgelt dafür eine besondere Belohnung von ihren Arbeitgebern erhalten« (36). Ein solches »Initiative-« oder »Locksystem« hat für TAYLOR einen entscheidenden Nachteil: Sein Erfolg hängt »fast ausschließlich davon ab, ob man die Initiative des Arbeiters für sich gewinnen kann, was tatsächlich nur sehr selten der Fall ist« (37). Zudem bürde es einseitig »dem Arbeiter fast die ganze Verantwortung für die Ausführung der Arbeit, im ganzen wie im einzelnen, in vielen Fällen sogar auch für seine Werkzeuge« (39 f) auf. Diesem Abwälzen der Verantwortung seitens der Leitung — dem hauptsächlichen Grund für Leistungszurückhaltung seitens der Arbeiter — will TAYLOR mit seinem neuen System der »wissenschaftlichen Betriebsführung« (»scientific management«) — von ihm auch »wissenschaftliches System«, »Kraftsparsystem« und »Pensumsystem« genannt — begegnen. Dieses System bringt vier »neue Pflichten der Verwaltungsorgane« (38 f):

»*1. Die Leiter entwickeln... eine Wissenschaft für jedes einzelne Arbeitselement.*« Hierbei geht es vor allem um zweierlei: um die Suche nach der ökonomischsten Form der Arbeitsverrichtung und um die Bestimmung einer »angemessenen« Tagesleistung. Prinzip hierbei ist »die Ersetzung der Faustregeln durch wissenschaftliche Methoden, selbst im kleinsten Detail jeder gewerblichen Arbeit« (24). Für jede Arbeitstätigkeit gibt es den einen, zeitsparendsten Weg, den es durch systematische Untersuchungen herauszufinden gilt. Als Beispiel hierfür wird – neben eigenen Verfahren – F. B. GILBRETHS »System des Mauerns« hervorgehoben, das nach der Methode des »Bewegungsstudiums« entwickelt wurde (vgl. GILBRETH 1920). Durch verschiedene Detailstudien konnte GILBRETH hier »die Zahl der Handgriffe und Bewegungen von 18 pro Ziegel auf 5 und in einem Falle sogar auf 2« reduzieren (TAYLOR, 83). Der Aufbau solcher »Wissenschaften« (z. B. des Schaufelns und Mauerns) übersteigt die intellektuelle Kapazität auch des erfahrenen Arbeiters und erfordert die Einrichtung eines »Arbeitsbureaus«, das umfassende Untersuchungen durchführt. Ein solches Bureau kann auch einen zweiten zentralen Mangel beheben: »Das größte Hindernis für ein harmonisches Zusammenwirken der Arbeitgeber und der Arbeiter (liegt) in der Tatsache . . ., daß erstere nicht wissen, wieviel Arbeit eigentlich von einem Arbeiter pro Tag billigerweise verlangt werden kann« (56). Die angemessene Tagesleistung soll nicht als einmalige Maximalleistung mißverstanden werden, sie wird definiert als das, »was man jahraus, jahrein täglich von einem Arbeiter erwarten kann, ohne daß er dabei körperlichen oder seelischen Schaden erleidet« (58). Diese Leistung will TAYLOR dadurch feststellen, daß er »erstklassige« Arbeiter von ihren Kollegen isoliert, ihren Lohn verdoppelt und sie unter Androhung der Entlassung zu angestrengter Arbeit veranlaßt. Besonders wichtig erscheint ihm dabei in diesem Zusammenhang der Einschub von kurzen Pausen zum Abbau aktueller Ermüdung sowie die Begrenzung der Länge des Arbeitstages. Am Ende der Untersuchungen steht im Idealfall eine vom Arbeitsbureau qualitativ und quantitativ ermittelte Tagesleistung für jeden einzelnen Arbeitsplatz.

»2. Auf Grund eines wissenschaftlichen Studiums wählen (die Leiter) die passendsten Leute aus, schulen sie, lehren sie und bilden sie weiter . . .« Die Notwendigkeit einer Auswahl nach (angeborenen) Eignungsmerkmalen (»Eines schickt sich eben nicht für alle«, 64) leitet sich schon aus TAYLORs angedeutetem Konzept der »Prosperität« für den Lohnarbeiter ab. Etwas konkreter liest sich dieses Prinzip so: »Ausschaltung aller jener Leute, denen der gute Wille oder die Fähigkeit fehlt, sich den neuen Methoden anzupassen« (89). Diese Ausschaltung wird zusätzlich dadurch erleichtert, daß durch die neuen Methoden Arbeitsplätze überflüssig werden. Doch sind auch daraus folgende Umsetzungen und Entlassungen in TAYLORs Augen durchaus Beiträge zur Erhöhung der Prosperität des Arbeiters. »Tatsächlich sollte man bedenken, daß es für die Leute eine Wohltat war, von dieser Tätigkeit, zu der sie nicht taugten, befreit zu werden. Es war für sie der erste Schritt, Arbeit zu finden, für die sie sich besonders eigneten und bei der sie füglich dauernd höhere Löhne fanden, nachdem sie richtig eingeschult waren« (67). Die »Auslese« stützt sich vor allem auf die Methode genauer Beobachtung. »Einschulung« bedeutet, daß der Mann des Arbeitsbureaus dem Arbeitenden vor allem durch Kommandos jede einzelne Verrichtung und jede Arbeitspause vorgibt. Ein wesentlicher Grund für die Vielzahl verschiedener Arbeitsmethoden besteht nämlich nach TAYLORs Auffassung darin, »daß die Arbeiter aller Gewerbszweige ihr Handwerk durch Beobachtung ihrer Mitarbeiter gelernt haben« (25). Er schlägt »Instruktionsmeister« vor (131 f) und betont, daß die Arbeitenden über den Fortschritt ihrer Leistungen regelmäßig informiert werden sollen (87 f). »All dies verlangt ein individuelles Studium und eine individuelle Behandlung jedes einzelnen Mannes gegenüber der früheren Massenbehandlung« (87) – damit sind wir beim dritten Verwaltungsprinzip:

»3. (Die Leiter) arbeiten in herzlichem Einvernehmen mit den Arbeitern; so können sie sicher sein, daß alle Arbeit nach den Grundsätzen der Wissenschaft, die sie aufgebaut haben, geschieht« (39). Die wissenschaftliche Grundlegung der Arbeitsgestaltung bietet für TAYLOR die Basis für harmonische Kooperation um der beidseitigen Prosperität willen. »Jeder einzelne Mann sollte fortwährend von seinen Vorgesetzten angeleitet und in freundlichster Weise unterstützt, anstatt entweder herumgehetzt und geschurigelt oder aber gänzlich sich selbst überlassen zu werden. Diese enge, persönliche Fühlung zwischen Leitung und Arbeiterschaft ist der Faden, der sich durch die moderne . . . Verwaltung und Leitung hindurchzieht« (27). Entsprechend steht der Arbeiter jetzt »freundschaftlich und in gewissem Sinne wohlwollend seinen Arbeitgebern und allen Arbeitsbedingungen gegenüber, während früher ein beträchtlicher Teil seiner Zeit mit Kritisieren, argwöhnischem Aufpassen und selbst mit offenem Streiten dahinging« (155 f). Der zentrale Friedensstifter dieser Art ist der Mann im Arbeitsbureau. Aufgrund seiner wissenschaftlichen Studien teilt er dem einzelnen Arbeiter die tägliche Arbeit genauestens zu (»Pensum«). »Die Leitung muß aber auch die Tatsache berücksichtigen, daß Arbeiter sich dieser strafferen Disziplin und härteren Arbeit nicht unterwerfen werden, wenn man sie nicht besonders dafür bezahlt« (87). Für die Ableistung des Pensums wird also ein hoher Lohn gewährt (»Bonus«). Die Lohnerhöhung sollte 60 % nicht übersteigen, obwohl die Leistungssteigerung weitaus höher ist, da noch mehr Lohn gesamtwirtschaftlich unvertretbar sei (149) und zudem den Charakter der Arbeiter verderbe (». . . daß es für die meisten kein Glück ist, zu schnell reich zu werden« [78]). TAYLOR weist darauf hin, daß »ein eingehendes Studium der Motive, welche die Arbeiter in ihrem Tun beeinflussen« (128), erforderlich und ein gutes Klima der Zusammenarbeit hierfür von Bedeutung ist, beschränkt sich aber selbst auf das Pensum-Bonus-System. Seine Motivforschung kommt zu einem weiteren Ergebnis: »Den Wert wissenschaftlicher Untersuchungen über die Motive, welche auf die Arbeiter bei seiner täglichen Arbeit einwirken, bewies auch die Feststellung, daß allmählich jeglicher Ehrgeiz, jedes selbständige Denken erstickt wird, wenn man die Arbeiter nur in Massen, nicht einzeln und individuell behandelt« (75 f). Aus diesem Grund empfiehlt er, die Bildung von Arbeitsgruppen soweit wie möglich zu verhindern. Daß ihm dabei die Gewerkschaften ein besonderer Dorn im Auge sind, wurde bereits angedeutet. Kommen wir somit zum vierten, übergeordneten Verwaltungsprinzip:

»4. *Arbeit und Verantwortung verteilen sich fast gleichmäßig auf Leitung und Arbeiter*« (39). Auch dies folgt aus dem Prosperitätsprinzip: »Die Leitung leistet den Teil der Arbeit, zu welchem *sie* sich am besten eignet, und der Arbeiter den Rest« (122). Zweierlei versteht sich dabei von selbst: Erstens ist es Aufgabe der Leitung, »unseren Arbeitern zu helfen, ihre Arbeit möglichst gut und schnell zu verrichten« (112 f), und zweitens wird diese Aufgabe dadurch am besten erfüllt, daß man die Arbeiter vom Denken entlastet. »Es ist also ohne weiteres ersichtlich, daß in den meisten Fällen ein besonderer Mann zur Kopfarbeit und ein ganz anderer zur Handarbeit nötig ist« (40).

TAYLOR rühmt die Erfolge seines Systems: In den Betrieben, in denen es eingeführt wurde, »hat sich die Produktion pro Mann und Maschine durchschnittlich verdoppelt. Diese ganzen Jahre über ist bei den Leuten, die unter dem neuen System arbeiten, nicht ein einziger Ausstand zu verzeichnen. An Stelle der argwöhnischen Überwachung und der mehr oder weniger offenen Kampfstimmung, die für die gewöhnlichen Betriebe charakteristisch sind, ist allgemein ein freundschaftliches Zusammenarbeiten zwischen Verwaltung und Arbeitern getreten« (28 f). Allerdings warnt er davor, sein System unüberlegt und überstürzt einzuführen, da in einem solchen Falle Konflikte und Streiks zu erwarten seien (144 ff).

Bevor wir zum Taylor-System zusammenfassend Stellung nehmen, wollen wir noch die in TAYLORs Buch zuerst dargestellten Beispiele für sein Vorgehen wiedergeben, da sie uns instruktiv erscheinen und zudem ein bekannter, bereits mehrfach zitierter (z. B. bei BRUDER 1973, 136 f) Dialog darin enthalten ist.

Es geht um das Verladen von Roheisen. Bisher hatten 75 Mann je ca. 12^1/$_2$ Tonnen pro Tag verladen. TAYLORs Untersuchungen ergaben jedoch eine angemessene Tagesleistung von 47 t, bei geeignetem Einsatz von Zwangspausen. Nun war zu erreichen, daß diese erhöhte Arbeit geleistet wurde, und zwar »ohne einen Ausstand, ohne Streitigkeiten mit den Arbeitern . . ., und daß die Leute beim Verladen von täglich 47 t freudiger und zufriedener wären als bei den 12¹/₂ t von früher« (45).

»Unser Erstes war es, die rechten Leute herauszufinden.« Nach sorgfältigen Untersuchungen und Beobachtungen entschied man sich für den Arbeiter Schmidt; er wird an anderer Stelle als Mann »vom Schlag eines Stieres« bezeichnet, »so einfältig, daß er für die meisten Arbeiten unbrauchbar war«. Zudem galt er als besonders sparsam und arbeitsam, baute nach Feierabend an einem Häuschen auf eigenem, von Gespartem erworbenen Grundstück und maß »dem Dollar einen außerordentlich hohen Wert bei« (46 f).

»Unsere Aufgabe bestand nunmehr darin, Schmidt dazu zu bringen, 47 t Roheisen pro Tag zu verladen, seine Lebensfreude jedoch nicht zu stören, ihn im Gegenteil froh und glücklich darüber zu machen. Dies geschah in folgender Weise. Schmidt wurde unter den anderen Eisenverladern herausgerufen und etwa folgende Unterhaltung mit ihm geführt:

›Schmidt, sind Sie eine erste Kraft?‹ — ›Well, — ich verstehe Sie nicht.‹ — ›O ja, Sie verstehen mich ganz gut. Ich möchte wissen, ob Sie eine erste Kraft sind oder nicht?‹ — ›Ich kann Sie nicht verstehen.‹ — ›Heraus mit der Sprache! Ich möchte wissen, ob Sie eine erste Kraft sind oder einer, der den übrigen billigen Arbeitern gleicht. Ich möchte wissen, ob Sie Doll. 1,85 pro Tag verdienen wollen oder ob Sie mit Doll. 1,15 zufrieden sind, d. h. mit dem, was diese billigen Leute da bekommen.‹ — ›1,85 Doll. pro Tag verdienen wollen, heißt man das eine erste Kraft? Well, dann bin ich so einer.‹ — ›Sie machen mich ärgerlich. Freilich wollen Sie 1,85 Doll. pro Tag, das will jeder. Sie wissen recht gut, daß das sehr wenig damit zu tun hat, ob Sie eine erste Kraft sind. Antworten Sie endlich auf meine Fragen und stehlen Sie mir nicht meine Zeit! Kommen Sie hierher; sehen Sie diesen Haufen Roheisen?‹ — ›Ja.‹ — ›Sehen Sie diesen Waggon?‹ — ›Ja.‹ — ›Wenn Sie eine erste Kraft sind, dann laden Sie dieses Roheisen morgen für 1,85 Doll. in den Waggon! Nun wachen Sie auf und antworten Sie auf meine Fragen! Sagen Sie mir, sind Sie eine erste Kraft oder nicht?‹ — ›Well, bekomme ich 1,85 Doll., wenn ich diesen Haufen Roheisen morgen auf den Wagen da lade?‹ — ›Ja, natürlich, und tagtäglich, jahraus, jahrein bekommen Sie 1,85 Doll. für jeden solchen Haufen, den Sie verladen; das ist, was eine erste Kraft tut.‹ — ›Well, dot's all right. Ich kann also dieses Roheisen morgen für 1,85 Doll. auf den Wagen laden und bekomme das jeden Tag, ja?‹ — ›Gewiß, gewiß.‹ — ›Well, dann bin ich eine erste Kraft.‹ — ›Nur langsam, guter Freund! Sie wissen so gut wie ich, daß eine erste Kraft vom Morgen bis zum Abend genau das tun muß, was ihr aufgetragen ist. Sie haben diesen Mann schon vorher gesehen, nicht?‹ — ›Nein, nie.‹ — ›Wenn Sie nun eine erste Kraft sind, dann werden Sie morgen genau tun, was dieser Mann Ihnen sagt, und zwar von morgens bis abends. Wenn er sagt, Sie sollen einen Roheisenbarren aufheben und damit weitergehen, dann heben Sie ihn auf und gehen damit weiter! Wenn er sagt, Sie sollen sich niedersetzen und ausruhen, dann setzen Sie sich hin! Das tun Sie ordentlich den ganzen Tag über. Und was noch dazukommt, keine Widerrede! ›Eine erste Kraft‹ ist ein Arbeiter, der genau tut, was ihm gesagt wird, und nicht widerspricht. Verstehen Sie mich? Wenn dieser Mann zu Ihnen sagt: Gehen Sie!, dann gehen Sie, und wenn er sagt: Setzen Sie sich nieder!, dann setzen Sie sich und widersprechen ihm nicht.‹

Das scheint wohl eine etwas rauhe Art, mit jemandem zu sprechen, und das würde es auch tatsächlich sein einem gebildeten Mechaniker oder auch nur einem intelligenten Arbeiter gegenüber. Jedoch bei einem Mann von der geistigen Unbeholfenheit unseres Freundes ist es vollständig angebracht und durchaus nicht unfreundlich, besonders da es seinen Zweck erreichte, sein Augenmerk auf die hohen Löhne zu lenken, die ihm in die Augen stachen, und ihn ablenkte von dem, was er wahrscheinlich als unmöglich harte Arbeit bezeichnet hätte, wenn er darauf aufmerksam gemacht worden wäre.

. . .

Schmidt begann zu arbeiten, und in regelmäßigen Abständen wurde ihm von dem Mann, der bei ihm als Lehrer stand, gesagt: ›Jetzt heben Sie einen Barren auf und gehen Sie damit! Jetzt setzen Sie sich hin und ruhen sich aus! etc.‹ Er arbeitete, wenn ihm befohlen wurde zu arbeiten und ruhte sich aus, wenn ihm befohlen wurde sich auszuruhen, und um halb sechs Uhr nachmittags hatte er 47$^{1}/_{2}$ t auf den Waggon verladen« (47–50).

Von da ab leistete Schmidt jahraus, jahrein sein Pensum ohne Probleme. (Im deutschen Vorwort wird zudem betont, Schmidt habe auch weiterhin nach Feierabend an seinem Häuschen gebaut.) »Ein Mann nach dem anderen wurde ausgelesen und angelernt, 47$^{1}/_{2}$ t Roheisen pro Tag zu verladen, bis alles Roheisen auf diese Weise verladen war. Natürlich erhielten sämtliche Beteiligten 60 % mehr Lohn als die anderen« (50).

Allerdings war von 75 Arbeitern »nur ein Mann von acht körperlich fähig, 47$^{1}/_{2}$ to pro Tag zu verladen« (64). Dennoch »fanden wir mühelos so viele passende Leute, als wir brauchten; eine ganze Anzahl auf dem Werk selbst und andere in der Umgegend« (65). Die unbrauchbaren Arbeiter fanden »fast alle ohne weiteres eine andere Tätigkeit« im selben Werk (67).

In ähnlicher Weise wurde anschließend mit Hofarbeitern, die Roheisen und andere Materialien zu schaufeln hatten, verfahren.

Die tägliche Durchschnittsleistung eines Mannes stieg dabei von 16 auf 59 Tonnen; nach dem alten System waren 400–600 Personen beschäftigt, nunmehr waren es nur noch 140. »Vielleicht der wichtigste Erfolg aber war die Wirkung auf die Arbeiter selbst ... Sie bildeten die beste Gruppe von Taglöhnern, die ich jemals beisammen gesehen habe. Sie betrachteten ihre Vorgesetzten ihre Meister und Lehrer als ihre besten Freunde, nicht als rücksichtslose Placker, die sie um ihr bißchen Lohn bringen wollten, sondern die ihnen ratend beistanden und halfen, höhere Löhne zu verdienen. Es wäre absolut unmöglich gewesen, Streit zwischen diesen Leuten und ihren Brotherren zu säen« (75).

Eine Konkurrenzfirma hörte von diesen Arbeitern und warb mehrere ab. Diese bekamen aber bald Ärger mit ihren neuen Kollegen. TAYLOR läßt einen seiner Zöglinge berichten, er habe seinen neuen Arbeitskollegen gefragt: »Warum arbeitest Du nicht? Wenn wir das Erz nicht vom Wagen schaufeln, bekommen wir am Zahltag kein Geld« (79). Die Arbeiter verausgabten sich nun ebensowenig wie ihre Kollegen in der Arbeitsgruppe und hatten schließlich — trotz des höheren Ausgangslohns — weniger in der Lohntüte als in TAYLORs Firma. »Wir gingen nun zum Meister und baten ihn um einen Wagen für uns beide allein, wie wir hier gehabt hatten. Er meinte, wir sollten uns davonscheren. Als der nächste Zahltag kam, hatten wir wieder weniger Geld verdient als hier. Da suchten wir unsere alten Leute zusammen und brachten sie alle wieder mit zurück« (79).

Mancher wird hier seiner moralischen Empörung Luft machen und erleichtert feststellen, daß der Taylorismus ja — wie allgemein bekannt — überwunden sei. Er sollte bedenken, daß sich in der Realität der Betriebe und in den Büchern bürgerlicher Arbeitswissenschaftler zwar einiges geändert hat (vor allem die Diktion), nicht jedoch das Wesentliche.

Welches sind die hauptsächlichen Kennzeichen der von TAYLOR begründeten neuen Wissenschaft? Hier ließe sich zunächst einmal zwischen Funktion und Ideologie des neuen Ansatzes unterscheiden.

Die Arbeitswissenschaft hat seit TAYLOR die *Funktion*, neue Potentiale möglicher Arbeitsintensifikation zu erschließen, indem sie verändernd auf Arbeitstätigkeit und Arbeitsbedingungen Einfluß nimmt. Die Potentiale sind jedoch nur der Möglichkeit nach erschlossen, solange nicht gesichert ist, daß der Arbeitende sich auch tatsächlich in der geplanten Weise verausgabt. Zur wissenschaftlichen Gestaltung des Tätigkeitsablaufes und seiner äußeren Bedingungen kommt also untrennbar der Versuch, die »Arbeitsmotivation«, die Bereitschaft der Arbeitenden zur Verausgabung ihrer Arbeitskraft, zu erhöhen und entgegenstehende Verhaltensweisen der kollektiv handelnden Arbeiter zu verringern; insbesondere geht es dabei um eine Schwächung gewerkschaftlicher Organisationen, der Interessenvertretungen der Verkäufer von Arbeitskraft.

Strategien der Arbeitsintensifikation sind somit stets auch Strategien der Integration der Arbeitenden in die Organisation des kapitalistischen Betriebes. Sie versuchen, eine Idealvorstellung des sich höchstverausgabenden, wohlverhaltenden und zufrieden fühlenden Arbeiters durch geeignete Maßnahmen zu verwirklichen, und sind somit zusammenfassend zu kennzeichnen als Strategien der Lenkung beruflicher Sozialisationsprozesse.

TAYLOR faßt seine arbeitsplatzbezogene Sozialisationsstrategie als »Idee« zusammen, »einen Mann nach dem andern vorzunehmen und ihn unter der Leitung eines sachverständigen Lehrers zu der neuen Arbeitsweise zu erziehen, bis er dauernd und gewohnheitsgemäß seine Arbeit nach den wissenschaftlich aufgebauten Gesetzen verrichtet, welche ein anderer gefunden hat« (66).

Die Arbeitswissenschaft tritt seit TAYLOR mit dem *Anspruch* auf, sowohl den »Arbeitgebern« wie den »Arbeitnehmern« und damit (oder darüber hinaus) auch dem »Gemeinwohl« zu dienen. Dieser Anspruch basiert auf der Grundannahme, es gebe zwischen Kapitalisten und Lohnarbeitern keine unüberbrückbaren Interessengegensätze und die kapitalistische Produktionsweise sei die beste aller möglichen.

Hierzu einschlägige Stellen bei TAYLOR wurden bereits zitiert.

Die Arbeitswissenschaft verwahrt sich dabei besonders gegen die Unterstellung, sie würde Ausbeutungsmethoden verfeinern, und betont, wie segensreich ihr »humanes« Wirken für den Arbeiter sei. Sie hält sich dabei für unangreifbar, weil sie von einem »überparteilichen«, »wissenschaftlichen« Standpunkt ausgehe und weil ihre Ergebnisse von großer Bedeutung für das Wohlbefinden und die weitere Entwicklung der gesamten Menschheit seien.

In TAYLORs Worten: »Mit Hilfe der einwandfrei aufgebauten Wissenschaft und der Anweisung seiner Lehrer ist jeder Arbeiter imstande, eine höherstehende, interessantere, bildendere und auch einträglichere Arbeit zu leisten, als er es früher könnte« (135). »Ohne Zweifel ist (der) unmittelbare Nutzen, den alle unter diesem neuen System Arbeitenden genießen, das wichtigste aller angeführten Momente. Ist nicht die Schaffung solcher Verhältnisse von größerem Wert für die Menschheit als die Lösung vieler Fragen, die heute die Völker beschäftigen?« (156) »Was eine angemessene Tagesleistung darstellt, wird eine Frage für wissenschaftliche Untersuchungen, statt ein Gegenstand zu sein, über den man handelt und feilscht. Das ›Sich-Drücken‹ ... wird aufhören, weil kein Grund mehr dafür vorhanden sein wird« (154 f). Und schließlich: »Es ist meine tiefe und ehrliche Überzeugung, daß diese Prinzipien in der ganzen zivilisierten Welt früher oder später in praktische Anwendung kommen werden. Je früher, desto besser für die Menschheit« (30).

Unsere These, die es im weiteren zu verfolgen gilt, ist nun: Bei gleichbleibender allgemeiner Orientierung – die soeben dargestellt wurde – haben sich die jeweiligen Strategien der Arbeitswissenschaft weiterentwickelt. Als Anstöße für eine solche Weiterentwicklung wirkten dabei mehrere Momente zusammen:

– Eine veränderte sozio-ökonomische Situation – insbesondere die Entwicklung der Produktivkräfte und der zunehmende Einfluß der Gewerkschaften – setzt neue Bedingungen des Arbeitshandelns und seiner Beeinflussung seitens der Unternehmer.

– Das durch die bisherigen Strategien erschlossene Potential der Intensifikation von Arbeit wird in einem Ausmaß genutzt, das neue Widerstände der Arbeitenden hervorruft; die alten Strategien sind weithin »moralisch verschlissen«.

– Der wissenschaftliche Ansatz erfaßt zunehmend besser die spezifischen Kennzeichen von Arbeitstätigkeit und Arbeitsverausgabung.

Die folgenden (wie die bisherigen) Überlegungen können und wollen dabei eine »Sozialgeschichte der Arbeitswissenschaft« nicht ersetzen; vielmehr betonen sie die Notwendigkeit dieser noch zu erfüllenden Aufgabe. Im Sinne eines groben Rasters soll die Weiterentwicklung der Arbeitswissenschaft dargestellt werden als eine *sich in Stufen vollziehende Verfeinerung arbeitsplatzbezogener Sozialisationsstrategien*, als stufenweise Erschließung neuer Intensifikationspotentiale.

Solche Stufen- oder Phasenmodelle erwecken oft den Eindruck, als würden plötzliche, abrupte Übergänge und damit historische Diskontinuitäten behauptet. Vor einem solchen Mißverständnis sei ausdrücklich gewarnt: Die Grundprinzipien späterer Entwicklungsphasen der Arbeitswissenschaft sind im Keim meist in früheren Phasen enthalten (auch wenn dies die Verkünder des »Neuen« bisweilen nicht wahrhaben wollen). Ebensowenig wird ein spezifischer Zugang zu Intensifikationspotentialen plötzlich verschüttet, wenn eine verfeinerte Methode gefunden wird: In allen Fällen »trocknet« der frühere Ansatz keineswegs »aus«, sondern wird bis in die Gegenwart hinein weiter bearbeitet und differenziert, wobei es zu komplexen Wechselwirkungen zwischen den jeweils älteren und neueren Strategien kommt.

Bevor wir uns also der »Überwindung des Taylorismus« zuwenden, sei kurz die Weiterentwicklung und Verfeinerung der auf dem Taylor-System beruhenden Ansätze skizziert. Hier muß zunächst ein anderer »Klassiker« der Arbeitswissenschaft genannt werden, der es freilich nicht nötig hatte, sich auch noch die Lorbeeren eines Wissenschaftsgründers ums Haupt zu legen: Henry FORD I.

FORD teilte die wesentlichen Grundpositionen TAYLORs. Er betonte aber noch stärker, daß er die industrielle Produktion unter das Prinzip der »Dienstleistung« gestellt sehen wollte (»Die Geschäfte sind da, um zu dienen« — 1923, 316 — »daß wir dabei Geld verdienen, ist nur ein weiterer Beweis für die Richtigkeit des Prinzips« — 319) und daß dies ständige Veränderungen des Produktionsprozesses erforderte (»Alles läßt sich noch besser machen, als es bisher gemacht worden ist« — 114). »Der Geist der wahren Dienstbarkeit wird uns zum Schöpfer werden« (328).

Aus dem Prinzip der Großserienfertigung folgt das Fließbandsystem. Damit »war etwas von Grund auf Neues erfunden worden, nämlich Arbeitsleistungen ohne personalen Druck oder die abstrakte Rationalität eines Arbeitsbüros durch die Technik selbst zu erzwingen« (HOFFMANN 1969 b, 220). Das Resultat »ist eine Verminderung der Ansprüche an die Denktätigkeit des Arbeitenden und eine Reduzierung seiner Bewegungen auf das Mindestmaß« (FORD, 93); die ungeschulten Arbeiter »lernen ihre Aufgabe innerhalb weniger Stunden oder Tage« (91).

Ein wichtiges Problem FORDs war die Suche nach Wegen zur Verringerung der Kündigungs- (»Fluktuations-«)rate, welche trotz der anfallenden einfachen Arbeiten zu hohen Mehrkosten führte. Er suchte nach Möglichkeiten, die Arbeiter an das Werk zu binden. Der große Coup gelang ihm in einer Wirtschaftskrise (1914), von der sein Werk nicht betroffen war. Zusammen mit Arbeitszeitverkürzungen verkündete er einen täglichen Mindestlohn von fünf Dollar, der für die damalige Zeit schier unglaublich hoch war. In den Tagen nach dieser Ankündigung kamen »15 000 Arbeitslose nach Detroit, ein Potential, aus dem FORD selektiv seinen Bedarf befriedigen konnte. Die nicht Angenommenen belagerten bei starkem Frost zu Tausenden das Werk und wurden mit Wasserwerfern, am Tag darauf mit Tränengas, vertrieben« (HOFFMANN 1969 b, 228 f). So verwundert es nicht, daß die Ausgewählten sich weithin als Auserwählte fühlten. Zusammen mit anderen Auslesepraktiken kam so »das Charakteristikum des Fordarbeiters zu jener Zeit« zustande: »eine auf Dankbarkeit gegründete personale Verpflichtung gegenüber dem Arbeitgeber« (HOFFMANN, 229). Die Fluktuationsrate ging um mehr als $^6/_7$ zurück.

In FORDs Fabrik herrschte strenge Disziplin, zeitweise ließ er sogar das Privatleben seiner Arbeiter überwachen. Gleichzeitig bemühte er sich jedoch um eine Verbesserung äußerer Arbeitsbedingungen (»Wir wollen keine schwere, menschenverzehrende Arbeit« — FORD, 117), öffnete Möglichkeiten des innerbetrieblichen Stellenwechsels und Aufstiegs und ermunterte die Arbeiter zu (im Erfolgsfall honorierten) Verbesserungsvorschlägen.

Der Erfolg des Systems scheint beachtlich gewesen zu sein. Die

Werkszeitung »Ford Times« stellt 1916 zusammenfassend fest, die Beschäftigung mit dem menschlichen Verhalten sei die beste Investition gewesen, die FORD je gemacht habe (BARITZ 1960, 33). Auch hinsichtlich der Integrationsfunktion seiner Strategien ist FORD zuversichtlich: »Unsere Leute können durch den Gewerkschaftsbeitritt nichts gewinnen« (307). Anläßlich einer Auseinandersetzung mit den Gewerkschaften im englischen Werk weigerten sich Ford-Arbeiter, einem Streikaufruf zu folgen, und wurden von der Gewerkschaft ausgeschlossen (a.a.O.).

In Deutschland fand das Taylor-System — durchaus mit Unterstützung der Gewerkschaften — nach dem Ersten Weltkrieg Verbreitung, als der Produktionsprozeß vor allem unter dem Zwang ablief, bestehende Ressourcen maximal zu nutzen. ROESLER preist im Vorwort zur 2. Auflage seiner Übersetzung von TAYLORs Hauptwerk dessen System als »Mittel der friedlichen Nationalbefreiung« (1919, XXV) und appelliert an die Arbeiter: »Jetzt aber, wo die Demokratisierung Deutschlands einen ausreichenden wirtschaftspolitischen Einfluß der Arbeiterschaft sicherstellt, werden nicht nur alle früheren Einwände und Bedenken hinfällig, sondern die Herbeiführung größter Wirtschaftlichkeit liegt nunmehr auch im eigensten Interesse der Arbeiterschaft« (XXIII). 1924 gründeten Unternehmer den »Reichsausschuß für Arbeitszeitermittlung« (REFA). Dies hatte »mit der Verfolgung eines ›gerechten Arbeitslohnes‹ zugleich zum Ziel, über die Einführung von Zeitakkorden die Verhandlungsspielräume der Gewerkschaften und Betriebsräte beim klassischen Geldakkord zu beseitigen« (PORNSCHLEGEL 1973, 69). Nach dem Zweiten Weltkrieg wurde der REFA-Verband mit Beteiligung der Gewerkschaften wiedergegründet. Neben diesem Verband wird der skizzierte Ansatz der Arbeitswissenschaft vor allem von den Lehrstühlen für Arbeitswissenschaft an technischen Fachbereichen Technischer Universitäten fortgesetzt (vgl. hierzu LUCZAK u. ROHMERT 1974).

Bemerkenswert sind hier Weiterentwicklungen der TAYLORschen Methodik der Arbeitsgestaltung und Lohnmessung, etwa die »Analytische Arbeitsbewertung« und insbesondere die »Systeme vorbestimmter Zeiten« (z. B. MTM, Work Factor), durch welche »wissenschaftlich« Lohnstufen und Vorgabezeiten festgestellt werden und die vom Grundansatz her keinen Verhandlungsspielraum zulassen; die Verfahren selbst werden durch geeignetes »wissenschaftliches« Vokabular und Instrumentarium möglichst undurchschaubar gemacht. »Das wird aber von REFA geregelt, also müssen wir uns daran halten«, äußert ein Betriebsrat über ein allgemein als sehr hoch empfundenes vorgeschriebenes Arbeitstempo (zit. in OPPELT, SCHRICK u. BREMMER 1972, 31).

Es dürfte die Funktion dieser Bereiche der Arbeitswissenschaft sein, jene Intensifikationspotentiale »tayloristisch« zu nutzen, welche die weiterentwickelten Strategien der Sozialisation am Arbeitsplatz erschließen. Das Selbstverständnis ist seit TAYLOR ungebrochen, was an drei Zitaten dargestellt werden soll: ROHMERT bezeichnet es als Ziel der Arbeitswissenschaft, »sicherzustellen, daß: a) die Leistung, die von den Menschen verlangt wird, innerhalb der Grenzen ihrer Leistungsfähigkeit liegt, und b) der beste Nutzen aus den Fähigkeiten der Menschen gezogen wird ... Schlechte Angepaßtheit vermindert ... die Wirkleistung des Menschen bei der Arbeit« (1968, 3). »Wirtschaftlichkeit muß auf die Dauer also Humanität fördern, sonst kann sie nicht wirtschaftlich bleiben. Und Humanität kann sich nur weiterentwickeln, wenn auf Dauer auch Wirtschaftlichkeit damit gegeben ist« (KIRCHNER 1972, 13). Nach ROHMERT strebt die Arbeitswissenschaft den »Einsatz vorwiegend naturwissenschaftlicher Methoden« an, »deren Ergebnisse ... unter Zustimmungszwang stehen (zwingendes wissenschaftstheoretisches Erfordernis, um die Unabhängigkeit arbeitswissenschaftlicher Forschung im sozialpolitischen Spannungsfeld der Anwendung arbeitswissenschaftlicher Ergebnisse zu gewährleisten)« (1971, 96 f).

1.3. Die stufenweise Erschließung neuer Intensifikationspotentiale

1.3.1. Die individualwissenschaftliche Stufe

Das Taylor-System verbreitete sich — zumindest in seinen wesentlichen Merkmalen — in den ersten 15 Jahren des 20. Jahrhunderts vor allem in den USA sehr schnell. Der erhoffte Arbeitsfriede trat jedoch nicht ein. Im Gegenteil: Streiks und Aussperrungen nahmen zu, die Gewerkschaften gewannen an Stärke und Kampfbewußtsein. Strenge Schüler TAYLORs mögen dies auf eine ungenügende Verwirklichung der Prinzipien ihres Meisters zurückgeführt haben. Andere Wissenschaftler entdeckten jedoch Mängel in eben diesen Prinzipien und den daraus abgeleiteten Maßnahmen.

TAYLOR faßte menschliches Arbeitsvermögen und menschliche Arbeitsverausgabung in einer Weise auf, die wir uns heute als Analogie zu einer elektrischen Batterie veranschaulichen können: Im Menschen schien ihm eine allgemeine Arbeitsenergie gespeichert; diese galt es einmal soweit wie möglich herauszuholen — das entscheidende Mittel hierfür war der Lohn — und zum anderen ohne jegliche Verschwendung zu nutzen. Es handelt sich hier um technische Aufgaben, die von Ingenieuren und Managern zu lösen sind. Nun hat bereits MARX gezeigt, daß eine solche Auffassung von Arbeit als qualitätslosem Abstraktum der kapitalistischen Produktionsweise entspringt und daß der konkrete Arbeitsprozeß (indem er jeden Kunstcharakter verliert) solchen Auffassungen auch durchaus entgegenkommt. Eine allzu naive Vorstellung von Arbeit als »Abstraktum« verkennt jedoch, daß es sich beim Arbeitsprozeß um eine Tätigkeit mit besonderer Eigenart handelt, ausgeführt von menschlichen Individuen mit einer komplexen Persönlichkeitsstruktur (mit Bedürfnissen, Eigenschaften, Erfahrungen usw.). Arbeitswissenschaftlichen Methoden, die von einem derart naiven Menschenbild ausgehen, bleiben somit Potentiale der Intensifikation von Arbeit verschlossen. Erfordert die Weiterentwicklung der Produktionsweise die Erschließung neuer derartiger Potentiale, so muß ein solches Menschenbild überwunden und an die menschliche Arbeitskraft in differenzierterer Weise herangegangen werden.

Damit treten die Wissenschaften vom Menschen auf den Plan und werden in spezifischer Form Bestandteil der Arbeitswissenschaft. Hierzu gehören etwa die Humanphysiologie als (Natur-)Wissenschaft von den Funktionen des menschlichen Organismus, insbesondere aber die (Human-)Psychologie als Wissenschaft vom menschlichen Erleben und Verhalten. Diese letztere hatte sich seit den 70er Jahren des 19. Jahrhunderts als streng empirisch-experimentell arbeitender Forschungsbereich schnell entwickelt, um 1900 konnte auch eine durchaus beachtete »angewandte Psychologie« auf erfolgreiche Verwertung ihrer Ergebnisse, etwa im Bereich der Erziehung und der Rechtsprechung, verweisen.

1908 formulierte Max WEBER die Problemstellung: »Wenn... das Verhältnis von Arbeitszeit, Arbeitslohn und Arbeitsleistung diskutiert oder sonst die Bedingungen und Wirkungen der Intensitätssteigerung der Arbeit erörtert werden, so spielen — neben verschiedenen anderen Dingen — doch stets auch jene grundlegenden Bedingungen der Arbeitsleistung hinein, deren Untersuchung zu den Aufgaben der erwähnten naturwissenschaftlichen Disziplin gehört« (gemeint sind dieselben Forschungsbereiche, die wir oben nannten). »Gleichwohl begnügen wir uns bei diesen Erörterungen innerhalb unserer Disziplinen im allgemeinen mit, in der Fachsprache der Psychologen geredet: ›vulgärpsychologischen‹ Erfahrungen und Erwägungen« (1924, 62). Der Text, den WEBER mit solchen Überlegungen einleitet, trägt den Titel »Zur Psychophysik der industriellen Arbeit« und stellt eine Zusammenfassung bisheriger empirischer Befunde zu einschlägigen Fragestellungen dar, die besonders unter methodischem Aspekt diskutiert werden (beachtlich erscheinen auch heute noch die Ausführungen zu den Themen Eignung, Übung und Ermüdung). Auch in den USA — wo die Psychologie zuerst als Werbepsychologie Kontakt mit dem Bereich der Wirtschaft bekommen hatte — begann sich immer mehr die Erkenntnis durchzusetzen, daß »eine sorgfältige Studie (des) ›menschlichen Faktors‹ sich in Dollars und Cents auszahlt« (RINDGE 1913, zit. bei BARITZ 1960, 35)[2] und daß die jungen Humanwissenschaften in dieser Hinsicht dienstbar gemacht werden sollten. Es liegt auf der Hand, daß solche Gedanken ohne die Konzeption TAYLORS und FORDS kaum hätten entstehen und Verbreitung finden können. Der Grundansatz des »scientific management« wurde auch keineswegs in Frage gestellt; die spezifische Kritik der neuen Arbeitspsychologie an TAYLOR war sogar nur auf dem Boden dieses Grundansatzes möglich: TAYLORS System, so argumentierte man, sei nicht effizient genug, lasse weiterhin in großem Umfang Vergeudung wertvoller Arbeitskraft zu; der Grund liege darin, daß TAYLOR psychologischer Dilettant gewesen sei, daß er ein verkürztes und mechanistisches Menschenbild gehabt habe. Ein solches Selbstverständnis mag das Selbstgefühl der so Argumentierenden gehoben haben, TAYLOR selbst hätte durch die neuen Forschungsbereiche seinen eigenen Ansatz nicht überwunden, sondern bestätigt und fortgeführt gesehen. Nicht nur der Grundansatz, sondern auch sämtliche wesentliche Problemstellungen der jungen Arbeitswissenschaft sind bereits bei ihm formuliert; daß weitere wissenschaftliche Forschung unumgänglich war, hatte er des öfteren selbst eindringlich hervorgehoben. (Vgl. zu diesem Thema bei BARITZ 1960, 31 ff.)

Die erste bedeutende und zusammenfassende Schrift eines Arbeitspsychologen sieht sich denn auch durchaus in der Tradition der »Wissenschaftlichen Betriebsführung«. Sie stammt von Hugo MÜNSTERBERG, einem Deutschen, der 1897 als Professor an die Harvard-Universität in den USA ging. MÜNSTERBERGS Arbeiten beeinflußten in starkem Maße die Entwicklung der jungen experimentellen Psychologie und insbesondere der angewandten Psychologie (am Rande sei an sein 1910 erschienenes Buch »Psychology and the Teacher« erinnert).

MÜNSTERBERGS »Psychologie und Wirtschaftsleben« erschien im Jahre 1912, die englische Fassung 1913 unter dem (deutlicheren) Titel »Psychology and Industrial Efficiency«. Die Schrift gibt die meisten wesentlichen Fragestellungen sowie die prinzipiellen Antworten der Arbeits- und Werbepsychologie in heute durchaus noch gültiger Weise wieder, wobei auch hier die Bereiche Eignung, Ermüdung und Anlernen hervorgehoben seien.

Der Ausgangspunkt von MÜNSTERBERGS Überlegungen wird durch die Überzeugung markiert, »daß keine Verschleuderung wertvollen Besitzes so gewissenlos sei, wie die, welche davon herrührt, daß man die lebendigen Arbeitskräfte des Volkes nach Zufallsmethoden verteilt, statt sorgsam zu prüfen, wie Arbeiter und Arbeit am besten einander angepaßt werden können« (31). Diese Erkenntnis habe zur Einführung der Berufsberatung und zur Entwicklung des Taylor-Systems geführt. Dennoch gebe es immer noch »diese unendliche

[2] Hier und im folgenden sind alle Zitate aus BARITZ (1960) vom Verfasser ins Deutsche übersetzt.

Vergeudung von Menschenmaterial, diese klägliche Verkümmerung von Arbeitsfreude und diese Schädigung der wirtschaftlichen Leistung« (77), und zwar infolge einer »Nichtbeachtung der psychischen Verhältnisse« (124). Das Arbeitsbureau TAYLORs und das psychologische Laboratorium sollten »von vornherein einander näher rükken«, und zwar in dem Sinne, »daß bestimmte Fragen, wie sie aus dem Wirtschaftsleben herauswachsen, der wissenschaftlichen Untersuchung des Psychologen unterbreitet werden« (113). Die Psychologie sei seit längerem aus der reinen Forschung herausgetreten und habe sich verschiedenen Lebensbereichen dienstbar gemacht; in diesem Sinn sei sie psychologische Technik, Psychotechnik. Die Aufgabe sei, die »psychologische Wissenschaft dem gewaltigen Getriebe des wirtschaftlichen Lebens dienstbar zu machen« (14), dies konstituiere die »wirtschaftliche« (oder auch: »industrielle«) »Psychotechnik«.

Diese umfaßt Gebiete die wir heute mit Arbeits-(Betriebs-)psychologie und mit Werbepsychologie zu kennzeichnen pflegen. Das erstere Gebiet besteht (bei MÜNSTERBERG und späterhin) aus drei Hauptbereichen, die wir — im Anschluß an unsere bisherigen Überlegungen — in folgender Weise kennzeichnen möchten:

a) die Verwertung der Erkenntnis, daß menschliche Arbeitskraft interindividuell (zwischen den Personen) verschieden ist (Thema Eignung und Auslese);

b) die Verwertung der Erkenntnis, daß menschliche Arbeitskraft auch am Arbeitsplatz gezielten Lernvorgängen unterworfen werden kann (Thema Einübung und Anlernen);

c) die Verwertung der Erkenntnis von allgemeinen psychobiologischen Merkmalen der menschlichen Arbeitskraft (Thema Arbeitsgestaltung).

Auf der durch diese Fragestellungen gekennzeichneten Entwicklungsstufe der Arbeitswissenschaft wird die Besonderheit menschlicher Arbeitsverausgabung durch die Gegenüberstellung des *einzelnen* und seines Arbeitsplatzes sowie das Konzept der wechselseitigen »Anpassung« zu fassen versucht; TAYLORs (theoretische und praktische) Isolierung dieses einzelnen und seines Arbeitsplatzes bleibt im wesentlichen bestehen. Wir schlagen daher vor, diesen Typ von Strategien der Arbeitswissenschaft als *individualwissenschaftliche Stufe* zu kennzeichnen. Gegenüber TAYLOR ist die Zielsetzung beruflicher Sozialisation auch im Detail kaum verändert; wohl aber möchte man — durch exakt-wissenschaftliche Erfassung des »menschlichen Faktors« — Reibungsverluste auf dem Weg zu diesem Ziel verringern: durch die Passung von Resultaten vorgängiger Sozialisationsprozesse (welche zumeist als angeborene Eignungsmerkmale aufgefaßt werden) und Erfordernissen des Arbeitsplatzes oder durch die Beseitigung von hemmenden Merkmalen der »psycho-physischen«

Arbeits- und Lernbedingungen.

Die Frage nach der richtigen Auslese und Plazierung von Bewerbern, das Finden von »viereckigen Klötzen für viereckige Löcher« (wie man in Amerika zu sagen pflegte), war um 1912 Gegenstand allgemeiner Diskussionen. Bei einer Umfrage MÜNSTERBERGS »tritt . . . mit ganz unerwarteter Stärke das Gefühl der Betriebsleiter hervor, daß hier in der Tat ein für das Wirtschaftsleben außerordentlich Wichtiges und Bedeutsames berührt sei« (74). An anderer Stelle äußerte ein amerikanischer Unternehmer, sein Erfolg wäre riesig, wenn man nur einen Weg finden könnte, Arbeiter auszulesen, die halb so gut seien wie seine Maschinen (KEMBLE 1916, zit. bei BARITZ 1960, 35). Max WEBER konzipierte 1908 »Erhebungen des Vereins für Sozialpolitik über Auslese und Anpassung« (WEBER 1924). TAYLOR hatte sich bereits gegen eine Einstellungs- und Plazierungspraxis gewandt, die dem Gutdünken einzelner und dem Zufall weithin überlassen blieb. Seine Auslese- und Plazierungsmethoden beruhten im wesentlichen auf Beobachtungen der Arbeitsleistungen von Personen, die bereits auf Dauer oder auf Probe eingestellt waren. Er berichtet jedoch von Versuchen zur »experimentellen« Ermittlung der Reaktionszeit (93 f). Für MÜNSTERBERG ist dies eine »wertvolle Anregung« (41), mit Hilfe experimenteller Eignungsdiagnostik »im Interesse des ökonomischen Erfolges sowie im Interesse der Persönlichkeitsentwicklung für jede wirtschaftliche Arbeitsleistung die geeignetste Persönlichkeit zu finden« (86). So erarbeitete er verschiedene Testverfahren, etwa für Straßenbahnführer und Telefonistinnen, welche bereits vor der eventuellen Einstellung Auslese- und Plazierungsentscheidungen ermöglichen sollten und auch durchaus erfolgreich eingesetzt wurden.

Ganz im Sinne TAYLORS kritisiert MÜNSTERBERG die bisher gängige Lehr-Lernmethode: »Eine ungeheure Vergeudung von Energie und eine ganz unwirtschaftliche Gewöhnung an unzweckmäßige Bewegungen ist die notwendige Folge« (89). Beruhte TAYLORS Einübungsmethode jedoch im wesentlichen auf der Vorgabe detaillierter Kommandos, so sieht MÜNSTERBERG die Optimierung und Rationalisierung von Lernprozessen als wissenschaftliche Aufgabe. »Wir müssen gesicherte Kenntnisse darüber gewinnen, in welcher Weise eine neu zu erlernende Bewegungsaufgabe am besten eingeübt werden kann, welcher Wert den Wiederholungen und den Pausen, den Nachahmungen und den Bewegungskombinationen, den Teilübungen und dem Rhythmus der Arbeit und vielen ähnlichen Umständen beim Erlernen zukommt« (90 f).

Im dritten Bereich der arbeitspsychologischen Überlegungen MÜNSTERBERGS geht es um die Gestaltung der Arbeitstätigkeit und der (äußeren) Arbeitsbedingungen. Die Aufgabe ist etwa, »systematisch auszuprobieren, mit welcher technischen Variation den psychophysischen Bedingungen am meisten Genüge getan werden kann« (98). Auf einer mehr naiv-psychologischen Basis leisteten hier in MÜNSTERBERGS Augen TAYLOR und GILBRETH die wesentliche Vorarbeit, es gelte nunmehr, den »psychophysischen Laboratoriumsversuch« (101) gezielt zu diesem Zwecke einzusetzen. Als Beispiel seien MÜNSTERBERGS Versuche zur bestmöglichen Gestaltung von Schreibmaschinen genannt. Beachtenswerte Überlegungen und Experimente widmet er den Themen »Monotonie« und »Ermüdung«. Für den Ansatz der individualwissenschaftlichen Stufe ist sein Ergebnis typisch, »daß das Gefühl der Monotonie sehr viel weniger von der Art der Arbeit als von gewissen Dispositionen des Individuums abhängt« (118). Im Zusammenhang mit Ermüdung beschäftigt sich MÜNSTERBERG ausführlich mit Problemen der Arbeitszeit, der Arbeitspausen sowie periodischer Tages- und Jahresschwankungen der Leistung.

All dies steht unter dem Leitgedanken: »Die Psychotechnik steht nicht im Dienste einer Partei, sondern ausschließlich im Dienste der Kultur« (88); das »Wirtschaftsleben« wird als Teil dieser Kultur aufgefaßt, insbesondere, wenn es sich (wie etwa bei FORD) vom Spekulantentum abgrenzt und damit »von reinstem Kulturverlangen getragen« (192) ist. Für MÜNSTERBERG ist es dabei kein Widerspruch, wenn die Psychotechnik nur die Mittel zur Erreichung fremdgesetzter Ziele bereitstellt. (»Das Ziel muß bereits immer gegeben sein, wenn der Techniker irgend etwas Nützliches leisten soll«, 19.) Ein Mißbrauch ist im Bereich der Arbeitspsychologie kaum möglich: »(Die Psychotechnik) hat nur zu fragen, durch welche Mittel die Verwirklichung der Wünsche erfüllt werden kann. Nun gibt es aber doch ein breites Gebiet, das von irgend einem Gegensatz vernünftiger Anschauungen ziemlich unberührt bleibt. Rücksichtslose Gewinnsucht auf der einen Seite, schwächliche Sentimentalität auf der anderen Seite mögen die Grenzen dieses Gebietes verschieden abstecken. Aber im großen und ganzen wird ein rüstiges, arbeitsfreudiges Volk, das tapfer bei der Arbeit ist, sich über die wesentlichsten wirtschaftlichen Leistungsnotwendigkeiten einig sein« (87 f). Das Problem eines Mißbrauchs stellt sich dem Autor nur bei der Werbepsychologie, doch kommt er auch hier zum Schluß, die Wissenschaft habe »dafür zu sorgen, daß die Mittel des Volkes auch in der Anzeigenindustrie den größtmöglichen wirtschaftlichen Erfolg erzielen« (152).

TAYLORS Argumentation, der neue wissenschaftliche Ansatz diene auch den unmittelbaren Interessen der Arbeiter und darüber hinaus dem Gesamtwohl, kehrt in diesem Kontext wieder. Ziel der Eignungsdiagnostik ist es nach MÜNSTERBERG, »das übervolle Maß seelischer Unbefriedigung an der Arbeit, seelischer Verkümmerung und Bedrücktheit und Entmutigung aus der Welt zu schaffen« (181). Der neue Zweig der angewandten Psychologie habe mit dazu beizutragen, »daß die Nation in der Werkstätte der Weltwirtschaft in vollster Leistungsfähigkeit dastehen möge und in reichster Entfaltung ihrer seelischen Kräfte« (183).

Der Ansatz von MÜNSTERBERG (und anderen Arbeitspsychologen dieser Jahre) fand Interesse und Verbreitung. Doch hatte auch in den USA die eigentliche Stunde der Arbeitspsychologie noch nicht geschlagen. Der Durchbruch gelang dort in den Jahren 1917—1920. Während des Ersten Weltkriegs machten hohe Produktionsaufgaben, knapper Arbeitsmarkt, rasch zunehmende Stärke der Gewerkschaften (deren Mitgliederzahl sich in dieser Zeit verdoppelte) sowie vermehrte Widerstände gegen die Einführung tayloristischer Methoden Unternehmern und Managern zu schaffen, während gleichzeitig im militärischen Bereich in größtem Umfang und mit beachtlichen Erfolgen Formen bzw. Vorformen der Intelligenz-, Eignungs- und Persönlichkeitsdiagnostik entwickelt und eingesetzt wurden. Nach 1918 verschwand in den USA der Engpaß auf dem Arbeitsmarkt, ohne daß sich die Absatzmöglichkeiten der Unternehmen verschlechtert hätten. Das Management entwickelte eine patriarchalische, auf Förderung der »Betriebsgemeinschaft« ausgerichtete Personalpolitik, welche bei steigendem Lebensstandard den Einfluß der Gewerkschaften wieder eindämmen sollte und dabei auch nicht ohne Erfolg blieb. Die neuen Auslesemethoden erschienen den Unternehmern und Managern als ein »Kriegsgeschenk an die Industrie« (BARITZ 1960, 48). Die bekanntesten Psychologen gründeten Industrie-Beratungs-Gesellschaften, die sich bald vor Aufträgen nicht mehr retten konnten; 1921 schlossen sich diese Gruppierungen zur »Personnel Research Federation« zusammen (vgl. hierzu BARITZ, 42 ff). Bis 1925 wurde eine Unzahl verschiedener Ausleseverfahren entwickelt, die neben Fähigkeiten und Kenntnissen ansatzweise auch allgemeinere Persönlichkeitseigenschaften erfassen sollten; das Wort »Test« ist seit jener Zeit aus der allgemeinen Diskussion nicht mehr verschwunden. Es ging darum, »Untaugliche« und »Unangepaßte« auszuscheiden, »die Schafe von den Böcken zu trennen« — wie es 1927 John B. WATSON (einer der Begründer der psychologischen Richtung des Behaviorismus, der zu dieser Zeit bereits ausschließlich in der Industrie tätig war) formulierte (zit. bei BARITZ, 73; vgl. auch dort 131).

Während sich die neue Arbeitspsychologie in den USA ganz überwiegend als Testpsychologie darstellte, befaßte sich die »industrielle Psychotechnik« in Deutschland weitaus ausgeglichener mit den genannten drei Hauptgebieten des individualwissenschaftlichen Ansatzes. Nach dem Ersten Weltkrieg erwartete man allgemein von ihr — ebenso wie vom Taylor-System — entscheidende Hilfen beim Wiederaufbau der Industrie. Entsprechend wurde eine größere Anzahl psychotechnischer Institute und Abteilungen gegründet, die bisweilen an (vor allem Technische) Hochschulen angegliedert und zumeist von der Industrie finanziell getragen (manchmal aber auch von Gewerkschaften bezuschußt) waren. Das erste Hochschulinstitut entstand an der Technischen Hochschule Berlin-Charlottenburg; eine »psychotechnische Abteilung« der Krupp-Werke hatte zeitweilig sogar 250 Angestellte. Eine gewisse Zentralisierung der arbeitswissenschaftlichen Aktivitäten wurde durch das 1921 (mit staatlicher und gewerkschaftlicher Beteiligung) gegründete »Reichskuratorium für Wirtschaftlichkeit« (später »Rationalisierungskuratorium der Deutschen Wirtschaft«) bewirkt, dessen erster Präsident Carl-Friedrich von SIEMENS war. Die industrielle Psychotechnik entwickelte sich im Nachkriegsdeutschland so schnell und umfassend, daß der berühmte amerikanische Psychologe James McKeen CATTELL noch 1930 der deutschen Arbeitspsychologie gegenüber ihrem amerikanischen Pendant einen Vorsprung an Bedeutung und Wissen bescheinigte. (Vgl. hierzu BARITZ, 55 ff sowie CHESTNUT 1972).

Der Enthusiasmus der Psychologen selbst über die Wichtigkeit ihres Tuns schäumte jedoch offenbar in den USA bedeutend mehr über als in Deutschland. Derselbe James McKeen CATTELL verglich die Anwendung psychologischer Erkenntnisse mit der industriellen Revolution (BARITZ 1960, 192) und George Stanley HALL formulierte bereits 1919 in prägnanter Weise einen Anspruch, der seither in tausendfältiger Variation die Legitimationsgrundlage aller nachtayloristischen Arbeitswissenschaft darstellt: »Unsere Aufgabe«, so meinte er, »ist nichts Geringeres als die Industrie zu rehumanisieren« (BARITZ, a.a.O.).

Solch hehre Absicht bewahrte freilich auch den individualwissenschaftlichen Ansatz nicht vor Krise und Relativierung und damit vor der Formulierung eines neuen Typs arbeitsplatzspezifischer Sozialisationsstrategien. Bevor wir jedoch hierzu übergehen, sei kurz noch die weitere Entwicklung dieses ersten nachtayloristischen Ansatzes in einigen Aspekten dargestellt.

Der Bereich der Eignungsdiagnostik und Personalauslese fand seine Weiterentwicklung in einer Verfeinerung und Ausdehnung der Test- und Entscheidungsverfahren, vor allem als Verbesserung mathematisch-statistischer Methoden und Konstruktion von Tests oder Fragebögen zur Messung komplexerer Persönlichkeitsmerkmale. (Als Übersichtsreferat vgl. JÄGER 1970; TRIEBE 1975 liefert eine zusammenfassende, kritische Betrachtung.) Eine besondere Rolle spielte dabei stets der Versuch, die Anfälligkeit oder Resistenz gegen Monotoniegefühle diagnostisch zu erfassen (vgl. z. B. bei GUBSER 1968).

Die Optimierung des Anlernprozesses und die Verkürzung der Anlernzeit sind Zielstellungen der Forschungen über sensumotorisches Lernen und Bestgestaltung von Trainingsprogrammen. Einen gewissen Höhepunkt stellen hier die Methoden nach SEYMOUR (1960) dar, die man auch als »Elemententraining« bezeichnet. Ihr Prinzip ist die

– unter ausdrücklicher Berufung auf TAYLOR vorgenommene – Zergliederung des zu lernenden Arbeitsvorgangs, wobei man dann z. B. das Üben von Bewegungselementen einsparen kann, die bereits gelernt sind (etwa »Hinlangen« oder »Transportieren«). Auch die anderen, in MÜNSTERBERGS oben zitierter Zusammenfassung der Forschungsprobleme genannten Fragestellungen wurden in verschiedenster Form weiter bearbeitet. (Ein neuerer, zusammenfassender Forschungsbericht wurde von ROHMERT u. a. 1971 verfaßt; zur Darstellung und Kritik des Bereiches vgl. auch VOLPERT 1972, 1973 a).

Der Gestaltung von Arbeitstätigkeit und äußeren Arbeitsbedingungen nach psychologischen Gesichtspunkten widmen sich verschiedene Forschungsbereiche, die teilweise mit dem Begriff »human engineering« (Ingenieur-Psychologie) zusammengefaßt werden (als Übersichtsreferat vgl. etwa SCHMIDTKE u. HOYOS 1970). Im Rahmen unserer Darstellung nahm bisher das Thema »Arbeitszeit und Arbeitspausen« einen gewissen Raum ein, es sei deshalb hier kurz weiter verfolgt. Neben der Frage nach der täglichen Arbeitszeit geht es (wie bereits bei TAYLOR) darum, Befunde über die Vorgänge von Ermüdung und Erholung durch die Einführung »lohnender Arbeitspausen« nutzbar zu machen. Dies sind organisierte Pausen, durch welche die Gesamttagesleistung gesteigert und die entsprechende Belastung durch die Arbeit gesenkt werden soll; häufig wird eine fünfminütige Pause pro Arbeitsstunde empfohlen. Ein anderes traditionelles Problem in diesem Zusammenhang ist die Anpassung der Arbeitsbedingungen an die Tagesrhythmik der physiologischen Leistungsbereitschaft. GRAF schlug (z. B. 1954) Verfahren vor, durch welche die Geschwindigkeit von Fließbändern entsprechend dieser Rhythmik variiert wird. Der menschlichen Leistungsbereitschaft gänzlich unangepaßte Arbeitszeiten finden sich bei Nacht- und Schichtarbeit; hier bemüht man sich um die Entwicklung von Schichtplänen, bei denen leistungs- und befindlichkeitsmindernde Folgen solcher Arbeitstätigkeit möglichst gering sind (vgl. ULICH 1970). Zunehmend beschäftigen sich Forscher auch mit der sogenannten Gleitzeit (gleitenden Arbeitszeit). Ihr leistungssteigernder Effekt wird neben erhöhter Arbeitszufriedenheit unter anderem darin gesehen, daß »illegale« Verkürzungen der Arbeitszeit (z. B. durch Zuspätkommen) weitgehend ausgeschaltet sind. HILDEBRANDT (1972) wies nach, daß bei gleitender Arbeitszeit häufiger zu Zeitpunkten erhöhter physiologischer Leistungsbereitschaft gearbeitet wird.

GRAF u. a. nehmen in ihrem Übersichtsreferat (1970) zur Forschung auf diesem Gebiet zusammenfassend Stellung: »Zur Technik der rationellen Arbeit gehört seit GILBRETH ›der eine beste Weg‹, sie zu tun, aber er besteht nicht nur im Erlernen der rationellsten Handgriffe, sondern nicht weniger im Forschen, wie man die Arbeitskraft am schonendsten für den Menschen und am ökonomischsten für die Wirtschaft über den Tag verteilt ... Gerade die Beispiele aus der Praxis ... können eine Vorstellung davon geben, welche Verluste unsere Wirtschaft durch die Vernachlässigung dieser Seite der Arbeitsgestaltung erleidet. Diese Verluste sind besonders tragisch, wenn gerade der strebsame und fleißige Arbeiter ... zu Arbeitsmethoden kommt, die ihn letztlich um einen Teil des Erfolges seiner Anstrengungen bringen und die seiner Leistungsfähigkeit und auch der Wirtschaft schaden« (275).

1.3.2. *Die gruppenwissenschaftliche Stufe*

Schon kurz nach dem Aufblühen des neuen individualwissenschaftlichen Ansatzes begann sich seine Krise abzuzeichnen. In Deutschland veränderte sich die Position der Gewerkschaften zur industriellen Psychotechnik: Während diese nach Kriegsende der Einführung des Taylor-Systems und psychotechnischer Methoden durchaus positiv gegenüberstanden, verbreitete sich zunehmend die Einsicht, daß die neue Wissenschaft den Arbeiter weitaus systematischer als vordem zum Objekt fremder Methoden und Entscheidungen machte und auf eine Einengung des gewerkschaftlichen Handlungsspielraums ausgerichtet war. Auch die wissenschaftliche und ideologische Begründung des neuen Ansatzes blieb nicht unumstritten. LEWIN (1920), LAHY (1923) und ELIASBERG (1924) kritisierten dessen Ausgangspunkt und Orientierung. In den USA wiesen Psychologen darauf hin, daß die Anwendung und Ausnutzung von Testmethoden ausschließlich in den Händen des Managements lag; die Haltung der US-Gewerkschaften wird von BARITZ als eine Mischung aus Ablehnung und Desinteresse gekennzeichnet (vgl. hierzu BARITZ, 75 f).

Der größte Fehler des neuen Wissenschaftsbereichs lag jedoch darin, daß er einer Überschätzung seiner Möglichkeiten durch Unternehmer und Manager kaum entgegentrat sondern diese oft sogar förderte. Als in den USA auch noch eine große Anzahl unseriöser »Diagnostiker« mit ungeeigneten und teilweise unsinnigen Testverfahren den Markt überschwemmte, war die Ernüchterung unvermeidlich. Auch die Hoffnungen, daß die Arbeiter, behandelte man sie mit den neuen Methoden, ihre Leistungszurückhaltung aufgeben würden, erfüllte sich keineswegs. Im Gegenteil: Das »Bremsen« wurde — gerade in einer Zeit relativer Schwäche der Gewerkschaften — zur Hauptwaffe der Arbeiter gegen die (auf der Grundlage der Erkenntnisse der individualwissenschaftlichen Stufe) immer mehr zunehmende tayloristische Arbeitsintensifikation. Im Boom vor der großen Depression von 1929 wurde die Leistungszurückhaltung für Unternehmer und Manager einmal mehr zu einem drängenden Problem. Als man erkannte, daß alle Bemühungen um eine Steigerung der Leistungsfähigkeit der Arbeiter als Individuen keineswegs immer mit einer Zunahme der tatsächlichen Leistung verbunden waren, war der Weg für eine Neuorientierung der Arbeitswissenschaft geöffnet.

Ab 1924 ließ der Konzern »American Telephone & Telegraphe Company« im Hawthorne-Werk eines Zweigunternehmens, dessen Produktionsziffern und Kündigungsraten einigen Kummer bereiteten, ausgedehnte arbeitswissenschaftliche Untersuchungen durchführen. Der Konzern galt als besonders gewerkschaftsfeindlich; die wesentlichen Teile der Untersuchungen wurden von der »Abteilung für Industrieforschung« des berühmtesten Manager-Ausbildungsinstituts der USA, der »Harvard School of Business«, durchgeführt. Der führende Kopf der Forscher war Elton Mayo; der Gang der Hawthorne-Experimente ist bei Roethlisberger und Dickson (1939) ausführlich dargestellt. Man begann mit der Untersuchung von Einflußgrößen im Rahmen des individualwissenschaftlichen Ansatzes, insbesondere ging es dabei um die Beleuchtung. Die Forscher bildeten zwei Gruppen und erhöhten in der einen ständig die Lichtstärke, in der anderen blieb sie gleich. Wie erwartet, stieg in der ersten Gruppe die Leistung; überraschenderweise geschah dies jedoch auch in der zweiten Gruppe und auch dann noch, als in beiden Gruppen die Beleuchtung vermindert wurde, bis sie schließlich nur noch die Stärke des Mondlichtes hatte. Dieses Ergebnis faszinierte das Management und verwirrte die Wissenschaftler. Ohne Klärung der Angelegenheit versuchten sie es in neuen Experimenten mit einer Reihe anderer bekannter Faktoren, z. B. organisierten Arbeitspausen. Schließlich entdeckte man, daß die Versuchsgruppen tatsächlich *Gruppen* geworden waren, deren Mitglieder sich im Mittelpunkt des Interesses fühlten, enge zwischenmenschliche Beziehungen aufgebaut hatten und mit Eifer bei der Sache waren. »Die Mädchen wurden eine Gemeinschaft, die sich selbst lenkte, und überdies eine Gruppe, die mit ganzem Herzen mit der Leitung zusammenarbeitete« (Mayo 1950, 128). Man forschte weiter und fand, daß es »ungeplante« Gruppenbildungen auch sonst im Betrieb gab und daß sie das Verhalten und vor allem die Leistungen der jeweiligen Mitglieder weit mehr formten, als das etwa die Fähigkeiten der einzelnen taten (». . . daß nämlich die Arbeitsgruppe als Ganzes tatsächlich die Arbeitsleistung des einzelnen Arbeiters bestimmte« – a.a.O., 125).

In enger Verbindung mit den skizzierten Experimenten wurde im Hawthorne-Werk ein »Befragungsprogramm« durchgeführt. Zunächst ging es darum, daß geschulte Interviewer den Arbeitenden durch Erörterung seiner »persönlichen Lage« eine »Gemütserleichterung« verschaffen sollten (122). Dann änderte sich auch hier die Ausrichtung der Untersuchung: »Die Existenz und der Einfluß der Gruppe . . . wurde der entscheidende Punkt« (126). Man vertiefte die Einsichten über »die intime Organisation und die übliche Praxis«

von Arbeitsgruppen (127) und erkannte insbesondere: »Die Leitung ist in demselben Maße erfolgreich ..., wie sie ohne Vorbehalt von der Gruppe als Autorität und führende Instanz anerkannt wird« (128). Solche Befragungen oder — wie man sie bald nannte — »Beratungen« hatten einen doppelten Zweck: Einmal sollten sie selbst als Befriedungsmittel wirken und beim Befragten »seinen Wunsch und seine Fähigkeit« entwickeln, »besser mit der Leitung zusammenzuarbeiten« (132). Die Aussprache sollte dem Arbeiter zu »konstruktivem Denken« verhelfen und somit ein Gegengewicht darstellen zu den Strategien und Orientierungen der informellen Gruppen (vgl. BARITZ, 105). Zum anderen bildet die Befragung »eine Informationsquelle von großem objektiven Wert für die Leitung«, sie kann verhindern, »daß so oft Streiks oder andere Störungen plötzlich an ganz unerwarteten Stellen auftreten« (MAYO, 133 f).

Der Erfolg dieser Maßnahmen blieb nicht aus: Die Versuche bewirkten Produktionssteigerungen, reduzierten Fehlzeiten und Fluktuation und erreichten, »daß eine Solidarisierung der Arbeiterschaft als potentieller Machtfaktor verhindert wurde und keinerlei nationale Gewerkschaften sich in den Hawthorne-Werken organisieren konnten« (LITTEK 1973, 29).

TAYLOR waren weder die Vielfalt menschlicher Arbeitsmotivation noch die Rolle der Arbeitsgruppen unbekannt geblieben. Er hatte jedoch die überragende Bedeutung des Erwerbsmotivs betont und die Arbeitsgruppen zu zerschlagen versucht. Auch FORD war von ähnlichen Prämissen ausgegangen: »Um Hand in Hand zu arbeiten, braucht man sich nicht zu lieben« (1923, 107). »Die Lohnfrage schafft neun Zehntel der psychischen Fragen aus der Welt, und die Konstruktionstechnik löst die übrigen« (133). MÜNSTERBERGs Auffassungen hinsichtlich der leistungsfördernden oder -hemmenden Wirkung von Arbeitsgruppen waren durchaus zwiespältiger Natur. Einerseits empfahl er, Arbeitsplätze so zu gestalten, daß Unterhaltungen erschwert würden (1912, 125 f), andererseits berichtete er von Versuchen, durch Förderung des Gruppenzusammenhalts (beispielsweise durch gemeinsame Betreuung einer »Abteilungskatze«) das Arbeitsklima zu verbessern (139). Max WEBER hatte in seiner »Psychophysik der industriellen Arbeit« geschrieben: »Das ›Bremsen‹ ... findet sich auch beim Fehlen aller gewerkschaftlichen Organisation überall da, wo irgendwelches Maß von Solidaritätsgefühl in einer Arbeiterschaft oder doch einem hinlänglich bedeutenden Teil ihrer existiert« (1924, 156). Auch im Deutschland der 20er Jahre hatten Sozialwissenschaftler wie LANG und HELLACH (1922) oder ROSENSTOCK (1922) Ansätze zur Analyse von Arbeitsgruppen und Vorschläge für neuartige Kooperationsformen entwickelt.

Erst mit den Hawthorne-Experimenten und den Publikationen darüber setzte sich jedoch die Erkenntnis durch, daß die auf gemeinsames Situationserleben sowie kollektive Situationsinterpretation und -bewältigung gegründeten und ausgerichteten Gruppenbeziehungen der Arbeiter weder durch die Arbeitsorganisation noch durch den Appell an das individuelle Erwerbsstreben beseitigt werden konnten.

Die auf den einzelnen Arbeiter gerichteten Bemühungen der Sozialisation am Arbeitsplatz hatten in dieser Hinsicht versagt; die Schleusen der Arbeitsintensifikation mußten auf andere, weithin neue Weise weiter geöffnet werden.

Mit der Anerkennung der »zwischenmenschlichen Beziehungen« (human relations) als eines wesentlichen und unumgänglichen Faktors bei Intensifikations- und Integrationsstrategien beginnt die zweite, die *gruppenwissenschaftliche Stufe* der Arbeitswissenschaft, soweit sich diese als Überwindung von Restriktionen des Taylorismus versteht; mit den Kerngebieten Betriebssoziologie und Sozialpsychologie des Betriebs (Betriebspsychologie). Die Entdeckung der »informellen«, durch die Arbeitsorganisation nicht geplanten Beziehungen und damit der Vielfalt menschlicher Arbeitsmotivation überwand Taylors Illusion, die wissenschaftliche Gestaltung dieser »formellen« Arbeitsorganisation allein sichere optimale Kooperation im Industriebetrieb, und verfeinerte die Methode der Lenkung beruflicher Sozialisationsprozesse. Das Prinzip hierbei – das zum Grundinventar strategischen Denkens zählen dürfte – ist, sich nutzbar zu machen, was man nicht beseitigen kann. Für die gruppenwissenschaftliche Stufe der Arbeitswissenschaft konkretisiert, heißt dies: »Da die informelle Organisation einer natürlichen Bedingung menschlicher Motivierung entspreche, gebiete die Klugheit, die informellen Gruppen nicht zu zerschlagen oder zu behindern, sondern zu fördern und für die Unternehmensziele zu gewinnen« (Stirn 1961, 493). Dies ermöglicht einen neuen Zugang zur Steuerung der Einzelleistung durch die Arbeitsgruppe. Ein solcher Zugang kann ein wesentliches Widerstandspotential verringern, Leistungszurückhaltung vermindern und den Einfluß der Gewerkschaftsorganisation schwächen: dann, wenn die Arbeitsgruppe in ihren Zielsetzungen »umgedreht«, »konstruktiv« gemacht wird und die »Bedürfnisse« ihrer Mitglieder Berücksichtigung finden.

Mayo (1950) formuliert das Konzept und überhöht es gleichzeitig durch eine bestimmte Weltsicht. »Unsere Zivilisation ist ungeheuer erfolgreich gewesen, was materielle und technische Ergebnisse betrifft; als kooperatives System war sie ein völliger Fehlschlag. Weder ist es uns gelungen, eine dauernde Zusammenarbeit innerhalb der Nationen zu sichern, noch eine solche zwischen den verschiedenen Völkern« (92). Daraus ergibt sich, »daß die Zusammenarbeit in einer industriellen Gesellschaft nicht dem Zufall überlassen bleiben kann« (30), insbesondere hätte man sich bemühen sollen, »die gesellschaftliche und auf Zusammenarbeit gerichtete Geschicklichkeit auszubilden, die die technische Entwicklung ausgleichen oder ins Gleichgewicht hätte bringen können« (36). Die mangelnde Entwicklung solcher »gesellschaftlicher Geschicklichkeiten« (social skills) führe zu Fehlangepaßtheit und psychischer Krankheit, worunter auch politischer Radikalismus zu zählen sei. Hier erwachse eine epochale Aufgabe für Sozialwissenschaftler und sozialwissenschaftlich ausgebildete Manager: »Ordnung in das gesellschaftliche Chaos zu bringen« (47). Eine der wesentlichen Ursachen für das Versagen in kooperativer Hinsicht sieht MAYO in der »Hordenhypothese«, die er den Sozialwissenschaftlern und insbesondere RICARDO anlastet: »Die Menschheit sei eine Horde unorganisierter Einzelner, die von ihrem Selbstinteresse getrieben werden« (78). Diese Theorie sei »schrecklich unzureichend, ... sogar absurd« (95), lediglich eine »Pathologie der Desorganisation« (78). MAYO zitiert demgegenüber eine Aussage von FIGGIS: »Denn in Wahrheit ist die Idee von der isolierten Individualität der Schatten eines Traumes« (80). Die Hordenhypothese spielt nach MAYO auch im Bereich der »industriellen Kooperation« eine unheilvolle Rolle. »Die drei immer wieder auftauchenden Probleme der modernen Großindustrie sind die Anwendung der Wissenschaft und der technischen Geschicklichkeit auf ein bestimmtes stoffliches Erzeugnis, die Systematisierung der Arbeitsverfahren und die Organisation der dauernden Zusammenarbeit.« Die Manager seien daraufhin ausgebildet, die ersten beiden Problemkreise ins Auge zu fassen und »das dritte Problem gänzlich zu übersehen« (133). Insbesondere würden die Vertreter der Hordenhypothese »Anreizprämien für das einzige Mittel halten, mit dem man auf Menschen wirken kann« (130). Demgegenüber hätten die Hawthorne-Experimente gezeigt, daß industrielle Kooperation und »das Verhältnis der Arbeitsgruppen zur Leitung eins der grundlegenden Probleme der Großindustrie ist«, daß »die Entwicklung und Erhaltung der Zusammenarbeit« zu den wichtigsten Aufgaben der Werksleitung zähle (131).

Diese Bemühungen seien erfolgversprechend aufgrund der Tatsache, »daß in dem normalen Menschen immer noch ein tiefer Wunsch nach einer auf Zusammenarbeit aufgebauten Tätigkeit vorhanden ist und von einer klugen und redlichen Leitung genutzt werden kann« (167). Die Maßnahmen könnten eine »notwendige doppelte Loyalität« erzeugen: »zu seiner eigenen Gruppe und zu der größeren Organisation« (132) — jene doppelte Loyalität, welche die glücklichen und arbeitsfreudigen Mädchen der ersten Hawthorne-Experimente gezeigt hatten. Die Orientierung der Betriebsleitung auf derartige Kooperation erzeuge einsatzbereite und anpassungsfähige Arbeiter. »Wo immer an der Spitze einer Organisation unmittelbar die Aufmerksamkeit klug auf die Ausbildung gerichtet wird, sind die Arbeiter pflichttreu und fähig dem Ruf der dringenden Not gefolgt« (61, über kriegsbedingte Umsetzungen).

Die Möglichkeit tiefgreifender gesellschaftlicher Widersprüche, die solche »Kooperation« als verschleiernde Sozialtechniken kennzeichnen würden, ist für MAYO undenkbar. Sie zu denken, ist Ausdruck eines »schwachsinnigen Hasses« (178). Eine solche Denkart erscheint ihm als Folge von Lebens- und Arbeitsbedingungen, welche »die Schattenseite des Fortschritts« (21) darstellen: »Das Leben in einer modernen Industriestadt« zwinge vermutlich »die Arbeiter zu einer ungewohnt einseitigen und radikalen Lebensauffassung« (118). »Sozialismus, Syndikalismus, Bolschewismus — irrationale Träume von Wut und Zerstörung — sind die unvermeidliche Folge« (zit. bei BARITZ, 127). So ist wohl mit BARITZ (113) zu vermuten, daß »industrielle Kooperation« für MAYO bedeutete, daß »die Arbeiter tun sollten, was das Management sagte«.

Es liegt in der Logik des Konzepts, daß kämpferische gewerkschaftliche Organisationen für die MAYO-Gruppe ebenso ärgerliche wie überflüssige Störer darstellen; war ihr Vorhandensein im Betrieb doch sichtbarer Ausdruck des Fehlens jener »notwendigen doppelten Loyalität«, damit aber auch Symptom von Führungsfehlern des Managements. MAYOS enger Mitarbeiter, WHITEHEAD, formuliert: »In den Spitzenpositionen der Unternehmen befinden sich viele der allerbesten Köpfe des Landes, und es ist gut möglich, daß sie sich der Aufgabe gewachsen zeigen, den Organismus der Industrie auf Linien hin anzupassen, die für die Beteiligten befriedigender sind; wenn dies geschieht, dürften die Gewerkschaften ihre Mitglieder verlieren« (1936, zit. bei BARITZ, 123). »Wo das Management fair ist und flink im Entdecken und Beseitigen von Quellen der Arbeitsunzufriedenheit, ist eine Gewerkschaft nicht nötig«, meint McMURRY (1944, zit. bei BARITZ, 202), und ein Kollege berichtet, ein Betrieb habe die Einführung von Arbeitsgruppen abgelehnt, und die Gewerkschaft »CIO bekam sie in die Finger und sie haben noch eine Menge Ärger« (1944, zit. bei BARITZ, 127). Seitens der Gewerkschaften wurde denn auch die neue Forschungsrichtung ebenso korrekt wie polemisch als »Kuh-Soziologie« bezeichnet (zit. bei BARITZ, 114), da sich ihr Grundgedanke etwa mit den Sätzen »Glückliche Kühe geben mehr Milch — Glückliche Arbeiter produzieren mehr Autos« umschreiben läßt. Noch drastischer ist der (ebenfalls bei BARITZ, auf S. 175 berichtete) Witz der Parole in einer Gewerkschaftszeitung: »Trotz Lohnraub und Arbeitshetze — ich liebe Euch. Der Boss.«

Die Hawthorne-Experimente waren mit dem Beginn der Weltwirtschaftskrise teilweise unterbrochen worden; die Fragestellung blieb jedoch akut und trat gegen Ende der 30er Jahre bis hin zur Nachkriegszeit — Zeiten zunehmender Machtfülle des US-Kapitals bei relativer Stärke der Gewerkschaften — wieder besonders in den

Vordergrund. In aufwendigen Programmen meist besonders gewerkschaftsfeindlicher Konzerne wurde das Forschungsgebiet ausgedehnt auf die Untersuchung der »Arbeitseinstellung«, »Arbeitsmotivation« und »Arbeitszufriedenheit«. Eine besondere Rolle spielte hierbei das Thema »Führungsverhalten« und »Führungsstile«. Die Auslese von Führungskräften war eine der besonderen Schwierigkeiten des individualwissenschaftlichen Ansatzes gewesen, die Suche nach sogenannten »Führereigenschaften« blieb ohne jedes greifbare Ergebnis. Man erkannte immer mehr, daß effektive Leitung weniger eine Frage von Persönlichkeitsmerkmalen und deren Diagnostik, sondern eine Frage von Verhaltensformen und deren Training war. Als Ideal galt, daß der Vorgesetzte, auch der anerkannte »Führer« seiner (auf die Zielsetzungen des »Unternehmens« ausgerichteten) Arbeitsgruppe war. Eine solche Position zu erringen und zu erhalten, war jedoch weit schwieriger, als wenn man sich etwa auf Anordnungen, Kontrollmaßnahmen und Verweise beschränken konnte.

In der zweiten Hälfte der 30er Jahre bildete sich um den (aus Deutschland emigrierten) Psychologen Kurt LEWIN eine Arbeitsgruppe, welcher es — ganz im Sinne der human-relations-Bewegung — vornehmlich um Konfliktbewältigung und Leistungssteigerung in Gruppen ging. In diesen Jahren hatten die LEWIN-Schüler LIPPITT und WHITE in einem Versuch mit Knabengruppen drei »Führungsstile« unterschieden, von denen sich der »demokratische« hinsichtlich Gruppenmoral und Leistung positiv vom »autoritären« und vom »laisser-faire«-Führungsstil abhob (nachzulesen etwa bei LIPPITT und WHITE 1963). Der Ansatz beeinflußte nicht nur die pädagogische und die klinische Psychologie, sondern wurde auch von Industriepsychologen und -soziologen übernommen. Man unterschied hinfort »arbeits-« und »arbeiterzentriertes« oder auch »direktives« und »integratives« Vorgesetztenverhalten und stellte in einer Reihe von Untersuchungen fest, daß ein hohes Ausmaß von Orientierung auf die Bedürfnisse und Wünsche der Untergebenen nicht nur zu höherer Arbeitszufriedenheit, sondern auch zu erheblich besseren Leistungen sowie zu geringeren Fehlzeiten und verminderter Fluktuation führte (vgl. als kurze Zusammenfassung ULICH 1971). In der Folge wurden in vielen Seminaren und mit immer ausgeklügelteren Methoden »Führungskräfte«, vor allem in unteren und mittleren Positionen, darin geschult, sich um ihre Untergebenen mehr als bisher zu kümmern, sie öfter zu loben und zu ermutigen, die Kontrolle unauffälliger und die Kritik sachlicher zu gestalten, und dergleichen mehr. Als man schließlich bei den »Mitarbeitern« auch noch das Bedürfnis nach Mitentscheidung und Mitverantwortung entdeckte, wurden verschiedene Formen der Mitwirkung von Arbeitsgruppen an Entscheidungen, etwa über die Produkt- oder Arbeitsgestaltung, entwickelt (z. B. COCH u. FRENCH 1948). Auch hier hatten schon

TAYLOR und FORD die Bedeutung eines systematischen Herauslockens von Verbesserungsvorschlägen aus den unmittelbar Produzierenden betont; der gruppenwissenschaftliche Ansatz bot aber neue Möglichkeiten, auch die kreativen Potenzen von Arbeitsgruppen einzusetzen und sie ansonsten durch »demokratische« Methoden von der Unvermeidlichkeit bestehender Mißstände (als »Sachzwänge«) zu überzeugen. Solche Partizipation, so wurde berichtet, steigere nicht nur die Arbeitsleistung gewaltig, sondern verwandle auch radikale Arbeiter in verantwortungsbewußte und gemäßigte »Mitarbeiter« (BARITZ, 187). Freilich muß sie im Dienste der Erreichung des »Betriebsziels« bleiben, also letztlich profitabel sein, und läuft somit stets darauf hinaus, »die Arbeiter zum Akzeptieren dessen zu bringen, was das Management wollte, aber ihnen das Gefühl zu geben, daß sie die Entscheidung gemacht oder dabei mitgeholfen haben« (COREY 1950, zit. bei BARITZ, 188).

In der BRD ist eine breitere Übernahme der human-relations-Konzepte erst ab Mitte der 50er Jahre festzustellen, als die »Gründerzeit« des wieder etablierten westdeutschen Kapitalismus vorbei war und man sich einer Reihe von Schwierigkeiten auf dem Arbeitsmarkt gegenübergestellt sah, die zum Teil auch auf das Fehlen geschulter Führungskräfte zurückgeführt wurden (»Managerkrise«). Eine besondere deutsche Variante ist das an der »Akademie für Führungskräfte der Wirtschaft« propagierte »Harzburger Modell«; sein Grundkennzeichen ist, daß Verantwortung in möglichst breitem Umfang an niedrigere Positionen delegiert wird, wobei alle wesentlichen Kontrollmöglichkeiten beim jeweiligen Vorgesetzten verbleiben (»Führung im Mitarbeiterverhältnis«; vgl. hierzu auch BONI u. a. 1972). Gleichzeitig nahmen in der BRD Sozialpsychologie und Soziologie des Betriebs einen gewissen Aufschwung (vgl. z. B. bei MAYER 1970, BURISCH 1969). In alter Tradition gibt dabei SCHELSKY den neuen Bereichen der Arbeitswissenschaft die Funktion, einen »zweifachen Nutzeffekt« zu haben: »einmal die erhöhte soziale und seelische Befriedigung des arbeitenden Menschen und zum anderen die Steigerung der Produktionsleistung und Wirtschaftlichkeit des Betriebes« (1954, 14). KLUTH formuliert die Integrationsfunktion der Betriebssoziologie mit beachtenswerter Offenheit, warnt aber auch vor jeder Überschätzung ihrer Möglichkeiten: »Die Betriebssoziologie kann sich lediglich bemühen, das jeweilige Verhältnis von Soll- und Ist-Struktur zu analysieren und darzustellen und auf diese Weise eine Voraussetzung dafür zu schaffen, daß das für den Erhalt einer Gesellschaft notwendige Maß an sozialer betrieblicher Integration erreicht werden kann« (1968, 103 – zur Kritik der Industrie- und Betriebssoziologie vgl. vor allem LITTEK 1973).

Die Überschätzung und vor allem Selbstüberschätzung der human-relations-Bewegung war vor allem um 1950 in den USA beachtlich.

Henry FORD II — wie sein Großvater stets ein Förderer der Arbeitswissenschaft — erklärte 1946, also zu einer Zeit, in der er sich in seinem Unternehmen besonders kampfbewußten Gewerkschaften gegenübersah: »Wenn wir das Problem der zwischenmenschlichen Beziehungen in der industriellen Produktion lösen können, dann können wir in den nächsten zehn Jahren einen solchen Fortschritt in Richtung auf Kostensenkung machen, wie wir ihn im letzten Vierteljahrhundert durch die Entwicklung der Maschinerie der Massenproduktion gemacht haben« (zit. bei BARITZ, 191). MAYO brachte den schon branchenüblichen Vergleich mit der industriellen Revolution (BARITZ, 77) und sah in den neuen Erkenntnissen — wie bereits aus seinen oben zitierten Äußerungen erkennbar — Möglichkeiten für eine umfassende Heilung der vom überstürzten technischen Fortschritt zutiefst erschütterten menschlichen Zivilisation: die Arbeitsgruppe als Idyll im hochmechanisierten Großbetrieb. »Wenn unsere gesellschaftlichen Geschicklichkeiten Schritt für Schritt mit den technischen zusammen vorangetrieben worden wären, hätte es keinen neuen europäischen Krieg gegeben« (1950, 50).

Der gruppenwissenschaftliche Ansatz erwies sich in der Tat lange Zeit als eine ebenso zugkräftige wie wirksame neue Strategie der Sozialisation am Arbeitsplatz, seine Segnungen »für beide Seiten« schienen unbestreitbar. Dennoch regten sich zunehmend Zweifel, ob nicht auch dieses Konzept zu begrenzt sei. Wie aus den erwähnten Charakterisierungen amerikanischer Gewerkschafter schon ersichtlich, ging es dabei vor allem um die Frage, ob nicht die humanrelations-Bewegung nur die bestehende Arbeitsorganisation und Arbeitsteilung im Lichte der Menschenfreundlichkeit erstrahlen lasse, ob sie nicht etwa um die Arbeitstätigkeit selbst einen Bogen mache und diese unkritisch dem tayloristischen und psychotechnischen Zugriff überlasse. Das Auftreten von liederlichen Betriebsklima-Aposteln verstärkte derartige Zweifel.[3] Sozialpsychologen wie

---

[3] Die Geschichte der Arbeitswissenschaft wird begleitet von marktschreierischen Verkündern neuer Heilslehren, denen es — insbesondere mit dem Schlagwort »Überwindung des Taylorismus« — meist sehr darum zu tun ist, alles Vorhergehende abzuwerten und sich einen Prunkmantel der Humanität umzuwerfen; BARITZ nennt solche Scharlatane kurz und treffend »Quacks«. Schon TAYLOR mußte vor mißverstandener und falscher Imitation seines Systems warnen; Eignungsdiagnostik und Arbeitsgestaltung hatten sich stets mit den absonderlichsten Testverfahren und Patentrezepten herumzuschlagen; die human-relations-Bewegung litt unter ähnlich seichter Vermarktung. Auch die neue, aktionswissenschaftliche Stufe der Arbeitswissenschaft (von der noch die Rede sein wird), ist von pseudowissenschaftlichen Publikationen begleitet, die Begriffe wie »Arbeitsstrukturierung« und »Menschenwürde im Betrieb« zu Schlagworten einer neuen, menschheitsbeglückenden Sekten-Religion herabwürdigen und dabei viel Geld und Beachtung ernten. Ein Bild sei gestattet: Manche seriösen Arbeitswissenschaftler muten an wie Kunsthandwerker, welche in jahrelanger Arbeit neuartige Objekte herstellen, um nach Fertigstellung erleben zu müssen, daß billig gefertigte, oberflächliche Kopien den Markt

McGREGOR (z. B. 1973) betonten, daß Interessengegensätze im Betrieb nicht hinweggezaubert werden könnten und daß Befehle Befehle blieben, auch wenn sie sich wie Bitten und Vorschläge anhörten. Solche Zweifel halfen, den gruppenwissenschaftlichen Ansatz weiterzuentwickeln in Richtung einer umfassenden Erforschung des menschlichen Verhaltens in Organisationen (vgl. etwa von ROSENSTIEL u. a. 1972). Zudem begannen sich Soziologen und Psychologen zu fragen, ob nicht ein wissenschaftlicher Zugang zur menschlichen Arbeitsverausgabung immer noch unerschlossen geblieben sei. Hatte auch der gruppenwissenschaftliche Ansatz eine Dimension möglicher Intensifikation und Integration unentdeckt gelassen?

1.3.3. Die aktionswissenschaftliche Stufe

Im Jahre 1943 hatte der Präsident von IBM ein schreckliches Erlebnis. Während eines Rundgangs durch das Werk Endicott entdeckte er eine Arbeiterin, die nichts tat. »Obwohl sie ihre Maschine selbst einrichten konnte, wartete die Arbeiterin auf einen Einrichter, da das Einrichten nicht zu ihren Aufgaben gehörte. Sie hätte — nach ihren Aussagen — auch ihre Arbeit selbst kontrollieren können, aber dafür wiederum war ein Fertigungskontrolleur zuständig.« Man ergriff sofort Maßnahmen, um das Einrichten und Kontrollieren den Arbeitern zu übertragen. »Innerhalb weniger Monate wurde dieser Plan realisiert, so daß eine Reihe von Abteilungen ... tatsächlich ohne Einrichter und Kontrolleure arbeiten konnten« (ULICH 1972, 267). Die Veränderungen führten nicht nur zu derartigen Einsparungen, sondern erhöhten Produktivität, Löhne und »Zufriedenheit« der Arbeiter. 1954 begeistert sich das »Wall Street Journal« für die

überschwemmen. Diese Wissenschaftler befinden sich dann in einer recht unangenehmen Situation. Einerseits sehen sie sich veranlaßt, nun selbst marktschreierische Methoden anzuwenden und sich die Kutte des Heilsapostels überzustreifen; da sie dies jedoch nur ungern tun und darin auch wenig Übung haben, wirken sie meist etwas komisch. Andererseits können sie nicht umhin, sich von den billigen Imitationen abzuheben, Dauer und Intensität der eigenen Arbeit sowie Höhe der eigenen Qualifikation nachzuweisen, was nicht selten peinlich ist und auch nur bei einem Teil der Adressaten — also vor allem der Unternehmer und Manager — wirkt. Es versteht sich am Rande, daß solche Probleme und Erscheinungen bei einer Wissenschaft unumgänglich sind, zu deren Selbstverständnis es gehört, sich Adressaten anzubiedern, die stets die »Macher« den »Spinnern« vorziehen. Solche Vorgänge, vor allem das periodisch ausbrechende Humanitäts-Tamtam, erschweren auch den Gewerkschaften eine korrekte Einschätzung sowohl der neuen arbeitswissenschaftlichen Strategien wie ihrer billigen Imitationen. Wer sich schließlich mit der Entwicklung der Arbeitswissenschaft beschäftigt, gerät in Versuchung, diese als Abfolge von Modeerscheinungen und Modetorheiten darzustellen; er hätte dabei jedoch verkannt, daß sich hinter dem Getöse der Vermarktung eine in Theorie und praktischer Verwertung durchaus ernstzunehmende Wissenschaft fortentwickelt.

Versuche und berichtet von einem Mann aus einem anderen IBM-Zweigwerk: Dieser »verdankt seinen Aufstieg von einem schrauben-anziehenden Roboter zu einem Arbeiter mit vielfältigen Aufgaben und Verrichtungen einer Bewegung, die man job enlargement nennt. Man versteht darunter eine Ausweitung des augenblicklichen Aufgabenbereichs eines Arbeiters und die Schaffung abwechslungsreicherer und interessanterer Arbeitsplätze und eines erhöhten Anreizes zu besserer Verrichtung der Arbeit ... Die meisten Unternehmungen, die einen Versuch mit dem job enlargement unternommen haben, erklären, daß hierdurch die Kosten gesenkt, die Leistung gesteigert und den Kunden Erzeugnisse höherer Qualität angeboten werden konnten. Sie glauben, daß die Bewegung in den nächsten Jahren die Arbeitsplätze von Hunderttausenden amerikanischer Arbeiter verbessern wird« (zit. bei FRIEDMANN 1959, 56).

Mit diesen neuen Befunden ist zunächst einmal das Prinzip der Rationalisierung durch stets zunehmende Arbeitszergliederung in Frage gestellt. G. C. HOMANS, einer der wesentlichen Vertreter der human-relations-Bewegung formuliert (1950, zit. bei FRIEDMANN, a.a.O., 40) den Grundgedanken der neuen Strategie: »Von Adam SMITH bis F. W. TAYLOR wurde kritiklos angenommen, daß man umso billiger produziere, je weiter man die Arbeitsteilung vorantreibe ... Jetzt beginnen wir aber zu begreifen, daß die Arbeitsteilung wie jeder andere Entwicklungsprozeß einen Punkt kennt, von dem an der Ertrag wieder sinkt.« Eine derartige Neuorientierung liegt für HOMANS in der Konsequenz des gruppenwissenschaftlichen Ansatzes, da die tayloristische Spezialisierung Zusammenarbeit zwischen den Arbeitern erschwere und damit Gruppenbildung praktisch unmöglich mache (vgl. bei FRIEDMANN, a.a.O., 47 ff). DAVIS kleidet die neue Strategie in die Frage: »Kann man vielleicht eine Produktivitätssteigerung erzielen, indem man die Grundsätze der Spezialisierung umkehrt?« (1957, zit. bei ULICH 1972, 270) GUEST (1955, 7) gibt die Aussage eines Arbeiters wieder, der zu den »Arbeitsverbesserungen« des individual- und gruppenwissenschaftlichen Ansatzes Stellung nimmt: »Alle diese Dinge sind sehr schön, aber sie machen den job nicht besser. Und schließlich zählt nur das, was man während des größten Teils der Zeit tatsächlich tut.« FRIEDMANN, der diese Aussage zitiert (1959, 158), schließt daraus: »Die modernen Tendenzen der wissenschaftlichen Arbeitsorganisation haben die Verminderung des eigentlichen Inhalts und der Vielfältigkeit der Arbeit erkannt und versucht, dem Arbeiter Befriedigungen zu geben, die *außerhalb seiner Verrichtungen* liegen, eine Art von Ausgleich in seiner physischen und sozialen Umwelt« (163, Hervorh. v. W. V.). Der neue Ansatz ist also durch die Zuwendung zur menschlichen Arbeitstätigkeit gekennzeichnet, er versucht, diese menschlichen Eigenheiten und Bedürfnissen anzupassen. Wir wollen die neuen arbeitswissenschaftlichen Strategieformen deshalb als *aktionswissenschaftliche Stufe* zusammenfassen. Der neue Ansatz ist — wie das bisher Zitierte bereits zeigen mag — undenkbar ohne die vorhergehenden Stufen arbeitswissenschaftlicher Erkenntnis; er übersteigt diese jedoch durch eine neue, integrative Sichtweise und hebt sie zugleich (im bekannten dreifachen Sinne dieses Wortes) auf.

Das zugrundeliegende theoretische und praktische Problem ist natürlich keineswegs neu. TAYLOR hätte dem erschreckten IBM-Präsidenten wohl empfohlen, der Arbeitsplanungs-Abteilung des Werkes Endicott die Leviten zu lesen; die neuen Maßnahmen wären ihm als Rückfall in das »Initiative-System« und als Versagen des Managements erschienen. Auch die grundsätzliche Problematik monotoner Arbeit war ihm selbstverständlich nicht unbekannt. Doch wäre er sich mit FORD und MÜNSTERBERG darin einig gewesen, daß ein großer Teil der Arbeiter eben nur für derartige Tätigkeiten geeignet sei und infolgedessen auch gar keine andere Betätigung wolle. (FORD: »Unmöglich könnte ich tagaus, tagein das gleiche tun; für andere, ja für die meisten Menschen ist das Denkenmüssen eine Strafe — 1923, 120). Wer indes zu Höherem geboren sei, dem böten gerade die neuen Systeme die besten Möglichkeiten, um ausgelesen und befördert zu werden. Andererseits formuliert FORD aber auch (325 f): »Die Zeit ist gekommen, um die aussaugende, tötende Arbeit aus dem werktätigen Leben zu entfernen . . . Hier winkt uns eine neue Aufgabe — die Eliminierung der Eintönigkeit, und bei dem Versuch, dieses zu erreichen, werden wir zweifellos noch auf andere Änderungen stoßen, die in unserem System vorzunehmen sind.« MÜNSTERBERG nennt es (1913, 142) »eine psychologische Frage, wieweit die psychophysische Leistung durch diese vollkommene Entlastung des Arbeiters von jedem eigentlichen Überlegungsprozeß gesteigert wird«, vergißt aber nicht hinzuzufügen: »Sie sollte sauber getrennt werden von der sozialen Frage, wieweit es wünschenswert ist, daß der Arbeiter als solcher noch mehr von der geistigen Arbeit getrennt wird.« Auch MAYO berichtet (1950, 95 ff) von einem frühen Versuch, in welchem einer Arbeitsgruppe die Organisation von Arbeitspausen in die Hand gegeben wurde. In Großbritannien hatte sich HARDING schon vor 1933 mit dem Problem der optimalen Größe einer »Arbeitseinheit« befaßt (ref. in FRIEDMANN, a.a.O., 70 ff).

Ein erster Durchbruch gelang den neuen Auffassungen jedoch, als die USA nach 1941 zu verstärkter Rüstungsproduktion gezwungen waren und die schnell expandierenden Unternehmen großenteils weder Zeit noch Leute hatten, um neue oder veränderte Fertigungsbereiche nach dem ausgefeilten und durchaus aufwendigen Taylor-System zu organisieren. In einer Zeit also, in der die politische Situation die Einsatzbereitschaft vieler Arbeiter erhöhte, kehrte man gezwungenermaßen zum alten Initiative-System zurück, ja steigerte dieses sogar, indem man weite Bereiche der Arbeitsplanung in die Hände von Arbeitsgruppen legen mußte. Zum Erstaunen von Managern und Unternehmen funktionierte das, und zwar besser als in vergleichbaren Werken, die nach dem Taylor-System arbeiteten. Der verantwortungsbewußte, arbeitsfreudige und Eigeninitiative entwickelnde Arbeiter erstand wieder als Idealbild der Arbeitswissenschaft.

Die Situation nach Beendigung des Krieges veränderte sich zwar, jedoch in einer Weise, welche die Weiterentwicklung des neuen Ansatzes förderte. Der Boom hielt an, und trotz aller Versprechungen der human-relations-Bewegung blieb die »Leistungszurückhaltung« ein vieldiskutiertes Problem. Die Arbeitskämpfe verschwanden nicht, sondern erreichten sogar eine neue Schärfe. Die Gewerkschaften wurden zu einem Machtfaktor, den verschwinden zu lassen sich kein ernsthafter Sozialwissenschaftler mehr vornehmen konnte; so blieb nur der Weg, ihn in »konstruktive Bahnen« zu lenken. Von besonderer Bedeutung war jedoch das rasche Fortschreiten von Mechanisierung und Automatisierung. Zunehmend entstanden Arbeitsplätze, die Überwachungs- und Steuerungstätigkeiten mit sich brachten — Tätigkeiten, die zwar keineswegs große Anforderungen an Fachkenntnisse und Ähnliches stellten, sich jedoch auch der völligen tayloristischen Arbeitszergliederung entzogen. Es war oft unumgänglich, den Arbeitern einen gewissen Handlungs- und Ermessensspielraum zu überlassen, da etwa das Auftreten von Störungen im Produktionsablauf nicht genau vorprogrammiert werden konnte. Daß der Arbeiter aber diesen Spielraum funktional nutzte, also z. B. auf jede Störung mit der richtigen Maßnahme reagieren konnte, war wiederum dringlich erforderlich, sollten nicht hohe Verluste auftreten.

Die Arbeitswissenschaftler erkannten zunehmend, daß ein solcher Handlungsspielraum von einzelnen Arbeitern und von Arbeitsgruppen nicht nur — als Folge lückenhafter Arbeitsorganisation und technischer Veränderung — häufig gar nicht zu verringern ist, sondern daß er auch im positiven Sinne geplant und gesteuert werden kann. In gewissem Umfang selbst disponieren und entscheiden zu können, entspricht offenbar den Qualifikationen und den Wünschen der Arbeiterschaft, zumindest in der zweiten Hälfte des 20. Jahrhunderts, sowie den Vorstellungen der »Öffentlichkeit« über eine »menschengerechte Arbeit«. Die bisherigen sozialwissenschaftlichen Strategien der Arbeitsintensifikation waren diesem Problem gegenüber äußerlich geblieben; die kontrollierte Freigabe von Handlungsspielräumen — selbstverständlich nur so weit, als dies im Rahmen der Produktionsweise funktional ist — öffnet somit den Zugang zu bisher verschlossenen Intensifikationspotentialen und macht Bereiche menschlicher Motivation und Arbeitsverausgabung zugänglich und steuerbar, die sich bisher einer solchen Steuerung entzogen und sogar Leistungszurückhaltung ermöglicht hatten: wenn entweder vorhandene Handlungsspielräume in einer Weise genutzt wurden, die nicht dem »Betriebsziel« dienten, oder wenn das Nichtvorhandensein solcher Spielräume Unlust und Monotoniegefühle erzeugte. »Flexibilität« als Fähigkeit und Bereitschaft, Handlungsspielräume zu nutzen, und »Verantwortungsbewußtsein« als Fähigkeit und Bereitschaft, dabei die Grenzen und Regeln des funktional Erforderlichen einzuhalten, werden zu Hauptzielen beruflicher Sozialisation. Wie sehr somit die neue Strategie auch äußerlich dem »Initiative-System« ähneln mag, dessen Kritik der Ausgangspunkt von TAYLORS Überlegungen war, so ist sie doch eine Fortentwicklung des Grundprinzips »wissenschaftlicher Betriebsführung«: der Steuerung menschlichen Verhaltens zum Zwecke maximaler und »freiwilliger« Arbeitsverausgabung.

Der aktionswissenschaftliche Ansatz fand seinen ersten großen Verkünder in dem amerikanischen Sozialwissenschaftler und Industrieberater Peter F. DRUCKER. DRUCKER sieht die entsprechenden Versuche als Bausteine an auf dem Wege zu einer »industriellen Gesellschaft jenseits von Kapitalismus und Sozialismus«. »Es ist eine wahrhaft neue Gesellschaft, die über beide hinauswächst. Die amerikanische Gesellschaft ist von diesem Ideal nicht mehr weit entfernt …« (1950, 461 f). Ob diese neue Gesellschaft erreicht wird, entscheidet sich im Industriebetrieb: »Im Industrieunternehmen werden die geltenden Ordnungsgesetze unserer Gesellschaftsordnung vollkommen deutlich. Und darum können auch nur dort die Probleme unserer industriellen Gesellschaft einer echten Lösung zugeführt werden« (54 f). Die Richtung dieser Lösung wird so umschrieben: »Die konkrete westliche Gesellschaft muß von der Industrieunternehmung fordern, daß sie … eine solche Organisation der gesellschaftlichen Aufgaben ermöglicht, die zu dem Glauben an die Würde des Menschen paßt, wie er im Begriff von der Verantwortung des Einzelnen für das Ganze ausgedrückt ist« (211). Das Problem der Unternehmensleitung sei, daß diese im Interesse der Gesamtgesellschaft auf Gewinn (»Rentabilität«) ausgerichtet sei und deshalb nicht ausschließlich die Belange der bei ihr Arbeitenden vertreten könne. Zwar gebe es zwischen den Interessen »der Gesellschaft« und denen des Arbeiters grundsätzlich keinen Widerspruch, dem Arbeiter erscheine dies aber so. »Die Ablehnung des Rentabilitätsprinzips durch den Arbeiter bedeutet, daß er das eigentliche Fundament der Wirtschaft nicht anerkennen will … Diesen Widerstand zu überwinden, ist also *das* Kernproblem jeder industriellen Gesellschaft und eine Frage auf Leben und Tod …« (125, Hervorh. v. D.). Das Problem sei innerhalb der Unternehmungen nur so zu lösen, daß die Gewerkschaften die Rolle eines »Gegenspielers« übernehmen, »der die

Interessen der Untergebenen ihrem Chef gegenüber vertritt und zugleich ein Teil der Unternehmensleitung wird« (148). Die Gewerkschaft müsse sich dabei »zu einer ›loyalen Opposition‹ bequemen« (159), ihre »Lohnforderung dem Gemeinwohl unterordnen« (164) und auf »gesellschaftlich unvernünftige Streiks« (168) verzichten. »Die Gewerkschaft in diesem Sinne funktionsfähig zu machen, ist mit die bedeutendste Aufgabe, vor die sich eine industrielle Gesellschaft gestellt sieht. Mit ihrer erfolgreichen Lösung steht und fällt die Hoffnung auf eine freie Gesellschaft« (155).

Was den einzelnen und die Arbeitsgruppe angeht, so konkretisiert sich die »Forderung der Gesellschaft nach der verantwortlichen Mitarbeit des Einzelnen als Bürger« als Notwendigkeit, eine »unternehmerische Haltung« anzunehmen (214 f). Diese wird definiert als »eine Haltung, aus der heraus der Einzelne seinen Beruf richtig wertet, seine Arbeit und das, was er herstellt, nämlich so, wie der Unternehmer es sieht, das heißt mit all den Beziehungen, die zur Arbeitsgruppe und dem Endprodukt bestehen« (215 f). Der Taylorismus habe verkannt, daß die »Einstellung des Arbeiters ein wichtiger Faktor für die Produktion und Produktivität ist. Und dennoch zeigen unsere Untersuchungen, daß diese Produktivitätsreserve nicht kleiner ist als die, die durch die Massenproduktionstechnik erschlossen wurde. Unter den Fabrikarbeitern führt die unternehmerische Einstellung zu einem ruckartigen Ansteigen der Produktivität und Leistung — vielleicht um 100 %« (217 f). Die Hindernisse für die Entwicklung einer solchen Haltung liegen für DRUCKER nicht im Produktionssystem, sondern im Bereich der »inneren Politik der Unternehmung« (226). Diese läßt sich weiter konkretisieren: »Die Lösung muß im Beruf und der beruflichen Tätigkeit selbst gesucht werden; diese müssen sinnvoll und befriedigend gestaltet werden« (228 f). Der Taylorismus brachte »den pseudowissenschaftlichen und vollkommen falschen Begriff vom Maschinenmenschen« und sieht im Arbeiter »eine habgierige, faule, hilflose Marionette, die nur an der Lohntüte interessiert ist« (264). »Den Menschen zu benutzen, als wäre er eine schlecht konstruierte Einzweckmaschine, heißt, ihn sehr schlecht und leistungsschwach nutzen« (234). TAYLOR und seine Gefolgsleute hätten die eine Hälfte der Arbeit getan, nun sei die zweite Hälfte an der Reihe: »Sie zergliederten den Arbeitsvorgang in seine Bestandteile; wir müssen sie wieder zusammenfügen, um so einen Arbeitsvorgang zu schaffen, der sich sowohl auf die elementare Bewegung wie auf die spezielle menschliche Fähigkeit und das Bedürfnis stützt zu koordinieren« (235). Aus diesem Konzept leitet sich auch der Vorschlag ab, die Gruppenbildung der Arbeiter dadurch zu fördern, daß man ihnen die Details der Arbeitsorganisation überläßt. Im Gesamtbetrieb sollte die Unternehmungsleitung durch eine »Selbstverwaltung der Betriebsgemeinschaft« ergänzt werden, wobei sich die erstere um die wirtschaftlichen Belange, die zweite vor allem um die »gesellschaftlichen Bereiche« (Urlaubspläne, Zuteilung zu Schichten u.a.m.) zu kümmern hätte. Letztere böte auch den Gewerkschaften die Möglichkeit zu konstruktiver Betätigung (375 ff). Wenn die Gegensätze zwischen Arbeitern und Unternehmern »in einer lebendigen Betriebsgemeinschaft gleichsam Gestalt annehmen, dann würden sie nur ein untergeordnetes und nicht mehr das beherrschende Element der Arbeiter-Unternehmerbeziehung sein. Anstatt um die Gefolgschaftstreue der Arbeiter sich zu streiten, würden die Gewerkschaften wie die Unternehmer an einer neuen und starken Bindung der Arbeiter an das Unternehmen teilhaben« (405).

Es war der französische Soziologe Georges FRIEDMANN, der wesentlich zur Verbreitung des aktionswissenschaftlichen Ansatzes in Westeuropa beitrug. FRIEDMANN — ein ebenso kritischer wie schöpferischer Autor mit großen Kenntnissen der marxistischen Theorie — sieht die »Humanisierung der technischen Zivilisation« als Aufgabe unserer Zeit an (1959, 140) und betont, daß man hierbei auch »das System des freien Unternehmertums« in Frage stellen müsse (138). Die neuen Ansätze erscheinen ihm als eine »Gegenreaktion gegen die Zersplitterung von Arbeitsverrichtungen« (89). Das Dogma der stets zunehmenden Arbeitsteilung habe »das ungeheure Maß an Unzufriedenheit, an Unlust, Zwang und Ressentiment« zur Folge, »das die Arbeit in der heutigen Großindustrie bei einer großen Zahl von Menschen zwangsläufig hervorruft« (81). Weder die Psychotechnik noch die human-relations-Bewegung hätten dieses Dogma in Frage gestellt (vgl. auch FRIEDMANN 1952). Wer dies nunmehr tue, wolle »keineswegs die klassische Arbeitsorganisation im ganzen verwerfen, sondern nur gewisse, wie sie ... toten Ballast abstoßen und dadurch den gleichzeitig technischen und menschlichen Bedürfnissen des modernen Betriebes besser gerecht werden kann« (1959, 199). FRIEDMANN hebt sich zwar von DRUCKERs Haltung ab, welcher durch Automatisierung und »job enlargement« das Humanisierungsziel bald zu erreichen glaubt, möchte aber doch »die Ausweitung der Arbeitsaufgaben als einen sehr wichtigen Wendepunkt in der Geschichte der technischen Zivilisation betrachten« (139). Insgesamt gehe es hier um eine »Ausweitung und Bereicherung des menschlichen Handelns in der Arbeit« (118), um eine »geistige Aufwertung der Arbeit« (114), welche sich nicht ohne umfassende Bildungsmaßnahmen und weitere gesellschaftliche Strukturveränderungen erreichen lasse.

Die Gedanken von DRUCKER und FRIEDMANN stießen bei Wissenschaftlern und Gewerkschaftlern auf Interesse; doch dauerte es bis Anfang der 70er Jahre, bis die Situation auch in der BRD reif war für eine breitere Aufnahme aktionswissenschaftlicher Erkenntnisse. Die nunmehr in größerem Umfang einsetzende Automatisierung und der internationale Konkurrenzdruck dürften hier die wichtigste Rolle spielen. »Die Sicherung und Erhaltung der Kapitalrentabilität ... verlangen eine systematische ›Produktion‹ von Innovationen und Mobilisierung der Reserven an Initiative, Leistung und Verantwortung in den Betrieben ... Die Kapitalverwertung (benötigt) auch die schöpferischen Fähigkeiten der unteren, bisher nur ausführenden hierarchischen Ränge. Da die bisherige hierarchische und bürokratische Organisation mit der strengen Zuweisung und Abgrenzung von Kompetenzen dem im Wege gestanden hat und steht, müssen neue Organisationsformen und -modelle entwickelt werden, die zugleich einerseits die bisherige betriebliche Herrschaft und Zielsetzung bewahren können, andererseits ... hinreichend große Entfaltungsräume innerhalb dieser Herrschaftsbeziehungen schaffen, in denen sich die schöpferischen Fähigkeiten entfalten und andere Leistungsreserven mobilisieren lassen« (HELFERT 1973, 46). Aus dem Mund eines Staatssekretärs im Wirtschaftsministerium hört sich dies so an: Viele Unternehmen »erkennen, daß die Beteiligung einer größeren Zahl von Mitarbeitern am Entscheidungsprozeß für das Unternehmen kein Handicap, sondern eine Chance darstellt — eine Chance, die vor allem darin besteht, über bessere Motivation und Teilhabe an der Verantwortung Aktivitätsreserven zu mobilisieren, die bisher brachlagen. Im Ergebnis zielen ja die unter dem Stichwort ›Humanisierung der Arbeit‹ unternommenen Versuche, die Fließbandproduktion durch andere, womöglich produktivere Formen der Arbeitsorganisation zu ersetzen, auf anderer Ebene in die gleiche Richtung.« Wo solche Veränderungen eingeführt werden können, »werden Umstellungsinvestitionen gut angelegt sein. Denn entsprechende Beobachtungen haben — auch bei uns — ergeben, daß der Übergang zu moderneren Formen der Arbeitsorganisation durchaus Vorteile bringt, die sich insgesamt als Kostensenkung kennzeichnen lassen« (SCHLECHT 1974, 9).

Erwartungen, Selbstsicherheit und teilweise auch Organisationsgrad der Arbeiter sind gestiegen; nach berühmten Vorbildern in Italien und Frankreich wenden sich auch in der BRD die Auseinandersetzungen den unmittelbaren Arbeitsbedingungen und dem Arbeitsinhalt zu (vgl. z. B. »Gewerkschaften im Klassenkampf« 1974; sowie die Referate der DGB-Konferenz »Humanisierung der Arbeit«). Forderungen nach Mitbestimmung und Arbeiterkontrolle werden nachdrücklicher vertreten, die Kapitalisten sehen Anarchie und Gewerkschaftsstaat heraufziehen. Es ist Zeit, die neue Strategie der Intensifikation und Integration auf ihre Brauchbarkeit zu prüfen.

Die Flut von Publikationen (sehr unterschiedlicher Qualität) über die neuen Formen der Arbeitsgestaltung hat von 1972 bis 1975 deutlich zugenommen. Aufgrund ihrer theoretischen Fundierung erscheinen die Arbeiten Eberhard ULICHs von Bedeutung, der 1972 auf einer

REFA-Fachtagung ein vielbeachtetes Hauptreferat hielt (als zusammenfassende Darstellung des Konzepts vgl. ULICH, GROSKURTH u. BRUGGEMANN 1973). ULICH kennzeichnet die neuen Maßnahmen als »Erweiterung des Handlungsspielraums« und nimmt an, »daß zwischen dem Komplexitätsgrad der Tätigkeit und dem menschlichen Wirkungsgrad eine umgekehrt U-förmige Beziehung besteht ..., die möglicherweise noch persönlichkeitsspezifische Differenzierungen aufweist« (1974, 193). Analog zu bekannten Unterscheidungen von horizontaler und vertikaler Aufgabenteilung werden zwei Dimensionen des Handlungsspielraums differenziert: die waagerechte des »Tätigkeitsspielraums« und die senkrechte des »Entscheidungs- und Kontrollspielraums«. »Arbeitswechsel« (job rotation) und »Aufgabenvergrößerung« (job enlargement) beschränken sich dabei auf die Erweiterung des Tätigkeitsspielraums, während zwei andere Ansätze auch den Entscheidungs- und Kontrollspielraum einbeziehen: die »Aufgabenbereicherung«, bei welcher »strukturell verschiedenartige Arbeitselemente – z. B. Planungs-, Fertigungs- und Kontrollaufgaben – in einer größeren Handlungseinheit zusammengefügt werden« (ULICH u. a. 1973, 68 f), und die Bildung »autonomer Arbeitsgruppen«, welche durch ein (allerdings unterschiedliches) Ausmaß an »kommunikativer Selbstbestimmung« (ULICH 1974, 192) gekennzeichnet sind.

Der aktionswissenschaftliche Ansatz hat seine Zentren in Westeuropa vor allem im Londoner Tavistock Institute und im Osloer Work Research Institute. Gerade in den skandinavischen Ländern haben sich – aufgrund der dortigen spezifischen Arbeitsmarktsituation – aktionswissenschaftliche Reformen der Arbeitstätigkeit besonders durchgesetzt und auch als besonders nutzbringend erwiesen. Das fließbandfreie Automobil-Montagewerk der Firma VOLVO ist besonders berühmt geworden. Es ist konstruktiv auf Arbeitsgruppen ausgelegt, die in der Atmosphäre einer »kleinen Werkstatt« die Bewältigung einer vorgegebenen Arbeitsaufgabe selbst organisieren.

Jede nachtayloristische Stufe der Arbeitswissenschaft hat sich mit den Worten »Humanisierung der Arbeit« und »Überwindung des Taylorismus« geschmückt. Viele Vertreter des aktionswissenschaftlichen Ansatzes tun dies jedoch in einem Ausmaß und mit einer Herablassung gegenüber allen vorhergehenden Stufen, welche kaum Vorgänger hat. Zweifellos treffen sie sich dabei mit den Intentionen vieler Politiker, in einem »Menschlichkeit«, kostenarme Reform und gewinnträchtige Produktivitätssteigerung anbieten zu können. Dieser Allianz ist es weithin gelungen, daß der aktionswissenschaftliche Ansatz in den Augen vieler Werktätiger mit dem Begriff »Humanisierung der Arbeit« gleichgesetzt wird; doch wird man den baldigen Verschleiß sowohl der neuen Strategien wie der alten Vokabeln abwarten dürfen. Auch das Revolutionsthema taucht wieder auf, doch gilt der neue Ansatz zeitgemäß als »Kulturrevolution« (van BEEK, zit. bei MICHAELS 1972, 8). Bei nahezu allen Experimenten der aktionswissenschaftlichen Stufe wird von erheblichen Produktivitätssteigerungen berichtet; insbesondere erweist es sich als vorteilhaft, wenn die Unternehmensleitung Probleme der Leistungsabstimmung und der Arbeitsverteilung an die »autonomen Gruppen« abschieben kann. Der Aspekt der Arbeitsintensifikation wird von BRUGGEMANN, GROSKURTH u. ULICH mit der Bemerkung angesprochen, die neuen Formen der Arbeitsgestaltung bewirkten eine »Freisetzung von Arbeitsenergie« (1975, 114). Was den Integrationsaspekt anbelangt, so bezeichnen HERRICK u. MACOBY die »Humanisierung der Arbeit« schlicht als »Mittel zur Verhinderung einer Revolution« (zit. bei ULICH u. a., 111). Die antigewerkschaftliche Orientierung der Arbeitswissenschaft nimmt dabei eine besondere Wende. Der Glaube soll erweckt werden, daß die Forderung der FIAT-Arbeiter nach einer »neuen Art Autos zu bauen« in der neuen VOLVO-Fabrik erfüllt sind; daß dort die wesentlichen Möglichkeiten zur Kontrolle und Mitwirkung gegeben und damit organisierte Gegenmachtbildung überflüssig, der Arbeitskonflikt innerhalb des Kapitalismus und im Zusammenwirken von »progressivem« Management und »konstruktiven« Arbeitern lösbar ist. In der BRD ist dies eingeordnet in den Kampf gegen gewerkschaftliche Mitbestimmungsforderungen; dabei wird nach bekanntem Muster versucht, den einzelnen und die Arbeitsgruppe gegen die gewerkschaftliche Organisation auszuspielen. H. J. ABS formuliert die Abwehrstrategie: »So wie ein Übermaß an Freiheit notwendig zur Anarchie und zur Auflösung jeder Gemeinschaft führen muß, so führt ein Übermaß an Mitbestimmung, vereinigt in den Händen der Gewerkschaften, ... zur Unfreiheit aller anderen, einschließlich des Arbeitnehmer selbst.« »Die Ausdehnung der Mitbestimmung würde lediglich dazu führen, daß eine große Zahl weiterer Gewerkschaftsvertreter in die Aufsichtsräte der Unternehmen einrücken würde. Damit hätten wir zwar eine Vergrößerung des Einflusses und der Macht der Gewerkschaften als Kollektivorganisationen; auf dem Wege zur Integration des einzelnen Arbeitnehmers ... in das Unternehmen und in die Gesellschaft und damit zur Befreiung des einzelnen aus den ihn umgebenden Abhängigkeiten wären wir aber kaum einen Schritt weitergekommen« (1966, 1 und 4).

Die Vokabel für diese »Befreiung« nach dem Motto »Wer mitbestimmt, bestimme ich«[4] ist »individuelle Mitbestimmung«, die sich im Rahmen der neuen arbeitswissenschaftlichen Ansätze vollziehen soll. »Das ist mehr als die Anwesenheit eines Gewerkschaftsvertreters

[4] Dieter HILDEBRANDT im Silvester-Kabarett des 1. Fernsehprogramms am 31. 12. 1974.

im Vorstand. Das ist maßgeschneiderte Mitbestimmung in der Wirtschaft« (HENGSTENBERG 1968, zit. bei DEPPE u. a. 1969, 181). Die Auftragssoziologie liefert die Argumente: »Befragungen ergaben, daß der Arbeitnehmer unter dem Stichwort ›Mitbestimmung‹ sein Mitwirken . . . an seinem Arbeitsplatz . . . versteht . . . Daraus ergibt sich für das Unternehmertum die Chance, in der Diskussion aus der Defensive herauszukommen und diese natürliche Interessenidentität mit dem Arbeitnehmer als Vehikel der eigenen Mitbestimmungspolitik zu nutzen« (MÜHLBRADT 1969, 8). F. FÜRSTENBERG, auf dessen Untersuchungen (1969) man sich hier bezieht, gibt den Unternehmern fünf Anregungen, deren dritte die Erhöhung der Eigenverantwortung des Arbeiters für Arbeitsgestaltung und -ablauf beinhaltet. Nach DEPPE u. a. zielen diese Vorschläge »allesamt darauf ab, die Gewerkschaften aus dem Bewußtsein der Arbeiter und damit auch aus dem Betrieb zu verdrängen« (1969, 184). Auch in dieser Hinsicht ist nur eine Neuformulierung, aber keine grundsätzliche Veränderung der Ausrichtung arbeitswissenschaftlicher Forschung festzustellen.

Das Ziel des »flexiblen und verantwortungsbewußten« Arbeiters sowie der Rahmen einer »Fabrik der kleinen Werkstätten« sind für die neue Strategie arbeitsplatzbezogener Sozialisation somit weithin fixiert; viele theoretische und praktische Probleme der Formulierung und Begründung dieser Strategien werden zur Zeit bearbeitet. Peter GROSKURTH wird sich in diesem Buch eingehender mit ihnen beschäftigen; wir wollen an dieser Stelle unseren Versuch, die stufenweise Entwicklung der Arbeitswissenschaft zu skizzieren, abschließen.

1.4. *Arbeitswissenschaft als begriffslose Wissenschaft von entfremdeter Arbeit*

Der Kontrast zwischen vorgegebener und tatsächlicher Zielsetzung, weithin auch zwischen Wollen und Wirken erscheint im Bereich der Arbeitswissenschaft zunächst verwirrend: Von Humanität ist die Rede, während jedes Konzept und jedes Experiment auf Leistungssteigerung ausgerichtet ist. Überparteilichkeit wird proklamiert, während im allgemeinen und im Detail die Zielstellungen des Managements als eigene übernommen werden. In vielen Büchern wird so gebetsmühlen-ähnlich die Wohltätigkeit des eigenen Handelns beschworen, die gleichzeitige Erhöhung von Arbeitszufriedenheit und Leistung berichtet, die Forschung früherer Stufen und insbesondere der Taylorismus als »inhuman« abgewertet und für überwunden erklärt, daß die Lektüre ein Gefühl hinterlassen mag, als habe man sich an allzuviel süßem Kuchen den Magen verdorben.

Dennoch wäre nichts falscher, als bei den Arbeitswissenschaftlern realitäts- und praxisferne Verstrickung in Illusionen zu vermuten. BARITZ beschließt 1960 sein Buch »Diener der Macht« (in welchem er einen Teil der Entwicklung der Arbeitswissenschaft nach TAYLOR darstellt) mit den alarmierenden Sätzen: »Über die Jahre hinweg, durch viele Hunderte von Experimenten, haben sich die Sozialwissenschaftler einer wirklichen Wissenschaft vom Verhalten angenähert. Sie beginnen nun zu lernen, wie man Verhalten kontrolliert. Legt diese Macht – wirkliche und unumstößliche Macht – in die Hände der Manager Amerikas, und die Arbeit, die Sozialwissenschaftler getan haben und tun werden, bekommt Folgen von einer Tragweite, gewaltiger und schrecklicher als alles bisher Dagewesene« (210).

Nun ist solcher Widerspruch zwischen offiziell – und meist auch subjektiv ehrlich – getöntem Programm und realem Wirken keineswegs spezifisch für die Arbeitswissenschaft. Er kennzeichnet »bürgerliche Wissenschaft«, welche ihre ursprüngliche humanistische Grundintention über die Zeitläufe rettet. »Von den Zeiten an, da die kapitalistische Wahrheit der bürgerlichen Gesellschaft unverhüllt hervortrat, mußte die bürgerlich engagierte Forschung daher entweder resignieren oder aber – aller Erfahrung zum Trotz – der Gegenwart Aspekte abgewinnen, die es erlaubten, das gegebene gesellschaftliche Geschehen als Akt der Humanisierung der Welt sich einzubilden« (TOMBERG 1973, 119). Solcher Schein wird erzeugt, indem die bestehende Gesellschaft als unveränderlich, als beste aller Welten aufgefaßt wird, in welcher ein gesellschafts- und geschichtsloser Mensch die in ihm als Individuum angelegten Wesenskräfte entfaltet. Für die Arbeitswissenschaftler konkretisiert sich dies zunächst darin, daß die bestehende Organisation der Produktion in ihren Grundstrukturen als vorgegeben hingenommen und meist auch als vorbildlich, als wichtigste Rahmenbedingung der »Humanisierung der Arbeit« aufgefaßt wird. Dies wird unmittelbar handlungsrelevant. Zunächst markiert es Unternehmer und Manager – als Inhaber einer selbstverständlichen Macht, sozusagen als Personen, die von ihrer Stellung her zu Wohltätern der Menschheit vorherbestimmt sind – als selbstverständliche Adressaten arbeitswissenschaftlicher Humanisierungsvorschläge. Widerstände von dieser Seite mögen teilweise von schwarzen Schafen herrühren, welche ihre soziale Verpflichtung mißachten; hauptsächlich aber beruhen sie auf mangelnder Kenntnis der Wirkungen arbeitswissenschaftlicher Maßnahmen – ein Umstand, der den Forscher nur dazu veranlaßt, sich noch intensiver an die Unternehmer und Manager zu wenden. Der Glaube an die überzeitlich vorherbestimmte Harmonie von »Humanität« und »Wirtschaftlichkeit« macht dem Arbeitswissenschaftler seine eigene Position, welche ihm im Lichte anderer Auffassungen wohl recht widersprüchlich erschiene, problemlos. Sieht er sich doch einerseits als der humanitär engagierte, unabhängige und überparteiliche Forscher und ist andererseits in seinen Verdienst- und Forschungsmöglichkeiten in aller Regel (direkt oder indirekt) von Unternehmern und Managern abhängig (und BARITZ merkt zu Recht an, daß diese letzteren keinen Pfennig Geld ausgeben, wenn sie nicht erwarten, daß er sich rentiert). Ein solcher Widerspruch tritt zurück hinter dem Selbstverständnis, autonomer Berater grundsätzlich gutwilliger »verantwortlicher Persönlichkeiten« zu sein und gemeinsam mit diesen zum Wohle aller die »Humanisierung der Arbeit« zu betreiben. Wenn somit ein Arbeitswissenschaftler »grundsätzliche« und »programmatische« Aussagen wagt, so sind diese selten unterscheidbar von ebensolchen Äußerungen der »Arbeitgeber«-Verbände, wobei hinsichtlich der jeweils aktuellen Formulierungen offenbar eine enge wechselseitige Befruchtung stattfindet. Aus solcher Sicht sind die Interessen der Gesamtgesellschaft und die Interessen eines »fortschrittlichen, aufgeschlossenen« Unternehmertums und vor allem Managements stets identisch; humanitäres und wissenschaftliches Engagement des Forschers und Beraters kann sich somit voll auf diese Interessen ausrichten.

Es liegt in der Konsequenz eines solchen Gesellschaftsbildes, daß die Einsicht in grundlegende gesellschaftliche Widersprüche und damit auch in der Notwendigkeit und Bedeutung von Gegenstrategien der organisierten Arbeiterschaft — gerade im Kampf gegen »inhumane Arbeit« — versperrt bleibt. Streik, Leistungszurückhaltung und sonstige Formen des Arbeitskampfes erscheinen im Gegenteil als Aktionen von Verblendeten und Uneinsichtigen, nur dazu geeignet, den Weg zur »humanen Arbeit« zu versperren. In vielen Fällen werden solche Verhaltensweisen sogar als die eigentlichen Hindernisse auf dem Wege zur Humanisierung der Arbeit aufgefaßt. Gleichzeitig wird betont, daß die Arbeitswissenschaft die besten Möglichkeiten eröffnet, diese Hindernisse zu beseitigen. »Psychopathen« könnten durch geeignete Personalauslese ausgeschieden werden; vor allem aber lasse eine auf »Arbeitszufriedenheit« und »Selbstverwirklichung« ausgerichtete, also die Besonderheiten menschlicher Arbeitsverausgabung berücksichtigende Arbeitsorganisation und -gestaltung solche Störungen verschwinden. »Wo das Management flink ist und fair im Entdecken und Beseitigen von Quellen der Arbeitsunzufriedenheit, ist eine Gewerkschaft nicht nötig« (MCMURRY 1944, zit. bei BARITZ, 202). Verhaltenssteuerung statt Gesellschaftsveränderung: diese allgemeine Ausrichtung bürgerlicher Human- und Gesellschaftswissenschaft scheint am Beispiel der Arbeitswissenschaft und ihrer Strategien der »Konfliktlösung« besonders deutlich zu werden. »Es besteht eine reale Identität«, meint MAYO (zit. bei BARITZ, 203), »zwischen Arbeitsunruhen und einem Nervenzusammenbruch«. Sozialwissenschaftler und Industrielle, deren gemeinsame Aufgabe es sei, »Ordnung in das gesellschaftliche Chaos zu bringen« (1950, 47), müßten demnach ihre Kenntnisse zur Verhinderung von Arbeitskämpfen ebenso einsetzen, wie dies bei den Nervenzusammenbrüchen die Aufgabe einer modernen Medizin und Psychohygiene sei. Freilich wird man insbesondere neueren Autoren nicht mehr unterstellen können, sie würden von einem solchen Zusammenfallen der Interessen von Arbeitern und Kapitalisten ausgehen (die gewandelte Situation läßt derartigen Spekulationen immer weniger Raum), doch bleibt die Grundposition erhalten, wenn man — wie etwa SCHELSKY und KLUTH (vgl. oben bei 1.3.2.) — »Integration« im Rahmen eines »optimalen Kompromisses« anstrebt.

In einer starren Gesellschafts- und Wirtschaftsordnung stehen sich nach Auffassung der meisten Arbeitswissenschaftler zwei im Grunde ebenso geschichtslose Komplexe gegenüber, die es wechselseitig aneinander anzupassen gilt: »der Mensch« und »die Arbeit«. Über beide hat sich die Arbeitswissenschaft nicht allzuviel Gedanken gemacht, sondern weithin Konzepte aus Nachbarwissenschaften übernommen. »Der Mensch« als gesellschaftslos-überzeitliches Abstraktum ist seit Jahrhunderten eine zentrale Denkfigur »bürgerlicher Wissenschaft«: »Soll die kapitalistische Gesellschaft als jene Ordnung begriffen werden, die im Prozeß der Beherrschung der Natur auch die Herrschaft des Menschen über seine eigene Lebenswirklichkeit möglich macht und ihn so in Freiheit setzt, so bedarf es nur einer einzigen fundamentalen Verblendung über den wirklichen Zusammenhang: Die hier angesprochene Freiheit muß verstanden werden können als Verwirklichung eines wesentlichen Seins, das jedes Individuum unabhängig von allen anderen schon in sich trägt, so daß gesellschaftliche Bindung nur immer als Zutat, Zwang oder lästige Äußerlichkeit erscheint und der Fortschritt der Gesellschaft daran zu messen ist, inwieweit es ihr gelang, die der freien Entfaltung der menschlichen Natur entgegenstehenden gesellschaftlichen Hindernisse zu beseitigen« (TOMBERG 1973, 119). Diese Verehrung des abstrakten Menschen, »des Menschen, der keiner Klasse, der überhaupt nicht der Wirklichkeit, der nur dem Dunsthimmel der philosophischen Phantasie angehört« (MEW 4, 486), war einer der Ausgangspunkte für die Entwicklung bürgerlicher Human- bzw. Sozialwissenschaft. Es galt, die zeitlosen Wesensmerkmale »des Menschen« zu untersuchen und sie in einer geschichtslosen Gesellschaft zur Entfaltung zu bringen, damit die »Humanisierung« aller Lebensumstände voranzutreiben. Die Humanwissenschaft hat diese Wesensmerkmale und Grundfunktionen des abstrakten Menschen in ihrer Allgemeinheit wie in ihrer individuellen Verschiedenheit zu erfassen; so entstehen Fähigkeits- und Eigenschaftslisten, Bedürfniskataloge und -hierarchien sowie Handlungscharakteristika »des« Menschen, an denen »konkrete« Lebensumstände, wie etwa Arbeitsaufgabe und Arbeitstätigkeit, zu messen sind. Die Entwicklung menschlicher Fähigkeiten in einem historischen Prozeß, in der gesellschaftlich organisierten Produktion kommt unter solchen Vorannahmen nicht in den Blick. Die zeitlosen Charakteristika des Menschen lassen sich durch Selbstbeobachtung und Wesensschau oder aber durch die Analyse kleiner Verhaltenseinheiten im Labor untersuchen; von der Arbeitstätigkeit wird zunächst — bei der Konzipierung »des Menschen« — weithin abgesehen; erst die Arbeitswissenschaft stellt eine Verbindung her, in welcher »der Mensch« und »die Arbeit« einander äußerlich gegenübertreten. »Außer in den Arbeiten weniger Forscher ... wird die ›Arbeitspsychologie‹ in seltsamer Verblendung als kleine Spezialrichtung neben der allgemeinen Psychologie oder günstigstenfalls als eine ihrer Einzelsparten aufgefaßt. Man erlebt sogar, daß sich eine ›Wissenschaft von der Arbeit‹ ... entwickelt und sich allen Ernstes das Problem stellt, das Verhalten des Menschen bei der Arbeit unter anderem aufgrund dessen zu klären, was eine Psychologie, *die die Arbeit ignoriert*, zur Persönlichkeit sagt: Da steht die Welt wirklich auf dem Kopf« (SÈVE 1972, 169, Hervorh. v. S.).

Noch verwirrender wird es, wenn man sich dem zweiten Abstraktum der Arbeitswissenschaft zuwendet, also »der Arbeit«. In kaum einem der bisher zitierten Texte finden sich längere Überlegungen zu diesem Begriff; weithin wird man der Arbeitswissenschaft bescheinigen müssen, eine Wissenschaft ohne Arbeitsbegriff zu sein. Frühe Gedanken finden sich bei GIESE (z. B. 1930), in dessen Tradition auch RÜSSEL steht, wenn er etwa formuliert: »Die ›Arbeit‹ ist objektivgeistige Form, die aus dem Wechselspiel Mensch-Sache herauswächst und andererseits diese Beziehung immer wieder neu beeinflußt« (RÜSSEL 1961, 355). »Die Ablösung des Menschen von einer urtümlichen Schaffensweise und Arbeitsfreude ist durch die Entwicklung der Arbeit mitbedingt, die Arbeit hat ihn und sein Arbeiten mehr und mehr ihren Gesetzlichkeiten unterworfen« (363). Solche Sätze mögen typisch sein für einen abstrakt-verdinglichten Arbeitsbegriff, dennoch ist dieses Maß an theoretischer Beschäftigung mit »der Arbeit« in der Arbeitspsychologie durchaus eine Ausnahme. »In der Psychologie hat man es weitgehend vermieden, Arbeit zu definieren«, konstatiert HOYOS in seiner (1974 erschienenen) knappen und zusammenfassenden Darstellung der Arbeitspsychologie (21) und widmet ein Teilkapitel (19 ff) der Frage: »Was ist Arbeit?« Gedankengang und Resultat scheinen uns durchaus exemplarisch für den Stand westlicher Arbeitspsychologie, so daß wir beide hier kurz darstellen möchten. HOYOS beginnt mit »organisationspsychologischen Ausgangspunkten« (19) und versucht, »Arbeitsverhalten« einzugrenzen als »Teil des Verhaltens in Arbeitsorganisationen«, wobei sich die Arbeitspsychologie mit den Aspekten der »Leistungs-abgabe nach vorgegebenen Normen unter Einschluß von Aspekten der Kooperation« beschäftige (20). Anschließend wird die Umschreibung des Arbeitsverhaltens wiederum erweitert als »Verhalten in einem dynamischen System, sei es eine Arbeitsorganisation, ein Mensch-Maschine-System oder eine Kombination beider Systemarten« (a.a.O.). Dann wendet sich Hoyos »arbeitswissenschaftlichen Ausgangspunkten« zu, hält eine Definition von Arbeit »in Anlehnung an die physikalische Terminologie« für ungenügend und zitiert zwei einander ähnliche Definitionen von Böhrs und Rohmert. Die erste lautet: »Unter menschlicher Arbeit ist der Einsatz der körperlichen, geistigen und seelischen Kräfte des Menschen für die Befriedigung seiner materiellen und ideellen Bedürfnisse zu verstehen« (21). Noch auf derselben Seite kommt der Autor nun zu »Folgerungen«. Arbeit wird als »eine Form des Verhaltens« und als »zielgerichtetes Verhalten« (22) gekennzeichnet. »Die Interpretation der Arbeit als Bedürfnisbefriedigung trägt insgesamt wenig zum Verständnis der Arbeitstätigkeit bei. Daher empfiehlt es sich, in der Interaktion des Arbeitenden mit der Umwelt den Schlüssel zum Verständnis von Arbeit zu suchen. Die Umwelt wird durch Aufgaben repräsentiert . . .«; daraus folge notwendig auch das Moment der Bewertung »im Rahmen eines Normensystems« (22 f). Nach kurzen weiteren Überlegungen wird schließlich als Definition angeboten: »Arbeit ist eine Aktivität oder Tätigkeit, die im Rahmen bestimmter Aufgaben entfaltet wird und zu einem materiellen und/oder immateriellen Arbeitsergebnis führt, das in einem Normensystem bewertet werden kann; sie erfolgt durch den Einsatz der körperlichen, geistigen und seelischen Kräfte des Menschen und dient der Befriedigung seiner Bedürfnisse« (24).

Diese Ausführungen – die den derzeitigen Stand der Bemühungen um den Arbeitsbegriff in der Arbeitswissenschaft durchaus wiedergeben – fallen offenkundig hinter die Marxsche Analyse des Arbeitsprozesses »in seinen einfachen und abstrakten Momenten« zurück (MEW 23, 198).[5] Marx unterscheidet dabei zunächst »die

---

[5] Hoyos geht in seinem Einleitungskapitel auch auf die Kritik der Arbeitspsychologie ein, wie sie von uns (z. B. Volpert 1973 b) vorgetragen wurde. In offenbarem Bezug auf diese Kritik formuliert er: ». . . würde doch die Suche nach einer durchgehenden Tendenz über Jahrzehnte hinweg der tatsächlichen Entwicklung Gewalt antun und die Verwertung noch gültiger Einsichten behindern. Der Vorwurf schließlich, die Arbeitspsychologie sei auf einfache, repetitive Tätigkeiten fixiert und habe zu den Arbeitsveränderungen geschwiegen, ist sicher in dieser pointierten Form – wie die folgenden Ausführungen zeigen werden – nicht richtig, der Tendenz nach und vor allem hinsichtlich der Intensität der Forschung aber zutreffend . . .« (15).
Hierzu sei angemerkt:
1. Die Bestimmung der Funktion eines Forschungsbereichs im Rahmen einer Produktionsweise – hier die Orientierung der Arbeitswissenschaft

zweckmäßige Tätigkeit oder die Arbeit selbst, ihr(en) Gegenstand und ihr Mittel« (193); erstere kennzeichnet er genauer als »zweckmäßige Tätigkeit zur Herstellung von Gebrauchswerten, Aneignung des Natürlichen für menschliche Bedürfnisse ...« (198). Als spezifisch menschlich erscheint ihm dabei die bewußte Vorwegnahme des Ziels (193). Entsprechend werden auch Arbeitsmittel und Arbeitsgegenstand genauer gekennzeichnet (193 ff). Diese Überlegungen sind für MARX ebenso einfacher wie abstrakter Natur; Arbeit ist in diesem Sinn »ewige Naturbedingung des menschlichen Lebens ... allen seinen Gesellschaftsformen gleich gemeinsam. Wir hatten daher nicht nötig, den Arbeiter im Verhältnis zu andren Arbeitern darzustellen. Der Mensch und seine Arbeit auf der einen, die Natur und ihre Stoffe auf der andren Seite genügten« (198 f). Eine solche Kennzeichnung von Arbeit ist zwar unerläßlicher Ausgangspunkt der MARXschen Untersuchung, ihr Hauptgegenstand ist jedoch die *historische Entwicklung* der gesellschaftlichen Produktionsweise. Aus deren Entwicklungsstand läßt sich die Stellung der Arbeitenden im Produktionsprozeß und damit auch die Grundcharakteristik der Handlungsstrukturen dieser Arbeitenden ableiten (vgl. später bei 2.3.3.).

Obwohl die bürgerliche Arbeitswissenschaft weit davon entfernt

auf Intensifikation der Arbeit und Integration des Arbeitenden — ist keine Behauptung einer einengenden »durchgehenden Tendenz«, sondern im Gegenteil ein Interpretationsmuster, durch welches die gesetzmäßige Stufenfolge der Entwicklung des Wissenschaftsbereichs mit ihren Veränderungen der Fragestellungen faßbar gemacht werden soll und kann.

2. Der im zweiten Satz genannte Vorwurf wurde von uns keineswegs »in dieser pointierten Form« erhoben, sondern durchaus hinsichtlich »der Tendenz und der Intensität der Forschung« — wie auch der Leser des Hoyosschen Textes unschwer durch Lektüre der dort auf S. 13 wiedergegebenen Zitate feststellen wird.

3. Was schließlich die Beweiskraft der »folgenden Ausführungen« betrifft, so sei nur zweierlei kurz angemerkt:
— Im Teilkapitel »Wandel der Arbeit« werden — mit Ausnahme einer, keineswegs zentralen Stelle — ausschließlich Nichtpsychologen oder aber Psychologen aus der DDR zitiert bzw. genannt. Unser Vorwurf bezog sich jedoch ausdrücklich auf westliche Psychologen.
— Ob die auf S. 108 (im Anschluß an HACKMAN) formulierte Definition der Aufgabe (». . . besteht aus einem Reiz-Komplex und einer Reihe von Anweisungen, die spezifizieren, was gegenüber den Reizen zu tun ist«) zur Analyse komplexer Tätigkeitsformen geeignet ist, mag füglich bezweifelt werden. Im übrigen stützt sich Hoyos in diesem Kapitel — wie auch anderenorts — sehr stark auf die Befunde von HACKER, also eines Arbeitspsychologen aus der DDR, dessen Buch er am Ende des Kapitels auch als einziges zur Vertiefung der Thematik empfiehlt.

Am Rande sei zudem vermerkt, daß die Gegenüberstellung der Konzepte »determinierter Fortschreibung« und »struktureller Veränderung« von uns (VOLPERT 1973 c) ausschließlich auf das Gesellschaftssystem der BRD bezogen war, während Hoyos daraus eine Alternative zur »Polarität von Kapitalismus und Sozialismus« macht (14). Natürlich wollen wir jedoch nicht ausschließen, daß auch in sozialistischen Gesellschaften in mancher Hinsicht analoge Alternativen auftauchen.

ist, solche Zusammenhänge zu erkennen, kann sie doch nicht umhin, Veränderungen in den konkreten Arbeitstätigkeiten sowie ihre technischen und organisatorischen Bedingungen festzustellen und zu interpretieren. So läßt auch Hoyos dem Teilkapitel »Was ist Arbeit?« ein solches mit dem Titel »Wandel der Arbeit« folgen (24 ff). Dieser Wechsel wird freilich ohne jegliche Benennung von Vermittlungsgliedern oder zusätzlichen Momenten (seien es die »Produktionsverhältnisse« oder die »Arbeitsorganisation«) auf die »ständige Revolutionierung der Produktionstechnik« zurückgeführt, deren »wichtigstes Merkmal« die »Automatisierung der Produktion« sei (24). Hier bricht in eine geschichtslose Gesellschaft mit naturgesetzlicher Gewalt der »technische Wandel« ein, welcher (vom Arbeitspsychologen) nur im Hinblick auf seine Konsequenzen für Arbeitstätigkeit und Arbeitsanforderungen untersucht, nicht aber nach Ausrichtung und Beeinflußbarkeit befragt werden kann.[6] Eine solche Mystifizierung des »technischen Wandels« legt dessen »weltgeschichtliche« Bewertung in Form einer Verherrlichung oder Dämonisierung nahe. Während sich das erstere in der Arbeitspsychologie bzw. Betriebssoziologie jedoch relativ selten in ausgeprägter Form findet (etwa bei Drucker), ist eine eher kulturpessimistische Technik-Kritik weiter verbreitet. Mayo sieht das Grundproblem des 20. Jahrhunderts in der »fast rasende(n) Weiterbildung der technischen Geschicklichkeit auf Kosten alles Menschlichen« (173). Im deutschsprachigen Raum hat die Kritik der »Zivilisation« ihren festen Platz im Rahmen konservativer Weltanschauung. 1929 formuliert etwa Poppelreuter (zit. bei Herwig 1970, 77): »Die Natur des Menschen widerstrebt der Rationalisierung.« Rüssel spricht (1961, 360) von den Gefahren zunehmend »selbstmächtiger« Arbeit und Mayer (1970, 11) von den »Gefährdungen des Menschen durch die rationalisierte Arbeit«. Die beiden letztgenannten Autoren berufen sich dabei häufig auf die Kulturkritiker Gehlen (z. B. 1957) und Freyer (z. B. 1955). Die bewußte (und oft als »Bescheidenheit« ausgegebene) oder unbewußte Abschattung der Frage nach der gesellschaftlichen Organisation der Produktion, nach Eigentums- und Machtverhältnissen erspart somit auch dem bürgerlichen Arbeitspsychologen nicht, sich ein Bild von der Gesellschaft und der Menschheit zu machen. Während jedoch eine Analyse der Bewegungsgesetze der menschlichen Gesellschaft sowohl Notwendigkeit und Möglichkeit einer Veränderung der kapitalistischen Produktionsweise erkennen als auch daraus die Verpflichtung zu veränderndem politischen Handeln entspringen lassen könnte, enthebt das Modell des naturgesetzlich

[6] Obwohl Hoyos sich in diesem Kapitel auf Kern und Schumann (1970) beruft, nimmt er deren diesbezügliche Überlegungen (279) nicht auf. Er vertritt somit das Konzept der »determinierten Fortschreibung« im genauen Sinne unserer Definition, obwohl er sich wenige Seiten vorher (14) von einem solchen Konzept abgrenzen will.

hereinbrechenden technischen Wandels weithin von der Reflexion gesellschaftlicher Zusammenhänge und öffnet gleichzeitig dem sozialwissenschaftlich orientierten Arbeitswissenschaftler sein Handlungsfeld: Ist es doch gerade in dieser Situation seine Aufgabe, die »menschliche Seite« der technisch determinierten Produktion zu betonen und (den Managern) Maßnahmen vorzuschlagen, um in dieser gefährdeten Welt dennoch die »Humanisierung der Arbeit« zu bewirken. »Wenn über unser wissenschaftlich-technisches Zeitalter immer geklagt wird, daß ... wir in ihr immer mehr zu Barbaren und Robotern zu entarten drohen, so hängt es allein von der Kraft unserer Personalität ab, ob wir uns dieser Welt ›anpassen‹, d. h. unterwerfen, oder ob wir uns ihr als gewachsen und überlegen erweisen« (MAYER,13).

Das Menschlich-Werden der Gesellschaft und der Arbeit wird hier zum Problem des abstrakten Individuums und seiner Stärke, sich aus den ihm äußerlichen Zwängen zu befreien — eine Befreiung, bei welcher das aufgeklärte Bürgertum seit langem der Psychologie (vor allem der Psychoanalyse) eine wichtige Rolle zuschreibt. Entsprechend werden auch Begriffe wie »Intensifikation« und »Entfremdung« psychologisch auf Zustände und Handlungen des abstrakten Individuums reduziert: Intensifikation setzt man mit Belastungserhöhung gleich (in einem solchen Sinne bewirkt dann die Arbeitspsychologie in der Tat das Gegenteil von Arbeitsintensifikation), Entfremdung mit geringer Arbeitszufriedenheit, bestenfalls mit äußerer Kontrolle und geringem Handlungsspielraum. Entfremdung wird damit zu einem psychologischen Problem, mit Hilfe der Arbeitswissenschaftler innerhalb der kapitalistischen Produktionsweise aufhebbar und somit zum Programmpunkt einer systemimmanenten Reformpolitik. So kann der Arbeitsminister der BRD formulieren: »Unabhängig vom gesellschaftlichen System gefährdet industrielle Arbeit den Menschen durch Entfremdung von sich selbst und seiner Arbeit. Wir müssen beweisen, daß diese Gefahr sich auf die Dauer in einem freiheitlichen System besser überwinden läßt.« (ARENDT 1973, 14).

Die Entstehung eines solchen Konzepts des abstrakten Menschen, seiner Entfremdung und der Aufhebung dieser Entfremdung durch »Emanzipation« sind jedoch gerade Kennzeichen des Tatbestands der Entfremdung im MARXschen Sinne. Nach TOMBERG (1973, 122) »unterlag das Denken der Wissenschaftler, um ihrer humanistischen Intention willen, der Täuschung des von MARX so genannten Warenfetischismus, vermöge dessen die bürgerliche Gesellschaft als eine Assoziation wirklich freier, voneinander unabhängiger Individuen aufzufassen war«. Eben dieser Warenfetischismus kennzeichnet jedoch nach OPPOLZER (1974) die allgemeine Entfremdung des Menschen in einer Gesellschaft privater Warenproduktion. Er ist in aller

Kürze damit umschrieben, daß den Menschen die Merkmale ihres eigenen gesellschaftlichen Handelns als sachliche Eigenschaften und Beziehungen des von ihnen Geschaffenen, der Waren erscheinen. MARX (MEW 23, 97) beschreibt dies als den »der Warenwelt anklebenden Fetischismus« bzw. den »gegenständlichen Schein der gesellschaftlichen Arbeitsbestimmungen« (97). »Das Geheimnisvolle der Warenform besteht also einfach darin, daß sie den Menschen die gesellschaftlichen Charaktere ihrer eignen Arbeit als gegenständliche Charaktere der Arbeitsprodukte selbst, als gesellschaftliche Natureigenschaften dieser Dinge zurückspiegelt, daher auch das gesellschaftliche Verhältnis der Produzenten zur Gesamtarbeit als ein außer ihnen existierendes gesellschaftliches Verhältnis von Gegenständen« (86). Die Bedingungen gesellschaftlichen Handelns werden in jeder warenproduzierenden Gesellschaft also zu Merkmalen von Sachen gemacht, was eine »Verdinglichung des gesellschaftlichen Zusammenhangs außer und über den lebendigen Individuen selbst« (OPPOLZER, 98) darstellt. Eben diese Verdinglichung des gesellschaftlichen Zusammenhangs läßt aber auch das Individuum sich als einzelnes, in sich ruhendes begreifen, als Vereinzelung (Individualisierung) des abstrakten Menschen, welchem der gesellschaftliche Zusammenhang als Sachlich-Äußeres erscheint, mit dessen Zwängen individuell — im Sinne eines Wechselspiels von Anerkennung und Befreiung, durch fromme Hingabe oder »realistische« Emanzipation — zu hantieren ist. »Für eine Gesellschaft von Warenproduzenten, deren allgemein gesellschaftliches Produktionsverhältnis darin besteht, sich zu ihren Produkten als Waren ... zu verhalten und in dieser sachlichen Form ihre Privatarbeiten aufeinander zu beziehn als gleiche menschliche Arbeit, ist das Christentum mit seinem Kultus des abstrakten Menschen, namentlich in seiner bürgerlichen Entwicklung, dem Protestantismus, Deismus usw., die entsprechendste Religionsform« (MEW 23, 93).

Nach der Darstellung OPPOLZERS läßt sich die MARXsche Entfremdungskonzeption weiter differenzieren: Der Warenfetischismus kennzeichnet die *allgemeine* Entfremdung auf der *prinzipiellen* Ebene der warenproduzierenden Gesellschaft. »Diese allgemeine Entfremdung konkretisiert sich, nimmt in der Sphäre der materiellen Produktion eine besondere Gestalt an, sie stellt sich dar als *besondere Entfremdung*, als *entfremdete Arbeit*« (94, Hervorh. v. O.). Diese besondere Entfremdung auf prinzipieller Ebene läßt sich so charakterisieren: »Das Produkt, wie die Produktionstätigkeit wird dem Arbeiter zu etwas Fremden, zu dem er keine inhaltlich-wesentliche Beziehung hat; er ist sowohl der Arbeit als auch dem Produkt dieser Arbeit« — und in der Konsequenz damit auch seinen Mitmenschen und sich selbst als Handelndem — »entfremdet« (OPPOLZER, 104). Die prinzipielle Entfremdung in der warenproduzierenden Gesellschaft wird bei der Untersuchung der kapitalistischen Gesellschaft, in welcher sich Lohnarbeiter und Kapitalist als Verkäufer und Käufer der Ware Arbeitskraft gegenüberstehen, spezifiziert, also zur *spezifischen Entfremdung*. Auf dieser Ebene stellt sich die als Warenfetischismus gekennzeichnete allgemeine Entfremdung vor allem darin dar, daß der lebendige Mensch zur Neben-Sache, zum Anhängsel der Ware Arbeitskraft wird. Analog ist die entfremdete Arbeit (als besondere Entfremdung) im Kapitalismus darin zu fassen, daß der Arbeiter eine fremdbestimmte, ihm äußerliche Tätigkeit als untergeordnetes Glied eines Produktionsprozesses verrichtet, dessen Potenzen ihm als fremde, als Potenzen des Kapitals gegenüberstehen.

Von der hier angedeuteten Konzeption wird weiter unten noch auszugehen sein; hier sei nur abschließend betont, daß Entfremdung im MARXschen Sinne wesentliches Charakteristikum *gesellschaftlicher Produktionsweisen* ist und somit nur mit diesen aufgehoben werden kann; daß also ein psychologistischer Entfremdungsbegriff sich nicht auf MARX berufen darf. Mehr noch: Wenn es Kennzeichen der MARXschen Methode ist, daß sie »den beirrenden Schein der verdinglichten Oberflächenerscheinungen der bürgerlichen Gesellschaft durchdringt« (OPPOLZER, 284), so ist an bürgerlicher Human- und Sozialwissenschaft zu kritisieren, daß sie diesen Schein weder durchdringt noch als solchen erkennt, sich also stets in der Deskription von fetischisierten Substanzen und Prozessen aufhält, wie ein Kranker aus dem Spiel von Schatten, Farbe und Licht verschiedene Gestalten und Kämpfe von Fabelwesen phantasieren mag. Was nun den arbeitenden Menschen betrifft, so wird er im Rahmen der allgemeinen Entfremdung in der kapitalistischen Produktionsweise zum abstrakten, jeder Besonderheit und Individualität beraubten und dennoch vereinzelten Verkäufer von Arbeitskraft, er erscheint somit als »personalisiertes dingliches Arbeitsvermögen« (OPPOLZER, 133). Diese »Sache« als Maschine und Batterie aufzufassen und mit wissenschaftlichen Mitteln in den Nutzungsgriff zu nehmen, ist dann nur folgerichtig: TAYLOR zog diese Konsequenz. Das Problem wird schärfer, wenn die »Überwindung des Taylorismus« auch im Bereich der Arbeitswissenschaft die Rekonstruktion »des Menschen« und damit »des Individuums« als Gegenstand der Wissenschaft erforderlich macht. Bürgerliche Humanwissenschaft hatte von jeher den abstrakten Menschen äußerlich-konkret erforscht; im psychologischen Labor und in der Hysterie-Therapie war von naturwissenschaftlich orientierten Forschern eine Frankenstein-Konstruktion entstanden, deren ungeschichtlich-überzeitliche Bedürfnisstrukturen und Verhaltensgesetze eifrig modelliert wurden. Individuelle Verschiedenheiten werden dabei aufgefaßt als unterschiedliche Ausprägungen desselben Tatbestands (z. B. »der Intelligenz«), bestenfalls als Varianten und

»Typen« der einen Grundstruktur (etwa bei den verschiedenen Neu-roseformen). Auf der Basis einer totalen Negation von Persönlichkeit (als Folge der Negation individueller Arbeit) ensteht so ein gesell-schaftsloses Quasi-Individuum, das Gegenstand einer Psychologie der Ware Arbeitskraft wird. Gleichzeitig waren von jeher in einer Art von Persönlichkeits-Fetischismus gesellschaftliche Potenzen in Individuen der herrschenden Klasse hineinverlegt und damit perso-nalisiert worden, so daß Geschichte und Gegenwart als Werk von genialen Mächtigen erschienen. Es liegt daher nahe, auch die Be-schränktheiten des gesellschaftlichen Produktionsprozesses in die Opfer solcher Restriktionen hineinzuverlegen. Nicht die kapitalisti-sche Produktionsweise nimmt dann der übergroßen Mehrheit der Produzenten jede Planungsmöglichkeit, sondern 90 % der Menschen sind unfähig und unwillig zu denken. In den Augen der Franken-stein-Konstrukteure füllen die manuell Tätigen so den unteren und größeren Bereich bei der interindividuellen Variation verschiedener Eigenschaften; als je spezifische Konstellation dieser Ausprägungen werden sie jedoch als eine niedrige Art von Individualität (der man aber den Begriff »Persönlichkeit« zumeist versagt) wieder herge-stellt. Da auch der konkrete Arbeitsprozeß — bei aller Tendenz, die Arbeitsplätze aneinander auf der Ebene einfachster Verrichtungen anzugleichen — durchaus Besonderheiten der jeweiligen Tätigkeit aufweist, werden die daraus resultierenden spezifischen Handlungs-forderungen flugs als Fähigkeiten in die Individuen hineinverlegt — was, nebenbei bemerkt, viele Probleme mit sich bringt, zum Bei-spiel: Sind die »Fähigkeiten« Konstellationen bekannter und meß-barer Eigenschaften, wie zum Beispiel der Intelligenz oder der Fin-gergeschicklichkeit, oder treten sie als besondere zu diesen hinzu? Kurz: Die Resultate eines — wesentlich durch die gesellschaftliche Stellung determinierten — Sozialisationsprozesses werden als allge-mein-menschliche Abstraktheiten und individuell-besondere Varie-täten erfaßt und festgeschrieben: als Zuteilungen nach dem uner-forschlichen Ratschluß eines Gottes (als den man sich zuvor alle ge-sellschaftlich-menschlichen Potenzen entfremdet hatte), als fixierte Gesetzmäßigkeiten der »menschlichen Natur« oder als unentrinn-bare Schläge eines Geschicks, das »Anlage« oder »Umwelt« oder deren Wechselwirkung genannt wird.

Wie sollte es verwundern, daß den konkreten Individuen ihre eigene, »psychologisch analysierte« Quasi-Menschlichkeit und Quasi-Individualität als fremde gegenübertritt und daß sie dieser ihnen ob-skur erscheinenden Wissenschaft »Psychologie« mit einer Mischung von Interesse und Erschrecken begegnen? Selbst dem »psychologisch Gebildeten« wird so ein eigenes Innenleben zum exotischen Kampf-feld psychischer Instanzen oder zur uneinsehbar-komplizierten Ma-schinerie einer Über-Ratte. Den Psychologen amüsiert dies meist:

Ist er doch darauf gedrillt, das Objekt seiner Untersuchung und den konkreten Mitmenschen streng voneinander zu trennen (zumal er sich oft nicht verantwortlich hält für die Folgen seiner Befunde). Es hat auch seine amüsanten Seiten: In einer Karikatur studieren zwei Dreikäsehochs ein dickes Buch, und einer sagt: »Lies mal, wie interessant unsere nächste Phase wird!« Wer kennt auch nicht die Begeisterung, mit der manche Opfer von Tests oder Therapien die Struktur ihrer Quasi-Persönlichkeit erforschen?

Meist hält sich solche Gelegenheit zur Freude jedoch in Grenzen. Wenn MARX entfremdete Arbeit kennzeichnet als »die Tätigkeit als Leiden, ... die eigne physische und geistige Energie des Arbeiters, sein persönliches Leben — denn was ist Leben (anderes) als Tätigkeit — als eine wider ihn selbst gewendete, von ihm unabhängige, ihm nicht gehörige Tätigkeit« (EB I, 515; zit. bei OPPOLZER, 195 f), so leitet sich daraus für den Betroffenen auch das Leiden als Objekt psychologischer Maßnahmen ab: Die sorgenvolle Spannung über die Resultate eines Eignungs- oder Persönlichkeitstests, der wie ein Orakelspruch über eine Arbeitsstelle und manchmal über das weitere Lebensschicksal entscheidet; oder das peinvolle Ertragenmüssen rationalisierter Trainingsmethoden, die eine Verkürzung der Anlernzeit bewirken sollen; und nicht zuletzt der Zwang zum Überlegen und Beantworten der Frage, ob man sich an seinem Arbeitsplatz zufrieden fühle, ob also alle vorberuflichen und beruflichen Sozialisationsprozesse wie erwünscht verlaufen und alles Arbeitsleid verdrängt sei.

Es kann kein Zweifel bestehen, daß Frankenstein im Laufe der Entwicklung der Arbeitswissenschaft immer komplexer wurde. Man erkannte seine Bedürfnisse nach Geselligkeit und Anerkennung; man attestierte ihm sogar den Wunsch nach Selbstbestimmung und eigener Verantwortung. Der Kult des abstrakten Menschen hatte historisch stets einen bürgerlich-revolutionären Aspekt, propagierte die »Befreiung des einzelnen aus den ihn umgebenden Abhängigkeiten« (wie ABS es 1966, 4, treffend formuliert). Diese Befreiung wird thematisiert, wenn eine »emanzipatorische« Arbeitswissenschaft sich um Handlungsanweisungen bemüht, wie Arbeit »menschengerecht gestaltet« und »humanisiert«, das Individuum zur »Selbstverwirklichung« befördert werden kann. Doch ist damit das grundlegend falsche, der Entfremdung entspringende Menschenbild nicht aufgehoben: Das Individuum als Objekt der Humanwissenschaft wird damit nicht vom Kopf auf die Füße gestellt, man operiert lediglich mit einer Umkehrbrille.[7]

Noch einmal sei betont: Wir bezweifeln weder, daß das humani-

---

[7] Wer an solchen Bildern Gefallen findet, möge das Problem bedenken, ob diese Umkehrbrille auf die Nase des Wissenschaftlers oder seiner Opfer zu plazieren ist.

täre Interesse der meisten Arbeitspsychologen ernsthaft ist, noch wollen wir in Abrede stellen, daß ihre Forschung als »Technik« genutzt werden kann und ihre Theorie somit in vieler Hinsicht durchaus Realität abbildet. Ohne humanitäre Ausrichtung wäre das Engagement der Forscher kaum erklärbar, ohne Nützlichkeit ihrer Ergebnisse nicht das Interesse des Managements. Es geht uns nur um den Hinweis, daß das skizzierte Humanisierungsmodell Entfremdung im MARXschen Sinne nicht aufhebt, sondern lediglich deren Ausdruck ist. Dies kann erklären, warum trotz des humanen und sozialen Engagements der Forscher alle Ergebnisse und Maßnahmen letztlich darauf hinauslaufen, den Herrschenden in jeweils veränderten und komplizierteren Situationen Strategien zur Lenkung beruflicher Sozialisationsprozesse zu liefern, die auf Intensifikation und Integration ausgerichtet sind. Es mag auch den Umstand erhellen, daß sich manche Arbeitswissenschaftler und manche Kritiker der Arbeitswissenschaft so ganz ohne gegenseitiges Verständnis gegenüberstehen. Dem bürgerlichen Forscher kann häufig weder die gute Absicht noch die formale Qualität seiner Modellbildung bestritten werden; fundierte Kritik hat »hinter« dem Bereich des Psychologischen anzusetzen — wogegen sich der Forscher mit dem Argument versperrt, der Bereich der Wissenschaft sei überschritten, und es ginge um »Ideologisches«.

Andererseits würde man jedoch den Verschleierungszusammenhang bürgerlicher Gesellschaft verabsolutieren, würde man nicht erkennen, daß die tägliche Konfrontation des humanitären Engagements mit der Profitgier bei einer Reihe von Arbeitspsychologen durchaus zu begrenzten Aktionen des Widerstands gegen Vorhaben des Managements sowie zu Einsichten in die zugewiesene Funktion des eigenen Tuns führen kann. So findet sich auch allgemeine Kritik an Grundansatz und Ausrichtung der Arbeitswissenschaft — wohlgemerkt nicht nur an den jeweils vorhergegangenen und für überwunden erklärten Entwicklungsstufen, dies gehört auch beim kritiklosen Forscher sozusagen zum Geschäft. Einen umfassenden Beitrag der ersten Art aus dem amerikanischen Raum stellt die — in unserem Text häufiger zitierte — Arbeit »Diener der Macht« von BARITZ (1960) dar, welcher sich offenbar in vielem auf Darlegungen von KORNHAUSER (z. B. 1947) stützt; als Kritiker im westeuropäischen Raum wurden bereits LAHY (1923) und FRIEDMANN (1952, 1959) genannt.

Eine solche Kritik kann sich nicht auf den Aufweis von Ausrichtung und Funktion dieser bürgerlichen Wissenschaft beschränken, sondern muß auch den durch dieses Forschen bewirkten Erkenntnisgewinn — wie eingeschränkt er auch sein mag — berücksichtigen. »So wie immer noch der Kapitalismus bei allem Widerwillen und bei aller praktizierten Unmenschlichkeit zur Entwicklung jener materiellen

Produktivkräfte erheblich beiträgt, die zum Aufbau einer humanen Weltgesellschaft unerläßlich sind, so bringt auch die Wissenschaft unter den alten, anachronistischen Verhältnissen, im unmittelbaren Zusammenhang mit der materiellen Produktion wie auch außerhalb ihrer, geistige Potenzen hervor, deren sich freilich erst die neue Welt wird recht freuen dürfen« (TOMBERG 1973, 175). Für die bürgerliche Arbeitswissenschaft gilt dies unter drei miteinander verschränkten Aspekten:

1. Der Grundansatz der Arbeitswissenschaft — der wissenschaftliche Zugang zu menschlicher Arbeitskraft und zur Arbeitsverausgabung — übersteigt eindeutig den Bereich des Herrschaftswissens; unter veränderten gesellschaftlichen Bedingungen kann er zur freien Entfaltung der Produktivkraft Mensch beitragen. Wenn Humanisierung der Arbeit bei den Produktionsverhältnissen anzusetzen hat, so findet sie mit deren Umwälzung keineswegs »automatisch« ihre Vollendung; die Verbesserung aller Bedingungen der aktuellen Arbeitstätigkeit und vor allem die Aufhebung der Trennung von Hand- und Kopfarbeit wird dann im Gegenteil zu einer besonders wichtigen Aufgabe (vgl. hierzu unten bei 2.2.).

2. Die Überwindung tayloristischer Restriktionen würde ihre Funktion in der kapitalistischen Produktionsweise nicht erfüllen, würde sie nicht tatsächlich Arbeit »erleichtern« und »optimieren«. Somit tragen Teilbereiche der bürgerlichen Arbeitswissenschaft zur Verringerung des körperlichen und seelischen Arbeitsleids bei — hier sei nur an Arbeitsschutz und Unfallforschung erinnert —, wie ungenügend, verstümmelt oder oberflächlich die Forschungen und Maßnahmen im einzelnen auch sein mögen.

3. Grundlegende Widersprüche der kapitalistischen Produktionsweise sind in vielen Arbeiten durchaus umschrieben — wenn auch nicht auf den Begriff gebracht, sondern in Harmonisierungsillusionen oder Kulturpessimismus eingetaucht. Wir finden beeindruckende Darstellungen der Probleme von Frauen- und Schichtarbeit, Unfall und Rehabilitation, Monotonie und Belastung, Berufswahl und Berufsausbildung, um nur einige Themen zu nennen; wenngleich meist die vorgeschlagenen Maßnahmen in krassem Widerspruch stehen zur Schwere der dargestellten Mißstände. Wenn der Arbeitspsychologe usw. auch am Symptom kurieren will, so zeigt er doch das Symptom und legt den Finger auf die Wunde.

Angesichts der Bedeutung und Funktion der Arbeitswissenschaft mag verwundern, daß das Interesse kritischer Sozialwissenschaftler an diesem Bereich immer noch recht gering ist. Zudem ist »eine starke Abnahme des Interesses der Psychologie-Studenten« an der Arbeitspsychologie festzustellen (HOYOS 1974, 13), was wohl letztlich darauf zurückzuführen sein dürfte, daß sich eine kleinbürgerlichintellektuelle Protestbewegung mit Psychologie vornehmlich in der Kritik der Manipulation von Bewußtsein und der Unterdrückung individueller Strebungen befaßt hat. Von einiger Bedeutung dürfte auch der Umstand sein, daß sich für einen »kritischen« Psychologen etwa im Bereich von Erziehungsberatung und Therapie eher Möglichkeiten der Existenzsicherung finden lassen als in der Industrie. Gesellschaftspolitisch bedenklich wird der Tatbestand jedoch dann, wenn einer materialistischen Kritik der Arbeitspsychologie aus der Borniertheit des Elfenbeinturms auch die Existenzgrundlage im Hochschulbereich entzogen wird, indem etwa eine solche Kritik auf pure und schnelle Denunziation reduziert wird (z. B. bei SCHUNTER-KLEEMANN 1971/1972) oder gar behauptet wird, das Forschungsgebiet werde demnächst aufhören, als solches zu bestehen (MAIKOWSKI 1971/1972). Die Konsequenz aus dem Rückgang des Interesses an Arbeitspsychologie liegt nahe: »Auch für die BRD läßt sich bei den Wirtschaftswissenschaftlern und Ingenieuren die Tendenz beobachten, arbeitspsychologische Aufgaben in Forschung und Praxis wahrzunehmen« (HOYOS, a.a.O.). Die Gefahr des Dilettantismus und einer simplifizierenden und mißverstehenden Rezeption psychologischer Befunde läßt sich bereits am verbreiteten Umgang mit psychologischen Modellen der Arbeitszufriedenheit aufweisen (vgl. den Beitrag von GROSKURTH in diesem Buch). Die Gefahr nimmt zweifellos dann zu, wenn solche Ingenieure und Wirtschaftswissenschaftler nicht einmal mehr in ihrer Ausbildung mit Arbeitspsychologen konfrontiert werden. Gerade in den Augen vieler »fortschrittlicher« Studienplaner scheint sich Arbeitswissenschaft zwischen den Polen Technik und Gesellschaft zu spannen, das Individuum wird zur verschwindenden Komponente, zur locker abgeleiteten Hilfskonstruktion. Durch solches Verhalten wird einer — zu Recht kritisierten und in vieler Hinsicht auch schwächlichen — Arbeitspsychologie keineswegs der Boden entzogen; vielmehr wird sie als Gegenstand eines rezipierenden und kritikunfähigen Dilettantismus in ihren unerfreulichen Zügen eine gesicherte Existenz finden.

Dennoch taucht in diesem Zusammenhang ein Problem auf: Eine differenzierende und letztlich doch destruierende Kritik der Arbeitspsychologie mag ihre akademische und auch praktische Berechtigung haben; diese muß jedoch so lange in Grenzen bleiben, als aus dieser Kritik nicht ein vertieftes Verständnis der psychischen Situation des Lohnarbeiters erwächst. Aus der Kritik müßten sich also Ansätze zu einer auf Grundannahmen marxistischer Theorie fundierten *Wissenschaft vom arbeitenden Individuum in der kapitalistischen Produktionsweise* entwickeln lassen, wenn sie mehr bewirken soll, als das Ungenügen von Bestehendem zu erkennen. Eine so gewendete Kritik kann jedoch nicht — an der bestehenden Arbeitswissenschaft vorbei — ihren Rückbezug auf die bürgerliche »Allgemeine Psychologie« nehmen, da diese (wie angedeutet) mit ihrem Kult des abstrakten Menschen und mit ihrem Absehen von Arbeit und konkreter Tätigkeit das Ungenügen der Arbeitspsychologie gerade bewirkte und wie diese insgesamt als »bürgerliche Wissenschaft« zu begreifen ist. Der Begründungszusammenhang eines Alternativkonzepts muß umfassender hergestellt werden; dies kann nur im Rahmen einer marxistischen Theorie der Persönlichkeit entfaltet werden – damit sind Umfang und Schwierigkeit eines solchen Vorhabens umrissen.

Wir wollen im folgenden darangehen, einige einleitende Überlegungen im skizzierten Rahmen anzustellen. Dies scheint uns vor allem deshalb möglich, weil in den letzten Jahren zwei Arbeiten veröffentlicht wurden, die unseres Erachtens wesentliche theoretische Grundlagen einer »Wissenschaft vom arbeitenden Menschen« angeben. Dennoch sind sie sehr verschieden: Der französische Philosoph Lucien Sève umreißt – weithin unbeeinflußt von Ergebnissen psychologischen Forschens in den sozialistischen Ländern – das Konzept einer marxistischen »Theorie der Persönlichkeit«, insbesondere unter den Bedingungen kapitalistischer Produktionsverhältnisse, und entwickelt daraus einen allgemeinen Rahmen für ein psychologisches Forschungsprogramm. Der Arbeitspsychologe Winfried Hacker aus der DDR legt eine umfassende, strukturierte und materialreiche »Allgemeine Arbeitspsychologie« vor, welche auf der Basis eines Konzepts menschlicher Tätigkeit allgemein- und arbeitspsychologische Probleme insbesondere im Rahmen sozialistischer Produktionsverhältnisse angeht. Wir wollen im folgenden diese beiden Arbeiten darstellen und im Rahmen unserer Fragestellung einzuordnen versuchen, wobei sich von selbst versteht, daß wir hierbei auf diese Fragestellung hin strukturieren und somit keineswegs eine Würdigung dieser Werke in ihrer Gesamtheit planen. Aus solchen Überlegungen sollen dann einige Folgerungen für das Programm einer »Wissenschaft vom arbeitenden Individuum im Kapitalismus« abgeleitet werden.[8]

[8] Jahrzehnte später als die Arbeitswissenschaft, jedoch in manchen Entwicklungsaspekten mit ihr vergleichbar, gewinnt in der BRD eine »Sportwissenschaft« an Raum. Doch wie so oft, findet auch hier die Wiederholung der Tragödie als Farce statt. Die Handlungsfelder Körperkultur und Sport stellen zweifellos ein wichtiges Gebiet wissenschaftlicher Forschung dar (entsprechend hat sich die Sportwissenschaft auch in den sozialistischen Ländern entwickelt). Die bundesdeutsche Sportwissenschaft – die bezeichnenderweise den reaktionären Carl Diem als ihren Begründer feiert – ist jedoch einzementiert in ein Bündnis wissenschaftsferner Funktionäre des Leistungssports (meist Unternehmer oder Manager), welche der Forschung ihre Ziele aufherrschen, und willfähriger »Sportwissenschaftler«, die geisteswissenschaftlich-anthropologische Mystifikationen pflegen und die Nähe sozialwissenschaftlicher Forschung scheuen. Die Entwicklung soliden bürgerlich-wissenschaftlichen Arbeitens wird dadurch erheblich erschwert; die Entfaltung eines gesellschaftswissenschaftlich-kritischen Standpunkts durch massive Unterdrückungsmaßnahmen nahezu unmöglich

gemacht. Dies vollzieht sich in einer Situation, in der keine solidarische Interessenorganisation der Betroffenen vorwärtstreibenden Ansätzen einen gewissen Handlungsspielraum gibt (wie sich dies im Verhältnis Gewerkschaft – Arbeitswissenschaft zumindest andeutet). Die »*Sportpsychologie*« arbeitet mit Ansätzen, die denen der Arbeitspsychologie weithin vergleichbar sind; kann aber aus der desolaten Situation des gesamten Forschungsbereiches auch nicht herausspringen. (Als typisches Beispiel vgl. BÄUMLER, RIEDER u. SEITZ 1972; zur Information über die allgemeine Situation und Entwicklung der Sportwissenschaft seien empfohlen: WEINBERG 1973 sowie SCHULKE 1975 und weitere die sportwissenschaftlichen Bände der im Pahl-Rugenstein-Verlag erscheinenden Schriftenreihe »Sport Arbeit Gesellschaft«.)

2. Auf dem Weg zu einer Wissenschaft vom arbeitenden Individuum[9]

2.1. SÈVES *Erinnerung an die kopernikanische Wende der Humanwissenschaft*

2.1.1. *Das Konzept einer Theorie des konkreten Individuums*

Lucien SÈVE, der Verfasser des (1968 in erster Auflage und 1972 in deutscher Übersetzung erschienenen) Buches »Marxismus und Theorie der Persönlichkeit« ist Philosoph und Mitglied des Zentralkomitees der FKP. Sein Konzept scheint uns wegweisend für die Entwicklung einer »Arbeitspsychologie«, die dem Anspruch dieses Namens gerecht wird.

SÈVES Ausgangspunkt ist die Überzeugung, daß eine Wissenschaft von der Persönlichkeit für die weitere Entwicklung marxistischer Theorie und Praxis unerläßlich, der gegenwärtige Entwicklungsstand der Psychologie jedoch durchaus unbefriedigend sei — nicht zuletzt deswegen, weil die meisten Fachpsychologen gar nicht auf die Idee kämen, sich mit den wesentlichen Texten über den dialektischen und historischen Materialismus zu befassen. Zwar ginge es nicht darum, deduktiv aus Grundprinzipien der marxistischen Theorie eine »marxistische Psychologie« abzuleiten. Doch könne der *dialektische Materialismus* auch für die Psychologie die Funktion einer »epistemologischen Richtschnur« (45) gewinnen, also Methoden der Erkenntnisgewinnung und Charakteristika wissenschaftlicher Begrifflichkeit angeben. Darüber hinaus sei der historische Materialismus die »Grundlage der Wissenschaft von Menschen« (51), weil er es erlaube, das Wesen des Menschen adäquat zu kennzeichnen.

Zentraler Bereich der *erkenntnistheoretischen Überlegungen* SÈVES ist eine Kritik der »spekulativen Abstraktion« (94), aus deren Sicht eine »Wissenschaft vom Individuellen« (268) unmöglich sei. Er beruft sich dabei insbesondere auf die MARXsche »Einleitung zur Kritik der politischen Ökonomie« (Gr, 5—31; entspr. MEW 13, 615 bis 642). Das wissenschaftliche Vorgehen beginne mit allgemeinen Kennzeichnungen der zu untersuchenden Objekte oder Prozesse, mit »abstrakten Allgemeinheiten« wie »Produktion« und »Arbeit«. »So-

---

[9] Dem Leser, der sich eher für die *Darstellung* als für die *Ableitung* unseres Alternativkonzepts interessiert, sei empfohlen bei Kapitel 2.3. (S. 129) weiterzulesen.

weit sie die gemeinsamen Bestimmungen mehrerer Gegenstände vernünftig ausdrücken, soweit sind sie eine erste positive Etappe der Aneignung des Wirklichen durch das Denken« (Sève, 271). So kennzeichnet Marx die »Produktion im Allgemeinen« als eine »verständige Abstraktion, sofern sie wirklich das Gemeinsame hervorhebt, fixiert, und uns daher die Wiederholung erspart« (Gr, 7).[10] Entsprechend stellt er — wie eben skizziert — im I. Band des »Kapital« den Arbeitsprozeß »in seinen einfachen und abstrakten Momenten« dar (MEW 23, 198).

Ein solches *Beginnen* bedarf nach Sève keiner Kritik; diese hat jedoch dann anzusetzen, wenn die abstrakte Allgemeinheit als das — zeitlose, allen einzelnen Gegenständen »innewohnende« — *Wesen* des Gegenstandes ausgegeben wird, also als jene Bestimmung, welche die »fundamentale Erklärungsgrundlage« (Sève, 432) für Variation und Wandel dieses Gegenstands darstellt. Ein solches Vorgehen mit den Allgemeinbegriffen von Arbeit und Produktion verkennt nach Marx nicht nur, daß die Formulierung solcher Allgemeinbegriffe nur auf einem bestimmten gesellschaftlichen Entwicklungsstand möglich ist (Gr, 25), sondern verdeckt eben diese historische Spezifität: »Die Produktion soll ... in von der Geschichte unabhängigen ewigen Naturgesetzen dargestellt werden, bei welcher Gelegenheit dann ganz unter der Hand *bürgerliche* Verhältnisse als unumstößliche Naturgesetze der Gesellschaft in abstracto untergeschoben werden. Dies ist der mehr oder minder bewußte Zweck des ganzen Verfahrens« (Gr, 8 f, Hervorh. v. M.). Demgegenüber betont Marx, daß mit solchen »abstrakten Momente(n) ... keine wirkliche geschichtliche Produktionsstufe begriffen ist« (Gr, 10); für Sève ist entsprechend der allgemein-überzeitliche Arbeitsbegriff »nicht das, von dem aus alles Übrige begriffen werden kann, sondern im Gegenteil das, worüber man unbedingt hinausgehen muß, um überhaupt etwas zu begreifen« (111). Andernfalls werde das Wesen als »das allgemeine Sein der vorhandenen Dinge« und »folglich selbst als Ding« begriffen, somit »von den konkreten Einzelgegenständen losgelöst« und »dem Leben ihrer einmaligen Verhältnisse und ihrer einmaligen Bewegung entgegengestellt« (270). Diese Einmaligkeit könne damit auch nur als zufällige oder planmäßige Variation des allgemeinen Dinges und nicht in den ihr zugrundeliegenden Gesetzmäßigkeiten begriffen werden. Gerade auf letztere zielten aber die Kategorien der Marxschen Gesellschaftsanalyse. »Das Wesen wird hier nicht mehr als allgemeiner Gegenstand, sondern als Entwicklungslogik des realen Gegenstands begriffen« (273).

---

[10] Es liegt nahe, daß wir in diesem Kapitel im wesentlichen nur Zitate von Marx und Engels anführen, die sich auch bei Sève finden. Aus Gründen der leichteren Lesbarkeit sei gestattet, daß wir auf die zusätzliche Angabe der Fundstelle bei Sève verzichten.

»Das höchste Ziel einer Wissenschaft« ist somit nach Sève »die Formulierung der allgemeinen Entwicklungsgesetze ihres Gegenstands« (39). Diese Gesetze gäben nicht abstrakte Bewegungen abstrakter Allgemeinheiten wieder, sondern bildeten die Erklärungsgrundlage für die Bewegung und Veränderung des (und jedes) Konkret-Einmaligen. In diesem Sinne sei jede ausgereifte Wissenschaft die Wissenschaft vom Einmalig-Individuellen. »Im ›Kapital‹ gibt Marx keine Beschreibung einer abstrakten kapitalistischen Gesellschaft, ... er zeigt vielmehr die wesentlichen theoretischen Momente, die ein gedankliches Erfassen jeder wirklichen kapitalistischen Gesellschaft und ihrer notwendigen Bewegung gestatten« (275).

Wird das Konzept des »allgemeinen Gegenstands« durch jenes der »Entwicklungslogik« ersetzt, so wandelt sich auch die Begrifflichkeit. Während die bisherigen Begriffe die Gegenstände umschreiben und sie äußerlich in Beziehung bringen, bilden die neuen Begriffe die dem Einzeln-Konkreten zugrundeliegenden, »inneren« Verhältnisse ab und begreifen dabei »Verhältnis« als »erzeugenden Prozeß, als konstruktive Selbstbewegung«, welche durch die ihr innewohnenden Widersprüche gekennzeichnet ist und vorangetrieben wird (273). Die neuen Begriffe sind damit gegenüber der Stufe der allgemeinen Gegenstände »weitaus weniger substantiell und weitaus formaler, also in gewissem Sinne weitaus mehr vom Unmittelbar-Konkreten entfernt ... Das so verstandene begriffliche Denken hat nicht ein Modell, sondern eine Topologie seines Gegenstands auszuarbeiten; es muß die logischen Orte, die Stellen der grundlegenden Koppelung ausfindig machen. Und es hat nicht eine bloße Positions-, sondern eine Funktions- und Entwicklungstopologie auszuarbeiten, denn die Verhältnisse sind Prozesse ... Damit sagen uns die Begriffe absolut nicht, wie das Einmalig-Konkrete im allgemeinen ist, sondern sie sagen allgemein, wie das Einmalig-Konkrete hervorgebracht wird« (274). Eine besondere Rolle spielen in diesem Zusammenhang »Gesetze notwendiger Übereinstimmung«, welche »Funktionaldeterminationsverhältnisse« kennzeichnen (51). Mit letzteren ist ein Verhältnis zwischen zwei »qualitativ verschiedenen, aber sich durchdringenden Prozeßklassen« (420) gemeint, von denen eine gegenüber der zweiten strukturbestimmend ist — als Beispiel aus der Kritik der politischen Ökonomie sei an die Begriffe »Produktivkräfte« und »Produktionsverhältnisse« erinnert.

Die Erklärungsgrundlage eines Prozesses, seine Entwicklungslogik, also sein Wesen, ist nach Sève keine Abstraktion, sondern selbst »konkretes Leben«, es ist somit selbst veränderbar und tritt ein in ein nichtstatisches »Verhältnis zwischen Dasein und Wesen« (277). »Mehr noch: Unter bestimmten Bedingungen ist das Wesen als Allgemeines sogar als unmittelbar konkrete einmalige Gestalt neben den anderen einmaligen Gestalten vorhanden« (278). Beispiele seien hierfür nach MARX die reale Existenz des Kapitals im allgemeinen, z. B. in Banken, das Auftreten des Tauschwerts als allgemeine Ware im Geld oder die Existenz der abstrakten Arbeit als Durchschnittsarbeit (278 f).

Mit MARX muß an dieser Stelle vor einer Verwechslung des gedachten mit dem wirklichen Konkreten gewarnt werden. Die »Reproduktion des Konkreten im Weg des Denkens« ist »keineswegs ... der Entstehungsprozeß des Konkreten selbst« (Gr, 22). Für SÈVE kann dies jedoch die reale Konkretheit des Wesens und die Möglichkeit seines Auftretens »in Gestalt eines Einmalig-Konkreten« (281) nicht in Frage stellen. Im Gegenteil müsse man erkennen, »daß die Bewegung des realen Konkreten und das objektive Zutagetreten des Wesens die objektiven Grundlagen und materiellen Bedingungen der Ausarbeitung der Begriffe und der Entwicklung des gedachten Konkreten sind ... Das ist der Hintergrund der materialistischen Dialektik der Erkenntnis« (280).

Ein weiterer Punkt der erkenntnistheoretischen Überlegungen SÈVEs knüpft nur mittelbar an das hier Skizzierte an. Im Vorgang der Entwicklung kann sich die Erklärungsgrundlage (das Wesen) eines Prozesses verändern. »MARX hat an Hand der historischen Entwicklung wiederholt gezeigt, daß im allgemeinen das, was auf einer früheren Stufe der gesellschaftlichen Entwicklung bestimmend ist, gerade nicht das Wesen der späteren Stufe bestimmt, und daß die Spezifik des Übergangs zu einer späteren Stufe darin besteht, daß tiefgreifende Strukturwandlungen impliziert werden, in deren Verlauf das, was vorher bestimmend war, auf einen niederen Rang absteigt, während neue Elemente die bestimmende Rolle erlangen« (33). Die allgemeine Konsequenz daraus müsse sein, daß Grund- und Ausgangsbegriffe nicht identisch seien, die Merkmale eines Ausgangszustands keineswegs die Erklärungsgrundlage für einen späteren Entwicklungsstand abgäben. Wohl aber gelte das Umgekehrte, da sich der gesamte Gang der Entwicklung erst »von rückwärts« erfassen lasse. In der Formulierung eines Exempels von MARX: »In der Anatomie des Menschen ist ein Schlüssel zur Anatomie des Affen.« (Gr, 26).

In enger Verbindung mit den dargestellten erkenntnis-theoretischen Überlegungen entwirft SÈVE das *Konzept einer auf dem historischen Materialismus gegründeten neuen Psychologie als Wissenschaft vom konkreten Individuum* bzw. Persönlichkeitstheorie. Eine solche Theorie sei im MARXschen Werke zwar nicht entwickelt, aber vorgeprägt. Zunächst liege es nahe, sich eine verständige Abstraktion »des Menschen« zu bilden; ausgehend von den allgemeinen Begriffen von Arbeit und Produktion könne »der Mensch« so gekennzeichnet werden als »ein Lebewesen, das seine Subsistenzmittel produziert und dadurch auch sich selbst produziert« (166). Eine solche Argumentation würde zwar die Beschränktheiten bisheriger psychologischer Richtungen schon aufdecken helfen, doch bliebe sie – sofern die abstrakte Allgemeinheit zum abstrakten »Wesen des Menschen« und damit zum Wesen des abstrakten Menschen hypostasiert würde – hinter der MARXschen Erkenntnisposition zurück. Allerdings sei der junge MARX selbst – vor allem in den »ökonomisch-philosophischen Manuskripten« (EB I, 465–588) – in einem solchen abstrakten Menschenbegriff verfangen gewesen; die »Psychologie von 1844« sei insofern eine »Schwachstelle in der Theorie des jungen MARX« (70). Durch die 6. Feuerbach-These habe sich jedoch »eine echte kopernikanische Wende in der jahrtausendealten Frage des Humanismus« vollzogen, »von unermeßlicher theoretischer und praktischer Tragweite« (431). Die Kernsätze dieser These lauten: »Aber das menschliche Wesen ist kein dem einzelnen Individuum inwohnendes Abstraktum. In seiner Wirklichkeit ist es das ensemble der gesellschaftlichen Verhältnisse« (MEW 3, 6). Analog schreiben MARX und ENGELS in der »Deutschen Ideologie«: »Diese Summe von Produktionskräften, Kapitalien und sozialen Verkehrsformen, die jedes Individuum und jede Generation als etwas Gegebenes vorfindet, ist der reale Grund dessen, was sich die Philosophen als ›Substanz‹ und ›Wesen des Menschen‹ vorgestellt . . . haben« (MEW 3, 38). Die Erklärungsgrundlage der Existenz konkreter Menschen liegt also nicht in überzeitlichen Merkmalen »des Menschen« an sich, sondern in außerindividuellen und außerpsychologischen Verhältnissen, die den konkreten Menschen vorgegeben sind, in »Beziehungen, worein die Menschen bei der gesellschaftlichen Produktion ihres Lebens ›versetzt‹ werden« (SÈVE, 137). »Die Menschen können aber nur durch diese Verhältnisse hervorgebracht werden, weil diese ihnen bei weitem nichts Fremdes sind, sondern ihren wirklichen Lebensprozeß ausmachen, und sie können das nur insofern, als es Verhältnisse zwischen ihnen, den Menschen sind« (a.a.O.). Diese Erkenntnis von »der gesellschaftlichen Mittelpunktsverschiebung des wirklichen menschlichen Wesens« (402) – des Umstandes, »daß die Individualität im Vergleich zur objektiven gesellschaftlichen Basis zutiefst sekundär ist« (S. 68) – sei der einzig mögliche Ausgangspunkt einer Wissenschaft von den konkreten Menschen. SÈVE spitzt die Aussage noch weiter zu, indem er von der »gesellschaftlichen Äußerlichkeit des menschlichen Wesens in bezug auf die Individuen« (289) spricht.

Nach der skizzierten Umwälzung der Auffassung vom »Wesen des Menschen« kommen MARX und ENGELS zu einem »völlig neuen, wissenschaftlichen Entfremdungsbegriff« (106). Die »Theorie der Entfremdung als mystische Odyssee des menschlichen Wesens« wird radikal beseitigt, Entfremdung mit folgenden Worten umschrieben: »Dieses Sichfestsetzen der sozialen Tätigkeit, diese Konsolidation unseres eignen Produkts zu einer sachlichen Gewalt über uns, die unsrer Kontrolle entwächst ... ist eines der Hauptmomente in der bisherigen geschichtlichen Entwicklung« (MEW 3, 33). Die so verstandene Entfremdung kann ihrerseits den Kult des abstrakten Menschen erklären: »Dem Fetischcharakter der Arbeitsprodukte entspricht notwendig ein komplementärer Fetischcharakter der Potenzen des Produzenten, dem Fetischcharakter der Ware ein Fetischcharakter des Individuums. Hier hat der ganze abstrakte Humanismus, hat die ganze spekulative Psychologie ihre Wurzeln« (SÈVE, 151). Der daraus resultierende »Fetischismus der psychischen Eigenschaften« (173) wurde bereits im vorhergehenden Kapitel unseres Textes kritisiert.

Die marxistische Umwälzung der Auffassung über das Wesen des Menschen hat somit für SÈVE nicht nur die Unhaltbarkeit des abstrakten Menschenbegriffs konstatiert, sondern zugleich dessen Entstehung erklärt und einen wissenschaftlichen Zugang zur Erfassung der Erklärungsgrundlage menschlicher Existenz eröffnet. Der »spekulative Humanismus« wird so in den »wissenschaftlichen Humanismus« transformiert. Der historische Materialismus wird als »allgemeine Theorie der wissenschaftlichen Auffassung vom Menschen« (140) und damit auch als »Leitwissenschaft für die Wissenschaft von der Persönlichkeit« (164) gekennzeichnet. Wie aber ist nach SÈVE diese Persönlichkeit, das konkrete Individuum, zu konzipieren? Das außerindividuelle »Ensemble gesellschaftlicher Verhältnisse« ist in seiner Struktur weder reduzierbar auf die Summe von Individuen, noch ist es ein Abbild der »Wesenszüge« des abstrakten Menschen. Vielmehr ist die Gesellschaft gegenüber dem Individuum das strukturbestimmende Moment. Das Individuum kann auch nicht Teilstruktur sein in der (anders determinierten, vom historischen Materialismus untersuchten) Struktur der Gesellschaft, nicht zum gesellschaftlichen Überbau gehören. »Die Grundprozesse des individuellen Lebens erscheinen nicht auf der Basis der gesellschaftlichen Verhältnisse, sondern gehören zu ihnen« (162). Zudem entwickelt sich das Individuum nur auf der Grundlage eines biologischen Trägers, der als solcher zunächst außerhalb der gesellschaftlichen Determination steht. »So sind die Individuen zwar ebensosehr wie die Überbauten von der gesellschaftlichen Basis (und von ihren Überbauten) funktional determiniert, aber sie treten nicht mit Überbau-Charakteristik auf dieser Basis hervor, sondern werden gewissermaßen von der Seite in sie hineinversetzt und ihr völlig untergeordnet, obwohl sie ihren Ursprung nicht in ihr haben. Als Bezeichnung für diesen spezifischen Typ vom Wesenszusammenhang, der im übrigen nicht nur für die Individuen gilt, schlage ich den Begriff Juxtastruktur vor« (162; das lateinische Wort »iuxta« bedeutet »neben, seitlich von«).

Damit läßt sich das Aufgabenfeld einer Wissenschaft von der Persönlichkeit umreißen. Es geht um die »historischen Wandlungen der Strukturen und Entwicklungsgesetze der menschlichen Persönlichkeiten im Zusammenhang mit den Wandlungen der gesellschaftlichen Verhältnisse« (175), wobei sich die charakteristischen Widersprüche der Gesellschaftsform in entsprechenden Widersprüchen der juxtastrukturellen Persönlichkeiten widerspiegeln. Für die Lösung dieser Aufgabe gilt, »daß die Psychologie der Persönlichkeit die Analyse der gesellschaftlichen Arbeit zur Grundlage hat — oder nicht vorhanden ist« (167); bei der Analyse der Persönlichkeit des Proletariers im Kapitalismus ist etwa davon auszugehen, daß »der Begriff abstrakte Arbeit ... selbst auch einer konkreten psychologischen Realität« (172) entspricht.

Nun kann SÈVE eine *Verortung der neu konzipierten »Psychologie der Persönlichkeit«* vornehmen. Er unterscheidet drei Bereiche des »Wissenschaftsraums in der Region des menschlichen Psychischen« (177): die eigentliche psychologische Wissenschaft als Psychologie des konkreten Individuums und die beiden »halbpsychologischen« Wissenschaften (die dennoch als »Wissenschaften vom Psychischen« zusammengefaßt werden) »Psychobiologie« und »Psychosoziologie«. Der bestimmende Teil innerhalb dieser Dreiheit ist die Psychologie des Individuums (der Persönlichkeit), auf sie sind die beiden anderen Teile auszurichten. Das Fehlen dieses Zentralteils hatte einen »Verzerrungseffekt« zur Folge, welcher die beiden anderen stets zur Grenzüberschreitung auf der Grundlage eines falschen, abstrakten Menschenbildes veranlaßte (298).

Wie lassen sich die drei Bereiche kennzeichnen? Die Psychologie des konkreten Individuums behandelt »die Persönlichkeit als lebendiges System von *gesellschaftlichen* Verhältnissen zwischen den Verhaltensweisen« (194, Hervorh. v. W. V.) und untersucht deren Struktur und Entwicklungsgesetze. Die Psychobiologie (als Teil der Naturwissenschaft) behandelt den Menschen als biologischen Organismus und wird als Wissenschaft von den »Verhaltensweisen« und ihren »naturwüchsigen Verhältnissen« gekennzeichnet. Die Psychosoziologie (als Teil der Gesellschaftswissenschaft) behandelt schließlich die durch die gesellschaftlichen Verhältnisse bestimmten »Individualitätsformen ...«, in denen die konkreten Individuen hervorgebracht werden« (263).

Die reinliche Trennung ist in SÈVEs Buch Ergebnis eines Prozesses, in welchem Bereich und Notwendigkeit einer Theorie des konkreten Individuums herausgearbeitet werden. Zunächst geht es — in einem Teilkapitel (178–194), das später (436) als »Zentralpunkt« des Buches bezeichnet wird — um die Abgrenzung zur »Psychobiologie« oder besser zu einem mit »Neurophysiopsychologie« umschriebenen Zukunftskonzept. Im Namen dieser neuen »materialistischen« Naturwissenschaft sei »überall bewußt zu machen, daß es mit der ›Psychologie‹ als nichtwissenschaftlicher Dublette der materialistischen Wissenschaft von der psychischen Aktivität vorbei ist« (181). Diese »materialistische Wissenschaft vom menschlichen Verhalten« (182) untersuche den Menschen als ein Naturwesen.

Damit sei jedoch nicht alles und vor allem nicht das Wesentliche erfaßt. »Jede Verhaltensweise kann als konkret materielle Aktivität eines Subjekts betrachtet werden, und auf dieser Ebene steht sie notwendig im Verhältnis zu den anderen Verhaltensweisen. In dieser Sicht sind die Verhaltensweisen dem Inhalt nach biologisch und der Form nach sozialisiert; das ist der Gegenstand der psychobiologischen Wissenschaften. Zugleich aber werden die Verhaltensweisen, sobald sie sich — und zwar vor allem als gesellschaftliche Arbeit — in die Welt der gesellschaftlichen Verhältnisse einfügen, auch etwas anderes, das diese gesellschaftlichen Verhältnisse produziert und reproduziert ... Sie sind dann dem Inhalt nach sozial und der Form nach biologisch; da beginnt der Bereich der Wissenschaft von der Persönlichkeit« (215 f). Einen zentralen Tatbestand könne zum Beispiel keine Analyse konkreter Bewegungsabläufe erfassen: Im Kapitalismus ist der Lohn nicht »Belohnung« der Arbeit, sondern Ersatz der Reproduktionskosten der Arbeitskraft; erscheint dies dem Arbeiter anders, so kann das nur eine folgenschwere psychologische Illusion sein. »Die Entsprechung zwischen Arbeit und Lohn« ist also »kein naturwüchsiges ... Verhältnis«, und nur die MARXsche Analyse lasse begreifen, »daß diese scheinbar direkte Entsprechung ... in Wirklichkeit ganz und gar durch die objektiven gesellschaftlichen Verhältnisse vermittelt ist« (189). Eine Beschreibung auf der Ebene einer Wissenschaft von den Verhaltensweisen erscheine als »zutiefst abstrakt« (185), mit ihr »hat sich die psychologische Wissenschaft in den Oberflächenerscheinungen des Lebens der Menschen in der bürgerlichen Gesellschaft verrannt« (189). Die Überwindung eines solchen Standpunkts sei Entsprechung und Folge der Überwindung der Vorstellung vom abstrakten Menschen (192).

SÈVE versucht zur Klärung des Verhältnisses zwischen den beiden Wissenschaftsbereichen zwei Analogien. Ein Puzzlespiel habe eine Bildstruktur und eine Teilchenstruktur (»Verzahnungsbeziehungen«): die erste sei primär, die zweite jedoch nicht deren Widerspiegelung. Als zweite Analogie wird die MARXsche Entwicklung der Gesellschaftstheorie herangezogen. Bei der Analyse der Produktion und ihrer Entwicklung untersuche man zunächst konkrete Prozesse, zum Beispiel die technische Seite der Produktion, und konkrete Bedingungen, etwa geographischer oder klimatischer Art. Man gehe jedoch fehl, wenn man solche Tatbestände zur Erklärungsgrundlage gesellschaftlicher Entwicklung macht; diese Erklärungsgrundlage sei vielmehr erst adäquat mit den MARXschen (Verhältnis-)Begriffen der

Kritik der politischen Ökonomie erfaßt. Selbstverständlich verschwinde die Analyse der vorgenannten Gegebenheiten dann nicht, sie erhalte aber eine abhängige Funktion, und die politische Ökonomie werde nunmehr »auch zur Leitwissenschaft für das Erfassen aller anderen Verhältnisse in ihrer Gesamtheit und ihrer allgemeinen Entwicklungsgesetze«. Aus diesem Vergleich wird der Schluß gezogen: »In einer der Stellung der politischen Ökonomie entsprechenden Position muß jenseits der Psychologie der Verhaltensweisen die an den historischen Materialismus gekoppelte Wissenschaft von der Persönlichkeit aufgebaut werden« (194). Die Persönlichkeit sei keineswegs auf einen biologischen Träger reduzierbar (dies sei der rationale Kern der traditionellen Auffassung von der »Seele«). Eine Persönlichkeitspsychologie, die solches nicht erkenne, gerate schließlich in die Absurditäten von Biotypologien à la SHELDON. Ähnlich unhaltbar sei auch die — etwa von Anhängern der Psychoanalyse — vertretene Annahme, die infantile Struktur bestimme die Persönlichkeit des Erwachsenen (das Kind sei »in psychologischer Hinsicht der Vater des Erwachsenen«, 217). Auch in der individuellen Entwicklung müsse von einer »Umkehrung der Verhältnisse zwischen dem Naturwüchsigen und dem Gesellschaftlichen«, einer »progressiven Umwandlung von Naturgegebenheiten« (217), kurz, von einer »grundlegenden Umstülpung« (296) ausgegangen werden; der »Genetismus« verwechsle Ausgangsbedingungen und Erklärungsgrundlage.

In äußerlich anderer und doch prinzipiell ähnlicher Form scheitert für SÈVE die »Sozialpsychologie« LINTONscher Prägung — der es um eine Theorie der »Grundpersönlichkeit« (basic personality) geht — daran, daß sie sich »ständig mit einem unbegreiflichen Konzept beschäftigt, dem allgemeinen Individuum« (238), wobei die jeweils individuelle Ausprägung wiederum biologisch bedingt oder aber Ergebnis zufälliger Variation ist. Die Gesellschaft erscheine in diesem Kontext »mehr oder minder als eine Art Gesamtindividuum« (251), als Aggregat individueller Verhaltensweisen. Das Problem, wie individuelle Strukturen gesellschaftlich bestimmt sind, werde somit im Konzept der »basic personality« nicht gelöst, sondern auf einen Mechanismus des Erscheinens menschlicher Wesenskräfte im menschlichen Zusammensein reduziert.

Biologistische wie »sozialpsychologische« Persönlichkeitskonzepte basieren für SÈVE also in grundsätzlich gleicher Weise auf einem vorweg hypostasierten Individuum, auf dem Menschenbild eines abstrakten und spekulativen Humanismus, welches »in letzter Instanz die naturgemäße Ergänzung der Reduktion des Menschen auf eine Ware« ist. »›Vererbung‹ und ›Milieu‹ sind in diesem Zusammenhang nur ideologische Bezeichnungen für das, was man bei den Individuen durch im unantastbaren Rahmen der bestehenden gesellschaftlichen Verhältnisse definierte psychagogische Verfahren nicht bzw. doch ändern kann« (283).

Dennoch gebe es einen Bereich, welcher einer »Psychosoziologie« als Teil der Gesellschaftswissenschaft zukomme und welcher das im Konzept der »Grundpersönlichkeit« Angestrebte richtig zu erfassen gestatte. Er wird von Sève mit dem Begriff der »Individualität« bzw. der »gesellschaftlichen Individualitätsformen« zu fassen gesucht. Der Begriff der Individualität soll dazu beitragen, »die Natur der Funktionaldeterminationsprozesse zu begreifen, durch welche die konkrete Persönlichkeit in gesellschaftlichen Realitäten, die eben nicht ihre Gestalt haben, ihre Gestaltung erfährt« (265). Der vermittelnde gesellschaftliche Prozeß sei die Teilung der Arbeit. »Je mehr sich das menschliche Sozialerbe entwickelt, je mehr sich das gesellschaftliche System der Teilung der Arbeit kompliziert und vermannigfacht, desto stärker werden die gesellschaftlichen Grundlagen der psychologischen Individuation« (285). Diese Grundlagen konkretisieren sich als »Individualitätsformen«, »notwendige Aktivitätsmatrizen, die den Individuen objektiv bestimmte gesellschaftliche Charaktere aufprägen« (267). Solche gesellschaftlichen Aktivitätsmatrizen als Vorgabe möglicher Individuation für die kapitalistische Gesellschaft werden von Marx am Beispiel des Lohnarbeiters und des Kapitalisten analysiert, die sich beim Kauf und Verkauf der Ware Arbeitskraft als Personifikationen ökonomischer Verhältnisse gegenübertreten. Bekannt sind die Worte aus dem Vorwort zum »Kapital«: »Aber es handelt sich hier um die Personen nur, soweit sie Personifikation ökonomischer Kategorien sind, Träger von bestimmten Klassenverhältnissen und Interessen« (MEW 23, 16). Die genauere Bestimmung und Differenzierung solcher gesellschaftlicher Individualitätsformen ist für Sève die Aufgabe einer zukünftigen »Psychosoziologie«.

Ausgehend von einem biologischen Träger und vorgeprägt durch eine gesellschaftliche Individualitätsform entwickelt sich das konkrete Individuum nach Gesetzen, die durch die Struktur der Gesellschaft, zuvörderst die gesellschaftliche Organisation der Arbeit, bestimmt sind. Damit ist der Erkenntnisgegenstand der »Psychologie der Persönlichkeit« umschrieben. Doch Sève tut ein Übriges: Im letzten großen Kapitel seines Buches bemüht er sich um eine erste inhaltliche Strukturierung des neuen Forschungsbereichs und formuliert »Hypothesen für eine wissenschaftliche Theorie der Persönlichkeit« (301).

Er hält sich — obwohl Nichtpsychologe — für berechtigt zu einem solchen Vorhaben aufgrund der Neuheit des Ansatzes, welcher »die Gesamtheit der Struktur und der Entwicklung der wirklichen menschlichen Persönlichkeiten« (303) untersuchen soll. Die psychologischen Spezialisten seien an dieser Aufgabe vorbeigegangen, da sie sich mit Details des Verhaltens eines abstrakten Menschen beschäftigt und sich auf Labor und Klinik beschränkt hätten, anstatt an das wirkliche Leben heranzugehen. Das hauptsächliche, der neuen wissenschaftlichen Analyse zugrundeliegende Material sei jedoch die »Biographie«. Somit kann auch der Philosoph »zur Schaffung neuer Forschungstypen anregen« und »ein geschlossenes Ensemble von Hypothesen über die allgemeine Richtung« der neuen Wissenschaft vorlegen »zur kritischen Prüfung durch Interessierte« (306 f). Diese Hypothesen stehen im Zusammenhang mit dem vordem Erörterten; sie sind daraus jedoch nicht abgeleitet, sondern »auf dem Wege theoretischer Mutmaßung« sowie »halbempirischer Praxis aufgestellt« (307).

Das System der SÈVEschen Hypothesen basiert auf drei Grundbegriffen. Der erste und wichtigste ergibt sich, indem Persönlichkeit als eine zeitlich geordnete Folge von Handlungen bestimmt wird. »Handlung« unterscheidet sich von »Verhaltensweise« dadurch, daß sie ein gesellschaftliches Resultat hat und somit in einen überindividuellen Handlungszusammenhang eingebunden ist. »Die Persönlichkeit ist ein komplexes System von Handlungen, und das Eigentümliche einer Handlung ist, daß sie gesellschaftlich etwas bewirkt. Dieses ›etwas‹ ist eben das objektive Moment des vollständigen Kreislaufs der Handlung, und wenn man sein Studium unterläßt, als ob beispielsweise die Bewegungshandlungen bei der Arbeit für den Psychologen interessant wären, nicht aber der Lohn, dann gehört das zu jenen ideologischen Blindheiten, bei denen sich, wenn man selbst darüber hinweg ist, kaum begreifen läßt, wie eine Wissenschaft derart lange in ihrem Bann bleiben konnte« (309). Handlungen beziehen sich in diesem Sinne auf eine Biographie, sind »die wesentlichen Elemente des theoretischen Bereichs« dieser Biographie und bilden gleichzeitig den grundlegenden Vermittlungsprozeß zwischen Individuum und »gesellschaftlich bestimmter Welt«. Der Handlungsbegriff verschafft somit »unmittelbar Zugang zu den grundlegenden Widersprüchen der Persönlichkeit« (316 f).

Eine Hauptaufgabe der neuen Wissenschaft sei »die konkrete Analyse der Strukturen und der Entwicklungslogik, die sich aus der Gesamtheit der Aktivitäten eines Individuums ergeben, angefangen mit seinen gesellschaftlichen Grundaktivitäten, seiner Arbeit« (309). Diese Analyse soll — in Abgrenzung zu Typologien — eine *Topologie* ergeben.

In Verfolgung dieses Konzepts wird ein zweiter Grundbegriff formuliert. »Capacité« — in der Übersetzung steht hierfür der Begriff »*Fähigkeit*«, ein Begriff, der in der deutschsprachigen Psychologie vielfältig und uneinheitlich benutzt wird; das Verständnis des SÈVEschen Textes wird jedoch am ehesten gefördert, wenn der Leser seine diesbezüglichen Kenntnisse und Verwirrungen beiseite läßt. SÈVE versteht unter Fähigkeiten »gegenwärtige, ein Gelingen bedingende

Potentialitäten« »zur Ausführung einer beliebigen Handlung auf beliebiger Stufe« (318). Fähigkeiten sind somit einfach Voraussetzungen für erfolgreiches Handeln, keineswegs etwa Bestandteile einer anlagenmäßig fixierten »Begabung«. Zwischen Handlungen und Fähigkeiten besteht eine enge, wechselseitige Verschränkung: »Die Fähigkeit ist die individuelle Bedingung für die Ausführung der Handlung, aber die unermeßliche Mehrzahl der Fähigkeiten wird im Individuum selbst durch eine Gesamtheit von Handlungen, die wiederum Bedingung dafür ist, produziert oder entwickelt« (318).

Mit dem dritten Begriff wird »das Problem der Triebkraft der ... Reproduktion der persönlichen Aktivität« angesprochen. »Bedürfnis« kann jedoch nicht dieser Grundbegriff sein. Die primär-organischen (biologischen) Bedürfnisse stellen nur »Minimalbedingungen menschlicher Lebens- oder Überlebensmöglichkeit« (322) und Ausgangspunkte der individualhistorischen Entwicklung dar; entwickelte menschliche Bedürfnisse sind jedoch diesen gegenüber durch eine »Wesensumkehrung« ausgezeichnet: »Das elementar-organische Bedürfnis (ist) nötigend, innerlich und homöostatisch, das entwickelte menschliche Bedürfnis dagegen ... weitgehend ausgezeichnet ... durch seinen Toleranzbereich selbst gegenüber fortgesetzter Nichtbefriedigung, seine Mittelpunktsverschiebung und seine erweiterte Reproduktion ohne innere Schranken« (323 f). Die »Mittelpunktsverschiebung« ist dabei das übergreifende Merkmal. Die »objektiv-gesellschaftlichen Bedingungen« und damit die »Gesamtstruktur der Persönlichkeit« bestimmen »durch Vermittlung des Produkts die gesamte Bedürfnisstruktur und -entwicklung« (327); der Bereicherungstrieb als Beispiel wird so ausdrücklich als »Struktureffekt« bezeichnet.

Der Begriff »Produkt« ist in diesem Zusammenhang als »psychologisches Produkt« zu spezifizieren, als »Summe aller Ergebnisse ... einer Aktivität für die Gesamtheit der Persönlichkeit« (368). Die Handlung vermittelt zwischen Bedürfnis und Produkt; und das, was zum Handeln anreizt, ist nicht das Bedürfnis allein, sondern »das Verhältnis zwischen möglichen Resultaten der Handlung und zu befriedigenden Bedürfnissen ..., kurz, das Verhältnis zwischen Produkt und Bedürfnis« (327). Dieses *P/B-Verhältnis* ist der dritte Grundbegriff des Hypothesensystems und »das Zentralelement einer mit der Gesamtheit einer historisch-materialistischen Auffassung vom konkreten Individuum gekoppelten wissenschaftlichen Theorie der Motivation« (327).

Als motivierend erscheint ein »hohes allgemeines P/B-Verhältnis« (z. B. 354). »Hoch« scheint hier zu bedeuten, daß beide Größen, die das Verhältnis bewirken, deutlich von Null verschieden sind, wobei »das Produkt im Zähler die vom Standpunkt des Handlungsanreizes aus bestimmende Position innehat« (339). »Allgemein« weist darauf hin, daß das P/B-Verhältnis vor allem handlungsrelevant ist, wenn es sich auf größere Handlungszusammenhänge bezieht.

Die drei Begriffe bilden die »*grundlegenden Elemente in der allgemeinen Topologie der Persönlichkeit*« (339), speziell der Persönlichkeit im Kapitalismus. SÈVE hält zunächst eine Unterscheidung von »Basis« bzw. »Infrastruktur« und »Überbau« bzw. »Suprastruktur« der Persönlichkeit für unerläßlich; dabei nimmt er an, daß sich diese für die Untersuchung der Gesellschaftsstruktur fundamentale Unterscheidung auch bei der »Juxtastruktur« der Persönlichkeit finden muß. (Die französischen Worte »infrastructure« und »superstructure« sind eigentlich Übersetzungen von »Basis« und »Überbau«; der Übersetzer scheut jedoch die Rückübersetzung und zieht es vor, von »Infrastruktur« und »Suprastruktur« zu sprechen – vgl. seine Anmerkung auf S. 339). Die Infrastruktur der Persönlichkeit ist identisch mit dem »wirklichen Zeitplan« als »dem System der tatsächlichen zeitlichen Verhältnisse zwischen den verschiedenen objektiven Aktivitätskategorien eines Individuums« (341); die diesbezüglichen Aktivitäten werden eingeschränkt auf solche, welche »die Persönlichkeit produzieren und reproduzieren« (»psychologisch produktive Aktivitäten«, 343). Im Rahmen der allgemeinen Topologie geht es nun um die Bestimmung dieser objektiven Aktivitätskategorien, welche aus der Bestimmung der gesellschaftlichen Strukturen abzuleiten ist.

Eine zentrale Zweiteilung liefert die Scheidung von »Aktivitäten der gesellschaftlich produktiven Arbeit« (nicht zu verwechseln mit dem Begriff der »psychologisch produktiven Aktivitäten«!) und »unmittelbar auf das Selbst bezogenen Aktivitäten« (344). Die erste Kategorie wird von SÈVE – im Rahmen kapitalistischer Produktionsbedingungen – als »abstrakte Aktivität« bezeichnet: Sie habe »natürlich auch einen konkreten Aspekt«, sei aber »eben als abstrakte Arbeit gesellschaftlich produktiv, und das macht auch das Wesentliche ihres psychologisch produktiven Charakters aus« (345). Die zweite Kategorie umfaßt Handlungen im arbeitsferneren Bereich und heißt entsprechend »konkrete Aktivität«. Später finden sich auch Bezeichnungen wie »abstraktes« bzw. »konkretes Leben« und vor allem – durchaus folgerichtig, da Persönlichkeit ja als System von Handlungen aufgefaßt wird – »*abstrakte*« und »*konkrete Persönlichkeit*«. Zwischen »diesen beiden Massiven« (345) gibt es noch intermediäre Aktivitäten, insbesondere interpersonelle und häusliche Beziehungen. Diese spielten zwar ein Rolle, der »Zeitplan« sei jedoch hauptsächlich aufzufassen als »das zeitliche System der Verhältnisse zwischen den großen Aktivitätskategorien, d. h. im wesentlichen zwischen der konkreten persönlichen Aktivität und der abstrakten gesellschaftlichen Aktivität« (346).

Mit diesen beiden Kategorien läßt sich auch »der zentrale Widerspruch der Topologie der Aktivität unter den Bedingungen des Kapitalismus« fassen als »Spaltung zwischen konkreter Persönlichkeit und abstrakter Persönlichkeit« (349); Struktureffekt eines solchen Zeitplans sei das Zeitbedürfnis als »Bedürfnis nach Zeit zu leben« (347). Im Bereich der konkreten Persönlichkeit ist nach Sève die Tendenz zur Entfaltung und Selbstverwirklichung erhalten; gerade die Aktivitäten dieses Bereichs sind aber weithin ausgeschlossen von den Potenzen und dem Reichtum der gesellschaftlichen Produktion. Der Aktivitätsbereich der abstrakten Persönlichkeit habe den Kontakt zum Hauptteil des gesellschaftlichen Erbes; der Handlungszusammenhang erscheine jedoch als »entfremdete Aktivität, die der äußeren Notwendigkeit unterworfen und den Bestrebungen der konkreten Persönlichkeit mehr oder minder fremd ist«. Handlungen und Fähigkeiten, psychologische Produkte und Bedürfnisse seien auf niederer Ebene fixiert — einer Ebene, die so niedrig sei, daß den bürgerlichen Psychologen ein Vergleich mit dem Verhalten von weißen Ratten möglich erscheine. Dies wirke auf den Bereich der konkreten Persönlichkeit zurück, sie sei unter die abstrakte subsumiert, »die sie umzingelt, überwuchert, erdrückt, ihr Gefüge mehr oder minder tief nicht nur von außen, sondern auch von innen her zerstört« (349). »So sind die beiden Menschen, die in jedem Individuum stecken, jeweils die Entfremdung des anderen« (350).

Damit ist auch angesprochen, daß der Zeitplan »von außen her« aufgezwungen und dennoch eine »innere Charakteristik der Persönlichkeit« ist. »Diese widersprüchliche äußere und innere Doppelbestimmung ist eine spezifische Eigenschaft der psychologischen Individualität des Menschen« (351). Dies sowie ein gewisses Maß an Zufälligkeit des konkreten Zeitplans äußert sich in einer »Pluralität der ... partiell koexistierenden Zeitpläne« (353), wobei sich offenbar eine suprastrukturelle Instanz der Persönlichkeit bemüht, einen Zeitplan oder eine Folge von Teil-Zeitplänen aufrechtzuerhalten, welche die objektiven Erfordernisse und Einschränkungen unter Wahrung eines möglichst hohen allgemeinen P/B-Verhältnisses berücksichtigt.

Die allgemeine Topologie im Bereich der Infrastruktur vervollständigt sich durch eine weitere Zweiteilung von Aktivitätskategorien als »Handlungsabteilungen«, welche nicht auf eine spezifisch entwickelte Produktionsweise zurückzuführen ist, sondern auf das bereits erwähnte Verhältnis von Handlungen und Fähigkeiten. »Abteilung I der individuellen Aktivität nenne ich die Gesamtheit der Handlungen, die Fähigkeiten produzieren, entwickeln und besonders ausprägen. Abteilung II nenne ich die Gesamtheit der Handlungen, die unter alleinigem Einsatz bereits vorhandener Fähigkeiten dies oder jenes Resultat produzieren, das durch Ausübung dieser Fähigkeiten erreicht werden kann« (319). Sève weist (a.a.O.) darauf hin, daß zwischen den beiden Abteilungen unscharfe Grenzen bestehen und im Grunde jede Handlung »zugleich Lernen und Ausübung von Fähigkeiten« sei, dennoch beharrt er auf der Scheidung. Unter dem Aspekt des Zeitplans kommt es auch zu Wechselbeziehungen zwischen den beiden Abteilungen. Erfordern Aktivitäten der Abteilung II mehr Zeit, so reduziert sich der Zeitanteil für die Lernhandlungen, was zu einer Senkung des allgemeinen P/B-Verhältnisses für die letzteren und damit zur Lernverödung führen kann. Dies trifft nach Sève für die Persönlichkeit im Kapitalismus zu. Auch unter dem Aspekt der Lern- und Nichtlernaktivitäten ist »Ökonomie der Zeit ... der Schlüssel zur entwickelten Persönlichkeit« (348); die »Spaltung zwischen konkreter Persönlichkeit und abstrakter Persönlichkeit« zwinge der psychischen Aktivität jedoch »eine Entwicklungsweise auf, die sie in unüberschreitbare Grenzen einschließt« (349). Der Gedanke wird bei der Darstellung der Entwicklungsgesetze der Persönlichkeit wieder aufzugreifen sein.

Faßt man die Dichotomie »abstrakte« und »konkrete« Aktivität sowie die Scheidung der beiden »Abteilungen« als voneinander unabhängig auf, so entstehen $2 \times 2 = 4$ Kategorien einer allgemeinen Topologie, die durch ein jeweils eigenes P/B-Verhältnis gekennzeichnet sind. Dieses Modell wird graphisch durch zwei Koordinaten und damit vier Quadranten veranschaulicht und als »hypothetischer Entwurf zur allgemeinen Topologie von in kapitalistischen Individualitätsformen produzierten Persönlichkeiten« bezeichnet (355). Sève fügt dem vier »hypothetische Beispiele« an, indem er die jeweilige Bedeutung der Aktivitätskategorien (als Quadranten) durch unterschiedlich große Kreise symbolisiert. Der Zeitplan eines Lohnarbeiters ist etwa gekennzeichnet durch einen besonders großen Kreis im Quadranten der abstrakten Aktivitäten der Abteilung II, einen mittelgroßen Kreis im Bereich der konkreten Aktivitäten derselben Abteilung sowie zwei kleine Kreise in den beiden Quadranten für abstrakte und konkrete Aktivitäten der Abteilung I.

Gegenüber dieser Topologie infrastruktureller Handlungszusammenhänge spielt die Erörterung »psychologischer Suprastrukturen« bei Sève eine geringere Rolle. Er versteht unter solchen Strukturen »die Gesamtheit jener Aktivitäten ...‹, die nicht unmittelbar zur Produktion und Reproduktion der Persönlichkeit beisteuern, sondern in bezug auf diese Prozesse eine Regelerrolle spielen« (358). Hierher gehören zunächst »spontane Regelungen«, welche hauptsächlich dem Bereich der konkreten Persönlichkeit zuzurechnen sind: ein intuitives Abschätzen des P/B-Verhältnisses von Teil-Zeitplänen, das sich in Formen von Neigung, Überdruß und Faulheit manifestiert. Als einfaches und prägnantes Beispiel wird »die Geneigtheit zum morgendlichen Aufstehen« mit ihren Stimmungsfolgen genannt, welche Sève auf eine »Abschätzung des allgemeinen P/B-Verhältnisses des psychologischen Tages« zurückführt (359). Das Studium derartiger intuitiver Abschätzungen könne Aufschlüsse über einen zugrundeliegenden »Wunschzeitplan« geben. Diesem ist der »vorsätzliche Zeitplan« aus dem Bereich der »willkürlichen Regelungen« gegenüberzustellen. Hierbei auftretende Widersprüche müssen auf die Infrastruktur der Persönlichkeit und durch diese hindurch auf die gesellschaftliche Basis zurückgeführt werden (360).

Die »allgemeine Topologie« soll dazu beitragen, das »*Problem der Entwicklungsgesetze der Persönlichkeit*« (364, Hervorh. v. W. V.) einer Lösung näherzubringen. Hier kann es nicht um Gesetze der Entwicklung des abstrakten Menschen gehen, sondern um die »theoretischen Grundlagen für die Ausarbeitung ... des einmaligen Systems von Entwicklungsnotwendigkeiten, das jede Persönlichkeit kennzeichnet« (365). Gesetze aus dem »psychobiologischen«, dem »psychosozialen« und dem eigentlich »psychologischen« Bereich überlappen sich (als Beispiel für erstere werden »Lerngesetze« —365— genannt). »Psychobiologische« und »psychosoziale Notwendigkeit ... erscheinen als objektive Bedingungen des persönlichen Lebens. Aber gerade aus diesem Grunde können sie nicht eigentlich unter dem Ausdruck Entwicklungsgesetze der Persönlichkeit als spezifisch psychologische, von einer inneren Notwendigkeit bewegte Realität verstanden werden« (365). Das Auffinden solcher Gesetze ist Aufgabe der Persönlichkeitstheorie, welche unter diesem Aspekt als »Theorie der einfachen und der erweiterten Reproduktion der Persönlichkeit auszuarbeiten« ist (320).

Erweiterte Reproduktion meint hier eine Zunahme individueller Handlungs- und Bedürfnisformen und damit eine Erweiterung des Grundfonds der Fähigkeiten. »Vom höchsten Standpunkt aus gesehen ist die erweiterte Reproduktion der menschlichen Tätigkeit und der menschlichen Bedürfnisse das Ergebnis des ursprünglich-bedeutsamen Sachverhalts, daß das wirkliche menschliche Wesen nicht inneres biologisches Erbe an erblich-psychischen Zügen, also von Anfang an in psychologischer Form und mit dem Maß der Individualität gegeben, sondern äußeres gesellschaftliches, zu unbegrenztem historischem Wachstum fähiges, immer mehr über die unmittelbaren Aneignungsmöglichkeiten des einzelnen Individuums hinausgehendes Erbe ist. Daraus ergibt sich, daß der Prozeß der individuellen Aneignung des menschlichen Erbes der Möglichkeit und der Position nach tiefstinnerlich unerschöpflich ist, ja sogar um so weniger zu erschöpfen, je weiter er fortgeschritten ist, weil sein Fortschreiten insgesamt eine Vervielfachung der Fähigkeiten und eine Vermannigfachung der Bedürfnisse bedeutet, also eine Ausdehnung der Fronten, an denen sich das Individuum der Unermeßlichkeit des menschlichen Erbes gegenübersieht. In diesem Sinne ist überhaupt kein Einzelbedürfnis vorauszusetzen, um die Tendenz zur erweiterten Reproduktion zu begreifen: Sie ist unmittelbarer Ausdruck der allgemeinen Beziehungen zwischen individuellem Menschen und gesellschaftlichem Menschen, zwischen dem Individuum und seinem Wesen« (330).

Der Grundfonds an Fähigkeiten eines Individuums wird von SÈVE (unter Berufung auf MARX) mit dem »fixen Kapital« verglichen; seine Vergrößerung — »wichtigste progressive Funktion der Persönlichkeit« (319) ist als »*psychologischer Fortschritt*« der bedeutsamste Teil des »psychologischen Produkts« (326). Er bestimmt wesentlich das allgemeine P/B-Verhältnis von Handlungszusammenhängen der Abteilung I (368).

Größe und Zunahme des »fixen Kapitals« der Persönlichkeit bestimmt deren Infrastruktur. Wenn ein Individuum »substantiell seine Fähigkeiten ändert, erhält seine Persönlichkeit neue Impulse in ihren tiefsten Strukturen« (366). Hier handelt es sich nach SÈVE um eine »partielle Homologie« zwischen juxtastruktureller Persönlichkeit und Gesellschaft: Das Verhältnis von Fähigkeiten und Infrastruktur entspricht dem Verhältnis von Produktivkräften und Produktionsverhältnissen. Insofern läßt sich das »allgemeinste Entwicklungsgesetz der Persönlichkeit« als »Gesetz der notwendigen Übereinstimmung von Fähigkeitsniveau und Struktur des Zeitplans« formulieren (365 f). Diese notwendige Übereinstimmung »definiert die inneren psychischen Entwicklungserfordernisse des Individuums« (366), die außerindividuelle Bestimmung des Zeitplans kann hierzu in einen noch zu erörternden Widerspruch treten.

Jeder Zeitplan kann unterschiedliche Anteile von Aktivitäten der beiden »Abteilungen« haben; deren Verhältnis wird als »organische Zusammensetzung des Zeitplans« bezeichnet, während die »organische Zusammensetzung der Persönlichkeit« ein Maß für »den Umfang und den Grad der Fähigkeiten eines Individuums« ist (368 f). »Die Entwicklung der Persönlichkeit beruht auf der dauernden Erhaltung einer hohen organischen Zusammensetzung des Zeitplans« (386). Dies bedeutet, daß Lernhandlungen einen hohen Anteil an der Gesamttätigkeit ausmachen, also auch durch ein hohes P/B-Verhältnis »motiviert« sein müssen. Der dieses Verhältnis bestimmende psychologische Fortschritt ist jedoch eine relative Größe, zu beziehen auf den bereits vorhandenen Grundfonds an Fähigkeiten; dieses relative Maß bezeichnet SÈVE als »Fortschrittsrate«. Damit rückt ein »besonders universelles« und dennoch »besonders rätselhaftes Phänomen« ins Blickfeld: der »tendenzielle Fall der Fortschrittsrate«. Er äußert sich »in der sehr allgemeinen Tendenz der Persönlichkeiten..., im Laufe der Jahre zu stagnieren und zu verknöchern« (369). Diese Tendenz zu Lernverödung und Vergreisung ist nur in unwesentlichen Aspekten durch ein biologisch bedingtes »Absinken der Lernfähigkeit« (374) zu erklären. Auch psychosoziale Hindernisse wie Beschränkungen innerhalb des Bildungssystems erscheinen eher äußerlich und zufällig (367 f), dennoch liegt in einer sozialen Determination — dem »Nullwerden des sozialen Lernanreizes jenseits eines bestimmten Punktes« — der »Schlüssel zum Problem« (347). Die durch das Übereinstimmungsgesetz gekennzeichneten inneren psychischen Entwicklungsnotwendigkeiten geraten nämlich in Konflikt mit einem durch die gesellschaftlichen Verhältnisse determinierten Zeitplan. Der tendenzielle Fall der Fortschrittsrate »wird bei den Individuen vor allem — und schon von der Kindheit an — durch gesellschaftliche Verhältnisse hervorgerufen, die sich von innen wie von außen her einer hohen organischen Zusammensetzung des Zeitplans entgegenstellen ... Längst ehe das biologische Altern beginnt, üben die kapitalistischen Verhältnisse ... jenseits eines bestimmten Punktes unaufhörlich einen hemmenden Einfluß auf alle menschlichen Aktivitäten zur Entwicklung von Fähigkeiten im allgemein entscheidenden Sektor der abstrakten Persönlichkeit aus — wobei das Produkt dieser Aktivitäten jenseits dieses Punktes gegen Null geht« (370). Lernhandlungen werden also durch die Arbeitsbedingungen des Lohnarbeiters im Kapitalismus nicht nur nicht gefördert, sondern sogar blockiert.

Dies korrespondiert mit einer »Erscheinung, die zugleich alle anderen zusammenfaßt und ihrerseits zum entscheidendsten Hindernis für weitere psychologische Fortschritte wird«: Sie wird als *Entzweiung* umschrieben und meint »die Gesamtheit der Trennungs- und Scheidungsprozesse zwischen (den) verschiedenen Sektoren (der Persönlichkeit), vor allem zwischen abstrakter Persönlichkeit und konkreter Persönlichkeit« (371). Der Begriff der Entzweiung faßt also die im Rahmen der allgemeinen Topologie vollzogene Scheidung von »abstrakter« und »konkreter Persönlichkeit« in eine spezifische Form. Aufgrund der skizzierten Blockierung der Lernhandlungen im Bereich der »abstrakten Persönlichkeit« sinken für diesen gesamten Bereich sowohl die organische Zusammensetzung des Zeitplans als auch das allgemeine P/B-Verhältnis. »Der ganze verbleibende Dynamismus zieht sich dann in den anderen Sektor zurück, in den Sektor der konkreten Persönlichkeit« (372). Da dieser zweite Sektor aber von den gesellschaftlich-menschlichen Potenzen getrennt und zudem von der »abstrakten Persönlichkeit« dominiert ist, findet auch dort keine Entwicklung statt (sinkt auch dort die organische Zusammensetzung des Zeitplans). »Das Individuum erlernt nicht einmal mehr neue ›Betätigungs‹arten für sein konkretes Leben, es beschränkt sich darauf, die bereits erworbenen in der Abteilung II zu reproduzieren« (372). In diesem Zusammenhang wird auf die Aussage von MARX und ENGELS verwiesen (MEW 3, 404 Anm.), die »Genüsse aller bisherigen Stände und Klassen« (heute würde man dafür wohl Freizeitbetätigungen sagen) seien dadurch gekennzeichnet, daß bei ihnen »einer inhaltlosen Tätigkeit ein scheinbarer Inhalt gegeben wurde«.

Solche Persönlichkeiten weisen kaum mehr Aktivitäten der Abteilung I auf (der psychologische Fortschritt ist gleich Null), im Restbereich sind abstrakte und konkrete Aktivitäten völlig voneinander getrennt; die ersteren sollen nur die materiellen Mittel für die letzteren liefern, und das konkrete Leben spielt lediglich »die Rolle einer illusorischen Kompensation für den entfremdeten Charakter des abstrakten Lebens ... Eine derartige Persönlichkeit ist also bis ins Mark entfremdet, und zwar durch die kapitalistischen Verhältnisse, die mehr oder minder im Kostüm psychologischer ›Gegebenheiten‹ auftreten ... Wenn noch große suprastrukturelle Schwächen hinzukommen, ein allgemeines Nichtbewußtsein der wirklichen gesellschaftlichen Verhältnisse ... erhalten wir das Kurzporträt eines biographisch sehr weit entfremdeten Individuums, das zum zustimmenden Opfer einer Gesellschaftsform geworden ist, die seine Persönlichkeit buchstäblich zerstört hat« (373).

Trotz solcher Überlegungen ergibt sich aus dem Modell, daß es auch zu einem »spontanen« Fall der Fortschrittsrate kommen kann, einfach deshalb, weil ein gleiches Ausmaß an Lernhandlungen und Lernfortschritt bei größer werdendem Grundfonds zu einer geringeren Fortschrittsrate führt (da diese letztere ja ein relatives, auf den Grundfonds bezogenes Maß ist). Hier muß nach SÈVE jedoch eine »qualitative« Analyse der Fähigkeiten vorgenommen werden. Man könne nämlich Sektoren von Fähigkeiten und zugehörigen Lernaktivitäten unterscheiden, unter welchen stets auch solche mit niedriger organischer Zusammensetzung sind. Bei einer Zuwendung zu diesen letzteren könnte sich die Persönlichkeit weiterentwickeln (ergäben sich Zeitpläne mit hoher organischer Zusammensetzung, eine hohe Fortschrittsrate und somit eine Erhöhung der organischen Zusammensetzung der Persönlichkeit). Die kapitalistische Form der Produktion mit ihren Folgen für jegliche Lernaktivität verhindere jedoch einen derartigen Wechsel. »Der spontane Fall der Fortschrittsrate ist also in Wirklichkeit keineswegs spontan; er ist Auswirkung der Subsumierung des psychologischen Wachstums unter ein zerstückelndes System der Arbeitsteilung, das selbst die Schranken der Entwicklung der Produktivkräfte und der gesellschaftlichen Verhältnisse reflektiert« (379).

In einer sozialistischen Gesellschaft, welche »der rechtlichen Trennung zwischen Individuum und Produktivkräften durch die Vergesellschaftung der Produktionsmittel ein Ende« setzt, würden »die von den früheren gesellschaftlichen Verhältnissen hinterlassenen Widersprüche« zwar nicht über Nacht verschwinden, jedoch sei die Grundlage für ihre Aufhebung geschaffen. Entsprechend würde der Gegensatz zwischen abstrakter und konkreter Persönlichkeit »nicht mehr die Gestalt eines antagonistischen Widerspruchs« annehmen (375). Die entwickelte kommunistische Gesellschaft würde »eine koordinierte Vielseitigkeit und Beweglichkeit der Individuen ermöglichen, die den inneren Erfordernissen ihres Wachstums im mannigfaltigen System der gesellschaftlichen Aktivitäten entspricht« (380). Durch ständigen Wechsel der (Lern-)Aktivitäten ergebe sich stets eine hohe Fortschrittsrate und eine Erhöhung der organischen Zusammensetzung der Persönlichkeit; dies sei das Grundkennzeichen der allseitigen Entwicklung im Sinne von MARX (381). Die sozialistische bzw. kommunistische Gesellschaft beseitige somit die Schranken für die erweiterte Reproduktion der Persönlichkeit.

Doch gibt es für SÈVE auch im Kapitalismus durchaus unterschiedliche Entwicklungsformen und »Emanzipationsstufen« der Persönlichkeit. Dies führt ihn dazu, die *»allgemeinen Formen der Dialektik der Entwicklung der Persönlichkeiten in der kapitalistischen Gesellschaft«* zu skizzieren; wobei auch diese Formen wieder als »logische Möglichkeiten für den einmaligen Verlauf einer jeden Biographie« gekennzeichnet werden (381 Hervorh. v. W.V.). SÈVE konzediert zunächst, daß es auch im Kapitalismus »Fälle von Ausgeglichenheit und befriedigtem Leben« geben kann; man könne etwa an erfolgreiche Forscher oder Künstler denken. Solche Lebensformen seien jedoch »Vorrecht einer kleinen Minderheit«, durch einen »parasitären Charakter des Gleichgewichts« gekennzeichnet und könnten »nie frei sein von Philistertum«. Die zweite der »allgemeinen Formen« wurde schon »als Entzweiung und Flucht ins Privatleben« (382) skizziert, SÈVE fügt ergänzende Bemerkungen über die Problematik eines Rückzugs auf zwischenmenschliche Beziehungen, also auf »Liebe und Freundschaft« hinzu (383). Lediglich die dritte »logische Möglichkeit« eröffne einen Ausweg aus den dargestellten Widersprüchen im Sinne einer Persönlichkeitsentwicklung: »bewußte Mittelpunktsverschiebung und kämpferisches Leben« (386). Eine solche Entwicklungsform nehme ihren Ausgangspunkt in der »Liebe zum Beruf«. Trotz der gesellschaftlichen Verhältnisse seien solche Persönlichkeiten durch ein »hohes allgemeines P/B-Verhältnis des konkreten Aspekts der abstrakten gesellschaftlichen Arbeit« (384) gekennzeichnet, so daß sie ihre Fähigkeiten im Bereich der abstrakten Persönlichkeit »nicht wegen des abstrakten Produkts, sondern für sich selbst« weiterentwickeln. Da aber die Produktionsverhältnisse diesen »Fähigkeiten entsprechende Investitionsmöglichkeiten in der abstrakten Aktivität verwehren, wird die gesamte Persönlichkeit objektiv mit äußerster Kraft zum Bewußtwerden der gesellschaftlichen Mittelpunktsverschiebung ihrer Grundlagen und dazu getrieben, ihren ungenutzten Dynamismus in Aktivität zur Umgestaltung dieser außermittigen Basen umzusetzen ... Man erkennt hier deutlich die tiefe Verbindung zwischen unbefriedigter Liebe zum Beruf und Kampfbedürfnis, die die Arbeiterbewegung schon lange empirisch festgestellt hat: Ein schlechter Arbeiter ist fast nie ein guter Kämpfer« (384). Damit habe das Individuum jene Handlungsmöglichkeiten erfaßt, die in der gegebenen Situation zur gesellschaftlichen und individuellen Emanzipation führen. Für Sève ist jedoch auch das kämpferische Leben durchaus noch den »objektiven gesellschaftlichen Widersprüchen« verhaftet, »denen es entgegentritt«; er fordert sogar »eine theoretische Pathologie des kämpferischen Lebens« (386).

Die hier kurz zusammengefaßten Begriffe und Hypothesen sollen »*den Aufbau einer wirklichen Wissenschaft von der Biographie*« (388, Hervorh. v.W.V.) ermöglichen. Den Ausgangspunkt bildeten zwar »psychobiologische Erkenntnisse zum einen, psychosoziale zum anderen, insbesondere die gesellschaftlichen Individualitätsformen, die allen zeitlichen Verhältnissen des individuellen Lebens zugrunde liegen« (393), doch sei dann mit Hilfe des vorgestellten Begriffsinventars die eigentliche wissenschaftliche Biographie zu erstellen. Mit kurzen Bemerkungen zu diesem Thema schließt Sève seine Überlegungen zur Strukturierung einer »Psychologie des konkreten Individuums«.

2.1.2. *Die allgemeine Topologie und die Wissenschaft vom arbeitenden Individuum*

Wenn wir uns nun um eine kritische Einschätzung des Sèveschen Konzeptes bemühen, so wollen wir uns nicht lange an Punkten aufhalten, die eher oberflächlicher Natur sind, wenngleich sie das Verständnis des Textes doch recht erschweren. Hier wären etwa eine gewisse Neigung zu weitschweifiger und unsystematischer Schreibweise zu nennen sowie der Umstand, daß sich die moderne, vor allem englisch- und deutschsprachige »bürgerliche« Psychologie in diesem Buch nicht repräsentativ behandelt fühlen dürfte (die Arbeiten von Sheldon und Linton bestimmen keineswegs die aktuelle Fachdiskussion).

Es ist kaum zu bezweifeln, daß das Buch in hervorragender Weise jene Funktion erfüllt, die ihm sein Verfasser zuweist: Es habe, so Sève, zur Erhellung eines sehr bedeutsamen Problems »verkannte Gewißheiten angemahnt und Annahmen gewagt« (425). Kopernikanische Wenden vollziehen sich bekanntlich in den Köpfen. So mag eine Wende, die längst vollzogen ist, durchaus der Erinnerung, Nachhilfe und Spezifikation bedürfen – vor allem, wenn ein Adressatenkreis (mit) angezielt ist, der sich bisher in selbstgefälliger Borniertheit geweigert hat, das Marxsche Werk auch nur zur Kenntnis zu nehmen (es sei denn in abgeschmackten Vereinfachungen). Die Offenheit, mit der hier einer an Miniproblemen herumhandwerkelnden Fachpsychologie einige längst fällige Wahrheiten gesagt werden, ist ebenso erfrischend, wie die Klarheit beeindruckt, mit der ein neuer Weg aufgezeigt wird. (Ob viele Fachpsychologen aus ihren Apparaturen heraus diesen Weg finden werden, ist allerdings zu bezweifeln.) Uns soll es nicht darum gehen, die SÈVEsche Wende in Frage zu stellen; wohl aber scheinen uns Anmerkungen zur konkreten Gestalt dieser Wende angebracht.

Hinsichtlich der SÈVEschen Interpretation der 6. Feuerbach-These hat TOMBERG (1975) Kritik angemeldet und den Begriff der »menschlichen Natur« als unverzichtbar bezeichnet. Ebenso weist er darauf hin, daß SÈVEs Verneinung eines »inneren Wesens« auf einer gegenüber HEGEL (und MARX) »verkürzte(n) Dialektik« (17) beruhe. Die aus unserer *Position des »Fachpsychologen«* vorzutragenden kritischen Anmerkungen dürften Einzelfragen herausgreifen, die auf solche allgemeineren Probleme zurückzuführen sind.

Was die *methodologischen Überlegungen* SÈVEs anbetrifft, so scheinen uns in diesem Rahmen zumindest zwei Punkte der Diskussion zu bedürfen:

1. Auf S. 274 wird (wie oben zitiert) ausgeführt, das im SÈVEschen Sinne verstandene »begriffliche Denken« habe »nicht ein Modell, sondern eine Topologie seines Gegenstands auszuarbeiten«. Was hier mit »Modell« und »Topologie« gemeint ist, ist bei SÈVE nicht genau definiert, entspricht aber auch nicht den uns bekannten Begriffsverwendungen. Auf S. 283 werden »Substanzmodell« und »Topologie« einander gegenübergestellt; darauf bezieht sich offenbar auch die Aussage auf S. 284, die Persönlichkeit sei »kein Bauwerk«, sondern ein »System von in der Zeit organisierten Prozessen«. Diese Aussage ist zweifellos richtig und wichtig — wenige Modellvorstellungen in der Psychologie dürften zum Beispiel so desorientierend wirken wie substantialistische »Schichtenmodelle der Persönlichkeit« nach dem Vorbild der Prinzregententorte. Wenn wir SÈVE hier richtig verstehen, so betont er, die Wissenschaft müsse *sich gesetzmäßig entwickelnde Prozeßstrukturen* in Verhältnisbegriffen abbilden. Dies liegt in der Konsequenz seiner Argumentation und scheint uns zutreffend; doch ist nicht einsichtig, warum eine solche Abbildung *nicht* »Modell« heißen soll und warum sie gerade als »Topologie« benannt wird.

SÈVEs weitere Darlegungen zum »Zeitplan« lassen uns zudem vermuten, daß mit der Ablehnung von »Bauwerk«-Modellen auch gewisse Einschränkungen des Bereichs möglicher Abbildungen von Prozeßstrukturen einhergehen. Modelle der letzten Art können (zumindest) ein-, zwei- oder dreidimensional strukturiert sein: Man kann Prozesse als zeitliche Linien mit Abschnitten auffassen, als flächenhafte Erstreckung mit Abteilungen, »Sektoren« usw., aber auch als Bewegungen in einem Raum, in dem mehrere übereinander gelagerte (Regulations-) Ebenen unterschieden werden. Die SÈVEsche »Topologie« scheint uns weithin eine voreilige

Festlegung auf das weniger komplexe Flächenmodell zu sein (auch wenn bei ihm die Ebene der Handlungen suprastrukturell reguliert wird); aus der Darstellung der Arbeit HACKERS wird sich ergeben, daß für die Prozeßstruktur der menschlichen Tätigkeit die Annahme einer hierarchisch- sequentiellen Organisation (also eines dreidimensionalen Modells) zutreffender erscheint.

2. Wie ebenfalls zitiert, verweist SÈVE (auf S. 33) auf die MARXsche Parabel »In der Anatomie des Menschen ist ein Schlüssel zur Anatomie des Affen« (Gr, 26). Er leitet daraus ab, man dürfe »Grund- und Ausgangsbegriffe« nicht »identifizieren«. Dies scheint uns zwar richtig zu sein, jedoch zu kurz zu greifen. MARX fährt an der genannten Stelle fort: »Die Andeutungen auf Höhres in den untergeordnetren Tierarten können dagegen nur verstanden werden, wenn das Höhere selbst schon bekannt ist. Die bürgerliche Ökonomie liefert so den Schlüssel zur antiken etc. Keineswegs aber in der Art der Ökonomen, die alle historischen Unterschiede verwischen und in allen Gesellschaftsformen die bürgerliche sehen.« Der von MARX kritisierte Fehler besteht also nicht in einer einfachen Verwechslung von Ausgangs- und Grundbegriffen, sondern vielmehr darin, daß Abstraktionen eines Historisch-Spezifischen zu überzeitlichen Merkmalen eines allgemeinen Gegenstands gemacht werden und damit *auch* den Ausgangszustand dieses Gegenstandes charakterisieren (hierauf wird noch zurückzukommen sein).

Was SÈVES *Auffassung vom Individuum* angeht, so scheint uns das Konzept der Juxtastruktur der Diskussion bedürftig. Wenn das menschliche Wesen »in seiner Wirklichkeit« kein »dem Individuum inwohnendes Abstraktum« ist, so scheint uns damit *nicht* gesagt, daß das »Ensemble gesellschaftlicher Verhältnisse« *seine Existenz außerhalb von allen konkreten Individuen hat*. Zwar kann kein Zweifel bestehen, daß für MARX Gesellschaft nicht auf Individuen reduziert werden kann und somit auch nicht aus ihnen »besteht«. Ebenso unzweifelhaft betrachtet MARX die Beziehungen, die die Individuen im Prozeß der materiellen Produktion miteinander eingehen, als unabhängig von ihrem eigenen Willen, den Individuen vorgegeben. Es würde aber wohl logische Schwierigkeiten mit sich bringen oder aber eine sozusagen aphoristische Verwendung des Begriffs »äußerlich« bedeuten, wollte man sagen: Die Beziehungen *zwischen* den Individuen, die ja Beziehungen *dieser* Individuen sind, seien eben diesen in ihrer Gesamtheit *äußerlich*. Diese Beziehungen sind zwar individuellen Handlungen vorgegeben, verwirklichen sich aber nur in diesen Handlungen. Was das einzelne Individuum betrifft, so ist das gesellschaftliche Erbe am Beginn des Aneignungsprozesses selbstverständlich *noch nicht angeeignet*. Man wird diesen Status als »äußerlich« bezeichnen können, doch ist er als solcher nur in dem Teil permanent, der sich gerade der jeweiligen Individualitätsform entzieht. Auch am Beginn des Aneignungsprozesses aber kann das Individuum nur so aufgefaßt werden, daß es in all seinen unentwickelten Aktivitäten *auf Aneignung angelegt* ist, so daß es *nicht* »außerhalb« der Gesellschaft steht, um von dort in diese »hineinversetzt« zu werden. Der biologische Träger — dessen Bedeutung nicht bestritten werden soll — kann somit auch nicht »äußerlicher« Ursprung der Persönlichkeit sein. Kurz zusammengefaßt: Die gesellschaftlichen Verhältnisse sind als Beziehungen zwischen den Individuen diesen zwar vorgegeben, doch existieren diese Individuen nicht — auch nicht »anfänglich« — außerhalb ihrer eigenen Beziehungen. Eben dies scheint uns aber im Begriff der »Juxtastruktur« impliziert. Andererseits sind die Individuen — dies kennzeichnet der genannte Begriff richtig — nicht Teilstrukturen des Gesellschaftssystems. Sie sind vielmehr Abhängige eines gesellschaftlichen Ganzen, dessen Struktur in ihren Beziehungen Wirklichkeit hat. Wir schlagen deshalb als Bezeichnung »*Substruktur*« vor, nicht ohne allerdings zu verkennen, daß auch dies recht mißverständlich ist.

Sève bringt (auf S. 78 ff) eine Reihe von Marx-Zitaten, die widerlegen sollen, »daß die wirklichen Menschen aus dem Raum der Theorie verschwinden« (85). Alle diese Zitate scheinen uns aber auch unsere Kritik des Juxtastruktur-Konzepts zu stützen. Vor allem aber gilt das für die Stelle aus dem Marxschen Brief an Annenkow: »Dank der einfachen Tatsache, daß jede neue Generation die von der alten Generation erworbenen Produktivkräfte vorfindet, die ihr als Rohmaterial für neue Produktion dienen, entsteht ein Zusammenhang in der Geschichte der Menschen, entsteht die Geschichte der Menschheit, die um so mehr Geschichte der Menschheit ist, je mehr die Produktivkräfte der Menschen und infolgedessen ihre gesellschaftlichen Beziehungen wachsen. Die notwendige Folge: Die soziale Geschichte der Menschen ist stets nur die Geschichte ihrer individuellen Entwicklung, ob sie sich dessen bewußt sind oder nicht. Ihre materiellen Verhältnisse sind die Basis aller ihrer Verhältnisse. Diese materiellen Verhältnisse sind nichts anderes als die notwendigen Formen, in denen ihre materielle und individuelle Tätigkeit sich realisiert« (MEW 27, 452 f).

Die menschliche Tätigkeit ist somit nach Marx von *besonderer Natur.* Diese besondere Natur ermöglicht es, daß gesellschaftliche Strukturen *wirklich sind in den Handlungen der Individuen.* Die *erste Aufgabe der Humanwissenschaft* ist also die Erfassung der *besonderen Natur der menschlichen Tätigkeit.*

Sèves Konzept geht an dieser Aufgabe vorbei. Zwar unterscheidet sich für ihn die »Handlung« von der »Verhaltensweise« dadurch, »daß sie gesellschaftlich etwas bewirkt« (309). Die Analyse der inneren Struktur des Handelns, der *Prozeßstruktur der menschlichen*

Tätigkeit bleibt jedoch ausdrücklich der psychobiologischen »Wissenschaft von den Verhaltensweisen« vorbehalten, welche die »konkret materielle Aktivität eines Subjekts« (215) zu untersuchen hat. Dies reduziert das Moment der Gesellschaftlichkeit und gesellschaftlichen Bestimmtheit der menschlichen Tätigkeit auf etwas zur »Verhaltensweise« äußerlich Hinzutretendes, obwohl es Merkmal der besonderen Natur dieser Tätigkeit ist und als solches *gerade* in der konkret materiellen Aktivität des Subjekts aufzuspüren wäre. So kommt es zum Paradox, daß »Handlung« zum Grundbegriff der Psychologie gemacht und dennoch eine Wissenschaft von der menschlichen Tätigkeit als »Verhaltensweise« gefordert wird. Diese hat für Sève sogar »völlig recht, wenn sie ... konkrete Verhaltensweisen ungeachtet der gesellschaftlichen Ausübungsbedingungen als sich selbst gleich behandelt« (190).

Damit kann Sève auch den Begriff der Aneignung nicht mehr fassen — dieser taucht bei ihm nur am Rande auf, obwohl er gerade bei der Betonung der »Äußerlichkeit« des menschlichen Wesens Zentralpunkt der Analyse sein müßte. Es bleibt ungeklärt, wie gesellschaftliche Handlungsforderungen zu individuellen Handlungsstrukturen werden; wie es also die besondere Natur der menschlichen Tätigkeit ermöglicht, daß ein überindividueller Zusammenhang der Entwicklung gesellschaftlicher Potenzen entsteht und dieser Zusammenhang die Struktur des individuellen Handelns bestimmt. Der Weg, den Marx in seinem Brief an Annenkow gewiesen hat, wird somit von Sève nicht eingeschlagen. Dieser verbleibt bei der undialektischen Trennung des seines Wesens entleerten Menschen von den diesem Individuum äußerlichen gesellschaftlichen Verhältnissen als »menschlichem Wesen«. Der Hauptgegenstand der Humanwissenschaft — die menschliche Tätigkeit in ihrer besonderen, einheitlichen Natur — wird nicht erfaßt.

Sèves durchaus anschaulicher Vergleich mit dem Puzzle-Spiel hat darin seine Schwäche, daß die »natürlichen« und die »gesellschaftlichen Verhältnisse zwischen den Verhaltensweisen« nicht zwei voneinander unabhängige Strukturprinzipien sind, durch welche die menschliche Tätigkeit — zwar in zwei getrennten Wissenschaften, aber in beiden Fällen adäquat — erfaßt werden kann. Wenn Marx aufgezeigt hat, daß zum Beispiel geographische Gegebenheiten nicht die *Grundlage* des Produktionssystems sind (vgl. 226), so bedeutet dies, daß die Analyse der »Naturgegebenheiten« — die durchaus ihren legitimen Platz hat — nicht mehr existieren kann *als Theorie der gesellschaftlichen Entwicklung.* Wenn die besondere Natur der menschlichen Tätigkeit durch analoge »Naturgegebenheiten« tierischen Verhaltens nicht erfaßt werden kann, so geht eine Wissenschaft in die Irre, die djese Tätigkeit unter Absehen von gesellschaftlichen Bedingungen als »Verhaltensweisen« untersucht, wie legitim ansonsten auch das Anliegen der Humanbiologie und -physiologie sein mag.

Bleiben wir bei diesem Vergleich Sèves, um erneut seine Annahme in Frage zu stellen, die biologischen Gegebenheiten seien »Ausgangsbedingungen« der Entwicklung der Persönlichkeit, wobei allerdings sehr bald im Verlauf dieser Entwicklung eine »Umstülpung« stattfinde. Im Bezug auf die Entwicklung der Produktion schreibt Sève: »Nun ist es zwar wahr, daß die Naturbedingungen die Ausgangsbedingungen der Menschheit sind; aber die ganze Geschichte der Menschen besteht eben darin, daß diese Bedingungen ›aus naturwüchsigen in geschichtliche verwandelt‹ werden« (226). Das hier verwendete Marx-Zitat aus der »Einleitung« scheint uns aber einen solchen Rückbezug auf tatsächliche Gegebenheiten der Natur nicht zu erlauben, ganz im Gegenteil wird hier vorgeblich »Naturwüchsiges« ausdrücklich als »Geschichtliches« gekennzeichnet. Ausgangspunkt ist an dieser Stelle das Verhältnis von Produktion und Distribution. »Sollte gesagt werden, daß dann wenigstens, da die Produktion von einer gewissen Distribution der Produktionsinstrumente ausgehn muß, die Distribution in dieser Bedeutung der Produktion vorhergeht, ihre Voraussetzung bildet, so ist darauf zu antworten, daß die Produktion in der Tat ihre Bedingungen und Voraussetzungen hat, die Momente derselben bilden. Diese mögen im ersten Beginn als naturwüchsig erscheinen. Durch den Prozeß der Produktion selbst werden sie aus naturwüchsigen in geschichtliche verwandelt, und wenn sie für eine Periode als natürliche Voraussetzung der Produktion erscheinen, waren sie für eine andre ihr geschichtliches Resultat« (Gr, 18). Wie immer auch Marx die Wechselwirkung von äußerer Naturgegebenheit und Produktion gesehen hat – dies zu erörtern, ist hier nicht der richtige Ort –, keinesfalls dienten die ersteren ihm als *Erklärungsgrundlage des Beginns* der Produktion. Entsprechend können nach unserer Auffassung biologische Begriffe nicht als »Ausgangsbegriffe« der Persönlichkeitsentwicklung – sozusagen vor einem Moment oder Abschnitt der »Umstülpung« – dienen. Vielmehr kann der Beginn menschlicher Tätigkeit so charakterisiert werden, daß der Säugling am Anfang eines Aneignungsprozesses steht, der seine Existenz zutiefst kennzeichnet; da dieser Aneignungsprozeß aber eben noch am Anfang steht, treten »biologisch-ungesellschaftliche« Bedingungen als »verbleibende« besonders hervor. Ein solches Konzept bedarf keiner »Umstülpungsannahme«, wohl aber erfordert es eine genaue und differenzierte Analyse des Aneignungsprozesses.

So wäre es nach unserer Meinung auch falsch, »biologistische« Theorien einschließlich der Freudschen Psychoanalyse als »adäquate« Modelle des *Anfangs* menschlicher Entwicklung anzusehen. Weiter oben hatten wir auf die Marxsche Kritik an der »Rückwärtsprojektion« von Merkmalen eines Historisch-Spezifischen, welche als geschichtslos ausgegeben werden, hingewiesen. Ganz entsprechend handelt es sich unseres Erachtens bei diesen »biologistischen« Theorien um Modelle, die gewisse historische Merkmale der Persönlichkeitsstruktur und -entwicklung zu Wesenszügen eines zeit- und gesellschaftslosen Menschen und deren »Schicksal« im individuellen Lebenslauf machen. Derartige Theorien können somit weder auf Modelle eines »Ausgangszustandes« reduziert werden, noch fassen sie diesen »Ausgangszustand« adäquat.

Hier könnte sich das Mißverständnis einstellen, wir würden der »bürgerlichen« Psychologie jeglichen Erkenntnisfortschritt absprechen. MARXens korrekte Einschätzung von Vertretern der politischen Ökonomie wie A. SMITH oder RICARDO mag hier als Vorbild dienen; als Vorbild allerdings auch hinsichtlich der Präzision der grundlegenden Kritik und der Klarheit der Abgrenzung. Insofern behaupten wir nicht wie SÈVE die *beschränkt unbeschränkte* Geltung bürgerlicher Psychologie in einem zugestandenen Reservat, sondern ihre *unbeschränkt beschränkte* Geltung in der Breite des von ihr in Anspruch genommenen Feldes.

SÈVEs Reservatzuweisung für die »Psychobiologie« scheint uns in dem Wunsch begründet, offenbar auch von Marxisten vielbeachteten Forschungsbereichen wie Psychoanalyse und Experimentalpsychologie nicht »ins Gehege« kommen zu wollen. Dies hat insofern eine fatale Konsequenz, als er damit den genuin-psychologischen Bereich einengt und eine Wissenschaft von den »gesellschaftlichen Verhältnissen zwischen den Verhaltensweisen« konzipiert anstelle einer Wissenschaft von der menschlichen Tätigkeit.[11]

SÈVEs Bereichsverengung ist um so bedauerlicher, als es diese von ihm als Unmöglichkeit dargestellte Psychologie der menschlichen Tätigkeit auf der Grundlage des dialektischen und historischen Materialismus in Grundzügen und vielen Details *bereits gibt*. Es ist erstaunlich und nur auf Sprachbarrieren zurückführbar, daß SÈVE auf die zentralen Arbeiten von Psychologen aus den sozialistischen Ländern nicht eingeht, obwohl er diese Länder offenkundig sehr positiv einschätzt. Müßte er nicht erwarten, daß sich die von ihm

---

[11] Ob dies SÈVEs Position in Diskussionen mit Fachpsychologen stärkt, mag bezweifelt werden. Im Nachwort zur zweiten französischen Auflage berichtet SÈVE, ein Psychologe habe gegen seine Betonung des spezifisch gesellschaftlichen Verhältnisses von Arbeit und Lohn eingewandt, dieses Verhältnis sei gesellschaftsunabhängig durch das alte THORNDIKEsche »Wirkungsgesetz« charakterisierbar. In seiner Erwiderung gesteht SÈVE zu, der Psychologe habe in bestimmter Hinsicht »völlig recht«, würde aber eben die wesentliche Seite des Verhältnisses von Arbeit und Lohn nicht sehen (437). Das erste Zugeständnis scheint uns völlig überflüssig. Mit dem »Wirkungsgesetz« kann man unter *keinem* Aspekt menschliche Tätigkeit zureichend in den Griff bekommen, denn die Behauptung, ein Gesetz aus einem Bereich gelte in dieser Form auch für einen *wesentlich* anderen Bereich, kann nur unzutreffend oder sozusagen aphoristisch sein.

vermißte Psychologie dort bereits weithin entwickelt? Dennoch werden Aussagen von WYGOTSKI und LEONTJEW nur mehr oder weniger als Randglossen zitiert, andere Namen von Psychologen etwa aus der UdSSR oder der DDR scheinen SÈVE nicht bekannt oder nicht erwähnenswert.

Es liegt uns fern, den Entwicklungsstand der Psychologie in diesen Staaten zu idealisieren. Dennoch ist festzustellen, daß dort Antworten auf Probleme gegeben wurden, deren angebliche Unlösbarkeit ein Ausgangspunkt der SÈVEschen Überlegungen ist. SÈVE schreibt: »Es entzieht sich bisher der Kenntnis, wie eigentlich jene Eigenheit des Psychischen beschaffen sein soll, die bewirkt, daß es sich qualitativ von der Nerventätigkeit unterscheidet und doch nichts anderes ist als diese« (30). Formuliert man diese Problemstellung so um, daß eine Beantwortung überhaupt möglich wird, so geht es darum, inwieweit psychische Tätigkeit nicht auf Nerventätigkeit reduzierbar ist. Eben zu dieser Frage haben sich sowjetische Psychologen sehr ausführlich und differenziert geäußert. RUBINSTEIN (1966) unterscheidet zunächst: »Das Gehirn ist nur das *Organ* der psychischen Tätigkeit, der Mensch ist ihr *Subjekt*« (5, Hervorh. v. R.). Dann gibt er als Charakteristikum der psychischen Tätigkeit an: »Die Wechselwirkung des Menschen mit der Welt, sein Leben, die Praxis, das ist die reale Grundlage, auf der sich die psychische Tätigkeit als eine Tätigkeit äußert und bildet, die die Erkenntnis der Welt und die Steuerung des menschlichen Handelns verwirklicht« (26 f). Zusammengefaßt also: »Die psychische Widerspiegelungstätigkeit, die zugleich reflektorische Tätigkeit des Gehirns ist, entsteht in der Wechselwirkung zwischen dem Individuum und der Welt und dient zu deren Verwirklichung« (291). Die Konsequenz daraus lautet: »Die Anerkennung der Handlung als Grundeinheit der Psychologie bedeutet, daß die psychologische Analyse in der Handlung die Keime aller Elemente der Psychologie entdecken kann« (1968, 229). Noch schärfer als RUBINSTEIN arbeitet LEONTJEW heraus, daß die »gegenständliche Tätigkeit des Subjekts« die zentrale Kategorie psychologischer Analyse sei, deren Einführung zur Folge habe, »daß sich der gesamte Begriffsapparat dieser Wissenschaft ändert« (1973, 419). Dabei versteht sich, »daß die Gesellschaft die Tätigkeit der sie bildenden Individuen hervorbringt« (420). Die »Systemanalyse der menschlichen Tätigkeit« vollziehe sich auf verschiedenen Ebenen und gestatte es somit, »die Gegenüberstellung von Physiologischem, Psychologischem und Sozialem sowie das Reduzieren des einen auf das andere zu überwinden« (435). So würden etwa die Gesetze, die »das Funktionieren des körperlichen Subjekts« steuerten, »nur bis zu dem Moment« zutagetreten, »wo wir dazu übergehen, ihre Ergebnisse in Form der gegenständlichen Handlung oder des Abbildes zu untersuchen, deren Analyse nur auf der Ebene der *psychologischen*

Untersuchung der menschlichen Tätigkeit möglich ist« (434 f, Hervorh. v. W.V.).

Wir können hier nicht auf wenigen Seiten die Grundannahmen der sowjetischen Psychologie darstellen. Wie weit ein Vorwurf berechtigt sein mag, diese psychologische Richtung ginge selbst noch von einem abstrakten, wenn auch »gesellschaftlichen« Menschen aus und stehe also noch auf dem Boden der »Psychologie von 1844«, soll später noch angeschnitten werden. Hier sei darauf hingewiesen, daß auf der Grundlage der marxistischen Theorie eine Psychologie der menschlichen Tätigkeit und nicht nur eine Wissenschaft von den »gesellschaftlichen Verhältnissen zwischen den Verhaltensweisen« bereits entwickelt ist. Dabei kommt dem Begriff der *Aneignung* eine zentrale Rolle zu (vgl. v. a. LEONTJEW 1971, 230 ff). Als Beispiel — auch für das Problem eines Rückfalls in die »Psychologie von 1844« — sei eine Äußerung von KOSSAKOWSKI (eines Psychologen aus der DDR) wiedergegeben: »Indem das Individuum tätig ist, d. h. indem es ... in aktive Wechselwirkung mit der Umwelt tritt, eignet es sich die den Umweltbedingungen gemäßen Tätigkeitsformen, die in den materiellen und ideellen Objekten vergegenständlichten ›menschlichen Wesenskräfte‹ an. Er verändert damit seine inneren Handlungsvoraussetzungen, d. h. sich selbst. Gleichzeitig werden aber in diesem Wechselwirkungsprozeß auch die äußeren Bedingungen gemäß den eigenen Intentionen aktiv (und von einer bestimmten Entwicklungsstufe an zielstrebig, bewußt und schöpferisch) verändert ... Die psychische Entwicklung des Menschen ist also stets ein dialektischer Prozeß der aktiven Interiorisation und Exteriorisation, der wechselseitig bedingten aktiven Aneignung und schöpferischen Umweltveränderung durch ›Entäußerung der menschlichen Wesenskräfte‹ (MARX)« (1973, 24).

Die zitierten Ausführungen von RUBINSTEIN und LEONTJEW mögen auch zeigen, daß der Humanbiologie bzw. -physiologie als Wissenschaft vom »Funktionieren des körperlichen Subjekts« und vor allem der Physiologie der höheren Nerventätigkeit als Wissenschaft von der Organtätigkeit des Gehirns auch in diesem Konzept eine bedeutsame, ja sogar »grundlegende« Funktion zukommt — grundlegend in dem Sinne, daß die Analyse von hierarchisch Niedrigerem den Grund legt für die Analyse von hierarchisch Höherem (womit natürlich nichts über irgendeinen »Rang« der Wissenschaften ausgesagt ist). Allerdings darf eine solche *Human*wissenschaft ebenfalls den Menschen nicht »als Tier« und damit von Gesellschaft nur äußerlich bedingt ansehen, sie muß vielmehr ihren Ausgangspunkt von der spezifisch-menschlichen Tätigkeit nehmen. LEONTJEW formuliert eindeutig: »Wir können heute die psychophysiologischen Gehirnmechanismen nicht anders denn als Entwicklungsprodukt der gegenständlichen Tätigkeit selbst betrachten« (1973, 433). Das bedeutet,

»auch auf den Grenzgebieten psychologischer Untersuchungen historisch vorzugehen« (1971, 254).

Was schließlich Sèves Abgrenzung der »Psychologie des Individuums« von der »Psychosoziologie« anbetrifft, so ist seiner Destruktion einer »Sozialpsychologie« Lintonscher Prägung wohl ebenso zuzustimmen wie dem Gegenkonzept einer »Wissenschaft von den Individualitätsformen«. Keineswegs ist damit aber jeder Sozialpsychologie auf der Grundlage des dialektisch-historischen Materialismus der Boden entzogen. Menschliches Handeln ist nicht nur gesellschaftlich bestimmt, sondern in aller Regel auch auf eine konkrete Gruppe bezogen. Spezielle Aneignungsprozesse, insbesondere auf Lernen ausgerichtete Handlungen, bedürfen zumeist mindestens eines vermittelnden Menschen. Die psychologische Wissenschaft von der menschlichen Tätigkeit kann die vielfältigen sich daraus ergebenden Problemstellungen nicht einfach zugunsten einer abstrakten Dichotomie Individuum-Gesellschaft ausklammern. Doch lag es Sève wohl fern, dies zu tun; allerdings geht aus dem Text nicht hervor, wo im dreigeteilten Raum der (Halb-)Psychologien diese Untersuchungsbereiche anzusiedeln sind.

Doch wenden wir uns nun den inhaltlichen Ausführungen Sèves zur Psychologie der Persönlichkeit, dem System seiner »Hypothesen« zu. Hier sind zunächst Vorbehalte gegen die Formulierung anzumelden, das Ziel der Bemühungen sei eine »Wissenschaft von der Biographie«. Wenn (auf S. 194) die Psychologie des konkreten Individuums mit der politischen Ökonomie — wohlgemerkt nicht mit der materialistischen Geschichtsschreibung einzelner Gesellschaften — verglichen wird, so muß es dieser Psychologie darum gehen, die allgemeinen Gesetze der Entwicklung jedes konkreten Individuums zu formulieren; die Erstellung wissenschaftlicher Biographien ist ein daraus abgeleitetes, sekundäres Ziel.

In der Tat sind die Sèveschen Hypothesen auch auf solche Gesetze gerichtet. Als *deren* Ziel wird folgerichtig »die konkrete Analyse der Strukturen und der Entwicklungslogik, die sich aus der Gesamtheit der Aktivitäten eines Individuums ergeben«, genannt, »angefangen mit seinen gesellschaftlichen Grundaktivitäten, seiner Arbeit« (309). Dies muß in der Tat das Zentralstück jeder dialektisch-materialistischen »Psychologie der Tätigkeit« sein. Sèves Grundbegriffe stellen eine geeignete Ausgangsposition für diese Aufgabe dar. Seine eigenen Aussagen zur Struktur der Handlung leiden jedoch nach unserer Auffassung an zwei Hauptmängeln und gehen deshalb an der Komplexität der Aufgabenstellung vorbei:

1. Aus der Ausklammerung der »Verhaltensweise« aus dem Bereich der Psychologie ergibt sich ein Verzicht auf die Mikroanalyse, die detaillierte Untersuchung der Prozeßstruktur der Handlung.
2. Die Beschränkung auf ein zweidimensionales, flächenhaftes Pro-

zeßmodell macht die Annahme hierarchischer Strukturen, übereinander gelagerter Handlungsebenen unmöglich; der Begriff »Zeitplan« markiert darüber hinaus eher die Einfachheit eines Modells linearer Verkettung von Handlungen, als daß er die psychologische Bedeutung der »Zeit« hervorheben würde.

Als Folge dieser beiden Mängel entsteht eine im Grunde statisch anmutende »allgemeine Topologie«, eine grobstrukturelle Darstellung von Teilsystemen der Persönlichkeit, ihren Beziehungen und Widersprüchen. Diese Topologie ist zweifellos geeignet, Forschungsarbeiten *anzuregen;* ob sie diese auch *auszurichten* vermag, ist eine andere Frage. Dies würde voraussetzen, daß die SÈVEschen Sektoren und ihre Beziehungen tatsächlich grundlegende, also die Entwicklungslogik charakterisierende Widersprüche abbildeten; daß sie nicht Begriffskonstruktionen bildeten, die heterogene Vorgänge oberflächlich zusammenfassen oder nicht existente Grenzen ziehen. (Ein bekanntes Beispiel eines solchermaßen problematischen Begriffspaars ist »Differenzierung« und »Integration«).

Was die Scheidung zwischen »abstrakter« und »konkreter« Persönlichkeit angeht, so ist die Differenz zwischen den Handlungsfeldern »Arbeit« und »Nichtarbeit« wohl vorhanden. Andererseits ergibt sich aber aus SÈVEs Überlegungen selbst, daß dies eine Unterscheidung zwischen einem »Zentralbereich« und einem »Randbereich« mit notwendigen Zwischenkategorien ist und daß der Zentralbereich die den Restbereich strukturierende Größe ist, da auch »Nichtarbeit« auf Reproduktion der Arbeitskraft ausgerichtet ist. Basiert also nicht die Scheidung von »abstrakter« und »konkreter« Persönlichkeit letztlich auf der Annahme, die »konkrete« Persönlichkeit könne sich dieser Determination teilweise entziehen und einen Raum der »Selbstbetätigung« finden — was als Wunsch zweifellos in vielen Köpfen vorzufinden ist, von SÈVE selbst jedoch oft genug als Illusion gekennzeichnet wird? Ist eine so gegründete Scheidung tragfähig, um einen Grundwiderspruch der Persönlichkeit abzubilden?

Die zweite Dichotomie ist die zwischen den Abteilungen der Aktivität. Auch hier fragt sich, ob der — an sich durchaus einleuchtende — Fähigkeitenbegriff diese Scheidung konstituieren kann. SÈVE schreibt wiederum selbst, daß Handlungen der Abteilung II — welche keinen psychologischen Fortschritt produzieren — nur als Extremfälle von Handlung konzipiert werden können. Selbst wenn diese Extremfälle in bestimmten Gesellschaftsformationen häufig auftreten, ist doch zu fragen, ob eine Scheidung von der Form »Null« und »Nicht-Null« theoretisch tragfähig genug ist, um ebenfalls einen Grundwiderspruch der Persönlichkeit abzubilden.

Andererseits ist nicht zu verkennen, daß der Haupttatbestand, der mit Begriffen wie »abstrakte Persönlichkeit« und »Abteilung II« beschrieben wird, durchaus richtig und originell dargestellt ist: der restriktive und entwicklungshemmende Charakter der Lohnarbeit sowie der durch sie strukturierten Freizeitbetätigungen und Lernhandlungen im Kapitalismus. Ebenso ist unseres Erachtens die zentrale Bedeutung des »psychologischen Fortschritts« sowie seiner gesellschaftlich determinierten Verringerung bzw. Stagnation in einer Klarheit dargestellt, an welcher zukünftige persönlichkeits- und handlungspsychologische Konzeptionen zu messen sein werden. Allerdings ist auch hier die zugrundeliegende Modellvorstellung zu stark vereinfacht, wenn der Fähigkeiten-Fonds nur quantitativ als Menge gesehen wird, die später qualitativ verschiedenen Sektionen (Töpfen) zugewiesen wird. Das Problem des »spontanen Falls der Fortschrittsrate«, mit dem SÈVE sich so sehr herumschlägt, wird damit nur durch die Annahme eines »Springens« von Teilplan zu Teilplan (von Topf zu Topf) lösbar, welches kaum strukturierbar ist und eigentlich nur durch die Sättigung an der jeweils vorhergehenden Tätigkeit motiviert sein kann. Auch hier bietet ein hierarchisches Modell bessere Erklärungsmöglichkeiten: Lernen ist nicht einfach ein Erwerb neuer Fähigkeitspartikel, die, bezogen auf den bereits vorhandenen »Haufen«, immer geringer werden. Auch und gerade auf hohem Fähigkeitsniveau kann es zu hierarchisch hochstehenden und qualitativ neuen Einsichten kommen, die — wollte man sie quantifizieren — zweifellos großen Fortschritt in geringer Zeit bedeuteten. Daß solches gerade bei »Vertiefung« in Altbekanntes möglich ist, werden viele Forscher oder Künstler bestätigen. Auf hohem Fähigkeitsniveau treten dann auch Wünsche auf, das Wissen und Können in einem benachbarten oder komplementären Bereich zu ergänzen, eben weil man sich dadurch auf »seinem« Gebiet vervollkommnen kann. In einem hierarchischen Modell wäre also der Wechsel in neue Tätigkeitssektoren kein Sprung aus der Langeweile, sondern Konsequenz einer *in einem Gebiet zentrierten* »allseitigen Entwicklung«. Die fundamentale Beschränkung der Fortschrittsrate, die den Lohnarbeiter in der kapitalistischen Gesellschaft trifft, ist somit nicht nur eine Barriere der spontanen Variation des Handlungsbereichs, sondern vor allem eine Beschränkung »nach oben«, zu hierarchisch höheren Fähigkeitsniveaus und entsprechender Abrundung und Verallgemeinerung der Fähigkeiten.

Hier scheint uns eine Stelle vorzuliegen, an der SÈVE selbst Opfer seines desorientierenden Gebrauchs von Begriffen der MARXschen Kritik der politischen Ökonomie wird, die lediglich durch eine List des Übersetzers (den Austausch des Begriffspaars »Basis-Überbau« durch »Infrastruktur-Suprastruktur«) etwas gemildert wird. Auch wenn man die Strukturabhängigkeit des Systems »Persönlichkeit« vom System »Gesellschaft« durchaus anerkennt, hat eine solche Begriffsverwendung höchstens dann einen Sinn, wenn es sich in formaler Hinsicht um identische Prozesse und Verhältnisse handelt. Das kann aber SÈVE ernsthaft nicht meinen: Die Ungereimtheiten wären zu zahlreich. Wenn der Fähigkeiten-Fonds *fixes* (nicht »konstantes!«) Kapital ist (hier liegt die Wurzel der Reduktion auf Nur-Quantitatives: Kapital als eine »Summe Geldes«), was entspricht dann dem zirkulierenden Kapital? Wie kann sich aus einer Zusammensetzung dieser beiden Größen eine »organische Zusammensetzung« der Persönlichkeit ergeben? Und wieso soll die »Abteilung I« und nur sie fixes Kapital produzieren? Wie kann das Verhältnis der beiden Abteilungen wiederum eine organische Zusammensetzung sein? Manche weiteren Beispiele ließen sich anführen. In diesen Zusammenhang gehört unseres Erachtens auch ein inflatorischer Gebrauch des Begriffspaars »abstrakt-konkret«. Vielleicht könnte man sich noch mit dem Inhalt der Aussage abfinden, Lohnarbeit sei abstrakte Arbeit in concreto, und der Lohnarbeiter der abstrakte Mensch in concreto (279), obwohl dies das schwierige Problem der »konkreten Aspekte des Abstrakten« aufwürfe. Warum soll man aber dies vielleicht zutagetretende Allgemeine auch noch als »Abstraktes« benennen und davon ein »Konkretes« unterscheiden — abstrakte gegen konkrete Aktivität, Persönlichkeit usw.? Schließlich hat MARX das Geld auch nicht in »abstrakte Ware« umbenannt und es »konkreten Waren« gegenübergestellt. Solch fehlleitende, weil falsch-prägnante Begrifflichkeit erschwert das Verständnis des Gemeinten in zu starkem Maße.

Von großer Bedeutung, auch für die politische Praxis, dürften die drei »logischen Möglichkeiten« der Persönlichkeitsentwicklung im Kapitalismus sein. Die Aussage »Ein schlechter Arbeiter ist fast nie ein guter Kämpfer« scheint uns kaum zu bezweifeln und sollte insbesondere jenen Nachläufern der studentischen Protestbewegung in den Ohren klingen, die immer noch die »Verweigerung« als revolutionäre Praxis ausgeben. Allerdings fragt sich, ob SÈVE nicht in der Kürze der Darstellung wesentliche Vermittlungsglieder des angesprochenen Zusammenhangs unerörtert gelassen hat. Uns scheint, daß bei der Herausbildung des »kämpferischen Lebens« die Erfahrungen in der kollektiven Durchsetzung von Interessen am Arbeitsplatz und im Betrieb eine wesentliche Rolle spielen, Erfahrungen, die natürlich aufs engste mit der konkreten Arbeitstätigkeit und ihren Einschränkungen verbunden sind.

Nach solcher Kritik scheint es notwendig, an die positive Bewertung des Textes zu erinnern, die wir den Überlegungen dieses Abschnittes voranstellten. Sie wäre wohl dahin zu präzisieren, daß sich hier ein kreativer Kenner der MARXschen Theorie darangemacht hat, den Umriß einer Psychologie auf der Basis des historischen und dialektischen Materialismus zu zeichnen — ohne genauere Kenntnis davon, daß in sozialistischen Ländern solches bereits versucht wurde und wohl auch gelungen ist. Dies neue Bedenken war höchst wertvoll:

Es hat das Entwickelte im Grundsatz bestätigt und manches prägnanter ins Gedächtnis gerufen; vor allem den fundamentalen Tatbestand, daß die Psychologie nicht hinter die 6. Feuerbach-These zurückkann. In einigem geriet der Wurf zu eng, das Konzept ist auszudehnen und zu verwandeln in das Programm einer psychologischen Wissenschaft von der menschlichen Tätigkeit, konkretisiert für jeweils spezifische gesellschaftliche Verhältnisse. Für deren Kernstück – die Analyse der Prozeßstruktur der Handlung – zeichnet SÈVE die drei entscheidenden Grundbegriffe neu und zeigt die wesentlichen Merkmale dieser Struktur für das arbeitende Individuum im Kapitalismus auf: Restringiertheit des Handelns und Verödung des Lernens.

2.2. HACKERS *allgemeine Psychologie der Arbeitstätigkeit*

2.2.1. *Der Entwurf einer »Allgemeinen Arbeitspsychologie«*

Auf dem Weg zu einer Wissenschaft vom arbeitenden Individuum erschien uns die Arbeit von SÈVE als wichtiger Wegweiser. Mag so die allgemeine Ausrichtung des Forschungsbereichs markiert sein – über die Spezifik und innere Struktur des zu Erforschenden wissen wir noch zu wenig. Hier kann ein Buch weiterhelfen, das 1973 in der DDR unter dem Titel »Allgemeine Arbeits- und Ingenieurpsychologie« erschien und dessen Verfasser der Dresdner Arbeitspsychologe Winfried HACKER ist.

Die Arbeiten von SÈVE und HACKER sind sehr verschieden. SÈVE legt – als Philosoph und ohne große Detailkenntnis psychologischer Befunde – einen Text vor, der ein genereller Anstoß sein möchte zur Neukonstruktion einer Psychologie der Persönlichkeit und aus dem sich insofern wichtige Konsequenzen auch für arbeitspsychologische Fragestellungen ergeben. Der Fachpsychologe entwirft das Konzept einer »Allgemeinen Arbeitspsychologie«, welches zahlreiche Detailforschungen der Arbeitspsychologie (und anderer psychologischer Gebiete) integriert und ausrichtet und das in dieser Integration zur Neustrukturierung der Allgemeinen Psychologie beitragen kann. Vor allem aber orientieren beide Autoren ihre Arbeiten auf sehr unterschiedliche gesellschaftliche Verhältnisse: SÈVE sieht im »staatsmonopolistischen Kapitalismus« des Westens Entfremdung und Ausbeutung auf einem neuen Höhepunkt; HACKER geht davon aus, daß in der DDR der antagonistische Widerspruch zwischen Produktivkräften und Produktionsverhältnissen und damit das entscheidende Hindernis für die allseitige Entwicklung des Menschen beseitigt ist.

Die Bücher haben indes auch Gemeinsamkeiten: Beide Autoren

sehen als Fundament ihrer Überlegungen den dialektischen und historischen Materialismus an und bemühen sich um eine Psychologie, deren Zentralpunkt das arbeitende Individuum bzw. die Arbeitstätigkeit ist. So scheint es sinnvoll zu prüfen, wie weit sich die beiden Ansätze ergänzen und insofern zur Strukturierung einer »Psychologie vom arbeitenden Menschen im Kapitalismus« beitragen können. Dabei ist auch und gerade beim Buch von HACKER angesichts des angebotenen Reichtums detaillierter Überlegungen unumgänglich, daß wir in unserer Darstellung stark selektiv vorgehen und einige allgemeinere Aspekte der Konzeption hervorheben.

1968 erklärt HACKER, »die psychologischen Spezifika und Problemgebiete des Arbeitsprozesses« seien nicht »in der Allgemeinen Psychologie aufgehoben ... sie enthält keine Psychologie des Handelns. Die Arbeitspsychologie muß sich daher selbst um ihre theoretische Fundierung bemühen« (19). Seine »Allgemeine Arbeits- und Ingenieurpsychologie« von 1973 stellt den Entwurf einer solchen theoretischen Fundierung auf der Basis des Begriffs der Tätigkeit dar. An den Anfang seiner Überlegungen (13) stellt HACKER die Aussage von MARX, es sei »die volle Entwicklung des Individuums, die selbst wieder als die größte Produktivkraft zurückwirkt auf die Produktivkraft der Arbeit« (Gr, 599). Damit ist eine grundsätzliche Ausrichtung angegeben: »Das ausdrückliche Einbeziehen ... der Entfaltung aller Möglichkeiten einer Persönlichkeit bereits in ihrem Grundanliegen unterscheidet die marxistisch-leninistisch fundierte Arbeitspsychologie von den Möglichkeiten der bürgerlichen Betriebspsychologie« (24). Die Aufgabenstellung der Forschungen wird ausdrücklich auf sozialistische Produktionsverhältnisse bezogen: »Die *Entwicklung* des Charakters der Arbeit beim Ausbau der ökonomischen Grundlagen des Sozialismus einschließlich ihres wissenschaftlichtechnischen Fortschritts verändern mit den Arbeitsanforderungen auch die Aufgaben der Arbeitspsychologie« (28, Hervorh. v. H.). Den »wichtigen Veränderungen im Charakter der Arbeit« ist »die wachsende Einheit körperlicher und geistiger Anforderungen« gemeinsam, »in welcher prinzipiell die körperliche Arbeit durch die geistige (kognitive) reguliert wird« (a.a.O.). Entsprechend unterliegt auch »die psychologische Arbeitsuntersuchung ... inhaltlichen Veränderungen: Ihr Schwerpunkt verlagert sich auf die kognitive Regulation der Tätigkeit« (32). Damit läßt sich die Forderung nach einer theoretischen Fundierung des Forschungsbereichs präzisieren. Diese »setzt ein neues Verhältnis der Arbeits- und Ingenieurpsychologie zur Allgemeinen Psychologie voraus. Als Bindeglied wird eine ›Allgemeine Arbeitspsychologie‹ benötigt, die sich vorzugsweise mit prinzipiellen Eigenschaften der psychischen Struktur und Regulation von Arbeitstätigkeiten zu befassen hat« (32). Eine solche Allgemeine Arbeitspsychologie habe zugleich zentrale Bedeutung für die Allgemeine Psychologie. Sie könne sich auf das in der Sowjetunion, vor allem durch RUBINSTEIN entwickelte Konzept einer »Psychologie der Tätigkeit« stützen. »Der Angelpunkt dieser Konzeption besteht darin, daß jede psychische Erscheinung — eingegliedert in die Wechselwirkung zwischen Mensch und Welt — zugleich der Widerspiegelung der Wirklichkeit und der Regulation der Tätigkeit in ihr dient ... In dieser Regulationsfunktion für die Tätigkeit besteht die objektive Bedeutung des Psychischen« (63). Doch greifen wir damit bereits dem Gang der HACKERschen Argumentation vor.

Da der Ausgangspunkt psychologischer Arbeitsuntersuchung der überindividuelle Produktionsprozeß sein müsse, beginnt HACKER nämlich seine inhaltlichen Ausführungen mit dem »Abriß einer psychologischen Arbeitsbedingungslehre« (36 Hervorh. v. W.V.). »Unter Arbeitsbedingungen sind Sachverhalte zu verstehen, die im Produktions- bzw. Arbeitsprozeß auftreten und die Arbeitstätigkeit und/oder das Arbeitsergebnis beeinflussen« (a.a.O.). HACKER unterscheidet gestufte Wechselwirkungsbeziehungen, die jeweils durch die Arbeitstätigkeit vermittelt werden. Solche Beziehungen bestehen einmal zwischen Arbeitsbedingungen und Arbeitsergebnis, wobei letzteres nicht auf das materielle Produkt der Arbeitstätigkeit reduziert werden kann; zum zweiten innerhalb der Arbeitsbedingungen zwischen äußeren und personalen Bedingungen; und schließlich innerhalb der personalen Arbeitsbedingungen zwischen aktuellen, prozeßbedingten Bedingungen (z. B. Ermüdung) und habituellen Leistungsvoraussetzungen (z. B. Kenntnisse und Fertigkeiten). Das Ergebnis einer Arbeitstätigkeit könne auch die Entwicklung neuer Leistungsvoraussetzungen sein, insofern sei »der Arbeitsprozeß ein Mittel zur Erzeugung von Persönlichkeitseigenschaften« (44). Äußere Arbeitsbedingungen, zu denen als »allgemeine« zunächst »gesellschaftlich-ökonomische Ausgangsbedingungen einschließlich Folgebedingungen« (40) gehören, seien gegenüber den personalen das bestimmende Moment, würden jedoch in ihrer Wirkung zumeist an den letzteren »gebrochen« im Sinne einer »psychischen Verarbeitung«. Dieser Tatbestand habe zwei Konsequenzen für arbeitspsychologische Forschung und Praxis: Einmal sei von ihr eben diese Verarbeitung zu analysieren; zum anderen aber seien Veränderungen im Bereich der äußeren Arbeitsbedingungen »der wirksamste Ansatzpunkt für Veränderungen psychischer Vorgänge oder Eigenschaften«. Daraus resultiere eine Rangreihe arbeitspsychologischer Aufgaben: (1.) Die »Arbeitsmittel- und Arbeitsverfahrensgestaltung« und — damit verbunden — (2.) »die Verbesserung der Leistungsvoraussetzungen, insbesondere der Qualifikation« seien »wirksamer und ethisch vertretbarer als (3.) reine Eignungsauslese oder gar (4.) das Beschränken auf ... unspezifische (d. h. veränderungsbedürftige objektive Bedingungen unberührt lassende) Verfahren der psychologischen Leistungsbeeinflussung« (57 f, Hervorh. v. H.).

Im Rahmen solcher Aufgabenstellung geht es nun darum, jenes zentrale Vermittlungsglied, die Arbeitstätigkeit, psychologisch zu erfassen. »Die Arbeit stellt die Hauptbedingung der Entwicklung psychischer Erscheinungen dar.« Vermittelt durch die Arbeitstätigkeit des Individuums komme diese zentrale Bedeutung »dem gesamten gesellschaftlichen Arbeitsprozeß, . . . dem Entwicklungsstand der Produktivkräfte und ihrem Verhältnis zu den Produktionsverhältnissen sowie den daraus bestimmten allgemeinen und arbeitstätigkeitsspezifischen Bedingungen der Arbeitstätigkeit« zu (60). Die Arbeitstätigkeit sei dabei wesentlich durch ihren Charakter als *Aufgabe* gekennzeichnet, also den »Sachverhalt, daß im Produktionsprozeß, dessen Bestandteil die Arbeitstätigkeit ist, ein gesellschaftlich-nützliches Produkt (unter festgelegten Bedingungen) erzeugt werden muß« (61). Die Psychologie habe sich mit der *psychischen Regulation der Arbeitstätigkeit* zu befassen, wobei mit RUBINSTEIN »Antriebs-« und »Ausführungs«regulation unterschieden werden.

»Grundeinheit der psychologischen Arbeitsanalyse ist die *Handlung*« (71, Hervorh. v. W. V.). Diese ist aus der umfassenderen »Tätigkeit« als »geschlossene Einheit« abgegrenzt »durch das bewußte Ziel, das die mit einem Motiv verbundene Vorwegnahme des Ergebnisses darstellt« (70). »Teilhandlungen« oder »Operationen« sind unselbständige Teile der Handlung. Die zur Bewältigung einer Aufgabe »erforderlichen personellen Leistungsvoraussetzungen« sollten in Form von »Tätigkeitsanforderungen« — Angaben über »zu beherrschende Tätigkeiten und Vollzugsweisen« — gefaßt werden (73). Ein Kurzschluß von Aufgabenmerkmalen auf vermutete psychische »Fähigkeiten« als stabile Persönlichkeitsmerkmale sei ebenso verbreitet wie wissenschaftlich unhaltbar. »Auf diese Weise ist für jede beliebige Tätigkeit eine beliebige psychische ›Kraft‹, ›Fähigkeit‹, ›Bereitschaft‹ oder ein ›Vermögen‹ konstruierbar. Warum soll beispielsweise die psychische Bedingung für das Kochen eines leckeren Puddings nicht das ›Puddingskochvermögen‹ sein?« (74)

Nach diesen Vorüberlegungen wendet sich HACKER der »*psychischen Struktur von Arbeitstätigkeiten*« zu. Diese sei »eine vermittelte Abbildung der objektiven Aufgabenbeschaffenheit« (76); in der industriellen Produktion ginge es dabei vor allem darum, daß der Arbeitende an vom Produktionsprozeß vorbestimmten Stellen in diesen eingreift. An diesen »*Eingriffspunkten*« setze die Arbeitstätigkeit (überwiegend als Regulation eines Produktionsprozesses) ein, wobei es meist mehrere aufgabengerechte Handlungsmöglichkeiten (Freiheitsgrade hinsichtlich Verfahrenswahl, Mitteleinsatz und Zeitorganisation) gebe. Die Existenz dieser *Freiheitsgrade* erfordere Entscheidungen und damit psychische Regulationsvorgänge. »Die psychische Struktur von Arbeitstätigkeiten umfaßt die *regulativ* wirksamen psychischen Vorgänge und Gebilde in der durch die Regulationsfunktion bedingten Ordnung« (83, Hervorh. v. H.). Grundlage der psychischen Regulation und Teil der psychischen Struktur ist nach HACKER das »operative Abbildsystem« (OAS) als »Gesamtgefüge der kognitiven Abbilder eines Arbeitsprozesses einschließlich seiner Bedingungen und Auswirkungen« (93). Hierbei gilt, daß »die Richtigkeit und Differenziertheit dieses inneren Modells die Güte des an ihm orientierten Handelns determiniert« (94). Nun wäre es freilich eine inadäquate Modellvorstellung, nähme man an, daß dieses operative Abbildsystem bzw. seine Bestandteile unmittelbar Handlungen, etwa als Verkettung von Einzelbewegungen, regulieren würden. Auch hier gibt es Vermittlungsglieder, welche HACKER »regulative Funktionseinheiten« nennt. Seine folgende Darstellung der Wirkungsweise dieser Einheiten und damit der *hierarchisch-sequentiellen Organisation des Handelns* stützt sich vor allem auf Befunde amerikanischer Psycholinguisten und sowjetischer Neuropsychologen. Ausgangspunkt des Regulations- und Handlungsprozesses ist das (durch die gesellschaftliche Aufgabe bestimmte) Ziel. Meist enthält das operative Abbildsystem auch ein »Aktionsprogramm« zur Verwirklichung dieses Zieles. Das Aktionsprogramm ist mit dem Ziel verbunden, diesem jedoch untergeordnet. Im Prozeß der Planung und Ausführung einer Handlung »zerfällt« diese Ziel-Aktionsprogramm-Verbindung in eine logisch-zeitliche Folge untergeordneter Einheiten, welche Teilziele und ihre Realisierungsprogramme zusammenfassen. Dies vollzieht sich über mehrere Stufen, so daß sich zur Veranschaulichung eine Darstellung nach dem Vorbild des »Graphenbaums« anbietet (Familienstammbäume werden oft ähnlich dargestellt, vgl. unsere Abb. 1 auf S. 132). Diese Ziel-Aktionsprogramm-Hierarchie wird nicht als solche im Gedächtnis gespeichert, sondern in der aktuellen »Handlungsvorbereitung« nach bestimmten Aufbauregeln erzeugt, was in der graphischen Veranschaulichung als Prinzip »zuerst von oben nach unten und dann von links nach rechts« erscheinen könnte (vgl. unsere Abb. 3 auf S. 134). Weiterhin ist wichtig, daß diese absteigende Differenzierung von Zielen und Aktionsprogrammen nicht als Ganzes dem Handlungsvollzug vorweggeht, sondern diesem gegenüber nur einen Vorlauf hat, wobei die jeweils nötige »Antizipationsweite« aufgabenspezifisch ist. Dies ermöglicht eine Korrektur des weiteren Handlungsablaufs als Folge rückgemeldeter Zwischenresultate des Handelns.

Der skizzierte Vorgang nach dem »Prinzip ökonomischer Einheitenbildung« (120) ist in der Psychologie als Prozeß des »Rekodierens« bekannt (vgl. 113). »In der Sprachpsychologie wurde gezeigt, daß die sequentielle Ordnung vermittels generalisierter Aktionsschemata realisiert wird (z. B. sogenannter Phrasenstrukturregeln der generativen Grammatik, d. h. Aufbauregeln psychologisch relevanter Teileinheiten im Sprechen)« (333). HACKER hält eine Übertragung des allgemeinen Prinzips des CHOMSKYschen Sprachmodells auf den Bereich der Arbeitstätigkeit für sinnvoll: »Es ist zwar wahrscheinlich, aber doch noch hypothetisch, daß derartige generalisierte abfolgeregelnde Aktionsschemata (generative Grammatiken des manuellen Handelns) auch in Arbeitstätigkeiten wirksam sind; in ihrer Aufdeckung liegt eine Aufgabe produktionsrelevanter allgemeinpsychologischer Forschung« (a.a.O.).

Mit dem bisher Ausgeführten sind die »regulativen Funktionseinheiten« — als Ziel-Aktionsprogramm-Verbindungen — noch nicht genügend gekennzeichnet. »Die wirksame Funktionseinheit der (Arbeits-)Tätigkeit ist der Rückkoppelungskreis …, also die Rückkoppelung eines auf eine Zielstellung hin entstandenen Tätigkeitsresultats … und (das) Fortsetzen der zielgerichteten Tätigkeit bis zum Feststellen hinreichender Übereinstimmung des rückgemeldeten Produkts mit dem Ziel im Vergleich« (104). In Verbesserung des von MILLER, GALANTER und PRIBRAM (1973) entwickelten Konzepts der »TOTE-Einheit« (Test-Operate-Test-Exit) spricht HACKER hier von »Vergleichs-Veränderungs-Rückkoppelungseinheiten (VVR-Einheiten)« (104, vgl. unsere Abb. 2 auf S. 133). Diese Einheiten sind insofern hierarchisch strukturiert, als der jeweilige »Veränderungs«-Teil seinerseits als eine Sequenz untergeordneter VVR-Einheiten beschrieben werden kann, und dies wiederum über mehrere Ebenen. Der »Stammbaum« von Ziel-Aktionsprogramm-Verbindungen (mit Dominanz des Ziels) erscheint so als System ineinander verschachtelter VVR-Einheiten; doch sind dies nur zwei korrespondierende Darstellungen der hierarchisch-sequentiellen »psychischen Struktur« der Arbeitstätigkeit.

Das Modell ermöglicht HACKER die Differenzierung von drei *Regulationsebenen der Arbeitstätigkeit*, wobei die jeweils zugeordneten Regulationsprozesse noch weiter hierarchisch gegliedert werden können (vgl. z. B. in Kap. 7). Wesentliche Merkmale dieser Regulationsebenen sind in der nebenstehenden *Tabelle 1* zusammengefaßt.

In drei Kapiteln des Buches (5.–7.) sind zahlreiche bisherige Befunde über den Regulationsebenen zuzuordnende Vorgänge in systematischer Form dargestellt. Das Studium von Bewegungen, also von Teilhandlungen im Bereich der *sensumotorischen Regulationsebene* ist in einem solchen Konzept nur als »Studium des motorischen Aspekts der Handlung« (282) sinnvoll. Hier liefern physiologische Befunde eindrucksvolle Bestätigungen des Modells einer hierarchisch-sequentiellen Handlungsorganisation. Eine besondere Bedeutung kommt dabei den Rückmeldungen über Bewegungsresultat und -ablauf zu. Entsprechend wird bei Behandlung der *perzeptiv-begrifflichen Regulationsebene* die Wichtigkeit einer Ausfilterung

Tabelle 1
Merkmale der Regulationsebenen des Handelns nach HACKER (1973) (nach VOLPERT 1974, 40)

Regulationsebenen in aufsteigender Folge:	sensumotorische RE	perzeptiv-begriffl. RE	intellektuelle RE
Vergleichsvorgänge:	stereotype Prüfprogramme meist unterhalb der Bewußtseinsebene	Verarbeitung informationshaltiger Signale	intellektuelle Operationen der Analyse und Synthese
ebenenspezifische Bestandteile des »operativen Abbildsystems«:	bewegungsorientierende Abbilder (nicht bewußtseinspflichtig, in ihren kinästhetischen Hauptanteilen nicht bewußtseinsfähig)	begrifflich überformte Wahrnehmungen und Vorstellungen (bewußtseinsfähig, jedoch nicht immer bewußtseinspflichtig)	komplexe, intellektuell vermittelte Abbildsysteme
ebenenspezifische Pläne:	Bewegungsentwürfe als »Unterprogramme« (subroutines)	allgemeine Handlungsschemata	komplexe taktische und strategische Pläne (Systeme von heuristischen Regeln und Handlungsprinzipien)
ebenenspezifische Handlungsformen:	stereotype Sequenzen	flexible Varianten von Grundmustern (»einfache« Handlungen)	komplexe Handlungen

tätigkeitsrelevanter Signale und – in enger Verbindung damit – sprachlicher Signale hervorgehoben, welch letztere besonders in der Form des »inneren Sprechens« handlungsregulierende Funktion haben. Aufgrund dieser Funktion sei »zu prüfen, ob das ... Niveau der Sprachbeherrschung ... eine allgemeine Grundlage der Bewältigung körperlicher wie geistiger Arbeitsaufgaben darstellt« (201). Die entscheidende Rolle bei der Aufgabenbewältigung spiele jedoch die *intellektuelle* Handlungsregulation als das »Insgesamt des vorbereitenden, begleitenden oder nachbereitenden Bedenkens« (209), wobei hier wiederum die »antizipativen analytischen Operationen« (241), gedankliche Vorwegnahmen von Handlungsmöglichkeiten und -folgen hervorzuheben sind. Sind solche Antizipationen ausgebildet, so kann man mit HACKER von einer »planenden Strategie« sprechen, welche einer »momentanen Strategie« gegenüberzustellen sei. Während bei der letzteren die »Analyse des jeweils aktuellen Zustands« vorherrsche, bestehe die »planende Strategie« in einer zusätzlichen Ausrichtung auf die »Herbeiführung bestimmter künftiger Zustände« und sei unter anderem durch einen »wesentlichen Anteil vorbereitender und ›vorbeugender‹ Tätigkeiten« gekennzeichnet (255). Beim Einsatz derartiger Strategien in stets wechselnden Situationen bildeten sich schließlich »verallgemeinerte Arbeitsverfahren« heraus, »Systeme individueller Leistungsvoraussetzungen aus verschiedenen Regulationsebenen«, welche »die Bewältigung von Klassen von Aufgaben« sichern (270 f).

HACKERS Überlegungen zur Struktur der Handlung beinhalten auch eine *Kritik der traditionellen Methoden des Arbeitsstudiums und der Bewegungsanalyse.* Die Hinwendung zur Handlungsregulation bedeutet das Verlassen eines »äußerlichen Bewegungsphänomenalismus« (64). Beschränkt man die Untersuchung auf die Abfolge der Verrichtungselemente, so pflegt man die Prozeßstruktur der Handlung als lineare Abfolge unveränderlicher Elemente zu betrachten. Daraus ergibt sich dann das TAYLOR-GILBRETHsche Prinzip einer »Optimierung« der Handlung durch geeignete Kombination solcher Tätigkeitselemente. HACKER zufolge ist aber ein solches Modell der Verkettung unveränderlicher Tätigkeitselemente empirisch und theoretisch unhaltbar. Bei der Analyse von Handlungsstrukturen müsse man vielmehr von »funktionellen Einheiten« ausgehen, »die ihre Abgrenzung nur aus ihrer Funktion und ihrer Stellung im Gesamtvollzug erhalten« (335), und entsprechend ein hierarchisch-sequentielles Modell der Handlungsorganisation zugrundelegen (vgl. auch 71). Durch allgemeine Zielvorstellungen sowie Entscheidungskriterien bei der Verfahrenswahl im Sinne einer »Arbeitseinstellung« realisiere sich zudem »die gesellschaftliche Determination der Struktur von Arbeitstätigkeiten bis hinunter zu den einzelnen Operationen« (247). Wir wiesen bereits auf die besondere Bedeutung vorwegnehmender (antizipierender) Denkvorgänge hin. »Damit sind die Grenzen eines behavioristischen Arbeitsstudiums, welches die geistigen (kognitiven) Leistungen des Arbeiters ausklammert, obgleich gerade sie den determinierenden Sachverhalt darstellen, verdeutlicht. Die Grenzen werden um so hinderlicher, je höher der Anteil der kognitiven Leistungen ist. Da deren Förderung einen Grundzug der sozialistischen Arbeitsgestaltung und Persönlichkeitsentwicklung darstellt, gibt es keine gesellschaftlich indifferenten Methoden der Arbeitsanalyse, und es werden neue — kognitiv orientierte — Methoden erforderlich« (265 f). Auch in methodologischer Hinsicht wird also die Abhängigkeit des Handelns und der wissenschaftlichen Analyse des Handelns von den gesellschaftlichen Verhältnissen betont.

Diese gesellschaftlichen Verhältnisse spielen insbesondere in Zusammenhang mit der *Arbeitsmotivation* eine Rolle. Wir hatten bisher vor allem Fragen der Ausführungsregulation (im Sinne RUBINSTEINS) betrachtet; HACKER bemüht sich jedoch auch, »das noch wenig entwickelte arbeits- und ingenieurpsychologische Wissen zur Antriebsregulation« (18) darzustellen. Er betont zunächst die »soziale Vermittlung der Motive«: »Die Entstehung einer habituellen, sozialistischen Produktionsverhältnissen angemessenen Motivierung für Arbeitsaufgaben ... ist in erster Linie zu kennzeichnen durch ein spezifisches Übernehmen (›Verinnerlichen‹, Interiorisieren) gesellschaftlicher Normen als Beweggründe des persönlichen Handelns« (124). Grundlage der Bildung einer solchen Einstellung seien familiäre und schulische Erziehungsprozesse, doch spiele die Arbeitssituation eine wesentliche Rolle: »Hauptquelle des Lebensgefühls (der Befriedigung, des Lebensgelingens) ist die Arbeitstätigkeit« (137). Untersuchungen zeigten, daß unter sozialistischen Produktionsverhältnissen dabei das »Bedürfnis nach Entfaltung der Fähigkeiten der Persönlichkeit in der Arbeit« in den Vordergrund rücke. Demzufolge bestehe »in der Übertragung wesentlicher Aufgaben ein formendes Prinzip der Arbeitseinstellung von Werktätigen« (141); wichtig sei auch »die Beteiligung an Entscheidungsfindung, Planung, Leitung und Kontrolle der Produktion durch den Werktätigen« sowie »die umfassende Information über betriebliche Angelegenheiten und deren Einordnung in gesamtgesellschaftliche Entwicklungen« (134).

Längere Überlegungen widmet HACKER dem Problem der gesellschaftlichen »Wertung« von Arbeitsleistungen, etwa durch Lohnsysteme oder Formen des Lobs und der Kritik. Er hält solche Maßnahmen für »außerordentlich wirksame Leitungsmittel mit produktivitäts- und persönlichkeitsbedeutsamen Konsequenzen ..., sofern sie ihrem diffizilen Systemcharakter entsprechend wohlüberlegt eingesetzt werden. Dem ›sozialen‹ (gesellschaftlichen) Charakter der von ihnen beeinflußten Arbeitsmotivierung entsprechend ist ihre Einsatzweise und Wirkung abhängig von den gesellschaftlichen

Verhältnissen im allgemeinen und den Beziehungen des Werktätigen zu den ›wertenden‹ Instanzen im besonderen; die Verwertbarkeit der Ergebnisse der bürgerlichen Psychologie ist besonders auf diesem Gebiet daher äußerst beschränkt; auch Laborbefunde bedürfen der Nachprüfung« (149).

Wie bereits angedeutet, vermittelt sich über die Arbeitseinstellung die Wirkung gesellschaftlicher Faktoren auf die Struktur der Arbeitstätigkeit. Generell kann es zu »vorwiegend antriebsregulatorisch bedingten Strukturveränderungen von Arbeitstätigkeiten« (351) kommen, handlungsbeeinträchtigend wirkt sich eine uneinheitliche, zu schwache oder zu starke Motivation aus. Entsprechende ausführungsregulatorisch bedingte Veränderungen können nach HACKER bei Veränderung der Aufgaben oder als Belastungswirkung fortgesetzter Aufgaben auftreten. Für den ersten Fall werden *»Grundvorgänge bei der Anforderungsbewältigung«* unterschieden (359, Hervorh. v. W. V.). Zunächst wird die »allgemeine Mobilisierung« genannt, ein erster und sozusagen kurzer Weg, der »nicht an aufgabenspezifische Lernvorgänge gebunden zu sein scheint« (359). Kurzdauernde und nicht übermäßige Mobilisierung kann Arbeits- und Lernprozesse fördern, langfristig hat jedoch ein solcher Weg der Anforderungsbewältigung negative Wirkungen. Ihm sind als »spezifische und lernbedingte Formen« solcher Bewältigung gegenüberzustellen:

■ Die »Sensibilisierung« stellt eine Erhöhung der absoluten sowie der Unterschiedsempfindlichkeit für tätigkeitsrelevante Signale dar, an der auch intellektuelle Vorgänge beteiligt sind. Sie verändert die Struktur der Arbeitstätigkeiten, indem sie deren Regulationsgrundlagen verfeinert und verbessert.

■ »Psychologische Automatisierung« tritt ein, indem relativ stereotype Bewegungssequenzen (sensumotorische Fertigkeiten) ausgebildet werden, deren Ausführung keine volle Zuwendung höherer Regulationsinstanzen (»des Bewußtseins«) erfordert. Diese Instanzen werden damit für hierarchisch höhere, vor allem antizipative (vorwegnehmende) Regulationsvorgänge entlastet, was sich u. a. in einer zunehmenden Überlappung von kognitiver Vorbereitung und Ausführung zeigt.

■ Mit »Verbalisierung« ist die begriffliche Fassung und Zusammenfassung von Handlungen und Teilhandlungen gemeint. Sie ist in manchem der »Automatisierung« gegenläufig, ergänzt diese und wirkt übermäßiger Stereotypisierung entgegen. Vor allem verbessert sie die vorwegnehmende Analyse der Bedingungen, Varianten und Folgen von Handlungen.

■ Die entscheidenden Strukturveränderungen werden jedoch durch »intellektuelle Durchdringung« erreicht. Sie ist dadurch gekennzeichnet, daß intellektuelle Vorgänge der Analyse und Planung »auch auf hierarchisch untergeordnete Regulationsebenen aus-

strahlen« (376) und die »intellektuell abgeleiteten Bewältigungstechniken zur Verallgemeinerung und Speicherung besonders
geeignet sind« (377). Ein besonderes Merkmal der intellektuellen
Durchdringung ist »eine Verlagerung des bedeutungsmäßigen
und zeitlichen Gewichts von den ausführenden auf die vorbereitenden Tätigkeitsabschnitte« (a.a.O.). Sie stellt somit die Entwicklung einer »planenden Strategie« und eines entsprechenden »habituellen Arbeitsstils« dar, wie er sich etwa bei Bestarbeitern in der
UdSSR und der DDR finde.

Mit diesen Überlegungen nähert sich HACKER dem Thema »Psychische Struktur von Arbeitstätigkeiten und Persönlichkeit«, dessen
Behandlung »dem psychologischen Untersuchungsstand angemessen
weniger ein Kapitel als eine vorläufige Situationscharakteristik bleiben muß« (19, Hervorh. v. W. V.). Das bereits eingangs angetönte
humanistische Ziel einer »Förderung der Persönlichkeitsentwicklung
im Arbeitsprozeß« (418) wird hier erneut benannt. Ausgehend vor
allem von Überlegungen von MARX und RUBINSTEIN werden die
»Wechselbeziehungen zwischen Persönlichkeit und Arbeitsprozeß«
(a.a.O.) angesprochen. HACKER betont zunächst, daß die »historische
Entwicklung der Produktionsverhältnisse und Produktivkräfte« die
Entwicklung der einzelnen Individuen determiniert. Im weiteren
beschränkt er sich jedoch auf die »Wechselbeziehungen zwischen
bestimmten Arbeitstätigkeiten mit unterschiedlicher Struktur und
bestimmten Persönlichkeitseigenschaften unter sozialistischen Produktionsverhältnissen« (420). In diesem Rahmen wird zunächst die
»persönlichkeitsformende Wirkung der Struktur von Arbeitstätigkeiten« (a.a.O.) untersucht. Die Arbeitstätigkeit werde »zur wichtigsten Triebkraft in der Entwicklung des Menschen«; hierbei komme
der gesellschaftlichen »Bewertung des Arbeitsergebnisses unter den
Einflußfaktoren des Arbeitsprozesses« (421) die Hauptbedeutung zu.
In der sozialistischen Gesellschaft werde das Individuum nach seiner
gesellschaftlich nützlichen Arbeit beurteilt. Allerdings könne »unter
ungünstigen Umständen ... die persönlichkeitsformende Rolle von
Arbeitstätigkeiten auch negativen Charakter annehmen« (422, Hervorh. v. H.). Dies gelte für einige äußere Arbeitsbedingungen (z. B.
Einwirkung von Chemikalien). Außerdem müsse »befürchtet werden, daß unterfordernde, einförmig-gleichbleibende Arbeitsaufgaben ... bei langfristiger Wirkung Seiten der Persönlichkeitsentwicklung hemmen können« (423). Den »Kenntnisstand« über »die persönlichkeitsfördernde Wirkung von Arbeitstätigkeiten« bezeichnet
HACKER als »ungenügend« (423, Hervorh. v. H.); die Untersuchung
sei dadurch erschwert, daß bei Wahl und Aufnahme der Arbeitstätigkeit bereits von Ergebnissen vorgängiger Erziehungsprozesse in
Familie und Schule auszugehen sei. Sowjetische Befunde deuteten
allerdings darauf hin, daß bei »zukunftsträchtigen Anforderungen,

welche vorwiegend intellektueller Art sind und sogar schöpferische Bewältigungsweisen erfordern« (425), besonders persönlichkeitsfördernde Effekte auftreten; dieser Aspekt sei insbesondere bei der Berufsausbildung zu beachten.

Die andere Seite der Wechselbeziehung von Persönlichkeit und Arbeit ist die »Ausprägung von Persönlichkeitseigenschaften in Arbeitstätigkeiten«. Diese Ausprägung zeige sich in der »persönlichen Arbeitsweise«. Damit ist eine »stabile und verallgemeinerte, individualisierte Ausführungsweise von Klassen von Arbeitsaufgaben« gemeint, in welcher sich »die Auseinandersetzung der Persönlichkeit mit gesellschaftlichen Aufgaben« niederschlage (427 f). Eine solche Arbeitsweise umfasse somit Arbeitseinstellungen und -motivationen ebenso wie beherrschte intellektuelle Handlungsstrategien. Sie wirke im Sinne eines allgemeinen »Stils« auf die psychische Struktur der Arbeitstätigkeit ein, lasse Persönlichkeitseigenschaften erkennen und entwickle diese weiter. Damit sei der Hauptweg zur Erforschung der Persönlichkeit aufgewiesen. Freilich könne er nur auf der Basis eines geeigneten Handlungsmodells und einer adäquaten Persönlichkeitstheorie beschritten werden. »Solange die Arbeit nur als Summe von Bewegungen aufgefaßt wird, ist nur eine physiologische oder ökonomische Analyse möglich, aber keine psychologische geschweige denn psychodiagnostische. Andererseits muß eine Persönlichkeitstheorie vorliegen, deren Menschenbild so beschaffen ist, daß die Analyse der Arbeitsweise für sie nicht nur *ein* möglicher, sondern der wesentliche und adäquate Zugang ist. Eine derartige Theorie wurde unseres Wissens aufbauend auf Marx und Engels sowie Lenin erstmalig von Rubinstein angedeutet; ihr Ausbau fehlt noch« (430, Hervorh. v. H.).

Entsprechend seien auch die Verfahren einer derartigen Persönlichkeits-Diagnostik noch kaum entwickelt. Hinsichtlich der kognitiven Bereiche der Arbeitsweise seien hierbei zwei Kennzeichen der Arbeitstätigkeit besonders bedeutsam: »Ausmaß und Art der kognitiven Analyse des Arbeitsprozesses« sowie »Ausmaß und Art der aktiven Organisation des Arbeitsablaufs« (436). Die Entwicklung solcher Arbeitsweisen habe »drei Mindestvoraussetzungen: 1. Grundlage ist das unter sozialistischen Produktionsverhältnissen mögliche Überwinden der Gegensätze von körperlicher und geistiger Arbeit und die Förderung der geistigen Leistungsvoraussetzungen aller Werktätigen, nicht nur der sogenannten Geistesschaffenden ... 2. Über die gesellschaftlichen Rahmenbedingungen hinaus muß die objektive Aufgabenstruktur verschiedene Ausführungsweisen zulassen. Die Arbeitsaufgabe muß mit anderen Worten Freiheitsgrade aufweisen ... 3. Persönliche Arbeitsweisen können sich nur entwickeln, wenn der Arbeitende über die Leistungsvoraussetzungen verfügt, die ein Beherrschen der Tätigkeit ermöglichen« (429).

Die erstgenannte Voraussetzung ist dabei wiederum die wesentliche. Auf ihrer Basis sind neue Formen der Arbeitsgestaltung möglich, wobei die Diagnostik der Arbeitsweise »Bewertungsmaßstäbe der Persönlichkeitsförderlichkeit« (437) liefern kann. Die allgemeine Richtung zeichnet sich ab: Unter sozialistischen Produktionsverhältnissen gehe es um eine Erweiterung des Handlungsspielraumes im Sinne von ULICH sowie um die Beachtung des LOMOWschen »Prinzips des aktiven Operateurs«. Dieses Prinzip besagt — sehr verkürzt ausgedrückt —, daß in der Arbeitstätigkeit alle wesentlichen Handlungsmöglichkeiten des Arbeitenden zum Tragen kommen. Allerdings: »Bewertungsmaßstäbe für die Persönlichkeitsförderlichkeit konkreter Arbeitstätigkeiten und eine Konzeption der persönlichkeitsförderlichen Arbeitsgestaltung sind noch zu schaffen« (437).

Unmittelbar anschließend beendet HACKER sein Buch mit den Worten: »Damit sind — wie an anderen Stellen — noch zu schließende Erkenntnislücken benannt. Die Erforschung der psychischen Strukturen und Regulationsweisen von Arbeitstätigkeiten als Gegenständen der Allgemeinen Arbeits- und Ingenieurpsychologie steht insgesamt noch am Anfang eines langen und komplizierten Weges. Sie im Interesse des arbeitenden Menschen in einer ständig verbesserten gesellschaftlichen sich ›umwälzenden Praxis‹ zu beschleunigen ist unser Anliegen« (a.a.O.).

2.2.2. Die »Allgemeine Arbeitspsychologie« als Psychologie der Arbeitstätigkeit, konkretisiert für eine sozialistische Gesellschaft

Der Versuch einer kritischen Würdigung und Einordnung des HACKERschen Werkes ist — im Vergleich zu SÈVEs Ansatz — gleichzeitig leichter und schwieriger. Schwieriger insofern, als unsere Darstellung und Kritik sich auf Aspekte der allgemeinen Konzeption des Textes beschränken muß, während doch so viele Details des sehr differenzierten Ansatzes ausführlicher Diskussion würdig wären. Zu dieser allgemeinen Konzeption fällt eine Stellungnahme indes leichter, weil sie uns weitaus klarer, begrifflich präziser und entsprechend auch kürzer referierbar zu sein scheint als SÈVEs Ansatz, insbesondere im Hinblick auf dessen »Hypothesen«. Gleichzeitig geht es uns hier — um dies schon vorwegzunehmen — weniger um das Aufzeigen eines Dissenses als um die Darstellung unterschiedlicher Aufgabenstellung.

Zunächst ist festzuhalten, daß das Buch ein weiterer Beweis der Unrichtigkeit zweier Phrasen ist, mit denen die Arbeitswissenschaft der DDR verleumdet zu werden pflegt. Einmal wird behauptet, dieser Forschungsbereich habe dieselben Zielstellungen, Methoden und

Maßnahmen aufzuweisen wie sein angeblicher Zwillingsbruder in der BRD. HACKERs Buch markiert jedoch (wie andere vor ihm) eine Neuorientierung und einen hohen Entwicklungsstand des Forschungsgebiets, der nur unter veränderten gesellschaftlichen Bedingungen möglich erscheint. Zum zweiten hört man oft, man verzichte in der DDR — unter Berufung auf die veränderten Eigentumsverhältnisse — auf eine konkrete Umgestaltung der Arbeitstätigkeit im Sinne einer »Humanisierung der Arbeit«. HACKER weist demgegenüber auf, daß sozialistische Produktionsverhältnisse erst die *Grundlage* für umfassende Veränderungen dieser Art legen; solche Veränderungen vollziehen sich jedoch nicht automatisch sondern bilden zentrale Aufgabenstellungen für das Gesellschaftssystem der DDR, sowohl im Hinblick auf die »sozialistische Rationalisierung« als auch im Hinblick auf die (darin eingeschlossene) Persönlichkeitsentwicklung durch Arbeitstätigkeit und Berufsausbildung. HACKERs Arbeit könnte gar nicht geleistet werden, würde die gesellschaftliche Entwicklung in der DDR diesem seinem zentralen Anliegen entgegenlaufen.

Ein weiterer kritischer Einwand liegt nach der Diskussion des SÈVEschen Konzepts nahe und wird auch häufiger insbesondere gegen die sowjetische Psychologie (auf die sich HACKERs Ansatz stützt) erhoben. Verbleibt man hier nicht trotz allem noch auf der spekulativen Seite, beim Begriff des abstrakten Menschen, der zwar als gesellschaftlich, tätig, aneignend angesehen wird, aber dennoch als »allgemeiner« Mensch, nicht bezogen auf konkrete historische Verhältnisse? Wird hier nicht ein Menschenbild für allgemeingültig erklärt, das tatsächlich für eine bestimmte Gesellschaftsform kennzeichnend ist, nämlich die sozialistische, welche ja wohlgemerkt nach der MARXschen Theorie noch der Transformation in die kommunistische bedarf?

Wir halten nichts von der Attitüde westlicher, meist frischgebackener »Marxisten«, die entwickelte Wissenschaft in den sozialistischen Ländern vom Standpunkt des Weltgeistes aus zu »verorten«. Es entspricht durchaus und gerade der MARXschen Methode, ausgehend von einem hohen Entwicklungsstand des Untersuchungsgegenstands dessen allgemeine Merkmale hervorzuheben. Allerdings ist bei diesen Merkmalen nicht stehenzubleiben und damit Historisch-Spezifisches zu Übergeschichtlichem zu versteinern; vielmehr muß, ausgehend von der allgemeinen Kennzeichnung, der Entwicklungsprozeß des konkret Gegebenen untersucht werden. Nun scheint uns der Vorwurf durchaus berechtigt, daß sich etwa in den Texten RUBINSTEINS nur andeutungsweise Reflexionen über die Entstehungsbedingungen und gesellschaftlichen Zusammenhänge des eigenen Forschens finden (obwohl uns RUBINSTEINS Konzeption nachträglich als in vieler Hinsicht begrenzt erscheint), daß sich dort vieles in der abstrakten Region des »Menschen im allgemeinen« abspielt und sich nur selten eine Konkretisierung auf bestimmte gesellschaftliche Bedingungen abzeichnet. Inwieweit ein derartiger Mangel selbst wieder auf gesellschaftliche Bedingungen zurückzuführen ist, soll hier unerörtert bleiben; keinesfalls aber können zum Beispiel RUBINSTEINS allgemeine Aussagen über den Erkenntnisprozeß als Kennzeichnung der Erkenntnistätigkeit des Menschen *im Kapitalismus* aufgefaßt werden. Bei LEONTJEWS Ansatz führt — verglichen mit RUBINSTEIN — die Betonung des gesellschaftlichen Charakters menschlicher Tätigkeit und Entwicklung zu deutlicheren inhaltlichen Konsequenzen; doch bleibt auch hier ein hoher Grad an Abstraktion von konkreten gesellschaftlichen Verhältnissen erhalten (vgl. HOLZKAMP 1973, 200). HOLZKAMP formuliert (201) unseres Erachtens richtig: »Diese Erkenntnisse sind auch für die psychologische Erforschung des Menschen in der bürgerlichen Gesellschaft von entscheidendem Wert, sofern man sie als Explikation der allgemeinen Züge an der individuellen Entwicklung des gesellschaftlichen Menschen versteht, die durch die besonderen Bedingungen der bürgerlichen Gesellschaftsstruktur ihre historische Bestimmtheit gewinnen. Die Erkenntnisse, wie sie die LEONTJEW-Schule erbracht hat, verkehren sich indessen für uns zu schädlichen Irrtümern, wenn wir die dort herausgearbeiteten allgemeinen Züge der Entwicklung des gesellschaftlichen Menschen als konkrete Züge menschlicher Gesellschaftlichkeit unter kapitalistischen Produktionsbedingungen mißdeuten.« Was HACKERs Buch anbetrifft, so scheint uns dort — wir versuchten, in unserer kurzen Darstellung darauf abzuheben — die Eingebundenheit des eigenen Ansatzes in sozialistische Produktionsverhältnisse stets klar herausgestellt. Zweifellos erheben viele Aussagen — zum Beispiel über die Prozeßstruktur des Handelns — den Anspruch auf allgemeine Geltung; doch bleibt stets klar, daß die von HACKER geleistete Konkretisierung sich auf eine sozialistische Gesellschaftsordnung bezieht und daß sie nicht in *derselben* Weise für eine andere, vor allem die kapitalistische, vorgenommen werden kann. Zudem liegt jegliche »Endzeit«-Euphorie der HACKERschen Argumentationsweise fern. Eine solche Vorgehensweise erlaubt es auch, angesichts der unbeschränkt beschränkten Gültigkeit der Befunde bürgerlicher Wissenschaft, solche Befunde unter kritischer Reflexion ihrer Entstehungsbedingungen zu verarbeiten, wie dies bei HACKER in breitem Umfang und — wie uns scheint — in vorbildlicher Weise geschieht. Der Text ist natürlich nicht dagegen gefeit, daß bürgerliche Psychologen Teile des Konzepts auf kapitalistische Produktionsverhältnisse einfach übertragen (zum Beispiel als gültig für alle »Industriegesellschaften«). Doch dürfte eine solche Übertragung entscheidende Entstellungen mit sich bringen (was sich etwa an der Rezeption der »Allgemeinen Arbeitspsychologie« durch HOYOS 1974 nachweisen ließe).

So bleibt noch eine Lücke — und dies kann selbstredend kein Vorwurf gegen einen Text sein, der diese zu füllen sich gar nicht vorgenommen hatte: HACKER liefert allgemeine Kennzeichnungen der Struktur und Regulation menschlicher Arbeitstätigkeit, welche für sozialistische Produktionsverhältnisse konkretisiert werden — die Konkretisierung für kapitalistische Produktionsverhältnisse ist noch zu leisten. Ist eine solche Konkretisierung identisch mit dem Desiderat einer »Wissenschaft vom arbeitenden Menschen im Kapitalismus«?

HACKERS Überlegungen beschränken sich bewußt auf eine Psychologie der *Arbeit*stätigkeit. Das 1968 erwähnte (und oben zitierte) Konzept einer »Psychologie des Handelns« wird im vorliegenden Buch nur mit dieser Einschränkung weiterentwickelt; allerdings ist die »Psychologie des Arbeitshandelns« als strukturdeterminierendes Kernstück einer »Psychologie des Handelns« aufzufassen. Insofern bleibt die letztere bei HACKER nicht nur weiter allgemeines Programm, sondern wird in ihrem Kernstück bereits ausgeführt. Die Überlegungen zum Handlungsbegriff sowie zur hierarchisch-sequentiellen Organisation des Handelns gelten zwar zuerst für den zentralen Bereich der Arbeitstätigkeit, sind jedoch im Grundsatz auch auf andere Bereiche menschlichen Handelns (im Sinne SÈVES auf Aktivitäten der »konkreten Persönlichkeit«) auszudehnen. Prinzipiell gilt dies auch für HACKERS Aussage über die Entwicklung des Handelns, also über Handeln-Lernen im weitesten Sinne. Hier macht sich allerdings die freiwillige Beschränkung der Überlegungen des Textes deutlicher bemerkbar. HACKER geht davon aus, daß die Arbeitstätigkeit bereits von weithin entwickelten Persönlichkeiten aufgenommen wurde, also von Individuen, die bereits zur eigenständigen Handlungsregulation in kollektiven Arbeitszusammenhängen befähigt sind. Der Aneignungsprozeß erscheint bei ihm sozusagen nur am Rande und wird als Bewältigung neuer Anforderungen gefaßt. Ein breiteres Erfassen dieses Prozesses ist jedoch für eine »Psychologie des arbeitenden Menschen im Kapitalismus« unumgänglich. Hinsichtlich allgemeiner Prozeßmodelle sowie konkreter Aussagen über Entwicklungsformen unter sozialistischen Produktionsbedingungen ist das HACKERsche Konzept durch die Überlegungen anderer Autoren zu ergänzen. Hier ist vor allem an die LEONTJEW-Schule (vgl. das obige Zitat von HOLZKAMP) sowie an Psychologen aus der DDR wie KOSSAKOWSKI (zum Beispiel 1973), LOMPSCHER (zum Beispiel 1972) und SKELL (zum Beispiel 1973) zu denken. Bezieht man diese ein, so ist festzustellen: Die auf dem dialektischen Materialismus fundierte Psychologie der Tätigkeit und insbesondere der Arbeitstätigkeit liefert ein allgemeines Modell der Prozeßstruktur des Handelns und der Entwicklung dieser Prozeßstruktur, welches unter sozialistischen Produktionsverhältnissen erarbeitet und auf menschliche Tätigkeit in solchen Verhältnissen hin konkretisiert ist. Damit ist ein Ausgangspunkt und eine Grundlage für die Analyse der Tätigkeit des arbeitenden Individuums in kapitalistischen Produktionsverhältnissen geschaffen.

Diese Analyse selbst ist noch zu leisten, wobei durchaus zu erwarten ist, daß sie verändernd auf das allgemeine Modell des Handlungs- und Aneignungsprozesses zurückwirkt. »Ausgangspunkt und Grundlage« meint hier jedoch mehr als bei SÈVE jene »verständige Abstraktion«, über die man hinausgehen müsse, um etwas zu begreifen. Während nämlich die Allgemeinbegriffe von »Arbeit« und »Produktion« ausdrücklich von der *historischen Entwicklung* absehen, kennzeichnet das Modell des »Aneignungsprozesses« nach HOLZKAMP die allgemeine Seite dieses Entwicklungsprozesses und sieht dabei von der *Konkretisierung auf eine bestimmte gesellschaftliche Entwicklungsstufe*, vor allem auf die kapitalistischen Produktionsverhältnisse, ab. Gerade in dieser Charakterisierung scheint uns der dargestellte Ansatz jedoch als *Ausgangspunkt und Grundlage* einer solchen Konkretisierung besser geeignet als SÈVES Topologie. Den Orientierungsrahmen einer solchen Analyse könnte allerdings SÈVES Konzept von der widersprüchlichen Persönlichkeitsentwicklung im Kapitalismus durchaus liefern. Eine derartige Verbindung der beiden von uns dargestellten und durchaus heterogenen Ansätze scheint uns vor allem deshalb möglich, weil beide auf der Basis der MARXschen Theorie von *im wesentlichen* gleichen Zentralbegriffen — Handlung bzw. Tätigkeit — ausgehen.

Auch im Rahmen der selbstgesetzten Aufgabenstellung weist jedoch HACKERS Konzept — wie er ausdrücklich betont — noch Lücken auf, ist also der Ergänzung bedürftig und würdig. Auf der Ebene größerer Forschungssektoren geht es hier insbesondere um die Problemkreise »Motivation« und »Persönlichkeit«. Die Frage der »Antriebsregulation« wird auf sehr allgemeiner Ebene behandelt; differenzierte Überlegungen müßten unseres Erachtens davon ausgehen, daß die hierarchisch-sequentielle Organisation des Handelns ihr Pendant in korrespondierenden Motivationsstrukturen findet; ein erster Ansatz hierfür könnte HACKERS These sein, daß gesellschaftliche Zielsetzungen durch die Vermittlung von Arbeitseinstellungen Handlungsstrukturen determinieren. Für die weitere Ausführung solcher Annahmen dürfte SÈVES Vorstellung vom »P/B-Verhältnis« als psychologischer Grundbegriff nützlich sein. HACKERS »vorläufige Charakteristik« der Wechselwirkung Arbeitstätigkeit — Persönlichkeit markiert offenbar die wichtigste Entwicklungsrichtung des eigenen Ansatzes, welcher auch zu einer genaueren Fassung des Begriffs »Persönlichkeit« im Rahmen der Allgemeinen Arbeitspsychologie führen müßte. Die These, die Untersuchung der psychischen Strukturen von Arbeitstätigkeiten sei der Hauptweg zur Erfassung von Persönlichkeitseigenschaften, liegt offenbar nahe bei Sèves Konzept von der Persönlichkeit als eines zeitlich geordneten Systems von Handlungen. Sève stellt darüber hinaus Hypothesen auf über die wesentlichen Widersprüche der Persönlichkeitsentwicklung im Kapitalismus, für welche sich bei Hacker (infolge der Begrenzung der Aufgabenstellung) keine Entsprechung findet.

Fassen wir also zusammen: Eine »Psychologie des arbeitenden Menschen im Kapitalismus« bleibt als noch zu lösende Aufgabe bestehen. Sève markiert das Problemfeld; die Psychologie der Tätigkeit von Hacker und weiterer Psychologen aus der UdSSR und der DDR liefert nach unserer Auffassung den Schlüssel zur Bewältigung der Aufgabe.

Unsere bei (2.3.) folgenden Überlegungen sollen hierzu erste Skizzen liefern. Sie sind in ihrem Aussagebereich weit enger als der Text von Sève und können auch nicht so detailliert sein wie die Ausführungen Hackers. Sie haben ihren Zweck erfüllt, wenn sie zur Entwicklung einer logisch-historischen Analyse des Gegenstandsbereichs — etwa im Sinne von Holzkamp 1973 — beitragen.

2.3. Arbeitstätigkeit und berufliche Sozialisation als gesellschaftlich determinierte Prozesse

Für dieses Vorhaben scheint uns ein Plan erforderlich, der das Prinzip des »Ansetzens beim Entwickelten« (der Ableitung allgemeiner Kennzeichen im Hinblick auf das höchste vorfindliche Entwicklungsstadium des Untersuchten) verbindet mit dem Prinzip einer »Rekonstruktion des Konkreten« (dem Voranschreiten der Untersuchung zur Abbildung immer konkreterer und damit komplexerer Prozesse). Folgendes Vorgehen soll diese Anforderungen zu erfüllen suchen:

1. Zunächst soll die allgemeine Prozeßstruktur des entwickelten Handelns (mit dem Zentralbereich des Arbeitshandelns) dargestellt werden, wie sie als Resultat eines im wesentlichen unbehinderten Aneignungsprozesses erscheint (2.3.1.).
2. Dann wird versucht, die allgemeine Struktur dieses Aneignungsprozesses darzustellen, wobei von dessen Behinderungen im Rahmen nichtsozialistischer Produktionsverhältnisse zunächst abgesehen wird (2.3.2.).
3. Im dritten Schritt sollen Überlegungen angestellt werden, die auf die Entwicklungslogik der Strukturen von Tätigkeit und Aneignung in ihrer Determiniation durch Entwicklungsgesetze der Produktionsweise abzielen, wobei besonders auf kapitalistische Produktionsverhältnisse einzugehen ist (2.3.3.).
4. Im weiteren Vorgehen soll dann die widersprüchliche Entwicklung der Prozeßstrukturen von Tätigkeit und Aneignung im Kapitalis-

mus skizziert und damit der Rückbezug zu den Überlegungen des Kapitels 1 hergestellt werden. In diesem Rahmen wird zu erörtern sein, welche Zielstellungen und Ansatzpunkte sich für eine neuorientierte »Arbeitspsychologie« bzw. eine wissenschaftliche Erfassung beruflicher Sozialisationsprozesse ergeben (2.3.4.).

2.3.1. Zur allgemeinen Prozeßstruktur des Handelns

Am Beginn unserer Überlegungen zur allgemeinen Prozeßstruktur des Handelns hat wiederum eine Darstellung des Tätigkeitsprozesses »in seinen einfachen und abstrakten Momenten« zu stehen, welche sich eng an die entsprechenden Marxschen Darlegungen zur »Arbeit« anlehnen kann. Menschliches Tätigsein erscheint so als praktische Auseinandersetzung der *Individuen* mit dem, was ihnen als *Vorfindliches und Veränderbares* gegeben ist; als Wechselwirkung zwischen diesen beiden Faktoren, in welcher das Einwirken und Eingreifen der Individuen, nicht nur ihr bloß passives Bedingtsein durch die »Umwelt«, hervorzuheben ist. Dieses Einwirken bezieht sich zunächst und zumeist auf materielle *Gegenstände* und ist in der Regel durch *gegenständliche Werkzeuge* vermittelt. Die objektiven Eigenschaften der Gegenstände und Werkzeuge der Einwirkung bestimmen Art, Weise und Grenzen dieser Einwirkung. In dieser Determination stellt sich jedoch menschliche Tätigkeit, also Handeln, als gerichtete, genauer: *bewußt zielgerichtete* Veränderung dar. Aus dem Gesamtprozeß des Handelns gliedern sich Teile, also Handlungen, heraus, welche dadurch gekennzeichnet sind, daß ihr Resultat — eine bestimmte Situationsveränderung, insbesondere ein soundso veränderter Gegenstand — vom Beginn der Handlung an als Ziel »im Kopf« des Handelnden vorweggenommen ist. Dieses Ziel bestimmt als antizipiertes Resultat den Prozeß der Handlung. Der Ablauf der Handlung wird allerdings durch eine Vielzahl »äußerer« und »innerer« Bedingungen der Handlungssituation beeinflußt und ist daher nicht völlig vorhersehbar. Die bestimmende Funktion des Zieles ist also nur zu verwirklichen, wenn der Handlungsprozeß mit seinen Zwischenresultaten und insbesondere das Endresultat der Handlung *rückgemeldet* werden und ein Vergleich zwischen Rückgemeldetem und Antizipiertem über den weiteren Verlauf bzw. die Beendigung der Handlung entscheidet. Damit ist das Modell der Vergleichs-Veränderungs-Rückkoppelungseinheit nach Hacker kurz skizziert (vgl. oben bei 2.2.1.).

In der psychologischen Literatur ist ein *Beispiel* für die hier dargestellten allgemeinen Merkmale der Handlung sehr beliebt, offenbar weil es sich hier um eine einfach strukturierte Tätigkeit handelt, die keiner zusätzlichen Erläuterungen bedarf[12]: das Einschlagen eines Nagels in eine Wand mittels eines Hammers. Handlungsgegenstände und -mittel sind damit benannt, ebenso ist klar, daß man mit Nagel, Wand und Hammer nur bestimmte Dinge machen kann. Das Handlungsziel aber entspringt nicht unmittelbar dieser Kombination, sondern einem Handlungszusammenhang, in welchem erst diese Kombination hergestellt wurde. Zur Verschönerung einer Wohnung soll ein Bild die Wand zieren, und im Laufe der Verwirklichung dieses Plans wurden Nagel und Hammer geholt, um... usw. Das Handlungsziel — der angemessen eingeschlagene Nagel — bestimmt nun den Ablauf, die Zwischenresultate einzelner Schläge werden festgestellt und mit dem gewünschten Endresultat verglichen; schließlich ist der Handelnde mit dem Resultat seines Tuns (mehr oder weniger) zufrieden und geht zu den nächsten Teilhandlungen über (er geht zum Bild, trägt es zur Wand und hängt es auf).

Aus dem einfachen Beispiel mag ein weiteres Kennzeichen entwickelten Handelns ersichtlich geworden sein, das wir ebenfalls schon bei der kurzen Darstellung des HACKERschen Konzepts skizziert hatten: die *Ziel-Aktionsprogramm-Hierarchie*. Mit jedem Ziel ist ein (diesem untergeordnetes) Aktionsprogramm verbunden. Dieses zerfällt bei weiterer Differenzierung zunächst ist eine Sequenz von Teilzielen, jedoch sind auch den Teilzielen wiederum Aktionsprogramme attachiert. Diese sind in Teilziele zweiter Ebene und zugehörige Aktionsprogramme aufzusplittern usw. Wird der Vorgang über mehrere Stufen wiederholt, so ensteht schließlich ein »hierarchischer Baum«, bei dem mehrere »Handlungsebenen« differenziert werden können.

An dieser Stelle sei angemerkt, daß es hier nur um die Darstellung eines *Prinzips* geht; wie bei einer konkreten Handlung derartige »Ebenen« differenziert werden können, ist eine ganz andere und sehr schwierige Frage (die lockere Ableitung in unseren Beispielen soll darüber nicht hinwegtäuschen). Sowohl die Differenziertheit der Analyse sowie vor allem ihre Begrenzung »nach oben« und »nach unten« dürften sehr von der jeweiligen Fragestellung abhängen. Im Rahmen psychologischer Untersuchungen wird es für die Begrenzung »nach unten« zumeist sinnvoll sein, daß man als unterste Ebene Teilbewegungen unterscheidet, deren Zielsetzungen im Handlungsvollzug noch subjektiv bewußt sind; in Anlehnung an die HACKERsche

---

[12] Im Rahmen der in diesem Teilkapitel darzustellenden Prozesse und aus didaktischen Gründen scheint es sinnvoll, hier relativ einfache, leicht ausgrenzbare Beispiele aus dem »Alltagsleben« zu bringen. Es versteht sich aber von selbst, daß diese Beispiele zur Veranschaulichung der komplexeren Prozeßmodelle in den folgenden Teilkapiteln kaum geeignet sind.

Terminologie könnte man »Ziel« und »Aktionsprogramm« hier mit »Vollzugsimpuls« und »Bewegungsentwurf« gleichsetzen (natürlich gilt auch hier – und hier ganz besonders –, daß die Erfassung einer solchen Ebene bei der Analyse konkreter Handlungen sehr schwierig ist). *Abb. 1* zeigt ein sehr vereinfachtes, nur drei Ebenen umfassendes Ziel-Aktionsprogramm-Schema.

Abbildung 1
Vereinfachtes Modell eines Ziel-Aktionsprogramm-Schemas (modifiziert nach HACKER 1973)

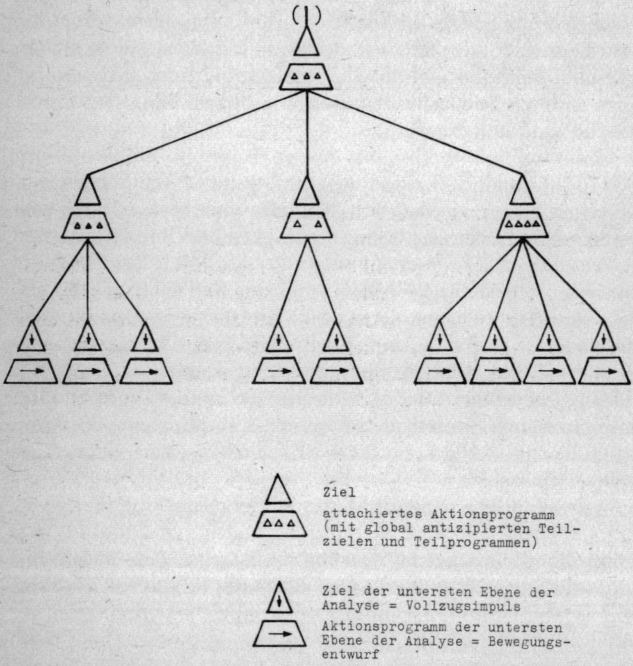

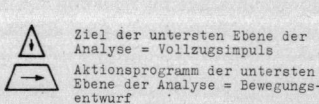

Wie bereits in Kap. 2.2.1. angesprochen, ist eine solche Ziel-Aktionsprogramm-Hierarchie auch als System »verschachtelter« VVR-Einheiten darstellbar, wobei die jeweiligen »Veränderungs«-Teile Sequenzen von VVR-Einheiten der nächstniedrigen Ebene enthalten. Das in unserer *Abb. 1* wiedergegebene Schema wird in *Abb. 2* entsprechend der HACKERschen Darstellungsweise (vgl. dort S. 106) für verschachtelte VVR-Einheiten transformiert. Man beachte, daß in beiden Fällen der »motorische Teil der Handlung«, also die äußerlich sichtbare Bewegung, eine Abfolge auf der untersten Ebene (der Analyse) darstellt.

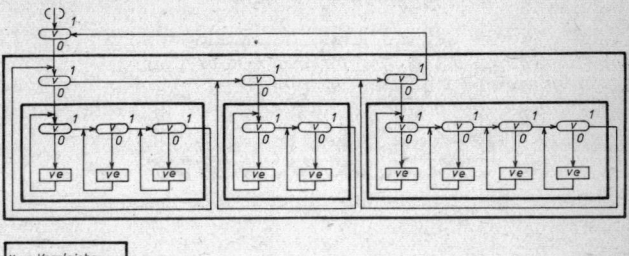

v = Vergleiche
ve = Veränderungen

Diese Abbildung unterscheidet sich von der ersten insofern, als durch die einzelnen Pfeile bereits eine *Abfolgeordnung* angegeben ist für das, was man umgangssprachlich als »Durcharbeiten eines Planes« bezeichnen könnte. Diese Abfolge ist (wie die Abbildung zeigen mag) eigentlich keine neue Annahme, sondern ergibt sich aus dem Modell hierarchisch verschachtelter VVR-Einheiten. Überträgt man sie auf die erste Darstellungsform, so erscheint sie als einfaches Prinzip: *zuerst* »von oben nach unten« *und dann* »von links nach rechts«. *Abb.* 3 gibt dieses Prinzip für dieselbe Handlungshierarchie wieder und hebt davon die Abfolge der Vollzugselemente ab. (Um größere Anschaulichkeit zu erzielen, werden die Ziel-Aktionsprogramm-Verbindungen zu dem einen Symbol eines kleinen Kreises zusammengefaßt.)

Nun bedarf das dynamische Verhältnis der Planungs- und Veränderungsvorgänge noch genauerer Analyse. Man könnte zunächst annehmen, daß ein Veränderungsvorgang immer dann »abgerufen« wird, wenn die jeweilige Planung bis zum entsprechenden Punkt der untersten Ebene vorangeschritten ist. Die Planung würde dann innehalten, bis das Vollzugselement beendet und sein Resultat rückgemeldet ist, und anschließend fortgesetzt werden. Eine solche Annahme könnte wichtige Merkmale menschlichen Handelns durchaus erklären. Die Planung wäre stets aktuell und könnte alle unmittelbar vor der Ausführung verfügbaren Informationen berücksichtigen. Entsprechend wäre sie flexibel und also imstande, bei unerwarteten Handlungsfolgen oder sonstigen situativen Veränderungen, deren Wirkung möglichst klein, vor allem möglichst im unteren Bereich zu halten und das Ziel trotz solcher Detailprobleme unbeirrt wei-

Abbildung 3
Vereinfachtes Modell des »Durcharbeitens eines Plans«
(modifiziert nach HACKER 1973)

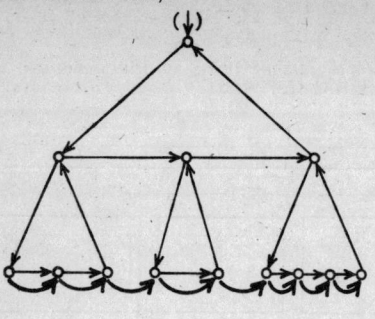

➤ Abfolge der Planungs- und
    Vergleichsvorgänge

↘ Abfolge der Veränderungs-
    vorgänge

terzuverfolgen — oder aber zum frühestmöglichen Zeitpunkt zu erkennen, daß das Ziel in dieser Form unerreichbar ist und die Handlung abgebrochen werden muß. Ein solches Modell würde jedoch implizieren, daß jedem Vollzugselement die volle Aufmerksamkeit gewidmet und danach mit der Ausführung innegehalten wird; es könnte somit jene Flüssigkeit nicht erklären, die wir an entwickelten Handlungen so oft bewundern. Diese Flüssigkeit wiederum erfordert die Annahme, daß die Planungsvorgänge den Vollzugselementen so weit vorauseilen, daß die Impulse für die letzteren sozusagen »Schlange stehen« und ohne Unterbrechung — einer nach dem anderen — abgerufen werden können. Das bringt jedoch die Gefahr einer gefährlichen Starrheit mit sich, da die vorlaufende Planung ja davon ausgehen müßte, daß das noch nicht Ausgeführte planmäßig verlaufen würde; Vollzugsrückmeldungen über alle möglichen Störungen könnten also wesentliche Teile des Planungsprozesses nicht mehr modifizieren.

Flüssiges und dennoch flexibles Handeln ist in unserem Prozeßmodell nur so vorstellbar, daß die Planung zwar der Ausführung vorwegläuft, jedoch in einem optimalen Ausmaß, das rechtzeitige Planveränderungen (von kleinen Modifikationen bis zum Handlungsabbruch) zuläßt. Dieses Ausmaß kann — im Anschluß an HACKER und SKELL – als »optimale Antizipationsweite« bezeichnet werden. Es hat – dem Modell entsprechend – zweidimensionale Ausdehnung (über die Zeit und die Handlungsebenen) und dürfte im konkreten Fall von vielen äußeren und personalen Handlungsbedingungen abhängen.

Der skizzierte »flexible Vorlauf« hat zwei Handlungsmerkmale zur Voraussetzung:

1. Situative Veränderungen müssen, insbesondere als Folgen eigener Handlungen, antizipierbar (vorhersehbar) sein. Dies heißt, daß (handlungsrelevante) regelhafte Veränderungen bzw. Eigenschaften der materiellen Dinge und Prozesse und die Möglichkeiten und Folgen des handelnden Eingreifens dem Individuum bekannt sind, daß also ein *operatives Abbildsystem* voll entwickelt ist. Damit die Folgen des eigenen Handelns vorhersehbar sind, muß dieses Handeln stabilisiert sein; d. h. regelhafte Veränderungen der äußeren Situation werden durch *regelhafte Bewegungssequenzen* beantwortet. Beides steht in engem Wechselbezug: Einerseits sind stabile Handlungsfolgen nur möglich bei voller Berücksichtigung der objektiven Gesetzmäßigkeiten aller Merkmale der Handlungssituation; andererseits ist die Stabilität des eigenen Handelns eine wesentliche Bedingung für eben das Erkennen dieser Gesetzmäßigkeiten.

Schon das Einschlagen eines Nagels erfordert die »innere Abbildung« des Zusammenhangs bewegter Hammer – Nagel – Wand in seinen handlungsrelevanten Aspekten; diese korrekte Abbildung entsteht im Prozeß der Ausbildung der Fertigkeit »Nageleinschlagen«. Dies zu »können« heißt, »wissen, was geschieht, wenn« z. B. der Hammer stark oder schwach, gerade oder schräg geschlagen wird usw.

2. Wenn situative Veränderungen vorhersehbar sind, so heißt das, daß man in der vorlaufenden Planung von dem planmäßigen Eintreten dieser Veränderungen, insbesondere als Resultat eigener stabiler Handlungsfolgen ausgehen kann. Es ist aber höchst selten auszuschließen, daß es zu *unplanmäßigen Veränderungen*, also zu »Störungen« kommt. Damit die vorlaufende Planung in solchen Fällen nicht zu realitätsfernen, starren Handlungen führt, müssen die Rückmeldungen solcher Störungen zu unmittelbaren *Konsequenzen auch für das bereits* »*fest*« *Vorgeplante* führen können.

Steht der Nagel wider Erwarten schief, so müssen sofort Korrekturbewegungen eingeleitet werden können, auch wenn man eigentlich »im Geiste« schon das Bild an diesen Nagel hängt.

Beide Bedingungen eines »flexiblen Vorlaufs« werden im Modell der hierarchisch-sequentiellen Handlungsorganisation durch eine spezifische Aufgabenteilung zwischen *den verschiedenen Regulationsebenen* bzw. -instanzen erfüllt. Je stereotyper und damit besser vorhersehbar Aspekte oder Teile situativer Veränderungen sind, je stereotyper und damit fester programmierbar also die entsprechenden Teilhandlungen sind, desto niedriger ist die Regulationsebene dieser Handlungen. Komplexere Veränderungen und damit komplexere Handlungen werden auf höherer Ebene reguliert. Die höheren Instanzen sind damit von sich wiederholenden Aspekten der Handlungsregulation zunehmend entlastet und freigesetzt für die Bewältigung schwierigerer und längerfristiger Aufgaben. Treten aber Störungen auf, ist das Stereotype also wider Erwarten gar nicht so stereotyp, so können diese höheren Regulationsebenen eingreifen und die Abfolge des »gestörten« Handlungsteils selbst übernehmen (was sie allerdings bei der Erfüllung ihrer eigentlichen, komplexeren und umfassenderen Regulationstätigkeiten behindert).

Als klassifizierende Unterscheidung hierarchischer Regulationsebenen des menschlichen Handelns erscheint die HACKERsche *Dreiteilung von sensumotorischer, perzeptiv-begrifflicher und intellektueller Regulationsebene* hinlänglich empirisch belegt. *Tabelle 1 (S. 118)* faßt wesentliche Merkmale dieser Ebenen zusammen. Stark vereinfacht läßt sich sagen: Auf der sensumotorischen Regulationsebene werden sehr regelhafte Aspekte der Situationsveränderung durch recht stereotype Bewegungssequenzen beantwortet (bzw. hergestellt), deren Ausführung nach einem bewußten Vollzugsimpuls »automatisiert« verläuft, also unterhalb der Bewußtseinsebene reguliert ist. Die perzeptiv-begriffliche Regulationsebene erzeugt Varianten von Handlungsgrundmustern in Entsprechung zu Varianten von Grundsituationen, wobei die Erkennung und Auswahl der jeweiligen Varianten das Ergebnis der Verarbeitung informationshaltiger Signale ist. Die intellektuelle Ebene schließlich reguliert Handlungskomplexe, welche auf die Bewältigung längerdauernder und sich in verschiedensten Aspekten verändernder Bedingungen und Anforderungen ausgerichtet sind. Dem hierarchischen Modell entsprechend sind dabei die der jeweils niedrigeren Ebene zuzuordnenden Situationsaspekte und Teilhandlungen Bestandteile solcher Aspekte und Handlungen der nächsthöheren Ebene. So entsteht eine durchgängige Determination »von oben nach unten«. Im Rahmen einer allgemeinen Handlungsstrategie werden zu bestimmten Zeitpunkten Varianten von Handlungsgrundmustern gewählt, die wiederum bestimmte stereotype Bewegungssequenzen enthalten. Umgekehrt gibt es aber auch eine Rückwirkung »von unten nach oben«, indem das (rückgemeldete) Erreichen oder Nichterreichen bestimmter Teilziele von entscheidender Bedeutung für den weiteren Handlungsverlauf ist und insbesondere »Störungen« die volle Zuwendung der Aufmerksamkeit auch auf eigentlich »automatisierte« Teilhandlungen erfordern.

Zur Veranschaulichung seien Beispiele aus einem Bereich gewählt, der zu diesem Zweck bei einschlägigen Autoren ebenso beliebt ist wie das Nageleinschlagen, jedoch komplexere Handlungen umfaßt: das Autofahren. Bei Verminderung der Geschwindigkeit wird an einem bestimmten, meist durch das Motorengeräusch markierten Punkt der Vollzugsimpuls »Herunterschalten« eine weitgehend automatisierte Bewegungssequenz auslösen, deren Ende im Regelfall nur als Zielerreichung rückgemeldet wird (sensumotorische Regulation).[13] Das Vermindern der Geschwindigkeit ist wiederum Teil des Verhaltens in einer bestimmten Grundsituation: Der Autofahrer befindet sich auf der zweiten (der in seiner Fahrtrichtung linken) Spur einer vierspurigen Straße und sieht vor sich einen Wagen, der links abbiegen will und deshalb die Fahrt sehr verlangsamt; da aber absehbar ist, daß der Wagen die Spur bald verlassen haben wird, vermindert unser Fahrer die Geschwindigkeit und wechselt nicht (ggf. ohne Geschwindigkeitsverminderung) auf die rechte Spur über (perzeptiv-begriffliche Regulation). All dies vollzieht sich auf der Fahrt zu einem bestimmten Ort einer Besprechung, der relativ selten angezielt wird (weswegen die Planung der Fahrstrecke einen gewissen Aufwand erfordert) und offenbar recht schnell erreicht werden muß, sonst würde der Fahrer nicht mit hoher (vorschriftswidriger?) Geschwindigkeit die linke Fahrspur benutzen (intellektuelle Regulation). Nun können die verschiedensten äußeren »Störungen« und Wechselwirkungen zwischen den Regulationsebenen eintreten. Vielleicht läßt sich der niedrigere Gang nicht einlegen. Der geübte Autofahrer wird deswegen nicht auf seinen Vordermann auffahren, wohl aber muß er seine Aufmerksamkeit dem Vorgang zuwenden und wird für diese Zeit in der weiteren Planung der Fahrt oder des Tages gestört. Oder aber der Gang läßt sich zwar einlegen, aber der Vordermann »schläft«, so daß doch gebremst bzw. ausgewichen werden muß; auch hier wird unser Fahrer in seinen Plänen behindert und entsprechend unmutig werden. Oder alles verläuft auf diesen Ebenen plangemäß, auf einer bestimmten Höhe erkennt der zweite Fahrer aber eine Verkehrsstauung geradeaus, so daß es jetzt sinnvoll werden kann, zu bremsen und selbst nach links abzubiegen, obwohl die — bei Geradeausfahrt anfallenden — Teilhandlungen

[13] Bei hochgradig geübten Autofahrern mag jedoch das »Herunterschalten« selbst zum unselbständigen Bestandteil einer Bewegungssequenz geworden sein, die auf den Vollzugsimpuls »Geschwindigkeit vermindern« ausgelöst wird. Der Umstand, daß jede Kennzeichnung eines »hohen Entwicklungsstandes« letztlich relativ ist, wird auf der Ebene veranschaulichender Beispiele besonders deutlich.

»Geschwindigkeit erhöhen« mit »Heraufschalten« schon gewissermaßen vorprogrammiert waren. Weitere Kombinationen und Komplikationen sind unschwer vorstellbar (das Beispiel zeigt am Rande, daß der Schluß von »äußerlichen« Verhaltensmerkmalen auf derartige Planungsprozesse bisweilen recht schwierig ist).

Die aktuell vorlaufende Planung wird somit durch die »absteigende« Differenzierung von Teilzielen determiniert und durch die »aufsteigende« Rückmeldung und deren Verarbeitung korrigiert. Der aktuelle Planungsprozeß bezieht jedoch vermutlich noch weitere Aspekte der Einheit von Situation und Handlung ein. Hierzu gehören etwa:

1. Das Ziel-Programm-Schema wird (unter Berücksichtigung der aktuellen Situation) nach sachlich-zeitlichen Ökonomieprinzipien verändert. So können etwa zwei Tätigkeitselemente aus verschiedenen Teilbereichen genau entgegengesetzte Wirkungen haben und deshalb entfallen, ein eigentlich erst später zu verwirklichendes Teilziel wird — infolge günstiger Umstände oder bei Eintreten einer Zwangspause — vorweg erledigt u. a. m.

Nachdem der Vorgänger nach links abgebogen ist, wäre eigentlich die Geschwindigkeit wieder zu erhöhen, die Ampel in einiger Entfernung schaltet jedoch gerade von grün auf gelb. Da man also die Geschwindigkeit in Kürze wieder vermindern müßte, unterläßt man es, sie noch zu erhöhen (sofern man damit keine nachfolgenden Pkws behindert). —
Während des Aufenthalts vor der Ampel legt man sich bereits etwas zurecht, das man beim Aussteigen mitnehmen will.

2. Das Ziel-Programm-Schema wird mit parallel verlaufenden Schemata integriert.

Trotz der Eile mag unser Fahrer bei einem Briefkasten halten, um einige dringende Briefe einzuwerfen, die er zu diesem Zweck von zu Hause mitgenommen hat.

Die kurz skizzierte »absteigende« Differenzierung von Teilzielen und Aktionsprogrammen (welche durch »aufsteigende« Rückmeldungen differenziert werden kann) stellt keinen »Abruf« fest fixierter Verkettungen von Handlungselementen dar. Dies könnte nicht erklären, daß wir uns in verschiedensten Situationen adäquat verhalten können, daß also aufgrund der Kenntnisse allgemeiner Gesetzmäßigkeiten unter jeweils besonderen Umständen stabiles Handeln erfolgt. Was dem entwickelten Handeln als »Fähigkeiten« zugrunde liegt, ist kein Repertoire festgelegter Folgen von Handlungselementen, welches — wie immer es auch entstanden sein mag — stets begrenzt wäre, da die Möglichkeiten menschlicher Informationsspeicherung und -verarbeitung (z. B. »Behalten« und »Erinnern«) durchaus beschränkt sind. Analog zu entsprechenden Modellen in der (Psycho-)Linguistik ist anzunehmen, daß es sich hier um einen Prozeß der *Planerzeugung* handelt. Durch ein endliches System von *Handlungselementen und Verknüpfungsregeln* wird eine potentiell unendliche Menge gegenstandsadäquater Tätigkeitssequenzen generiert. Dieses System von Regeln und Elementen zur Erzeugung realisierbarer Pläne stellt die wesentliche »innere« Voraussetzung adäquaten Handelns dar. In Anlehnung an die Terminologie der (Psycho-)Linguistik sei es als *Handlungskompetenz* bezeichnet.

Das Konzept bedarf weiterer Differenzierung. Regeln sehr allgemeiner Art suchten wir oben in unserem Modell »Durcharbeiten eines Plans« zu umschreiben. Sowohl für den Gesamtbereich menschlichen Handelns wie für Teilsektoren (Umgang mit bestimmten Gegenständen, Verhalten in bestimmten Situationen) sind detaillierte Regeln der Planerzeugung anzunehmen; in der genaueren Erforschung derartiger »generativer Grammatiken« sehen wir mit Hacker eine zentrale Aufgabe der Psychologie.

Das dem Planen zugrunde liegende Erzeugungssystem läßt sich jedoch nicht nur nach Tätigkeitssektoren differenzieren, sondern auch in einigen Aspekten den Regulationsebenen der Handlung zuordnen. Wir schlagen vor, beim entwickelnden Handeln *individuell verfügbare ebenen-spezifische Plansysteme* zu unterscheiden. Solche Systeme genügen — in den der jeweiligen Regulationsebene zuzuordnenden Aspekten — den situativen Anforderungen in hohem bis optimalem Maße und garantieren damit eine anforderungsgerechte Teilung und Delegation der Regulationsaufgaben dieser Ebenen. Ein solches Plansystem im Bereich der sensumotorischen Regulation pflegt man als »sensumotorische Fertigkeit« zu bezeichnen (vgl. ausführlicher bei Volpert 1969). Für die Entsprechung im Bereich der perzeptiv-begrifflichen Regulation schlagen wir (in Anlehnung an Boiko 1966) die Bezeichnung »Können« vor. In Erweiterung eines von Hacker verwendeten Begriffs ließen sich individuell verfügbare Plansysteme im Bereich intellektueller Regulation als »verallgemeinerte Verfahren« benennen. Es versteht sich, daß jeweils übergeordnete verfügbare Plansysteme die Existenz entsprechender untergeordneter Plansysteme voraussetzen; ein »Können« ist somit ohne entwickelte zugehörige »Fertigkeiten« undenkbar usw.

Die eingeführte Unterscheidung nach »Tätigkeitssektoren« steht nicht unverbunden neben dem Modell der »Handlungsebenen«. Geht man bei letzteren nämlich genügend weit »nach oben«, so kommt man zur Annahme einiger weniger, komplexer und allgemeiner Plansysteme, welche größere Tätigkeitsbereiche des Individuums charakterisieren. Hier könnte auch ein Ansatzpunkt sein, um die große Lücke der Handlungstheorie zumindest genauer erkennen zu lassen: den Bereich der »Antriebsregulation« oder der »Motivation«. Sève und Leontjew stimmen darin überein, daß hierhergehörende Bewertungsvorgänge insbesondere solchen allgemeineren Tätigkeitsbereichen (welche Leontjew im engeren Sinne als »Tätigkeiten« bezeichnet) zuzuordnen seien. Wir wollen diese Parallele nicht überstrapazieren, sondern nur anmerken, daß wir im folgenden (in Anlehnung an Leontjew 1973) vom »*Motiv*« eines Tätigkeitsbereiches sprechen wollen und den damit gemeinten Bewertungsvorgang im Sinne Sèves als Abschätzung des Verhältnisses von vorweggenommenem »psychologischem Produkt« und zugrundeliegendem »Bedürfnis« auffassen. Unter den oben eingegrenzten Bedingungen der augenblicklichen Analyse ist diese Bewertung untrennbar mit dem Gesamtziel eines Tätigkeitsbereichs verbunden oder sogar mit ihm identisch. Ziele niedrigerer Handlungsebenen leiten sich insofern aus dem Gesamtziel ab, als sie Teilziele zu dessen Erreichung sind; dieser Charakter des Teilziels bewirkt gleichzeitig, daß die allgemeine Bewertung (Motivation) des gesamten Tätigkeitsbereiches auf die Teiltätigkeit übertragen wird, die letztere jedoch auch in dieser Hinsicht eine gewisse Eigenständigkeit bewahrt: einmal, indem die Teiltätigkeit instrumentalisiert wird, also als Schritt auf dem Wege zur Erreichung eines gewünschten Ergebnisses angesehen wird; zum zweiten, indem das Erreichen oder Nichterreichen von Teilzielen durchaus auf die allgemeinere Bewertung zurückwirken kann; und drittens, indem bestimmte Aspekte dieser Teiltätigkeit nach Kriterien bewertet werden können, die nicht unmittelbar aus dem Gesamtbereich der Tätigkeit ableitbar sind.

Betrachten wir in unserem einfachen Beispiel die Handlungsebenen Konferenz — Konferenzvorbereitung — Anfahrt. Alle drei Ebenen können unterschiedlich bewertet werden, je nachdem ob sie Bestandteil einer ungeliebten oder aber geschätzten Berufstätigkeit sind. Erweisen sich derartige Besprechungen als wenig erfolgreich, so kann das die Gesamtbewertung des Berufs negativ beeinflussen. Trotz allgemeiner Abneigung gegenüber solchen Verpflichtungen mag jedoch gerade diese Besprechung ganz gerne vorbereitet werden, weil man sich im Anschluß Gelegenheit zu bestimmten persönlichen Kontakten erwartet. Oder aber man hat zumindest eine Neigung zu schnellem (vorschriftswidrigen) Autofahren.

Wie die Beispiele nahelegen, können derartig »zusätzliche« Motivationen dadurch entstehen, daß eine Teilhandlung in einem anderem, zeitlich aber koexistierenden Handlungszusammenhang ebenfalls instrumentellen (insbesondere vorbereitenden) Charakter hat. Dies könnte um so eher der Fall sein, je größer die hierarchische Distanz zwischen Gesamttätigkeit und Teilziel ist. Es ist auch nicht auszuschließen, daß Teilbereiche des Handelns gleichzeitig verschiedenen Bewertungen (unter verschiedenen Aspekten) unterliegen. Derartige »Motivbündel« dürften sehr häufig, wenn nicht gar die Regel sein. Es kommt so zu einem komplexen Zusammenspiel von Bewertungsvorgängen auf allen Ebenen, welches in vieler Hinsicht strukturverändernd auf den Prozeß der Planerzeugung und -verwirklichung einwirken wird. Auch auf der Ebene der Motivation von Tätigkeitsbereichen dürfte es zu Rang- und Hierarchiebildungen sowie Bewertungsveränderungen und -umkehrungen mit den verschiedenartigsten Folgen für die jeweiligen Handlungen kommen.

Uns scheint, daß unsere bisherigen Überlegungen durchaus als Ausarbeitung der drei SÈVEschen Grundbegriffe »Handlung«, »Fähigkeit« und »P/B-Verhältnis«, insbesondere als Ausrichtung dieser Begriffe auf ein allgemeines Prozeßmodell der Tätigkeit, interpretiert werden können. So mag denn in dieser Ausrichtung (und demzufolge mit dieser Beschränkung) auch noch eine Definition von »Persönlichkeit« (in ihren einfachen und abstrakten Momenten) versucht werden. *Persönlichkeit* erscheint als *strukturierte Gesamtheit (System) komplexer, hierarchisch-sequentiell organisierter Handlungen eines Individuums.* Hinsichtlich der der *Ausführungsregulation* zugrundeliegenden Handlungsvoraussetzungen (Fähigkeiten) kann die *persönliche Handlungskompetenz* aufgefaßt werden als *Insgesamt der dem Individuum zur Verfügung stehenden Regel- und Elementensysteme zur Erzeugung realisierbarer Pläne.* Hinsichtlich der der *Antriebsregulation* zugrundeliegenden Handlungsvoraussetzungen (Motive) betrachten wir die *persönliche Motivstruktur* als das *Insgesamt der Bewertungen des allgemeinen Verhältnisses von Produkt und Bedürfnis verschiedener Tätigkeitsbereiche.*

Beim entwickelten Handlungssystem der Persönlichkeit ist ein *zentraler Tätigkeitsbereich* auszugrenzen, welcher gegenüber allen anderen (peripheren) Bereichen grundsätzlich strukturbestimmend ist. Dies ist der Bereich des Arbeitshandelns, der *Arbeitstätigkeit.* »Strukturbestimmend« bedeutet dabei nicht, daß Handlungen aus peripheren Bereichen (etwa als Freizeitbeschäftigung) notwendig und immer dieselben spezifischen Strukturmerkmale haben wie solche im Sektor des Arbeitshandelns; man wird vielmehr annehmen können, daß im erstgenannten Bereich verschiedenartige und stärker variierende Handlungsformen auftreten als im letztgenannten. Wohl aber dürften die Strukturmerkmale des Arbeitshandelns Art und Umfang dieser Variation weithin determinieren. Anders ausgedrückt: Die Zielstellungen in peripheren Bereichen sind weithin von der allgemeinen Situation im Bereich der Arbeitstätigkeit abhängig.

Entsprechend nehmen wir an, daß die auf das Arbeitshandeln bezogene Handlungskompetenz, die *Arbeitskompetenz*, den wesentlichen Bestandteil der persönlichen Handlungskompetenz darstellt und daß die Bewertung des allgemeinen P/B-Verhältnisses der Arbeitstätigkeit, die *Arbeitsmotivation*, die persönliche Motivstruktur wesentlich bestimmt.

Auch für unsere Analyse — die ja von einer Verallgemeinerung abstrakter Momente der Arbeitstätigkeit ausging — gilt, daß die dargestellten Merkmale der Prozeßstruktur des Handelns vor allem für den Bereich der Arbeitstätigkeit gelten, während es in den peripheren Bereichen zu den verschiedensten Sonderformen und Abweichungen kommen kann. Im Bereich sportlicher Freizeitbetätigung scheint es zum Beispiel oft so, als werde eine Bewegung ausschließlich um ihrer selbst willen vollzogen, als gäbe es also kein von der Ausführung trennbares Ziel und auch keinen eigentlichen Handlungsgegenstand. Solche Sonderformen von Handlungsstrukturen bedürfen genauer Untersuchung, an deren Beginn jedoch eine Bestimmung des Verhältnisses dieser randständigen Handlungsbereiche zum Zentralbereich der Arbeitstätigkeit zu stehen hat: Wer »Sport« etc. wissenschaftlich untersuchen will, muß mit »Arbeit« beginnen.

2.3.2. *Zur allgemeinen Prozeßstruktur der Aneignung*

»Der Arbeitsprozeß, wie wir ihn in seinen einfachen und abstrakten Momenten dargestellt haben, ist ... ewige Naturbedingung des menschlichen Lebens und daher ... allen seinen Gesellschaftsformen gleich gemeinsam. Wir hatten daher nicht nötig, den Arbeiter im Verhältnis zu andren Arbeitern darzustellen. Der Mensch und seine Arbeit auf der einen, die Natur und ihre Stoffe auf der andren Seite genügten« (MEW 23, 198 f) Unsere Überlegungen zur allgemeinen Prozeßstruktur des Handelns, die sich MARXens Darstellung des allgemeinen Begriffs von Arbeit zum Vorbild nahmen, hatten analog den Handelnden und die Gegenstände bzw. situativen Gegebenheiten der Handlung einander gegenübergestellt.

Diese Abstraktion von Gesellschaft ist nicht mehr sinnvoll, wenn wir uns nun der *Entwicklung von Handlungen, also dem Prozeß der Aneignung* zuwenden. Allerdings wird die gesellschaftliche Bestimmtheit menschlicher Tätigkeit in diesem Teil der Überlegungen (der sich im Grundsätzlichen an LEONTJEW 1971 anschließt) noch in ihren allgemeinen Merkmalen, ohne Konkretisierung auf einen bestimmten historischen Entwicklungsstand dargestellt. Unseren bisherigen Überlegungen entsprechend gehen wir bei der Kennzeichnung allgemeiner Merkmale der Gesellschaftlichkeit des Handelns von einem relativ hohen und nicht durch einen antagonistischen Widerspruch (zwischen Produktivkräften und Produktionsverhältnissen) gekennzeichneten Entwicklungsstand der Produktionsweise aus.

Das Individuum setzt sich nicht auf der Basis individueller Erfahrungen als einzelnes mit ursprünglichen Naturgegebenheiten auseinander. Dies könnte weder menschliches Zusammensein als Gesellschaft noch menschliche Geschichte als spezifische Entwicklungsform der Gattung Mensch erklären. Jeder begänne dann wieder an einem Ausgangspunkt, der sich nur in sehr langen Zeitabständen weiterentwickelte. Die Handlungssituation, in der sich das Individuum befindet, besteht nur im Ausnahmefall aus Gegebenheiten der vom Menschen unbeeinflußten Natur. Sie ist vielmehr *gesellschaftlich produziert*. Die Gegenstände des handelnden Umgangs sind Resultate menschlicher Handlungen, insbesondere menschlicher Arbeit. In ihnen hat sich die Erfahrung früherer Generationen der Menschheit vergegenständlicht. Insbesondere gilt dies für die Werkzeuge menschlicher (Arbeits-)Tätigkeit. Sie stellen die zu realen Dingen gemachten Handlungserfahrungen einer großen Zahl vergangener (und gegenwärtiger) Menschen dar; in ihrer Entwicklung zu Apparaten, Maschinen oder Automaten bieten sie Möglichkeiten handelnder Weltbewältigung, die in Wirksamkeit und Vielfalt nur als Resultat kontinuierlich aufeinander aufbauender Handlungserfahrungen vieler zusammenwirkender Menschen erklärbar sind.

Ein solches Zusammenwirken kennzeichnet auch die aktuelle Handlungssituation. Nur im Extremfall handelt der Mensch als völlig einzelner. Die Handlungssituation stellt also einen *überindividuellen Handlungszusammenhang* dar, aus welchem sich der Anteil der einzelnen Handlung ausgliedert. Dieser kooperative Zusammenhang ist in seiner jeweiligen Gestalt abhängig von den gesellschaftlich produzierten gegenständlichen Gegebenheiten, mit denen kollektiv umzugehen ist (zum Zwecke der Erreichung überindividueller Handlungsziele); gleichzeitig vermittelt er den Umgang mit diesen Gegebenheiten durch das Individuum, weil er dem einzelnen Handelnden einen Ausschnitt der Situationsbewältigung zuweist.

Die gesellschaftlich produzierten Gegenstände, vor allem die Werkzeuge, stellen also, vermittelt durch den kooperativen Zusammenhang, an das handelnde Individuum ganz bestimmte *Handlungsforderungen*, sie schreiben die Struktur der geforderten individuellen Handlung vor. Das Individuum entspricht diesen Handlungsforderungen, indem seine individuelle Handlungsstruktur diesen objektiven Strukturbedingungen entspricht. Voraussetzung hierfür ist, daß — auf der Seite der Ausführungsregulation — eine Handlungskompetenz vorhanden ist, welche als System von Elementen und Verbindungsregeln die gegenständlich-gesellschaftlichen Handlungsforderungen adäquat widerspiegelt. Gleichzeitig muß — unter dem Aspekt der Antriebsregulation — eine Motivation zur adäquaten

Erfüllung der Handlungsforderungen, zur Übernahme des eigenen Parts im überindividuellen Handlungszusammenhang bestehen.

Das Individuum ist jedoch in diesen überindividuellen Handlungszusammenhang nicht nur durch den jeweils individuellen *Handlungsvollzug* eingebunden. Vor, während und auch nach diesem Vollzug kann über die Handlungsforderungen und die Art und Weise, wie ihnen entsprochen wird, kommuniziert werden. Aus dieser Grundfunktion der *Sprache als Kommunikation über Handlungsforderungen und Handlungsresultate* leitet sich ab, daß auch unabhängig vom Handlungsvollzug kollektiv und individuell über Handlungen und damit zusammenhängende Gegebenheiten reflektiert werden kann. Dies eröffnet einerseits neue Möglichkeiten und Dimensionen der gesellschaftlichen Akkumulation von Erfahrungen und Erkenntnissen (vor allem in Form von schriftlich Fixiertem) und ermöglicht andererseits — auf der Seite des Individuums — die Ausbildung des operativen Abbildsystems und damit höhere Regulationsformen, wie wir sie bei 2.3.1. darzustellen versuchten. Individuelle Vorbedingung für beides ist wiederum die Beherrschung eines Regelsystems, welches die Handlungsform »Sprechen« ermöglicht, sowie die Motivation zur Anwendung dieses Regelsystems im Denken und/oder Planen.

Auf der Ebene einfacher Beispiele scheinen die dargestellten Annahmen nahezu trivial: Auch wenn dies in manchen Büchern so erscheinen mag, sind Hammer, Nagel und Wand keine einfachen Naturgegebenheiten, denen ein Robinson auf der Insel seiner abstrakten Individualität begegnet. Ganz abgesehen von größeren Handlungszusammenhängen ist auch die Teilhandlung »Autofahren« in ihrer Struktur weithin bestimmt dadurch, daß hier in einer von Menschen gestalteten »Umwelt« eine Maschine benutzt wird, die ebenfalls von Menschen geschaffen ist. Auch wenn der Straßenverkehr nicht ohne weiteres als aktuelle »Kooperation« aufzufassen ist, ist er ohne ein vereinbartes und überwachtes System von Regeln des Verhaltens zueinander gar nicht denkbar; dieses setzt den Rahmen für Varianten des Umgehens mit möglichen Maschinen des Typs »Automobil«. Der Fahrer muß mit dieser »Maschine« umgehen *können* und den Handlungsforderungen entsprechen *wollen*, um sein Ziel zu erreichen, ohne Gefährdungen und Sanktionen zu riskieren. Für den geübten Autofahrer sind sprachliche Kommunikationen über Handlungsforderungen (z. B. die richtige Behandlung des Motors) und damit verbundene Handlungsaspekte (z. B. Mängel des Autos) wohl ebenso alltäglich wie sprachlich vermittelte Planungsprozesse (z. B. die Festlegung einer bestimmten Fahrtroute).

Doch kehren wir wieder zu unseren allgemeinen Überlegungen zurück. Die dem Individuum »äußerlichen« Handlungsforderungen ergeben sich aus den kooperativ vermittelten Gegenstandsbezügen des Handelnden und sind der als »individuelle Fähigkeiten« (allgemeine und spezifische Handlungskompetenz) anzueignende Ausschnitt der vergegenständlichten Fähigkeiten der menschlichen Gattung. Den Zentralbereich bilden dabei Handlungsforderungen im Bereich der Arbeitstätigkeit, welche sich aus einem bestimmten Sektor der sich entwickelnden Produktivkräfte ableiten, wobei dieser Sektor durch die Position des Individuums im Prozeß der gesellschaftlichen Produktion bestimmt ist. Handlungsforderungen im Restbereich sind ihrerseits grundsätzlich — jedoch nicht vollständig — durch diejenigen des Zentralbereichs determiniert.

Diese Gesamtheit der auf ein Individuum bezogenen Handlungsforderungen tritt nicht plötzlich einem biologisch entwickelten und ansonsten »naturbelassenen« Individuum entgegen. Es ist vielmehr Grundkennzeichen der (stammesgeschichtlich entstandenen) menschlichen Natur, daß das Individuum *vom Beginn seiner Individualgeschichte an* und auf der Grundlage eines Prozesses biologischer Individualreifung auf die Aneignung vergegenständlichter Potenzen der menschlichen Gattung als individuelle Handlungskompetenz, als »Fähigkeit« zur Erzeugung von Handlungen bestimmter gegenstandsadäquater Struktur ausgerichtet ist. Um sich als Mensch zu verwirklichen, ist das Individuum vom Zeitpunkt der Geburt an dieser Aneignung bedürftig und fähig.

Aneignung und Persönlichkeitsentwicklung sind somit im wesentlichen der gleiche Prozeß. Dieser je individuelle Prozeß sichert außerdem Existenz und Entwicklung des überindividuellen Zusammenhangs der Menschen als Gesellschaft, weil sich dieser Zusammenhang nur in den entwickelten — also angeeigneten — Handlungen konstituiert. Wir verweisen hier noch einmal auf unsere obigen Überlegungen im Rahmen der Kritik an Sève (bei 2.1.2.) und insbesondere auf die dort zitierte Stelle aus dem Marxschen Brief an Annenkow. Holzkamp faßt den skizzierten Gedanken in folgender Form zusammen: »Gesellschaftliche Arbeit ist *vergegenständlichende menschliche Tätigkeit*, in welcher die Umwelt gemäß menschlichen Interessen und Bedürfnissen in geplantem Eingriff verändert wird, wobei die Bedürfnisse und Interessen selbst sich mit der durch die Arbeit vorangetriebenen gesellschaftlichen Entwicklung immer mehr entfalten. Dem Prozeß der *Entäußerung* des Menschen in vergegenständlichender Arbeit ist der Prozeß der *Verinnerlichung* der gegenständlichen Resultate gesellschaftlicher Arbeit durch die *individuelle Aneignung* zugeordnet. Aus dem Zueinander von Vergegenständlichung und Aneignung erwächst die *historische Bewahrung, Weitergabe und kumulative Verwertung gesellschaftlicher Erfahrung*, die die Basis für den gesellschaftlich-historischen Entwicklungsfortschritt ist« (1973, 104; Hervorh. v. H.).[14]

Auch Aneignung als Prozeß der Entwicklung individueller Handlungssysteme vollzieht sich als kooperativ vermitteltes Be-handeln von Vergegenständlichungen (vorangegangener) menschlicher Tätigkeit. Überindividueller Zusammenhang und gegenständlicher Bezug von Handlungen stellen sich jedoch bei der Analyse des Aneignungsprozesses in besonderer Form dar: als gesellschaftlich bestimmtes, meist systematisches und oft planmäßiges Arrangement von Handlungssituationen, durch welche die Entwicklung von Handlungen gesteuert werden soll. Diese Steuerung geht von einer Antizipation der Handlungsforderungen aus, welche an das jeweilige entwickelte Individuum, vor allem im Arbeitsprozeß (aber auch in Randbereichen) gestellt werden. Dabei muß diese Antizipation zunächst sehr allgemein sein; sie konkretisiert (und korrigiert) sich – zum Beispiel als Hinordnung auf Berufs- oder Tätigkeitsfelder – erst mit Rückmeldungen über Teilresultate des Aneignungsprozesses (als geäußerte »Neigungen« und erschlossene »Eignungen«). Dieser gesellschaftlich zielgerichtete und gesteuerte Prozeß individueller Aneignung von Handlungen, im engeren Sinn der Erwerb einer Motivstruktur und Handlungskompetenz, welche der zukünftigen Stellung des Individuums im Produktionsprozeß entspricht, wird häufig als *Sozialisation* umschrieben. Meist wird bei solcher Begriffsverwendung der Aspekt der Verinnerlichung von Normen und Orientierungen betont, also das Akzeptieren sehr allgemeiner Handlungsforderungen, die sich – gegebenenfalls vermittelt – aus der gesellschaftlichen Organisation der Produktion ableiten. Die mehr oder weniger geplante Ausrichtung des Aneignungsprozesses auf solche allgemeinen Handlungsforderungen pflegt man als konstitutiv für *Erziehung* aufzufassen. Zeitlich enger ausgegrenzte Aneignungsprozesse werden in der Regel als spezifische *Lernvorgänge* bezeichnet.

Kooperatoren wie Handlungsgegenstände haben, bezogen auf den Aneignungsprozeß, besondere Funktionen. Lehrer, Erzieher usw. dienen den Handelnden zunächst als Vorbild, deren Handlungen in ihren strukturellen Zügen nachzuahmen sind. So übernimmt etwa das Kind Verhaltensweisen und -dispositionen von seinen Eltern. Zum anderen und wesentlichen Teil aber konfrontieren solche Personen das aneignende Individuum mit Gegenständen und Situationen, deren Handlungsforderungen neuartig, beim jeweiligen Entwicklungsstand des Aneignungsprozesses jedoch vermutlich zu bewältigen sind. So gestaltet etwa ein Lehrer den Unterricht, indem er die Schüler vor aufeinander aufbauende, stets komplexer werdende

[14] Die angegebene Arbeit von HOLZKAMP befaßt sich mit dem Orientierungsaspekt des Handelns und der sich hieraus entwickelnden Erkenntnistätigkeit. Wir können hier auf diesen Ansatz nicht ausführlicher eingehen, verweisen aber auf die enge Beziehung des HOLZKAMPschen Begriffs der »Gegenstandsbedeutungen« zu unserem Konzept der »Handlungsforderungen«.

Aufgaben stellt.

Der Verlauf des Aneignungsprozesses wurde — vor allem unter dem Aspekt der »kognitiven Entwicklung« — von verschiedenen Autoren untersucht und durch Prozeßmodelle abgebildet. Wir müssen uns hier auf einige allgemeine Anmerkungen beschränken, die sich insbesondere auf die Konzepte von LEONTJEW (1971) und GALPERIN (1967) stützen (vgl. VOLPERT 1975). Als Aspekte dieses Entwicklungsprozesses lassen sich benennen:

■ Auf der Ebene der Prozeßstruktur der Handlung:
Aus relativ unselbständigen und einfachstrukturierten Handlungen sollen eigenständige und hierarchisch-sequentiell organisierte Handlungen werden, welche immer umfassendere situative Veränderungen erfassen und beeinflussen können.

■ Auf der Ebene der Ausführungsregulation:
Aus elementaren Aufbauregeln für einfachstrukturierte Handlungen soll sich ein Regelsystem zur Bewältigung verschiedenartiger komplexer Handlungen (einschließlich Sprachhandlungen) entwickeln, wobei sich verfügbare ebenenspezifische Plansysteme menschlichen Handelns (Fertigkeit, Formen des Könnens, allgemeine Verfahren) ausdifferenzieren.

■ Auf der Ebene der Antriebsregulation:
Zentrale gesellschaftliche Bewertungen von Handlungsforderungen und Handlungsresultaten sollen vom Handelnden soweit übernommen werden, daß er in eigenständiger Handlungsregulation »verantwortlich« seinen Teil in überindividuellen Handlungszusammenhängen übernehmen kann.

Diese drei Aspekte sind eng miteinander verbunden, wir wollen insbesondere den ersten diskutieren und daran einige Anmerkungen zu den beiden anderen Aspekten anschließen. Die Anfangsstadien des Aneignungsprozesses sind durch eine starke Eingebundenheit des lernenden Kindes in die situativen Gegebenheiten gekennzeichnet; kindliches Verhalten wird weithin durch die Veränderung dieser Gegebenheiten bestimmt. Prozesse der Situationsanalyse und Zielantizipation (im Sinne GALPERINS als »Orientierung« zusammenzufassen) sowie der Kontrolle des Handlungsresultats sind zunächst vom sensumotorischen Vollzug kaum abgehoben und ebenso spontan wie partiell (wenn etwa das Kleinkind einen ihm vorgehaltenen Gegenstand sieht und ergreift). Sofern ein Plan existiert, in welchem die Tätigkeit des Kindes eine Funktion hat, ist dieser »außerhalb« des Kindes, etwa im Kopfe eines Erwachsenen. Die Handlungsforderungen komplizieren sich zunehmend, indem dem Kind zur Aufgabe gemacht wird, umfassender in die gegebene Situation einzugreifen (es soll zum Beispiel alle Bauklötze aussortieren, die eine bestimmte Größe haben). Nun sind spezielle Orientierungs- und Kontrolloperationen erforderlich, welche zunächst als »materielle« Teilhandlungen, in Form eines physisch aktiven Übergreifens, Auswählens, Vergleichens usw. auftreten (das Kind vergleicht zum Beispiel zwei Bauklötze, indem es sie nebeneinanderlegt und mit den Fingern darüberfährt). Damit ist eine elementare Funktionseinheit (VVR-Einheit), die Grundform eines Ziel-Programm-Schemas hergestellt, in welcher Orientierung (1. Vergleich), Ausführung (Veränderung) und Kontrolle (2. Vergleich) als materielle Handlungsteile bzw. »-phasen« aufeinander folgen.

Der weitere Vorgang des Aufbaus einer hierarchisch-sequentiellen Organisation des Handelns ist vor allem durch die eng miteinander verbundenen Vorgänge der *Verbalisierung/Verinnerlichung*[15] sowie der *Stereotypisierung/Automatisierung* gekennzeichnet. Der erstere Begriff meint, daß »materielle« Teilhandlungen zunächst in die Form des »äußeren« und dann in die des »inneren Sprechens«, also des »Denkens« übertragen werden. »Stereotypisierung/Automatisierung« soll bedeuten, daß stereotype Folgen von Handlungsforderungen erkannt und als ensprechend stereotype und »von selbst ablaufende« Sequenzen von Handlungsteilen angeeignet werden.

Einiges spricht dafür, daß zunächst die Orientierungs- und Kontrollhandlungen sowohl den Vorgängen der Verbalisierung/Verinnerlichung wie der Stereotypisierung/Automatisierung unterworfen werden. (Am Ende dieses Prozesses bedarf es etwa keiner »materiellen« Vergleichshandlungen mehr, um festzustellen, ob ein bestimmter Klotz aussortiert werden muß oder nicht.) Die Verbalisierung setzt dabei voraus, daß Sprache adäquat erzeugt werden kann; das hier zugrundeliegende Regelsystem muß also relativ einfacher und leicht erwerbbarer Art sein. Sein Erwerb ist jedoch grundsätzlich an die allgemeine Entwicklung von Handlungssystemen gebunden. Mit der Ausbildung eines sprachlichen Symbolsystems zur Erfassung von Handlungsforderungen und Handlungsresultaten erhöht sich die Fähigkeit zur Vorwegnahme und Kontrolle situativer Gegebenheiten und Veränderungen; umgekehrt wirkt diese Fähigkeit auf die Entwicklung des sprachlichen Symbolsystems zurück. (In der engeren Begrifflichkeit der Linguistik würde dies jedoch mehr den »Sprachgebrauch« bzw. »linguistischen Code« betreffen als die »Sprachkompetenz«.)

[15] »Verinnerlichung« meint im jeweiligen Kontext Vorgänge unterschiedlicher Allgemeinheit und Akzentuierung. Bezogen auf den *Aneignungsprozeß im allgemeinen* soll damit der Prozeß gekennzeichnet werden, durch welchen außerindividuelle Potenzen des Menschen als Gattungswesen zu individuellen Befähigungen, also Handlungsforderungen zu Handlungsstrukturen werden (vgl. das obige Zitat von HOLZKAMP). Bezogen auf die *Ausführungsregulation* des Handelns meint »Verinnerlichung« einen viel engeren Teilaspekt, nämlich die Umwandlung von materiellen Handlungen in solche mit sprachlichen Symbolen. Bezogen auf die *Antriebsregulation* des Handelns meint »Verinnerlichung« die Übernahme allgemeiner Handlungsforderungen in Form von gesellschaftlichen Bewertungen bezüglich verschiedener Tätigkeitsbereiche als Maßstäbe des eigenen Handelns.

Auf dieser Basis wird dann auch der ursprüngliche Vollzugsteil der Handlung den Vorgängen der Stereotypisierung/Automatisierung und der Verbalisierung/Verinnerlichung in dem Umfang unterworfen, als dies allgemeinen Handlungssituationen adäquat ist. Mit der Ausgliederung relativ stereotyper Folgen von Handlungsforderungen in Form von Bewegungsstereotypen und Handlungsschemata differenzieren sich mehrere Regulationsebenen menschlicher Handlung. Gleichzeitig können ganze Teile des Handlungsvollzugs verinnerlicht und damit Bestandteile der (nunmehr intellektuellen) Orientierung und Kontrolle größerer individueller Handlungssysteme werden. Dies gilt für die Ausbildung »geistiger Operationen« (das »Addieren« war z. B. ein ursprünglich »materieller« Handlungsvollzug). Doch können auch komplexere Handlungen verbalisiert und verinnerlicht werden, so daß sich schließlich die ganze Handlung auf der Ebene des äußeren und vor allem inneren Sprechens abspielt. Damit kann auf dieser Ebene die gesamte Beziehung Handlungsforderungen – Handlungsweisen – Handlungsresultate hergestellt und im Sinne eines »Probehandelns« geprüft werden. Das bedeutet, daß ein operatives Abbildsystem entwickelt ist, welches auch – in Grenzen – durch nur-sprachliche Lernvorgänge (»Wissenserwerb«) verbessert werden kann. Dieses Abbildsystem ist die Basis hierarchisch hoher (intellektueller) Regulationsvorgänge, welche sich nun auf umfassende und komplexe Bereiche eigenständigen Handelns beziehen können.

Abb. 4 soll einige Aspekte unseres Modells der Entwicklung individueller Handlungsstrukturen veranschaulichen. Bezogen auf die verschiedenen Ebenen des entwickelten Handelns wird dabei akzentuierend zwischen der Entwicklung stabiler »geistiger Handlungen« (»kognitive« Entwicklung) und der Entwicklung stabiler »materieller Handlungen« (»motorische« Entwicklung) unterschieden. Gleichzeitig soll die Abbildung aber auch deutlich machen, daß sich entwickeltes Handeln nur als Vereinigung dieser beiden Aspekte des Aneignungsprozesses (die im übrigen die vielseitigsten Wechselwirkungen aufweisen) denken läßt.

Um wieder zum einfachen Beispiel des Autofahrens zurückzukehren: Längerfristige Antizipationen und Planungen erfordern einerseits gewisse intellektuelle Fähigkeiten (z. B. das Umgehenkönnen mit einem Stadtplan) und sind andererseits nur möglich, wenn man die »Technik« des Autofahrens beherrscht (und nicht etwa jeder Beschleunigungsvorgang und jede Kurve die volle Aufmerksamkeit des Fahrers erfordern).

Mit diesem Beispiel haben wir bereits das Thema *»Entwicklung der Handlungskompetenz«* angesprochen. Dem Modell zufolge vollzieht

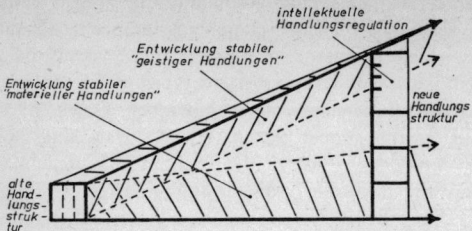

sich die Verinnerlichung von Handlungsforderungen als Handlungsstrukturen nicht als Speicherung von Tätigkeitsabfolgen, sondern als Aufbau eines Systems von Elementen und Verknüpfungsregeln. Über diesen Aspekt des Aneignungsprozesses läßt sich solange wenig aussagen, als noch kaum Hypothesen bestehen über die Merkmale jenes Systems und insbesondere darüber, wie diese Merkmale Grundeigenschaften vergegenständlichter menschlicher Arbeit widerspiegeln. Angemerkt sei jedoch, daß dieser Aspekt des Aneignungsprozesses die Gesamtheit der Ausbildung verfügbarer ebenenspezifischer Plansysteme umfaßt. Er bezieht sich keineswegs nur auf die Entwicklung verallgemeinerter Verfahren im Bereich der intellektuellen Regulation, sondern umfaßt auch die Ausbildung von Könnensformen und Fertigkeiten. Bei der Ausbildung einer ganzheitlichen Handlungskompetenz besteht eine Wechselwirkung zwischen den ebenenspezifischen Lernvorgängen, wobei denjenigen der höchsten Ebene die bestimmende Rolle zukommt: Könnensformen und Fertigkeiten lassen sich erst relativ spät aus dem ursprünglichen Handlungsganzen isolieren (beim Basketball-Spiel zum Beispiel bestimmte Schrittkombinationen und Wurfformen aus der Ganzheit des Spiels), jedoch können komplexere Vollzüge (zum Beispiel als Verwirklichung bestimmter Spiel-Taktiken) nicht vollständig erlernt werden, solange solche Aspekte der »Bewegungstechnik« nicht erworben sind.

Mit Entwicklung der Handlungskompetenz soll also unter dem Aspekt der *Ausführungsregulation* jener Prozeß umschrieben sein, durch welchen das Individuum in Stand gesetzt wird, in eigenständiger Regulation den ihm ausgegrenzten Part eines überindividuellen Handlungszusammenhangs zu übernehmen. Das Individuum muß diesen Part jedoch nicht nur spielen können, sondern auch spielen *wollen*. Der Aneignungsprozeß ist also auch unter dem Aspekt der *Antriebsregulation*, als *Entwicklung der Motivstruktur* zu betrachten. Als wesentliche Bestandteile dieser Motivstruktur waren uns die »Tätigkeitsmotive« erschienen, also individuelle Bewertungen (des allgemeinen P/B-Verhältnisses) von Handlungsbereichen hoher hierarchischer Ebene. Wie die Fähigkeiten sind auch diese Bewertungen offenbar nicht in irgendeiner Weise »im Individuum angelegt«, sondern stellen die Übernahme gesellschaftlicher Bewertungen individueller Tätigkeitsbereiche dar. Solche gesellschaftlichen Bewertungen sind Resultat der historischen Organisationsform überindividueller Handlungszusammenhänge. Man pflegt sie oft als »Normen«, »Orientierungen« usw. zu betrachten. Sie stellen in dieser Form allgemeine Handlungsforderungen von Tätigkeitsbereichen dar, die sich bisweilen als Merkmale der Handlungsstruktur »idealer« Handelnder konkretisieren lassen: der »verantwortliche und schöpferische« Arbeiter, der »engagierte und faire« Sportler usw. Solche allgemeinen Handlungsforderungen werden vom Aneignenden »verinnerlicht« (interiorisiert) und richten damit individuelles Handeln aus. Dabei wird nicht nur der zugewiesene Part im überindividuellen Handlungszusammenhang »freiwillig« und reflektiert übernommen, es werden auch bestimmte Merkmale der Bewältigung dieses Parts (zum Beispiel die Einhaltung bestimmter Standards) akzeptiert. Die Ausrichtung an gesellschaftlich bestimmten und verinnerlichten »Gütemaßstäben« des Handelns wird häufig als »Entwicklung der Leistungsmotivation« beschrieben.

Im gesellschaftlich gesteuerten Aneignungsprozeß lassen sich zwar Vorgänge des Wissens- bzw. Könnenserwerbs und Vorgänge des Aufbaus konformer Bewertungsformen (Motivationen) unterscheiden, doch stellt dieser Prozeß (als Entwicklung von Handlungen) im wesentlichen die *Einheit* der Entwicklung von Handlungskompetenz und Motivstruktur dar. Einfachstrukturierte Handlungen sind meist noch dadurch gekennzeichnet, daß durch sie erfahrbar gewordene Mangelzustände direkt beseitigt werden sollen, ihre Bewertung durch andere ist meist ebenso kategorisch wie summarisch (wenn zum Beispiel das Kind nach einem vermeintlichen Spielgegenstand greift und dann von der Mutter dafür bestraft wird). Je mehr jedoch die Handlungsstruktur auf das eigenständige Erreichen ferner Ziele ausgerichtet wird, desto differenziertere Bewertungssysteme von Handlungen werden erfahren und übernommen, und desto mehr wird der instrumentelle Charakter von Teilhandlungen erkannt, die man verrichtet um eines hierarchisch höheren Handlungsziels, also eines Tätigkeitsmotivs willen.

Der Aneignungsprozeß erscheint also in einem als Entwicklung von Handlungen, der Handlungskompetenz und der Motivstruktur durch »Verinnerlichung« gesellschaftlich-gegenständlicher Handlungsforderungen. Er ist damit — entsprechend unserer Definition von Pesönlichkeit in diesem Kontext — als »Entwicklung von Persönlichkeit« zu kennzeichnen. »Sozialisation« bedeutet damit die Entwicklung einer persönlichen Handlungskompetenz und einer persönlichen Motivstruktur, welche der Stellung des Individuums im gesellschaftlichen System, insbesondere im gesellschaftlich organisierten Produktionsprozeß, entsprechen.

Damit ist erneut die Bedeutung der *Arbeitstätigkeit* als Zentralbereich des individuellen Gesamtsystems von Handlungen, also der Persönlichkeit, angesprochen. Die Arbeitstätigkeit wird bei der entwickelten Persönlichkeit zur »dominierenden Tätigkeit« im Sinne LEONTJEWS, zum aktuell strukturbestimmenden Bereich des Handelns. Am Anfang des Aneignungsprozesses kann sie dies jedoch noch nicht sein, da das Kind keine ererbten Fähigkeiten zur Erfüllung von Handlungsforderungen aus diesem Bereich mitbringt. Daraus leitet sich ab, daß der Aneignungsprozeß in stets zunehmendem Ausmaß auf die Ausbildung von Arbeit als dominierender Tätigkeit ausgerichtet ist und sich schließlich unter den Bedingungen von Arbeit als dominierender Tätigkeit fortsetzt. Am Punkt oder in der Phase des Übergangs pflegt auch die individuell reflektierte Zuweisung (»Wahl«) eines bestimmten Sektors der Arbeitstätigkeit zu stehen, auf den sich weitere Aneignungsprozesse — wenn auch nicht unbedingt lebenslang — konzentrieren werden. Allgemein pflegt man diesen Sektor als *Beruf* zu bezeichnen, entsprechend kann man beim Aneignungsprozeß »vorberufliche« und *»berufliche Sozialisation«* unterscheiden.

Die Form dieses Aneignungsprozesses, insbesondere die Art der skizzierten Ausrichtung vorberuflicher Sozialisation sowie des angedeuteten Übergangs zur beruflichen Sozialisation hängen weithin von den gesellschaftlichen Bedingungen ab. Am »Ende« vorberuflicher Sozialisation müssen jedenfalls zwei Bedingungen erfüllt sein: Die sich entwickelnde Persönlichkeit (der Jugendliche) muß grundsätzlich imstande und bereit sein, Arbeitstätigkeiten zu erlernen und auszuführen, die der zugewiesenen allgemeinen Stellung im Produktionsprozeß entsprechen, und sie (er) muß die Zuweisung einer speziellen Berufstätigkeit reflektieren können (bis hin zur begründeten Ablehnung). Die berufliche Sozialisation knüpft hier an. Sie macht einmal die allgemeine Fähigkeit und Bereitschaft real, Arbeitstätigkeiten auszuführen, welche der allgemeinen Stellung des Individuums im Produktionsprozeß entsprechen (allgemeine Arbeitskompetenz und allgemeine Arbeitsmotivation). Zum anderen erzeugt sie in diesem Rahmen die spezifische Fähigkeit und Bereitschaft, Arbeitstätigkeiten auszuführen, welche zum Beruf (bzw. zu den Berufen) des Individuums gehören (spezifische Arbeitskompetenz und -motivation oder Berufskompetenz und -motivation). Beides vollzieht sich in einem einheitlichen Vorgang der Aneignung von Handlungsforderungen im Rahmen beruflicher Ausbildung und Tätigkeit, den wir als berufliche Sozialisation bezeichnen.

Daraus ergibt sich, daß wir »Persönlichkeitsentwicklung« und »Sozialisation« keineswegs als mit dem Berufseintritt weithin abgeschlossen ansehen. Vielmehr können sich allgemeine und spezifische Arbeitskompetenz und -motivation erst dann voll entwickeln, wenn die Arbeit zur dominierenden Tätigkeit geworden ist und damit die entsprechenden Handlungsstrukturen *durch ihre alltägliche Realisierung* erlernt werden. Gleichzeitig stellen die allgemeine und spezifische Arbeitskompetenz und -motivation die entscheidenden Regulationsgrundlagen jedes individuellen Handelns dar.

Berufliche Sozialisation findet in diesem Sinne ihr Ende allenfalls mit dem Ende jeder beruflichen Tätigkeit. Wenn die Handlungsforderungen dieser Arbeitstätigkeit dies ermöglichen, kann es (mindestens) bis zu diesem Zeitpunkt zur Erweiterung der Arbeitskompetenz und Arbeitsmotivation im Sinne eines »lebenslangen Lernens« kommen. Doch stehen diese Handlungsforderungen nicht im Ermessen des Individuums.

2.3.3. *Gesellschaftliche Produktionsweise und individuelles Handeln*

Im folgenden soll es um die Beziehungen zwischen individueller Tätigkeit bzw. Aneignung und gesellschaftlichem Entwicklungsstand gehen. Wir wenden uns im Gange unserer Analyse immer komplexeren Prozessen zu und müssen dabei eine immer größere Lückenhaftigkeit unserer Ausführungen in Kauf nehmen. Das jetzige Thema würde eine sorgfältige und detaillierte Analyse historischer Veränderungen erfordern, die in dieser Form noch nicht geleistet ist. Wir müssen uns auf einige allgemeine Anmerkungen beschränken, die sich mit der Determination der individuellen Tätigkeit durch den gesellschaftlichen Entwicklungsstand befassen und dabei besonders die Situation des unmittelbaren Produzenten (im Kapitalismus also des Lohnarbeiters) skizzieren sollen.

Unsere Ausgangsthese ist, daß die Prozesse individuellen Handelns und individueller Aneignung die Entwicklung gesellschaftlichmenschlicher Potenzen in spezifischer Weise widerspiegeln. Wesentliche Grundlage und Hauptkennzeichen des gesellschaftlichen Entwicklungsstands ist dabei die jeweilige Produktionsweise als widersprüchliche Einheit von Produktivkräften und Produktionsverhältnissen. Dieser Entwicklungsstand spiegelt sich also zunächst und zuvörderst im menschlichen Arbeitshandeln wider; das ist der Grund, warum wir diesen Tätigkeitsbereich als strukturbestimmend für die Gesamtheit des Handlungssystems eines Individuums ansehen. Unserem Vorhaben entsprechend werden wir in diesem Teil — anders als in den beiden vorhergehenden Kapiteln — die jeweilige Struktur des Arbeitshandelns und des darauf bezogenen Aneignungsprozesses in ihrer Determination durch die gesellschaftliche Produktionsweise zuerst behandeln, um dann Überlegungen für den

Restbereich menschlichen Handelns anzustellen.

Man könnte vermuten, daß das in *Abb.* 4 wiedergegebene Prozeß-modell der Aneignung, sofern es diesen Prozeß adäquat abbildet, in wie auch immer vermittelter Weise die Entwicklung der (sich ver-gegenständlichenden) Fähigkeiten des Menschen als Gattungswesen abbildet. Das Modell wäre somit erst sekundär aus psychologischen Befunden und primär aus einer allgemeinen Theorie der Entwick-lung der Produktivkräfte abzuleiten, es wäre zumindest auf eine solche Theorie zu beziehen. Dies freilich übersteigt unsere Möglich-keiten in diesem Rahmen; nur als spekulative »Rückwärtsprojektion« sei angedeutet, daß der Aufbau einer hierarchisch-sequentiellen Or-ganisation des Handelns in der Entstehung eines systematisch-ar-beitsteilig organisierten Produktionsprozesses begründet sein könnte, die Vorgänge der Verbalisierung und Interiorisierung in zunehmender Bedeutung und zunehmendem Umfang der gesellschaft-lichen Planung dieses Produktionsprozesses, Stereotypisierung und Automatisierung schließlich in verstärkter Standardisierung des Produkts wie der Produktionstätigkeit. Planerische Durchdringung und Standardisierung des Produktionsprozesses wären einander er-gänzende Prozesse, welche die zunehmende Delegation hierarchisch niedriger Aufgaben an technische Funktionsträger bis hin zur tech-nologischen Automatisierung ermöglichen und damit tendentiell komplexere Handlungsstrukturen des Produzierenden im Sinne einer »Intellektualisierung« bewirken. Der jeweilige Stand der gesell-schaftlichen Produktivkräfte würde somit grundsätzlich das erreich-bare Endstadium individueller Aneignungsprozesse — etwa in der horizontalen Dimension der *Abb.* 4 — bestimmen.

Ein solches Modell des Zusammenhangs von gesellschaftlicher und individueller Entwicklung ist jedoch nicht nur unzulänglich, sondern falsch, wenn und solange es den bei dieser Fragestellung wesentli-chen Tatbestand übersieht: Der Entwicklungsstand der Produktiv-kräfte bedingt eine bestimmte Organisation der Produktion; die vergegenständlichten Potenzen des menschlichen Gattungswesens wirken also nur vermittelt durch den überindividuellen Zusammen-hang der Produktionsverhältnisse auf das Arbeitshandeln der Indi-viduen. Dieser Zusammenhang weist den Individuen eine bestimmte Stellung im Produktionsprozeß zu, in welcher ihnen die genannten Potenzen immer ausschnitthafter begegnen. Nur so können sich diese Potenzen als »wirkliches Wesen« des Menschen aus den Grenzen der Individualität lösen und zum akkumulierten gesellschaftlichen Reich-tum werden. Gleichzeitig damit werden aber die Individuen sozusa-gen parzelliert, gewinnen der überindividuelle Handlungszusammen-hang und seine Handlungsforderungen zunehmend eine Macht, die den Individuen als ihnen fremde und unbeeinflußbare Übermacht erscheint — bis schließlich ein hoher Entwicklungsstand der Produktivkräfte die Möglichkeit eröffnet, diesen Handlungszusammenhang bewußt zu gestalten und damit zu beherrschen.

In einem *hypothetischen Urzustand* stellte sich der überindividuelle Handlungszusammenhang durch die natürlichen Bande eines Stammes, einer Sippe usw. her und bestand im gemeinsamen »Gleiches-Tun« unter Benutzung elementarer Werkzeuge. Im weiteren Verlauf der Entwicklung entstand innerhalb solcher Gemeinschaften eine — zum Beispiel durch physiologische Unterschiede initiierte — Arbeitsteilung als »naturwüchsige Sonderung der Gewerbe« (MEW 23, 359), verbunden mit einer Differenzierung der Produktionsmittel. Diese Teilung umfaßte zunächst nur einen Sektor des überindividuellen Handlungszusammenhangs; manche Aufgaben wurden noch durch gemeinsames Gleiches-Tun gelöst. Die (teilweise mystisch-magische) Planung und Herstellung des Handlungszusammenhangs wurde zunehmend die Aufgabe ausdifferenzierter gesellschaftlicher Positionen (des Stammesführers, des Priesters usw.), welche damit hierarchisch höhere Handlungsfunktionen für sich reservieren und entsprechend »Herrschaft« ausüben konnten. Seitens der unmittelbaren Produzierenden stellte sich der Handlungszusammenhang so in Form persönlicher Abhängigkeit her.

Die sich entwickelnden gesellschaftlichen Potenzen überstiegen allmählich die Grenzen, in denen sich die Individuen diese Potenzen aneignen konnten. Der Bereich, in dem jeder »alles konnte« und — zumindest in Ausnahmesituationen — auch können mußte, nahm ab, der Bereich des Spezialwissens zu. Diese Parzellierung individueller Fähigkeiten hatte bereits ihren vertikalen und ihren horizontalen Aspekt. Der vertikale Aspekt meint die Segmentierung einzelner Fähigkeiten in Form von zugewiesenen praktischen Tätigkeiten. Der horizontale Aspekt meint, daß hierarchisch höhere Funktionen des überindividuellen Handlungszusammenhangs von bestimmten Personen übernommen wurden und die manuell Handelnden von solchen Funktionen der Vorbereitung und Steuerung der Produktion zunehmend ausgeschaltet wurden. Trotz solcher Parzellierung ist das Insgesamt der individuellen Handlungen — auch hinsichtlich der zugrundeliegenden Handlungskompetenz und Arbeitsmotivation — noch ganzheitlich und spiegelt einen hohen Teil der wenig entwickelten gesellschaftlich-menschlichen Potenz wider.

Die Aneignung von Fähigkeiten vollzog sich fast ausschließlich durch »natürliches Lernen«, durch Realisierung von Handlungsstrukturen im Rahmen des kooperativen Handlungszusammenhangs. Die Zuweisung von bestimmten Aufgaben und damit Handlungsforderungen geschah in einfacher und zwingender Form: Der Sohn des Schmieds wurde wieder Schmied; manchmal bestimmten äußere Merkmale wie das Geburtsdatum, wer Priester usw. werden sollte. Die »gewerbs«-spezifischen Handlungskompetenzen wurden zumeist durch das (den Körperkräften entsprechende) Mitarbeiten in der Familie erworben. Momente einer gesellschaftlichen Steuerung des Aneignungsprozesses im Sinne von ausgegrenzten Erziehungs- oder Ausbildungsmaßnahmen — bis hin zur Ausdifferenzierung der Position des »Lehrers« — finden sich überwiegend bezogen auf zugewiesene hierarchisch höhere Positionen, (die auch komplexere Handlungsforderungen stellten, zum Beispiel Beherrschung der Schriftsprache). In Ansätzen gab es jedoch auch auf größere Gruppen bezogene und außerhalb der Familien organisierte Lernprozesse, wenn etwa allen heranwachsenden Männern verschiedene Jagdfertigkeiten oder der Umgang mit bestimmten Symbolen vermittelt werden sollten.

Da in solchen Gesellschaften der Bereich der Produktion sachlich sowie räumlich-zeitlich noch kaum gegenüber anderen Bereichen (z. B. dem »Familienleben«) ausgegrenzt ist, findet ebensowenig eine entsprechende Trennung des Bereichs der Arbeitstätigkeit von einem Restbereich individueller Handlungen statt. Allerdings wird das allgemeine Eingebundensein in persönliche Abhängigkeitsverhältnisse um so mehr als unterdrückende Fron empfunden, je deutlicher die Produkte der eigenen Arbeit von privilegierten Ständen angeeignet werden.

Die Grenzen eines so entstandenen Gesellschaftssystems brechen auf, sobald es als einzelnes Gemeinwesen mit anderen Gemeinwesen in Kontakt tritt. Auf der Basis »naturwüchsiger Verschiedenheit« (MEW 23, 372) stellen die Gemeinwesen unterschiedliche Produkte her, die sie zunehmend miteinander austauschen. Dieser Austausch ist es, der »die allmähliche Verwandlung dieser Produkte in Waren hervorruft« (a.a.O.). Er setzt einmal die einzelnen Gemeinwesen zueinander in Beziehung und konstituiert damit eine »gesellschaftliche Gesamtproduktion«. Zum anderen löst er den fixierten Produktionszusammenhang des einzelnen Gemeinwesens auf und erzeugt den »selbständigen« Warenproduzenten. »Dort, wo die physiologische Teilung der Arbeit den Ausgangspunkt bildet, lösen sich die besondren Organe eines unmittelbar zusammengehörigen Ganzen voneinander ab . . . und verselbständigen sich bis zu dem Punkt, wo der Zusammenhang der verschiedenen Arbeiten durch den Austausch der Produkte als Waren vermittelt wird« (373).

Mit der Produktion von Waren verändert sich die gesellschaftliche Produktionsweise von Grund auf. Dieser Vorgang findet erst mit dem Kapitalismus seine Vollendung. *Vorkapitalistische Formen der Warenproduktion* koexistieren stets mit weniger entwickelten Produktionsformen (z. B. im europäischen Feudalismus). Sie seien jedoch deshalb idealtypisch umrissen, um Merkmale menschlichen Handelns in der warenproduzierenden Gesellschaft anzudeuten, welche in der kapitalistischen Produktionsweise einerseits allgemein werden und andererseits ihre besondere Ausprägung finden. Wir führen dabei einige Überlegungen von Kap. 1.4. weiter, die am MARXschen Entfremdungsbegriff (in der Interpretation von OPPOLZER 1974) anknüpften.

Das Eigentümliche an der Warenproduktion ist, daß der Produzent etwas herstellt, was er herstellen *kann*, ohne daß er es *braucht*, ohne daß das fertige Produkt von ihm zur Bedürfnisbefriedigung vernutzt wird. Gleichzeitig ist der auf persönliche Abhängigkeit gegründete Handlungszusammenhang, der ihm auch bei einem solchen Tun Bedürfnisbefriedigung oder mindestens Existenz sicherte, verschwunden. Der überindividuelle Handlungszusammenhang stellt sich hier ganz anders her: Der Warenproduzent tauscht sein Produkt gegen andere aus, die er nicht geschaffen hat, die ihm aber ein Bedürfnis befriedigen (für ihn Gebrauchswert haben). Soll dieser Austausch auf Dauer funktionieren, so muß er auf einer Bemessungsbasis stattfinden, die individueller Willkür weithin entzogen ist und festlegt, welche Menge des Produkts B einer gegebenen Menge des Produkts A gleichwertig (äquivalent) ist. Diese Bemessungsgrundlage ist nach MARX — verkürzt ausgedrückt — der Wert der Waren als das Ausmaß gesellschaftlich notwendiger Arbeit, »abstrakter Arbeit«, welches zu ihrer Herstellung erforderlich ist. Dieser Wert stellt sich im Tauschwert einer Ware dar, zum Beispiel der äquivalenten Masse einer zweiten Ware. Der Austausch wird nun erheblich erleichtert, indem sich ein allgemeines Äquivalent findet, an dem die verschiedenen Produkte gemessen werden können; als solches entwickelt sich das Geld.

Der Produzent muß seine Ware so herstellen, daß sie für andere Gebrauchswert hat (und daß die von ihm aufgewandte Arbeit die hierfür gesellschaftlich notwendige Arbeit nicht überschreitet), und im Austausch gegen diese Ware muß er andere Waren erhalten, die seine Bedürfnisse befriedigen. Da sich so die Beziehung zwischen den Individuen nur über Dinge herstellt, erscheint ihnen ihr Handlungszusammenhang nicht als ein gesellschaftliches Verhältnis, das sie miteinander eingehen, sondern als sachlicher Zwang. »Ihre eigne gesellschaftliche Bewegung besitzt für sie die Form einer Bewegung von Sachen, unter deren Kontrolle sie stehen, statt sie zu kontrollieren« (MEW 23, 89). Dieser Tatbestand der »Verdinglichung des gesellschaftlichen Zusammenhangs außer und über den lebendigen Individuen selbst« (OPPOLZER, 98) wird von MARX als »Warenfetischismus« umschrieben; eine besondere Erscheinungsform ist der »Geldfetischismus« als der Glaube, daß dem Geld als Ding eine Macht zu allseitiger Bedürfnisbefriedigung innewohne, die man erhalte, indem man dieses Ding an sich bringe. Der Warenfetischismus als »die Versachlichung des Menschen wie seiner Beziehungen und die Subsumtion der lebendigen Individuen unter die von ihnen geschaffene Welt der Waren« kennzeichnet nach OPPOLZERS MARX-Interpretation *allgemeine* Entfremdung in der warenproduzierenden Gesellschaft (101).

Als *besondere* Entfremdung ist in diesem Rahmen die entfremdete Arbeit anzusehen. Arbeit ist in der warenproduzierenden Gesellschaft Herstellung eines Produkts für einen anderen; der Gebrauchswert des Produkts interessiert den Produzenten nicht unmittelbar. Entsprechend wird die Arbeitstätigkeit zur Erwerbsarbeit; ihr Ziel ist der Verkauf der eigenen Produkte, nicht ihre Vernutzung. »Das Produkt, wie die Produktionstätigkeit wird dem Arbeiter zu etwas Fremdem, zu dem er keine inhaltlich-wesentliche Beziehung hat; er ist sowohl der Arbeit als auch dem Produkt dieser Arbeit entfremdet« (OPPOLZER, 104).

Die warenproduzierende Gesellschaft auf der Basis zunehmender Arbeitsteilung erhöht somit die (zum Beispiel in stets differenzierten Produktionsmitteln vergegenständlichten) gesellschaftlichen Potenzen, indem sie Entfremdung und damit folgenschwere Konsequenzen für die menschliche Handlungsstruktur und den Aneignungsprozeß bewirkt. Die Zuweisung einer bestimmten Position im Handlungszusammenhang ist beim Warenproduzenten nicht Ergebnis persönlicher Abhängigkeit, sondern sachlich vermittelt. Es wird grundsätzlich nur erzwungen, daß auf *einem* Gebiet der Warenproduktion eine spezifische Handlungskompetenz erworben wird und damit die individuelle Anfertigung einer Ware die gesellschaftlich notwendige Arbeitszeit nicht überschreitet. Doch ist die Beschränkung auf ein bestimmtes Gebiet weithin fixiert und dessen freie Wahl in der historischen Realität die Ausnahme. Innerhalb dieses Bereichs aber bleibt es bei einem ganzheitlichen Handlungsprozeß, an dessen Ende ein Produkt steht, das dem Produzenten gehört und mit dem er sozusagen auf den Markt geht. Zwar hat sich eine zunehmende Zahl von »Kopfarbeitern« gebildet, welche von den Warenproduzenten durch Abgaben etc. ernährt werden müssen, doch wirkt deren Tätigkeit nur am Rande auf die Tätigkeiten der Produzenten ein. Die Handlungsforderungen, welchen sich der »freie« Warenproduzent gegenübersieht, sind zwar — vertikal und horizontal — parzelliert, sie bilden jedoch in ihrer Hinordnung auf ein anzueignendes (dann allerdings zu verkaufendes) Produkt immer noch eine Ganzheit.

Grundsätzlichere Veränderungen vollziehen sich im Bereich der »Bedürfnisse«, also der individuellen Übernahme gesellschaftlicher Bewertungen von Handlungsforderungen und -resultaten. Allgemein gilt zunächst: »Die gesellschaftliche Teilung der Arbeit macht seine (des Warenproduzenten — W. V.) Arbeit ebenso einseitig als seine Bedürfnisse vielseitig« (MEW 23, 120). Die Produkte des Marktes sind dem »freien« Warenproduzenten käuflich und damit zugänglich; entsprechend produzieren sie Bedürfnisse, für deren Befriedigung zwar die eigene Arbeitstätigkeit die Voraussetzungen schafft (weil die Produkte der anderen nur nach dem Verkauf der eigenen Produkte zugänglich sind), deren Befriedigung aber notwendig außerhalb der eigenen Arbeitstätigkeit liegt. Aus dem gesellschaftlichen Verhältnis der Warenproduzenten entspringt also die hohe (gesellschaftliche und individuelle) Bewertung der Nutzung des Gebrauchswerts, also des Konsums einer Vielzahl von Produkten anderer, und gleichzeitig die ausschließliche (gesellschaftliche und individuelle) Bewertung der Tätigkeit des Warenproduzenten als Erwerbstätigkeit. Zwar kam auch in entwicklungsmäßig früheren Gesellschaftsformationen keineswegs der Produzent immer zum Genuß seines Produkts. Doch dies war einmal persönlichen Abhängigkeitsverhältnissen geschuldet, welche den gesamten Handlungszusammenhang konstituierten; zudem gab es »jenseits der Fron« stets einen Bereich des gemeinsam Produzierten und Vernutzten. Nun aber stellt sich der Handlungszusammenhang her, indem man um des Erwerbs willen produziert, was andere vernutzen. Das Ziel (Produkt) des Arbeitshandelns und das Gesamtmotiv des Tätigkeitsbereichs stehen in keinem inneren Bezug mehr, vermitteln sich nur über den Austausch der Produzenten. Eben aufgrund dieser Vermittlung konkretisiert und monopolisiert sich das Gesamtmotiv des Arbeitshandelns als Streben nach Gelderwerb.

Damit ist der Bereich der Arbeitstätigkeit sachlich scharf (und tendenziell auch räumlich-zeitlich) aus dem Gesamtsystem individueller Handlungen ausgegrenzt. In dessen allgemeiner Ausrichtung auf Gelderwerb und der Trennung konkreter Produkte und Tätigkeiten von dieser Ausrichtung schiebt der Warenproduzent nun einerseits alles »lebenswerte Leben« auf den Restbereich, verkehrt damit in seiner Bewertung den Zentralbereich menschlicher Existenz zu einem Instrument der Bedürfnisbefriedigung außerhalb dieses Bereichs und damit getrennt von den Potenzen des gesellschaftlichen Menschen. Andererseits ist der genannte Zentralbereich strukturbestimmend auch für den Restbereich, was sich etwa an entfremdeten Formen der Bedürfnisbefriedigung (Akkumulation einer abstrakten »Lust« an gleichgültigen Objekten und durch gleichgültige Tätigkeiten) aufzeigen ließe.

Unter den Bedingungen der »prinzipiellen Entfremdung« (OPPOLZER) des Menschen in der warenproduzierenden Gesellschaft sind also individuelle Handlungssysteme in ihren strukturbestimmenden Aspekten gekennzeichnet

■ durch eine zunehmende Vereinseitigung; d. h. die Handlungskompetenzen spiegeln die gesellschaftlichen Potenzen in immer geringerem Umfang wider;

■ durch ein Auseinanderfallen des allgemeinen (Erwerbs-)Motivs der Arbeitstätigkeit und des konkreten Inhalts und Ziels (Produkt) dieser Tätigkeit. Diesen Tatbestand wollen wir als *prinzipielle Partialisierung* menschlichen Handelns kennzeichnen.

Auch unter dem Aspekt des Aneignungsprozesses vollziehen sich in der vorkapitalistischen warenproduzierenden Gesellschaftsformation wesentliche Veränderungen. Zwar geschieht Aneignung immer noch weithin in der Form des »natürlichen Lernens« und ohne sachlich-zeitlich ausgegrenzte Lern- und Erziehungsprozesse; der Erwerb spezifischer Arbeitskompetenzen und -motivationen nach einem (zunehmend fixierten) Zeitpunkt des Berufseintritts wird jedoch verstärkt als äußere Stufenfolge (z. B. Lehrling-Geselle-Meister) markiert. Aus dem Charakter der Arbeit in dieser Gesellschaftsformation läßt sich bereits eine allgemeine Arbeitskompetenz und -motivation ableiten (ohne daß wir allerdings imstande wären, zugehörige Sozialisationspraktiken zu benennen): Schritt halten zu können mit der Entwicklung der gesellschaftlich-notwendigen Arbeit; und Arbeit zu tun um des Gelderwerbs willen. Gerade wegen dieser letztgenannten Orientierung liegt jegliche Bedürfnisbefriedigung außerhalb des Aneignungsprozesses als Aufbau von Arbeitskompetenzen. Dieser wird damit zur Lernarbeit, deren Motiv vor allem darin begründet liegt, daß sie eine »Investition« für späteren Erwerb ist. Insofern unterliegt auch der Aneignungsprozeß der prinzipiellen Partialisierung.

Die *kapitalistische Produktionsweise* läßt die Merkmale der warenproduzierenden Gesellschaft allgemein werden und gibt ihnen zugleich eine besondere, zugespitzte Form. Der unmittelbare Produzent ist hier nicht nur aus persönlichen Abhängigkeiten, sondern auch vom Besitz aller Produktionsmittel »befreit«. Die einzige Ware, die er noch verkaufen kann, ist seine Arbeitskraft — freilich eine besondere Ware, da sie mehr Wert schafft, als ihre eigene (Wieder-) Herstellung kostet. Die wertbildende Potenz kennzeichnet den spezifischen Gebrauchswert der Ware Arbeitskraft, die Reproduktionskosten bestimmen ihren Tauschwert. Ganz den Gesetzen des Warenaustauschs folgend tritt nun ein Käufer auf, welcher am spezifischen Gebrauchswert dieser Ware interessiert ist und welcher dem Verkäufer hierfür den Tauschwert seiner Ware bezahlt. Der Käufer ist der Kapitalist, welcher die Arbeitskraft zur Bildung von Mehrwert vernutzt; der Verkäufer ist der Lohnarbeiter, welcher die Reproduktionskosten der Arbeitskraft, die Kosten des Lebensunterhalts seiner selbst und seiner Kinder erhält und dafür die Vernutzung dieser Arbeitskraft (damit auch das Produkt der Arbeitstätigkeit) an den Kapitalisten abgetreten hat.

Unter diesen Bedingungen finden nach OPPOLZER die allgemeine und besondere Entfremdung des Menschen in der Warenproduktion ihre spezifische Ausprägung. Wenden wir uns zunächst der allgemeinen Entfremdung zu. Der überindividuelle Handlungszusammenhang im Produktionsbereich erscheint den Produzenten als gänzlich fremde, sachliche Macht, als Eigentum und Verfügungsgewalt des Kapitalisten. Er selbst ist diesem Zusammenhang als »personalisiertes dingliches Arbeitsvermögen« (OPPOLZER, 133) untergeordnet und einverleibt. Alle gesellschaftlichen Potenzen erscheinen ihm als feindliche Mächte des Kapitals, denen er sich zu unterwerfen hat (Kapitalfetischismus). Im Produktionsprozeß treten ihm die Vergegenständlichungen der Fähigkeiten des Gattungswesens Mensch (insbesondere die zu Maschinen weiterentwickelten Produktionsmittel) in ihrer Vermittlung durch die Arbeitsorganisation als Arrangement des Kapitals, die Handlungsforderungen als unentrinnbare Gebote einer fremden Macht gegenüber.

Daraus leitet sich auch der spezifische Charakter der entfremdeten Arbeit als besondere Entfremdung ab. Unter kapitalistischen Produktionsverhältnissen ist der konkrete Arbeitsprozeß völlig dem Verwertungsprozeß untergeordnet, d. h. ausschließlich auf Mehrwertbildung (Profitgewinnung) ausgerichtet. Auch der Lohnarbeiter ist grundsätzlich an den konkreten Aspekten seiner Tätigkeit desinteressiert, da die Vernutzung seiner Arbeitskraft sozusagen Sache des Kapitalisten ist und ihm alle Handlungsforderungen als solche des Kapitalisten entgegentreten. Sein Grundinteresse ist, daß der Verkauf der Ware Arbeitskraft nach den Gesetzen des Äquivalenten-Tausches vor sich geht (der Lohn ihm einen angemessenen Lebensunterhalt sichert) und die Arbeitskraft nicht über Gebühr vernutzt wird. Da ihm – wie jedem Warenbesitzer – die Gesetze des Warenaustauschs weithin verborgen sind, hält er jedoch zumeist den Lohn in der Tat für eine Bewertung und Belohnung einer – ihm freilich fremden – Arbeitstätigkeit (Lohnfetischismus) und leitet daraus Forderungen nach einem »gerechten« – den Arbeitsresultaten und nicht den Reproduktionskosten der Arbeitskraft entsprechenden – Lohn ab.

Die – bereits beim »freien« Warenproduzenten vorfindliche – Trennung von Tätigkeitsmotiv und Handlungsprozeß verschärft sich unter diesen Bedingungen. Der Lohnarbeiter begibt sich – nur um der Lebenssicherung willen, freilich notgedrungen – in einen überindividuellen Handlungszusammenhang und unterwirft sich Handlungsforderungen, welche ihm sämtlich fremd sind. »Er tritt damit in ein rein instrumentelles Verhältnis zu sich selbst als Arbeitendem, zu seiner Arbeitskraft als Ware, die er entäußert und entfremdet. Seine Arbeitstätigkeit ist getrennt von seinem menschlichen Leben« (OPPOLZER, 193). Noch mehr als beim »freien« Warenproduzenten ist der Lohnarbeiter nicht als Persönlichkeit »bei sich«, wenn er arbeitet; fängt sein Leben erst an, wenn die Arbeit zu Ende ist. SÈVE hat diesen Tatbestand eindringlich erfaßt und zudem aufgezeigt, daß eine derartige Bewertung die motivationale Folge der absoluten Trennung des Produzenten von den gesellschaftlichen Produktionspotenzen ist.

Doch beeinflußt die kapitalistische Organisation der Produktion die Handlungsstruktur des Lohnarbeiters in noch tiefgreifenderem Maße. Solange dem Warenproduzenten die Produktionsmittel und das Produkt gehörten, blieb ihm auch ein ganzheitlicher Raum der Bildung von Ziel-Programm-Schemata. Diese mußten zwar den Handlungsforderungen entsprechen, ihre Bildung und Realisierung verblieb jedoch beim handelnden Individuum. Indem der Lohnarbeiter die Vernutzung seiner Arbeitskraft dem Kapitalisten zu überlassen gezwungen ist, eignet sich dieser nicht nur Produktionsmittel und Produkt, sondern auch Planerzeugung und Realisierungskontrolle, also die höheren Regulationsformen individueller Handlung an — auch diese treten dem Arbeiter als äußerlich und fremd gegenüber, er selbst wird reduziert auf die Ausführung von Teilhandlungen, welche ihm eine äußerliche Arbeitsorganisation und Handlungsregulation vorschreibt. Dem »Zustand der völligen Trennung des Menschen von seiner Gegenständlichkeit« (MEW 2, 44; zit. bei OPPOLZER, 189) entspricht also ein Zustand der völligen Trennung des Menschen von der Regulation seiner Handlungen, da etwa die »Maschine nicht den Arbeiter von der Arbeit befreit, sondern seine Arbeit vom Inhalt« (MEW 23, 446). Die Arbeitsteilung tritt nunmehr insbesondere als horizontale Zerteilung der Handlungsstrukturen auf; diese verbindet sich jedoch mit einer verschärften vertikalen Parzellierung der Individuen.

Die neue Zerstückelung hat weit bedeutsamere psychologische Folgen als alle bisherigen Formen der Arbeitsteilung. »Eine gewisse geistige und körperliche Verkrüppelung ist unzertrennlich selbst von der Teilung der Arbeit im ganzen und großen der Gesellschaft. Da aber die Manufakturperiode diese gesellschaftliche Zerspaltung der Arbeitszweige viel weiter führt, andrerseits erst mit der ihr eigentümlichen Teilung das Individuum an seiner Lebenswurzel ergreift, liefert sie auch zuerst das Material und den Anstoß zur industriellen Pathologie« (MEW 23, 384).

Die völlige Trennung des Motivs der Arbeitstätigkeit vom Prozeß dieser Tätigkeit und die Ausschaltung des Individuums von der Regulation seiner eigenen Handlung kennzeichnen die *spezifische Partialisierung* des menschlichen Handelns im Kapitalismus, welche uns der wesentliche Aspekt der »mentalen Verelendung« des Lohnarbeiters, der »Unterdrückung einfachster menschlicher Bedürfnisse und Fähigkeiten« (OPPOLZER, 233, im Anschluß an HOFMANN 1967) zu sein scheint, und welche — freilich in anderer Terminologie — von SÈVE einprägsam beschrieben wird.

Wir kennzeichneten diese spezifische Partialisierung bislang für die kapitalistische Produktionsweise im allgemeinen und zogen Beispiele aus verschiedenen Entwicklungsstadien dieser Produktionsweise heran. MARX hat (insbesondere in MEW 23, 331 ff) diese Entwicklung als zunehmende Umwandlung des überindividuellen Produktionsprozesses (als dessen »reelle Subsumtion« unter das Kapital zur Bildung des »relativen Mehrwerts«) beschrieben und sich auch mit den Konsequenzen des Vorgangs für das individuelle Arbeitshandeln befaßt. Da uns diese Stellen von zentraler Bedeutung für die Entwicklung einer Psychologie der Arbeitstätigkeit zu sein scheinen, möchten wir noch kurz darauf eingehen.

MARX kennzeichnet den Entwicklungsprozeß der Scheidung des individuellen Produzenten von den produktiven Potenzen in folgender Weise: »Die Kenntnisse, die Einsicht und der Wille, die der selbständige Bauer oder Handwerker, wenn auch auf kleinem Maßstab, entwickelt, ... sind jetzt nur noch für das Ganze der Werkstatt erheischt. Die geistigen Potenzen der Produktion erweitern ihren Maßstab auf der einen Seite, weil sie auf vielen Seiten verschwinden. Was die Teilarbeiter verlieren, konzentriert sich ihnen gegenüber im Kapital. Es ist ein Produkt der manufakturmäßigen Teilung der Arbeit, ihnen die geistigen Potenzen des materiellen Produktionsprozesses als fremdes Eigentum und sie beherrschende Macht gegenüberzustellen. Dieser Scheidungsprozeß beginnt in der einfachen Kooperation, wo der Kapitalist den einzelnen Arbeitern gegenüber die Einheit und den Willen des gesellschaftlichen Arbeitskörpers vertritt. Er entwickelt sich in der Manufaktur, die den Arbeiter zum Teilarbeiter verstümmelt. Er vollendet sich in der großen Industrie, welche die Wissenschaft als selbständige Produktionspotenz von der Arbeit trennt und in den Dienst des Kapitals preßt« (MEW 23, 382).

Die Umgestaltung des Produktionsprozesses und damit die spezifische Partialisierung der Handlungen nimmt ihren Ausgang in der *einfachen kapitalistischen Kooperation*. Diese stellt eine entwicklungslogische Frühform kapitalistischer Produktionsweise dar, ohne sich als historische Phase ausgliedern zu lassen (sie »ist stets noch vorherrschende Form solcher Produktionszweige, worin das Kapital auf großer Stufenleiter operiert, ohne daß Teilung der Arbeit oder Maschinerie eine bedeutende Rolle spielte«, 355). Die einfache Kooperation findet »ihr Material an Menschen und Dingen« vor (356), zunächst ist nur »die Werkstatt des Zunftmeisters ... erweitert« (341). Freilich treten bereits hier Veränderungen auf, die MARX als unentgeltliche Entwicklung der »gesellschaftlichen Produktivkraft der Arbeit« (353) sowie als »Verwandlung vieler zersplitterter und voneinander unabhängiger individueller Arbeitsprozesse in einen kombinierten gesellschaftlichen Arbeitsprozeß« (350) kennzeichnet. Mit dem ersten sind vor allem Produktionsvorteile gemeint, welche aus der Möglichkeit der gleichzeitigen und kombinierten Anwendung vieler Arbeiten entstehen. Unter anderem erzeugt bereits der »bloße gesellschaftliche Kontakt einen Wetteifer und eine eigne Erregung der Lebensgeister ..., welche die individuelle Leistungsfähigkeit der einzelnen erhöhen« (345). Die genannte Verwandlung des Arbeitsprozesses erscheint jedoch unter handlungspsychologischen Aspekten als der bedeutsamere Tatbestand. Die – nach MARX für jede gesellschaftliche Arbeit erforderliche – Leitung erscheint als Kommando des Kapitals, welches durch den Antagonismus der Klasse bestimmt ist: »Mit der Masse der gleichzeitig beschäftigten Arbeiter wächst ihr Widerstand und damit notwendig der Druck des Kapitals zur Bewältigung dieses Widerstands« (350). Der überindividuelle Zusammenhang des Arbeitshandelns stellt sich somit in der Leitung des Kapitals dar. »Die Kooperation der Lohnarbeiter ist ... bloße Wirkung des Kapitals, das sie gleichzeitig anwendet. Der Zusammenhang ihrer Funktionen und ihre Einheit als produktiver Gesamtkörper liegen außer ihnen, im Kapital, das sie zusammenbringt und zusammenhält. Der Zusammenhang ihrer Arbeiten tritt ihnen daher ideell als Plan, praktisch als Autorität des Kapitalisten gegenüber, als Macht eines fremden Willens, der ihr Tun seinem Zweck unterwirft« (351). Teile der Leitungsfunktion werden dabei abgetreten »an eine besondre Sorte von Lohnarbeitern« (a.a.O.). Gleichzeitig trennt sich die »Ökonomie der Arbeitsbedingungen« vom Arbeitshandeln des Lohnarbeiters und erscheint »als eine besondre Operation, die ihn nichts angeht und daher getrennt ist von den Methoden, welche seine persönliche Produktivität erhöhen« (344).

In der einfachen kapitalistischen Kooperation tritt der überindividuelle Handlungszusammenhang als kapitalistische Planung und Leitung noch in einer Form auf, welche die Struktur des individuellen Arbeitshandelns nur im allgemeinen Sinne beeinflußt. Dies ändert sich in dem Moment, in dem die Arbeitsteilung nun auch die Arbeitstätigkeiten der Kooperierenden selbst erfaßt und Kombination der Arbeit zur Kombination eingegrenzter Teilarbeiten wird. Damit entsteht die *Manufaktur* als »ein Produktionsmechanismus, dessen Organe Menschen sind« (358). Der Arbeiter wird zum Teilarbeiter, er kann nicht mehr ein ganzes bisheriges Handwerk ausführen, jedoch »erhält sein vereinseitigtes Tun jetzt die zweckmäßigste Form für die verengte Wirkungssphäre« (356). Die Basis auch der neuen Teiltätigkeit bleibt dabei das handwerkliche Geschick, das für ein eng begrenztes Gebiet sogar eine besondere Ausprägung und Höhe erhält (»Virtuosität des Detailarbeiters«, 359). Diese Aufsplitterung der Arbeit in der Manufaktur erhöht also die Produktivkraft der kombinierten Arbeiter – des »Gesamtarbeiters«, indem sie die Arbeitskraft des einzelnen Arbeiters »in das lebenslängliche Organ (einer) Teilfunktion verwandelt« (359). Die »Verkrüpplung des individuellen Arbeiters« (386) eröffnet zugleich die Möglichkeit zu verstärkter Intensifikation der Arbeit — wir erinnern an unsere Ausführungen in Kap. 1.1. Was diese Verkrüppelung selbst anbetrifft, so zitiert MARX eindringliche Schilderungen etwa von Adam SMITH (»Ein Mensch, der sein ganzes Leben in der Verrichtung weniger einfacher Operationen verausgabt ... hat keine Gelegenheit, seinen Verstand zu üben ... Er wird im allgemeinen so stupid und unwissend, wie es für eine menschliche Kreatur möglich ist«, 383) und URQUHART (»Die Unterabteilung der Arbeit ist der Meuchelmord eines Volks«, 385) und stellt selbst dar: »Während die einfache Kooperation die Arbeitsweise der einzelnen im großen und ganzen unverändert läßt, revolutioniert die Manufaktur sie von Grund aus und ergreift die individuelle Arbeitskraft an ihrer Wurzel. Sie verkrüppelt den Arbeiter in eine Abnormität, indem sie sein Detailgeschick treibhausmäßig fördert durch Unterdrückung einer Welt von produktiven Trieben und Anlagen ... Die besondren Teilarbeiten werden nicht nur unter verschiedne Individuen verteilt, sondern das Individuum selbst wird geteilt, in das automatische Triebwerk einer Teilarbeit verwandelt ...« (381). Gleichzeitig entsteht eine Hierarchie von Arbeitern verschiedenen Geschicks, insbesondere — für einfachste Verrichtungen — »eine Klasse sogenannter ungeschickter Arbeiter, die der Handwerksbetrieb streng ausschloß« (371).

Die spezifische Partialisierung der Handlungen erreicht also in der Manufaktur ihre erste Ausprägung. Gegenüber vorhergehenden Produktionsweisen hat die Parzellierung der Individuen, ihre Konfrontation mit ebenso engen wie strengen Handlungsforderungen neue Schärfe gewonnen, und zwar ebenso in vertikaler wie in horizontaler Hinsicht. Einmal wird das Feld des individuellen »Gewerbes« auf eine Detailarbeit eingeschränkt, zum anderen werden dem Produzenten zunehmend Planungs- und Leitungsfunktionen entzogen. Gesellschaftliche und individuelle Fähigkeiten treten in einem Maße auseinander, das bislang gänzlich unbekannt war; zeitgenössische Autoren bezweifeln sogar, ob die Entwicklung hierarchisch höherer Regulationsfunktionen den Arbeitern noch möglich sei. Dennoch erreicht innerhalb engster Grenzen die spezifische Handlungskompetenz eine gewisse Höhe — abgesehen von den »ungeschickten Arbeitern«, für welche ein Bereich mit äußerst einfachen Handlungsforderungen ausgegrenzt wird.

»Für letztre fallen die Erlernungskosten ganz weg, für erstre sinken sie, im Vergleich zum Handwerker, infolge vereinfachter Funktion. In beiden Fällen sinkt der Wert der Arbeitskraft« (371). Eben dieses Sinken wird vom Kapital angestrebt, um den Anteil der zur Reproduktion der Arbeitskraft notwendigen Arbeitszeit an der Gesamtarbeitszeit zu senken und dadurch den Mehrwert zu erhöhen. Freilich stößt die Verringerung der individuellen Qualifikation des Arbeiters in der Manufakturperiode noch auf Grenzen: Trotz aller Reduktion »bleibt für schwierigere Detailarbeit eine längre Erlernungszeit nötig und wird auch ... eifersüchtig von den Arbeitern aufrechterhalten« (389). Neben solch traditioneller — wenn auch aufs Äußerste eingeschränkter — spezifischer Arbeitskompetenz (und -motivation) tritt jedoch ein neues Qualifikationserfordernis auf: eine allgemeine Arbeitskompetenz und -motivation, als Fähigkeit und Bereitschaft zur Einfügung in jene »spezifische Maschinerie«, welche »der aus vielen Teilarbeitern kombinierte Gesamtarbeiter« (369) darstellt. Diese Fähigkeit und Bereitschaft kann man als eine besondere Ausprägungsform der »Disziplin« auffassen. Ohne sie ist der Gesamtarbeiter der Manufakturperiode nicht zu organisieren, und doch scheint sie im Widerspruch zu stehen zur alten spezifischen Arbeitskompetenz. Marx zitierte Ure, der aufs heftigste beklagt, daß »der Arbeiter, je geschickter, desto eigenwilliger und schwieriger zu behandeln wird, und folglich dem Gesamtmechanismus durch seine rappelköpfigen Launen schweren Schaden zufügt« (389). Diese den Manufakturarbeitern abgeforderte Disziplin leitet sich unmittelbar aus der Trennung zwischen gesellschaftlichen und individuellen Fähigkeiten ab, ist also in dieser Form Kompetenz zur Inkompetenz und Motivation zur Motivlosigkeit (völligen Instrumentalität) des Arbeitshandels. Da sie noch kaum durch gegenständliche (sich aus den Produktionsmitteln ableitende) Handlungsforderungen begründbar ist, stößt ihre Durchsetzung auf große Schwierigkeiten: »Durch die ganze Manufakturperiode läuft daher die Klage über den Disziplinmangel der Arbeiter« (390). Ordnung müsse also — so Ure — gestiftet werden; die Ordnungstifter sind die Maschinen. »Sie heben die handwerksmäßige Tätigkeit als das regelnde Prinzip der gesellschaftlichen Produktion auf. So wird einerseits der technische Grund der lebenslangen Annexation des Arbeiters an eine Teilfunktion weggeräumt. Andrerseits fallen die Schranken, welche dasselbe Prinzip der Herrschaft des Kapitals noch auferlegte« (a.a.O.).

Die sich damit entwickelnde Form kapitalistischer Produktionsweise wird von Marx als *große Industrie* bezeichnet. Gegenüber der Manufaktur ist ihr Kennzeichen, daß sie das Arbeitsmittel zum Ausgangspunkt einer Umwälzung der Produktionsweise nimmt. Das Wesentliche ist hierbei die »Übertragung des eigentlichen Werkzeugs vom Menschen auf einen Mechanismus« (394). Technische Funktionsträger sollen also Handlungsforderungen relativ stereotyper Art beantworten, da »der Mensch ein sehr unvollkommenes Produktionsinstrument gleichförmiger und kontinuierlicher Bewegung ist« (396); ihm verbleibt vor allen, »neben der neuen Arbeit die Maschine mit seinem Auge zu überwachen und ihre Irrtümer mit seiner Hand zu verbessern« (395). Infolge dieser Entwicklung der »Werkzeugmaschine« erhält auch die »Bewegungsmaschine«, das Aggregat zur Erzeugung von Energie, eine »von den Schranken menschlicher Kraft völlig emanzipierte Form« (398). So entstehen schließlich Maschinensysteme als Kombinationen und Sequenzen von Werkzeugmaschinen bei zentraler Energieerzeugung.

Der überindividuelle Handlungszusammenhang wird durch diese Entwicklung völlig umstrukturiert. »Der Gesamtprozeß wird hier objektiv, an und für sich betrachtet, in seine konstituierenden Phasen analysiert, und das Problem, jeden Teilprozeß auszuführen und die verschiednen Teilprozesse zu verbinden, durch technische Anwendung der Mechanik, Chemie usw. gelöst« (401). »Die buntscheckigen, scheinbar zusammenhangslosen und verknöcherten Gestalten des gesellschaftlichen Produktionsprozesses lösten sich auf in bewußt planmäßige und je nach dem bezweckten Nutzeffekt systematisch besondere Anwendungen der Naturwissenschaft« (510). Damit erheben sich die gesellschaftlichen Potenzen radikal aus den Grenzen historischer Individualität und persönlichen Arbeitshandelns. »Die Leistungsfähigkeit des Werkzeugs ist emanzipiert von den persönlichen Schranken menschlicher Arbeitskraft« (442).

Die Rückwirkungen solch veränderter Handlungsforderungen auf die persönlichen Handlungskompetenzen sind entsprechend umwälzend. Die alte Bindung des Individuums an eine lebenslang auszuübende handwerksähnliche Tätigkeit verschwindet grundsätzlich mit der Umgestaltung des ehemals »buntscheckigen« Produktionsprozesses; freilich verschwindet damit auch die individuelle Spezialqualifikation des Produzenten, die bislang den Gebrauchswert der von ihm verkauften Ware Arbeitskraft wesentlich bestimmte. In der kapitalistischen »großen Industrie« vollendet sich damit die Trennung des Produzenten vom Produktionsmittel, der individuellen Fähigkeit von den gesellschaftlichen Potenzen. »In der Manufaktur ist die Gliederung des gesellschaftlichen Arbeitsprozesses rein subjektiv, Kombination von Teilarbeitern; im Maschinensystem besitzt die große Industrie einen ganz objektiven Produktionsorganismus, den der Arbeiter als fertige materielle Produktionsbedingung vorfindet« (407). Das Gesetz des Produktionsprozesses ist somit nicht mehr wesentlich Gesetz individueller Tätigkeit und Fähigkeit des Produzenten. Die Handlungsforderungen des Maschinensystems sind sachlich-technischer Natur, der Mensch hat sich ihnen — vor allem ihrer gleichförmigen Bewegung — anzupassen. »In Manufaktur und Handwerk bedient sich der Arbeiter des Werkzeugs, in der Fabrik dient er der Maschine«, er wird zum »lebendigen Anhängsel« eines »toten Mechanismus« (445). Als solches Anhängsel wird von ihm wenig mehr gefordert, als im starren Rhythmus einfachste »Bedienungen« vorzunehmen. Die Hierarchisierung der Arbeiter in der Manufaktur wird also ersetzt durch »die Tendenz der Gleichmachung oder Nivellierung der Arbeiten, welche die Gehilfen der Maschinerie zu verrichten haben« (442).

Unter kapitalistischen Produktionsverhältnissen bedeutet die Entwicklung des Maschinensystems die verschärfte Partialisierung menschlichen Handelns. Die Arbeitstätigkeit reduziert sich auf einfache Verrichtungen zum Bedienen einer Maschine. Der Plan, in welchem sich diese Verrichtungen zu einer zielgerichteten Tätigkeit formen, ist außerhalb des Produzenten, materialisiert in einer dinglich-übermächtigen Vergegenständlichung der den Produzenten entfremdeten Fähigkeiten des Gattungswesens Mensch. Diese Parzellierung des Individuums ist zunächst und vor allem eine horizontale: die Verlagerung komplexer Planungsvorgänge nach außen und die Ausschaltung des Individuums von diesen Planungsvorgängen. Sie hat jedoch — auch dies den Produktionsverhältnissen geschuldet — ebenso ihren vertikalen Aspekt. »Obgleich nun die Maschinerie das alte System der Teilung der Arbeit technisch über den Haufen wirft, schleppt es sich zunächst als Tradition der Manufaktur gewohnheitsmäßig in der Fabrik fort, um dann systematisch vom Kapital als Exploitationsmittel der Arbeitskraft in noch ekelhafterer Form reproduziert und befestigt zu werden. Aus der lebenslangen Spezialität, ein Teilwerkzeug zu führen, wird die lebenslange Spezialität, einer Teilmaschine zu dienen. Die Maschinerie wird mißbraucht, um den Arbeiter selbst von Kindesbeinen in den Teil einer Teilmaschine zu verwandeln« (444 f).

Spezifische Arbeitskompetenz und -motivation erreichen also in der kapitalistischen »großen Industrie« ein Mindestmaß, da jeder individuellen Planung und jeder individuellen Sinngebung entleerte einfache Verrichtungen gefordert werden. Die Handlungskompetenz ist damit reduziert vor allem im Hinblick auf höhere Regulationsfunktionen, wie sie mit den Begriffen »intellektuelle Handlungsregulation« oder »planende Strategie« angesprochen werden. Infolge der Umwälzung des Produktionsprozesses werden evtl. erworbene handwerkliche Fähigkeiten weithin entwertet. Hinsichtlich der Arbeitsmotivation vollendet sich die Beziehung zwischen abstrakter, jedes Inhalts entleerter Einzeltätigkeit und abstraktem, jedes Inhalts entleertem Erwerbsmotiv. Diese absolute Reduktion der spezifischen Arbeitskompetenz und -motivation bildet die Basis für die nunmehr verstärkte Intensivierung der Arbeit.

Auch die im Begriff der »Disziplin« zusammenzufassenden Vorformen einer allgemeinen Arbeitskompetenz und -motivation erfahren gegenüber der Manufakturperiode eher eine Verringerung, da die Handlungsforderungen gleichzeitig stereotyper und unmittelbarer zwingend werden: »Die technische Unterordnung des Arbeiters unter den gleichförmigen Gang des Arbeitsmittels ... schaff(te) eine kasernenmäßige Disziplin«, in welcher sich die Funktion der Auf-

sicht, die »Teilung der Arbeit in Handarbeiter und Arbeitsaufseher ...
völlig entwickelt« (446 f).

Diese zunehmende Verkrüppelung des Menschen ist nach MARX
nicht Resultat einer dämonischen Übermacht der Technik, einer
Eigengesetzlichkeit der Entwicklung des Maschinensystems, wie dies
anfangs den »maschinenstürmenden« Arbeitern und heute noch einigen Sozialwissenschaftlern und Anthropologen erscheint. Sie ist vielmehr Resultat einer bestimmten gesellschaftlichen Organisation der
Produktion, welche freilich auf der Oberfläche als technisch-sachlicher
Zwang auftritt. Es ist also zu trennen zwischen der Maschinerie und
ihrer kapitalistischen Anwendung; festzuhalten, daß »die Maschinerie an sich betrachtet ... ein Sieg des Menschen über die Naturkraft
ist, kapitalistisch angewandt den Menschen durch die Naturkraft
unterjocht« (465).

Hinsichtlich individueller Handlungsstrukturen bedeutet dies, daß
die Entwicklung des Maschinensystems an sich betrachtet die Aufhebung der Partialisierung ermöglicht, in ihrer kapitalistischen Anwendung jedoch diese Partialisierung bis zum Extrem vorantreibt.
Dies gilt hinsichtlich der horizontalen wie der vertikalen Zerstückelung der individuellen Handlung. Die Abgabe relativ stereotyper
Handlungsteile an technische Funktionsträger eröffnet die Möglichkeit einer Freisetzung individueller Handlungen für komplexere und
strategische Planungsvorgänge, einer Entlastung von hierarchisch
niedrigen Handlungsebenen. Die kapitalistisch angewandte Maschinerie bedeutet aber im Gegensatz hierzu die völlige Unterordnung
des in seiner Handlungskompetenz reduzierten Arbeiters unter die
Maschine als deren Handlanger und Bediener. Sie »konfisziert« damit
»alle freie körperliche und geistige Tätigkeit« (445). Ähnliches gilt
für den vertikalen Aspekt der Partialisierung. »Die Natur der großen
Industrie bedingt daher Wechsel der Arbeit, Fluß der Funktion, allseitige Beweglichkeit des Arbeiters. Andrerseits reproduziert sie in
ihrer kapitalistischen Form die alte Teilung der Arbeit mit ihren
knöchernen Partikularitäten« (511). Wenn sich die individuelle
Handlung »nach oben« vom zu bearbeitenden Gegenstand abhebt,
verallgemeinert sich gleichzeitig ihre Struktur; höhere Regulationsprozesse weisen auch bei verschiedenen Gegenstandsbereichen weithin ähnliche Strukturmerkmale auf. Die Beschränkung des Produzenten auf ein niedriges Handlungsniveau bringt jedoch den Zwang in
die »knöchernen Partikularitäten« sehr enger Tätigkeitsbereiche mit
sich. Das entwickelte Produktionssystem bietet die Möglichkeit, daß
der kollektiv handelnde Mensch es beherrscht und seinen Interessen
dienstbar macht, so daß die allgemeine Trennung zwischen den Mo-
tiven des Tätigkeitsbereichs »Arbeit« und den Inhalten des Arbeitshandelns durch eine kollektive und individuelle Bewertung abgelöst
werden könnte, welche Teilziele der vergesellschafteten Produkt-

tion auf dem Wege zum Gesamtziel sinnvoll sind. Statt dessen ver-
festigt und verschärft der Kapitalismus durch die Sinnentleerung
individueller Tätigkeit jene Trennung.

Diese Widersprüche spiegeln sich auch in bestimmter Form in der
kapitalistischen Produktionsweise selbst wider. Der in seiner Kompetenz reduzierte Maschinenarbeiter wird gezwungen, in verschiedensten Produktionsbereichen mit verschiedensten Maschinen umzugehen. Seine Beschränkung auf einfache Detailverrichtungen eines
engen Gebiets ist in mancher Hinsicht dysfunktional. Die Anforderung »Disziplin« tritt in der großen Industrie als gegenständliche
Handlungsforderung auf, als abgeleitet aus der Aktivität des Maschinensystems. So sehr damit auch eine gegebene Produktionsorga-
nisation zum Sachzwang verschleiert wird, ist dies doch gleichzeitig
der Keim einer neuen gegenstandsbezogenen Handlungskompetenz,
sich selbst entfremdete und in ihrer Entwicklung gehemmte Fähigkeit
zum Umgehen mit komplexen technischen Geräten. Dies ist freilich
keineswegs als »Beherrschen« und intellektuelles Durchdringen dieser Geräte aufzufassen, nicht einmal als allgemeine intellektuelle
Abbildung ihrer Funktion. Dennoch bringt das Bedienen einer
Maschine, in wie rudimentären Formen auch immer, ein »Gefühl«
des Umgangs mit derartigen Maschinen mit sich, das als sachliche
allgemeine Arbeitskompetenz den Maschinenarbeiter kennzeichnet.
Ähnliches gilt von der allgemeinen Arbeitsmotivation: So sehr sie
auf ein Ausharren in restriktiven Arbeitssituationen ausgerichtet
sein mag, muß sie dennoch in Ansätzen darüberhinausgehen und die
Bereitschaft zur technisch vermittelten Kooperation von Personen
andeuten, da ohne eine solche Bereitschaft — etwa im Fall von Pro-
duktionsstörungen — der Arbeitsprozeß gar nicht organisiert und
aufrechterhalten werden könnte.

In solchen Aspekten deutet sich zwar an, daß die Strukturen des
individuellen Arbeitshandelns nicht völlig einschließbar sind in
erzwungene Grenzen, daß ein ganz und gar sinn- und inhaltsentleerter konkreter Arbeitsprozeß nicht produktiv sein kann, weil er
der menschlichen Natur (im MARxschen Sinne) ebenso wie der gesellschaftlichen Produktion — insbesondere bei Entwicklung technischer
Funktionsträger — widerspricht. Allerdings »lindern« die dargestellten Tendenzen keineswegs die extreme Partialisierung der Handlungen des Lohnarbeiters, sondern mögen im Einzelfall diese sogar
besonders deutlich ins Bewußtsein heben. Hieran könnte sich
SÈVES These anschließen, daß gerade eine gewisse Arbeitskompetenz und -motivation (»Liebe zum Beruf«) Ausgangspunkt für veränderndes politisches Handeln wird (vgl. oben bei 2.2.1.).

Auch in einem anderen Punkt können wir hier Überlegungen
SÈVES aufgreifen. Der Bereich des Arbeitshandelns als Zentralbereich menschlicher Tätigkeit ist nunmehr einerseits völlig getrennt

vom Restbereich, in welchem man vorgeblich »frei ist« und »leben kann«. Die Persönlichkeit, das Gesamtsystem der Handlungen, ist fundamental entzweit. Andererseits ist der Restbereich menschlicher Tätigkeit in seiner Struktur völlig von den Strukturen des Zentralbereichs determiniert, er reproduziert also, indem er die Arbeitskraft reproduziert, auch die Struktur des Arbeitshandelns mit all ihren Beschränktheiten. Der Mensch fühlt sich »frei« in einem Bereich, in dem er getrennt ist von allen gesellschaftlichen Potenzen und infolgedessen nur geringste Chancen hat, seine Persönlichkeit weiterzuentwickeln. Entsprechend stellt er in aller Regel jene stereotype Passivität des Arbeitshandelns durch die verschiedensten Formen einer »Freizeitbetätigung« wieder her, der er gerade zu entfliehen suchte. Die monotone Gleichförmigkeit des Sportbetriebs — für den Zuschauer wie den »Aktiven« — mag hier als erschreckendes Beispiel dienen. Als Beispiel freilich auch dafür, daß jene Freiheit in der Freizeit vielen Individuen auch tatsächlich erreicht scheint. Dies ist nur möglich, weil der Zwang in partialisierten Handlungen außerhalb des Arbeitsbereichs in der Tat weitaus vermittelter ist als in diesem Bereich. (Relativ unvermittelt stellt er sich im Sport fast nur im Training des Leistungssportlers dar.) Dies kann nur bedeuten, daß bei aller Strukturdeterminiertheit des Restbereichs der Tätigkeit in diesem Bereich Handlungsformen vorkommen, welche der strikten Partialisierung nicht unterliegen, welchen also eine gewisse »spielerische Freiheit« im Umgang mit Mitmenschen und Gegenständen eignet. Typisch hierfür sind etwa verschiedene Formen des »Hobbys«. An ihnen läßt sich aber gleichermaßen aufweisen, daß sie sich — man denke etwa an das Basteln in vielen Variationen — gerade im Ausschluß von den entwickelten Produktivkräften konstituieren und insofern eine rückwärtsgewandte Idylle darstellen; sei es der Schrebergärtner, der im Zeitalter maschineller Agrikultur seinen Salatkopf zieht, oder der Autofan, der in einer Zeit systematischer und halbautomatisierter Motorenkonstruktion die Leistung eines Einzelmotors verbessert (sofern sich seine Autobegeisterung nicht überhaupt auf das Verschlingen von »Fach«zeitschriften für Nichtfachleute beschränkt).

Freizeitverhalten als Teil der aktuellen Reproduktion gewordener Arbeitskraft stellt also im wesentlichen Einübung in partialisierte Handlungen der Arbeit dar, wobei für diese Einübung der Schein kompensatorischer »Befreiung« aus den Zwängen der Arbeitswelt unerläßlich ist. Ähnliches gilt für die Sozialisation als Reproduktion neuer Arbeitskraft, als Betrachtung der Handlungssysteme unter dem Aspekt ihrer (gesteuerten) Entwicklung. Bei den meisten Lernprozessen, denen der Proletarier im Kapitalismus im Sinne des Wortes »unterliegt«, kennzeichnet die Partialisierung des Handelns nicht nur das Ziel, sondern auch die Struktur des Vorgangs. Auch im Lernhandeln — insbesondere dann, wenn es dem Zugriff der Rationalisierung und Technisierung ausgesetzt ist — liegt der »Plan« des Handelns außerhalb des Lernenden, also beim Vermittler des Aneignungsprozesses; die Handlung des Lernenden ist weithin auf die Verrichtung einzelner Teiltätigkeiten als »Lernschritte« reduziert. So werden verdinglichte »Fakten« angeeignet, jedoch keine — oder nur elementare — geistigen Handlungen, welche eigenständige Handlungsregulation und Handlungsentwicklung ermöglichten. Die Lernprozesse sind ausgerichtet auf abstrakte und sachfremde Resultate als Bewertungen, wie Zensuren, Versetzungen usw. Partialisiertes Lernen und partialisiertes Handeln sind zwei Aspekte desselben Tatbestandes: einer von Grund auf blockierten, gesellschaftlich unmöglich gemachten Aneignung der entwickelten Fähigkeiten des Menschen als Gattungswesen. Allgemeines gesellschaftliches »Lernziel« für die Sozialisation des Proletariers ist zunächst und wesentlich seine Zurichtung für restriktive Arbeitssituationen, seine Fähigkeit zur Einhaltung jener oben skizzierten »kasernenhofmäßigen Disziplin«. Dies ist keineswegs ein Verharren auf einer früheren (weniger entwickelten) Handlungsstruktur, sondern vielmehr die systematische Erzeugung einer äußerst eingeschränkten Handlungsstruktur vom Typ der passiven Reaktion, welcher die Entwicklungsmöglichkeiten der Stabilisierung und Flexibilisierung genommen sind. Der Lohnarbeiter ist darin einzuüben, in sich wiederholenden Situationen starren Verhaltensvorschriften zu genügen, die sich nicht aus Sachforderungen begründen, sondern aus einer unmittelbar gegenübertretenden Macht, und welchen er nicht aus sachlichem und längerfristigem Interesse gegenübertritt; welche er vielmehr erfüllen muß, um einer Bestrafung, einer Verletzung elementarer Bedürfnisse zu entgehen. Sozialisation des Proletariers im Kapitalismus bedeutet also Entwicklung partialisierter Handlungssysteme und damit systematische Erzeugung reduzierter Handlungskompetenz und reduzierter Handlungsmotivation.

Eine Reihe von Untersuchungen (vgl. zum Beispiel MOLLENHAUER 1969, OEVERMANN 1972) bringt Belege dafür, daß diese Kennzeichen für die Sozialisation des Lohnarbeiters *in der Familie* weithin zutreffen. Bisweilen wird zwar der Aspekt der Entwicklung unterschiedlicher Sprachweisen (linguistischer Codes) über Gebühr hervorgehoben, doch finden sich zahlreiche Hinweise auf allgemein geringere Entwicklungschancen des Handlungssystems der Kinder und die Begründung dieses Tatbestands in den Strukturen des Arbeitshandelns der Eltern.

Gesellschaftlich ausgegrenzte und gesteuerte Aneignungsprozesse in Form einer Sozialisation *in der Schule* bedeuten für den kindlichen Proletarier zunächst — in der Manufakturperiode — Zwang und Gelegenheit zum Erwerb des — zwar begrenzten, in dieser Begrenzung jedoch hohen — Teilarbeiter-Geschicks. Die Anfangsjahre der großen Industrie waren die Jahre der Kinderarbeit, die kasernenhofmäßige Disziplin erlernten sie so zuvörderst in der Fabrik; sofern ein »Unterricht« davon ausgegliedert wurde, sollte er — vor allem in Gestalt des Religionsunterrichtes — zunächst diese Disziplin nur befestigen. Die Arbeiterklasse erkämpfte die Einführung eines Elementarunterrichts, durch welchen sich die Kinder die einfachsten Grundfertigkeiten und Grundkenntnisse erwarben, um später ihre Arbeitskraft den Käufern als verwendbare anbieten zu können. Seither haben sich diese erforderlichen Fertigkeiten und Kenntnisse erweitert und wurde die »Volksschule« zu einem von Familie und Fabrik abgehobenen Ort der Erziehung. Doch wird man auch heute noch deren wichtigste Funktion für die Proletarierkinder in der Erzeugung von »Arbeitstugenden«, also der Zurichtung der Kinder zu Maschinenarbeitern zu sehen haben. Entsprechend wird in der Schule weiterhin Lernarbeit geleistet, deren Zusammenhang für den Schüler kaum erkennbar und deren Motivation in der Vermeidung von Bestrafungen begründet ist, bestenfalls darin, daß ohne Lernarbeit später die Ware Arbeitskraft schwer verkäuflich ist (vgl. hierzu BECK 1974).

Sozialisation in Familie und Schule haben jedoch wesentlich vorbereitenden Charakter, sie stellen die Weichen. Die Entwicklung von Handlungsstrukturen ist mit dem Eintritt in die *Berufsausbildung* bzw. Berufstätigkeit nicht abgeschlossen; sie tritt vielmehr in ihre abschließende und entscheidende Phase. Die Qualifikation des individuellen Arbeiters wird sozusagen vom Rohling zum Endprodukt geformt. Er hat — in engen Grenzen — eine spezifische Handlungskompetenz und damit einen bestimmten Beruf zu erlernen; es ist erwünscht, daß hierbei auch von einer spezifischen (wenngleich realitätslosen) Handlungsmotivation (»Neigung«) ausgegangen werden kann. Vor allem aber soll jene Verbindung von Materialgefühl und Disziplin angeeignet werden, die den »einsatzfähigen« Industriearbeiter kennzeichnet. Die Unternehmer sind der Überzeugung, daß solches auch in den ersten Ausbildungsjahren nur an jenem Ort vollzogen werden kann, an dem sie selbst unter dem Schein des »sachlichen Zwangs« die Realisierung von Handlungsstrukturen bestimmen (vgl. BAETHGE 1970). Da sie in dieser Hinsicht unfehlbar recht haben, wird ihnen im Kapitalismus keine Staatsmacht den entscheidenden Einfluß auf die beruflichen Sozialisationsprozesse nehmen können. Freilich taucht — als Widerspiegelung der oben angedeuteten Probleme um die allgemeine Arbeitskompetenz und -motivation — immer dringender die Frage auf, ob die damit angesprochenen Qualifikationen in der betrieblichen Sozialisation noch so erworben werden können, daß sie den Gebrauchswert künftiger Arbeitskraft sichern. Damit grenzt sich zunehmend eine spezifische Aufgabe für staatlich gesteuerte Prozesse der Sozialisation im Beruf aus.

Wir werden im folgenden noch darauf zu sprechen kommen, denn auch hier gilt: »Die Entwicklung der Widersprüche einer geschichtlichen Produktionsform ist jedoch der einzig geschichtliche Weg ihrer Auflösung und Neugestaltung« (MEW 23, 512). Zum Abschluß der Überlegungen an dieser Stelle sei noch kurz auf die Prozesse von Handlung und Aneignung unter *sozialistischen Produktionsverhältnissen* eingegangen. Hier ist der antagonistische Widerspruch zwischen entwickelten Produktivkräften und veralteten Produktionsverhältnissen aufgehoben, der Weg zur klassenlosen Gesellschaft geöffnet. Für diese klassenlose Gesellschaft spricht MARX (Gr, 79) von »universal entwickelten Individuen, deren gesellschaftliche Verhältnisse als ihre eignen, gemeinschaftlichen Beziehungen auch ihrer eignen gemeinschaftlichen Kontrolle unterworfen sind«. Der überindividuelle Handlungszusammenhang wird also von den vergesellschafteten Individuen gemeinsam und bewußt geplant und hergestellt, einem »Gesamtplan frei vereinigter Individuen subordiniert« (MEW 3, 72). Damit sind die Möglichkeiten der entwickelten Produktivkräfte zur Aufhebung der Partialisierung von Handlungen genutzt: »Die Aneignung einer Totalität von Produktionsinstrumenten ist . . . die Entwicklung einer Totalität von Fähigkeiten in den Individuen selbst« (MEW 3, 68). Handlungsforderungen sind auch hier noch als Handlungsstrukturen anzueignen, sie treten dem Individuum zunächst als »außer ihm befindliche« entgegen. Da sich der individuellen Aneignung jedoch kein grundsätzliches Hindernis entgegenstellt, sind sie weder fremd noch despotisch-zwingend. Damit ist auch die Trennung von Arbeitsbereich und Restbereich in ihrer bisherigen Form beseitigt: die »Freizeit« ist sogar jene Zeit, in welcher die allseitige Aneignung gesellschaftlicher Potenzen entfaltet wird: »Die wirkliche Ökonomie — Ersparung — besteht in Ersparung von Arbeitszeit. . . . (Diese ist — W. V.) gleich Vermehren der freien Zeit, d. h. Zeit für die volle Entwicklung des Individuums, die selbst wieder als die größte Produktivkraft zurückwirkt auf die Produktivkraft der Arbeit« (Gr, 599).

Die sozialistische Gesellschaft ist *auf dem Weg* zu einer solchen gesellschaftlichen Verfassung. Sie ist ein historisch vorübergehender Zustand. Die Annahmen über die Prozeßstruktur von Handlung und Aneignung, die wir bei 2.3.1. und 2.3.2. darstellten, erheben ebenso keinerlei Anspruch auf Endgültigkeit. Wenn sie Ausgangspunkte dafür waren, die Partialisierung von Handlungen im Kapitalismus darzustellen, so mögen sie auch dazu brauchbar sein, allgemeine Aufgaben im Prozeß der *Aufhebung jener Partialisierung* zu formulieren. Diese Aufhebung ist nicht im Rückschritt auf alte, urtümlichganzheitliche Formen des Arbeitshandelns möglich, sondern nur durch konsequente Weiterentwicklung und Aneignung der gesellschaftlichen Produktivkräfte. Die sozialistische Gesellschaft bietet die Möglichkeit, daß das Individuum eine — unserem Modell gemäß — vollentwickelte Handlungsstruktur aufweist. Es ist also von seiner Handlungskompetenz her zur planenden Strategie als höchster Form der hierarchisch-sequentiellen Ordnung befähigt und spiegelt in seiner Handlungsstruktur die entwickelten gesellschaftlichen Produktivkräfte ohne tiefgreifende Parzellierung, wenn auch durchaus ausschnitthaft, wider. Zudem leitet sich die jeweilige Arbeitsaufgabe sinnvoll aus einer individuellen Bewertung des Tätigkeitsbereiches »Arbeit« ab.

Für die Gestaltung des überindividuellen Handlungszusammenhangs bedeutet dies, daß aus der vorhergehenden Produktionsweise übernommene Formen der Arbeitsorganisation (insbesondere die Trennung von Hand- und Kopfarbeit) und des Zusammenwirkens von Mensch und Maschine (insbesondere die Unterordnung des menschlichen Handelns unter den maschinellen Prozeß) mit ihren partialisierenden Forderungen strukturell verändert werden müssen. Die aus diesem Zusammenhang heraus dem einzelnen zugewiesene Aufgabe muß ihm die Möglichkeit zur intellektuellen Regulation hochtechnisierter Produktionsprozesse und gleichzeitig zur umfassenden Beteiligung an überindividuellen Planungs- und Steuerungsprozessen geben.

Der gesellschaftlich gesteuerte Aneignungsprozeß muß das Individuum zur Bewältigung solcher Handlungen in Stand setzen und dabei möglichst umfassend das Prinzip der Entwicklung von Handlungen durch Realisierung von Handlungen (im Sinne der MARXschen Verbindung von »Handarbeit mit Unterricht und Gymnastik« — MEW 23, 507) — selbstverständlich unter voller Berücksichtigung des Entwicklungsstands der Produktivkräfte — verwirklichen. Er muß bestrebt sein, eine möglichst hohe allgemeine Arbeitskompetenz auf wissenschaftlich-polytechnischer Basis zu bewirken, welche zugleich zunehmende Disponibilität des einzelnen Produzenten bedeutet. Zudem geht es um die Entwicklung einer hohen allgemeinen Arbeitsmotivation, also einer auf Erfahrung gegründeten Bereitschaft zur Mitgestaltung des überindividuellen Handlungszusammenhangs durch Übernahme von Aufgaben. Berufsspezifische Kompetenzen und Motivationen werden langfristig ebenfalls unumgänglich sein und müssen sich sinnvoll ausgliedern lassen. In einem solchermaßen strukturierten Aneignungsprozeß wird weiterhin jener Bereich, den wir mit beruflicher Sozialisation umschreiben, eine wesentliche Rolle spielen. Das Prinzip der »polytechnischen Bildung« macht jedoch eine scharfe Grenzziehung zwischen »schulischer« und »beruflicher« Sozialisation zunehmend überflüssig.

Was schließlich die Aufhebung der Trennung zwischen dem

Arbeitsbereich und dem Restbereich individuellen Handelns anbetrifft, so sind auch für die »Freizeit« umfassende Möglichkeiten zur Weiterbildung sowie zur »spielerischen« Erweiterung des Handlungsfeldes — ebenfalls ohne jeden Rückfall in vorindustrielle Idyllen — anzubieten, welche dem Individuum Gelegenheiten zur Entwicklung seiner Handlungsstrukturen bis hin zu Höchstleistungen eröffnen. Als Beispiel erinnern wir auch hier an den Bereich von Körperkultur und Sport.

Noch einmal sei betont, daß solche Forderungen keineswegs »automatisch« mit der Beseitigung des Privateigentums an Produktionsmitteln erfüllt sind. Die Aufhebung der Partialisierung ist vielmehr ein langwieriger Prozeß, der allerdings erst unter sozialistischen Produktionsverhältnissen möglich wird. Wie zielstrebig er angegangen wird, mag ein wichtiges Kriterium der Beurteilung sogenannter »Transformationsgesellschaften« sein.

Eine solche Bewertung steht jedoch keinesfalls im Mittelpunkt unserer Überlegungen. Vielmehr sollen im folgenden weitere Aspekte der widersprüchlichen Entwicklung individueller Handlungssysteme im Kapitalismus erörtert werden. Dies soll einmal den Zusammenhang zu den Darlegungen des Kapitels 1 herstellen und zum anderen Ansatzpunkte für die Diskussion um Möglichkeit und Zielsetzung einer neu orientierten Wissenschaft vom arbeitenden Menschen im Kapitalismus liefern.

2.3.4. Zur aktuellen Problemlage

Wir haben bisher vor allem versucht, die Strukturen des Handelns und der Aneignung aus dem Produktionssystem und der Stellung des Produzenten darin, also als zugewiesene Funktionen eines in sich geschlossenen Ganzen darzustellen. Die Widersprüche, welche im Fortgang der Geschichte dieses Ganze aufbrechen und umwälzen, wurden nicht unmittelbar und ausführlich angesprochen. Das kapitalistische System trägt indes nach MARX den Keim seiner Umwälzung bereits in sich: Die gesellschaftliche Organisation ist dem Entwicklungsstand der Produktivkräfte nicht mehr adäquat, die Produktionsweise selbst entwickelt das Proletariat als kollektives Subjekt der gesellschaftlichen Umgestaltung. »Der Fortschritt der Industrie, dessen willenloser und widerstandsloser Träger die Bourgeoisie ist, setzt an die Stelle der Isolierung der Arbeiter durch die Konkurrenz ihre revolutionäre Vereinigung durch die Assoziation. Mit der Entwicklung der großen Industrie wird also unter den Füßen der Bourgeoisie die Grundlage selbst hinweggezogen, worauf sie produziert und die Produkte sich aneignet« (MEW 4, 473 f).

Es liegt uns fern, hier die MARXsche Revolutionstheorie neu oder nachzuformulieren. Der Hinweis genüge, daß der »Bewußtwerdungsprozeß des Proletariats wesentlich gekennzeichnet (ist) durch das Wechselverhältnis unmittelbar sinnlicher Erfahrung, der Praxis politischer Kämpfe und der theoretisch wissenschaftlichen Analyse und Kritik der kapitalistischen Gesellschaft« (OPPOLZER, 271). Hier soll es darum gehen zu prüfen, in welcher Form sich der Grundwiderspruch der Gesellschaft in den individuellen Strukturen des Handelns und der Aneignung widerspiegelt (auch wenn jener Bewußtwerdungsprozeß noch relativ wenig fortgeschritten ist), und welche Konsequenzen dies für die Entwicklung einer Arbeitswissenschaft hat.

Das Verhältnis zwischen Lohnarbeit und Kapital setzt grundsätzlich den Arbeiter als einzelnen Verkäufer der Ware Arbeitskraft. Hinzu kommt, daß ihm (zunächst) der Lohn als Äquivalent für die von ihm geleistete Arbeit (und nicht für die Reproduktionskosten seiner Arbeitskraft) erscheint und in der Folge »die Lohnarbeit als die naturbestimmte Form der Arbeit überhaupt«, so daß »der in ihr liegende wesentliche gesellschaftliche Widerspruch, welcher das Entfremdungsverhältnis kennzeichnet, nicht als solcher begriffen werden kann« (OPPOLZER, 116). Dennoch wird dieser Widerspruch sozusagen tagtäglich sinnlich erfahren — als Interessengegensatz zwischen Arbeitern und Kapitalisten. Schlicht, um ihre und ihrer Kinder Existenz zu sichern, sind die Arbeiter gezwungen, sich gegen die ständigen Übergriffe des Kapitals zur Verbilligung der Arbeitskraft und zur Intensifikation der Arbeitsverausgabung zur Wehr zu setzen. Es ist eine historisch sehr frühe und stets individuell nachvollzogene Erfahrung der Lohnarbeiter, daß sie dies nur im gemeinsamen, solidarischen Handeln können. Diese Erfahrung gilt zuerst und zuvörderst für den Arbeitsbereich, greift jedoch auf praktisch alle Lebenssituationen der Lohnarbeiter über. Sie erscheint in den individuellen Handlungsstrukturen als recht unmittelbare Determination der Ziel-Programm-Schemata durch Festlegungen einer kleineren oder größeren Gruppe, der man sich zugehörig fühlt. Im Aneignungsprozeß tritt sie als relativ starke Veranlassung zur Unterordnung unter Gruppenentscheidungen auf. Zu betonen ist zunächst, daß diese Charakteristika der Handlungsstruktur nicht unbedingt als Merkmale der Unter- oder Fehlentwicklung aufgefaßt werden dürfen, zeichnet sich doch in ihnen die Kompetenz und Motivation zu kollektiven Zielfindungsprozessen ab und gleichzeitig damit die Einsicht in die Situation der Klasse unter den gegebenen Produktionsverhältnissen (»Lagebewußtsein«). Andererseits sollte die Bereitschaft und Fähigkeit zu solidarischem Handeln auch nicht zum Anlaß genommen werden, die Handlungsstrukturen und die Lebensweise der Lohnarbeiter zu idealisieren, als ob das kapitalistische System bereits die idealen Menschen hervorgebracht habe (welchen nur noch zur Einsicht zu verhelfen sei, daß sie die Macht ergreifen müßten).

Spezifische Partialisierung und Befähigung zu solidarischem Handeln sind zwei Seiten einer Einheit, widersprüchliche Aspekte des Handlungssystems des Lohnarbeiters, welches Reflex seiner widersprüchlichen Handlungssituation ist. Diese Einheit zweier sich gegenseitig bedingender Momente ist zu erkennen und der Fehler zu vermeiden, einzelne Elemente im Verhalten der Lohnarbeiter mit Plus- oder Minuszeichen zu versehen. Insbesondere die Sozialisationsforschung — welcher das Proletariat meist in griffiger Verzerrung als »Unterschicht« erscheint — fällt so oft von einem Extrem ins andere: Zunächst werden »Defizite« in Aspekten der Handlungsstruktur der »Unterschicht« gegenüber entsprechenden Merkmalen der »Mittelschicht« (hier wird die Verzerrung fast zur Konstruktion) festgestellt. Dagegen wendet man — zu Recht — ein, daß die letzteren keineswegs eine Idealnorm darstellen und es sich somit lediglich um »Differenzen« verschiedener Gruppierungen handelt, welche in verschiedenen Lebenssituationen diesen Situationen adäquat handeln. Dem ist zuzustimmen, solange diese Situationen nicht als naturgegeben und unveränderlich ausgegeben werden; tritt dies ein, so nähert sich der Sozialisationsforscher de facto der TAYLORschen Maxime »Eines schickt sich eben nicht für alle«. Freilich wird man keineswegs davon ausgehen können, daß die Handlungsstrukturen der von Handarbeit weitgehend »befreiten« Bevölkerungsteile in ihren wesentlichen Aspekten weiter entwickelt sind als diejenigen der von Kopfarbeit fast völlig »befreiten« Arbeiter. Die Partialisierung der Handlungen von »Kopfarbeitern« — ihre Handlungsunfähigkeit, reale Dinge anzupacken — bedürfte einer eigenen Analyse, die wir uns hier ersparen wollen. Alle Individuen unterliegen in der kapitalistischen Gesellschaft einer spezifischen Partialisierung, sind in der Entwicklung einer hierarchisch-sequentiellen Handlungsorganisation gehemmt. Art und Ausmaß der Partialisierung mißt sich nicht relativ zu anderen Klassen, Schichten etc., sondern im Bezug auf die objektiven Möglichkeiten der entwickelten Produktivkräfte. Was die allgemeine Charakteristik der Handlungsstrukturen der Lohnarbeiter im Kapitalismus anbetrifft, so genügt aber der Begriff der spezifischen Partialisierung nicht, um die Ganzheit dieser Strukturen zu erfassen; hinzu müssen Kennzeichnungen jener Kompetenzen und Motivationen treten, welche die Bewältigung klassenspezifischer Lebenssituationen erlauben, insbesondere also die Kompetenz und Motivation zu solidarischem Handeln.

Der am Beginn dieses Kapitels zitierte Satz von MARX legt nahe, daß diese Kompetenz und Motivation zu solidarischem Handeln durch die Veränderung des Produktions- bzw. Arbeitsprozesses entscheidend gefördert wird. In allerdings sehr vermittelter Weise gehört sie damit in den Bereich der allgemeinen Arbeitskompetenz und -motivation, erwächst im Grunde sogar hieraus. Doch deuteten wir bereits an, daß sich auch unmittelbar in diesem Bereich Veränderungen und Entwicklungen ergeben, die ebenfalls in spezifischer Form gesellschaftliche Grundwidersprüche, insbesondere die »Empörung der modernen Produktivkräfte gegen die modernen Produktionsverhältnisse« (MEW 4, 467) widerspiegeln. Hier geht es jedoch nicht um eine Ergänzung des Konzepts der Partialisierung, sondern um die Frage, wieweit der konkrete Arbeitsprozeß selbst im Zuge der Entwicklung der Produktivkräfte Partialisierung verändert oder gar in Frage stellt.

Wir führten aus, daß mit dem Fortschreiten der kapitalistischen Produktionsweise die Handarbeit zunehmend jeden »Kunstcharakter« verliert, die für sie erforderliche spezifische Handlungskompetenz und -motivation also – gegenüber dem alten Handwerk – zunehmend abnimmt, wenngleich weithin die alte »verknöcherte Partikularität« der Arbeit und damit der Schein solcher Kompetenz und Motivation erhalten bleibt. Die allgemeine Arbeitskompetenz und -motivation tritt also im Kapitalismus zuerst als Fähigkeit und Bereitschaft zur Verrichtung sinn- und inhaltsentleerter Arbeitstätigkeiten um des Lohnes willen auf. Als solche entspringt sie der Organisation der Produktion und ist zunächst – durch Konfrontation mit entsprechenden Handlungsforderungen – in möglichst reiner Form zu entwickeln.

Die Fabrikschulen als erste planmäßige Bemühungen um die Sozialisation des Proletarierkindes sind ganz auf dieses Ziel ausgerichtet, doch sollten sie im Grunde nur die Resultate des Lernorts Fabrik, also die Entstehung eingeschränkter Kompetenz und Motivation durch Verrichtung partialisierter Handlungen, unterstützen. An diesem Lernort selbst werden im weiteren in immer umfassenderer Weise Arbeitsbedingungen geschaffen, die die angedeutete allgemeine Arbeitskompetenz und -motivation hervorrufen. Die Entwicklung des Fabrikwesens wirkt dabei auf den gesamten Produktionsprozeß zurück, also auch auf jenen Teil, in welchem noch weithin manufakturmäßig produziert wird. »Das Prinzip des Maschinenbetriebs, den Produktionsprozeß in seine konstituierenden Phasen zu analysieren und die so gegebnen Probleme durch Anwendung der Mechanik, Chemie usw., kurz der Naturwissenschaften zu lösen, wird überall bestimmend. Maschinerie drängt sich daher bald für diesen, bald für jenen Teilprozeß in die Manufakturen. Die feste Kristallisation ihrer Gliederung, der alten Teilung der Arbeit entstammend, löst sich damit auf . . .« (MEW 23, 485). Dieser Vorgang ist in weiten Produktionsbereichen bis heute nicht völlig abgeschlossen, weil die Mechanisierung und Automatisierung vieler Vorgänge – etwa im Bereich der Montage – aufwendiger ist als der Einsatz billiger Arbeitskräfte. Autobau und Textilverarbeitung mögen als aktuelle Beispiele dienen. Das Prinzip der großen Industrie wirkt sich aber — was sich im MARXschen Zitat andeutete — in diesen Bereichen aus durch Umwälzung und Vereinfachung der Arbeitstätigkeit und damit Dequalifizierung des bisherigen Teilarbeiters. Um 1860 führte dies zu exzessiver Vernutzung der Arbeitskraft, insbesondere von Frauen und Kindern. Als dieser extensiven Ausbeutung ein Ende gemacht wurde, wirkte das Prinzip der großen Industrie in neuer Form auf den Bereich der alten manufakturähnlichen Arbeit zurück: erstens als verstärkte Einführung von Maschinen und zweitens als wissenschaftliche Gestaltung der Arbeitstätigkeit und -verausgabung. Beides sollte der Erhöhung des Ausstoßes und damit der Produktivität des Kapitals dienen, beides nahm dem Arbeiter die Handlungsregulation weg und setzte sie ihm als fremden Zwang entgegen; beim ersten geht es jedoch um die Weiterentwicklung vergegenständlichter Produktivkräfte, beim zweiten schwerpunktmäßig um die Intensifikation menschlicher Arbeit.

Die Grundidee des TAYLOR-FORDschen *Ansatzes* lag gewissermaßen in der Luft. Warum sollte man nicht auch dort, wo der Verwertungsprozeß die technische Anwendung der Naturwissenschaft (noch) nicht erlaubte, die Arbeitstätigkeit selbst in den quasi-naturwissenschaftlichen Zugriff nehmen? Bedeutete ein solcher Zugriff nicht auch in der Fabrik erst die völlige Verwissenschaftlichung der Produktion? Wenn die große Industrie im Prinzip die »buntscheckigen Gestalten des ... Produktionsprozesses« aufgelöst hatte in »Anwendung der Naturwissenschaft«, war dies nicht dadurch zu vollenden, daß man die »buntscheckigen Gestalten« der Strukturen individueller Arbeitstätigkeit auch *unmittelbar* auflöste in Anwendung einer besonderen Naturwissenschaft, der Arbeitswissenschaft?

TAYLORS Kritik am »Initiative-System« war, daß dem Arbeiter zuviel überlassen blieb in der Gestaltung seiner Arbeitstätigkeit und damit an spezifischer Arbeitskompetenz und -motivation. Dieser überflüssige und schädliche »Spielraum« sollte ihm genommen, durch wissenschaftlich durchdachte und damit ebenso zwingende wie genaue Anweisungen ersetzt werden — Anweisungen, die logischerweise von einer minimalen spezifischen Arbeitskompetenz und -motivation ausgingen. Was galten seine Sachkenntnisse und seine Sachliebe schon gegen die wissenschaftlichen Fähigkeiten des Arbeitsbureaus? Was man vom Arbeiter erwartete, waren die Fähigkeit, genau den fremden Anweisungen zu folgen, und die Bereitschaft, dies zu tun — also die allgemeine Arbeitskompetenz und -motivation. Die Entwicklung beider erforderte einen spezifischen Prozeß betrieblicher Sozialisation, wobei der motivationalen Seite besondere Aufmerksamkeit galt. Aus der Logik des Systems kann es für den Arbeiter nur ein Motiv für seine Arbeit geben: das Geld. Gleichzeitig ist dem Arbeitslohn in jeder Form der Schein immanent, hier werde der Preis der Arbeit gezahlt. Optimal motivieren bedeutet also, jene Form des Arbeitslohns zu finden, die diesen Schein perfektioniert und damit in der Realität für ein Geringes an zusätzlichem Entgelt ein Vielfaches an zusätzlichem Wert schaffen läßt. TAYLORS Pensum-Bonus-System sollte all diese Merkmale erfüllen. FORD vervollkommnete den Ansatz, indem er – durch Einführung des Fließbands – einen Teil der arbeitswissenschaftlich begründeten Handlungsforderungen wieder in die sachliche Gewalt einer Maschine verwandelte und den Anschein verstärkte, daß Lohnarbeiter und Kapitalist in der Fabrik fair zusammenspielen könnten, daß also die Bedingungen für den Verkauf der Ware Arbeitskraft die allerbesten wären.

Der TAYLOR-FORDsche Ansatz stellt die konsequente Ableitung einer Wissenschaft vom personalisierten Dasein der Arbeitskraft aus den Oberflächenerscheinungen des ökonomischen Verhältnisses von Lohnarbeit und Kapital dar. Weit entfernt davon, den verdinglichten Schein gesellschaftlicher Verhältnisse zu durchdringen oder als solchen erkennbar zu machen, perfektioniert er die Reduktion des arbeitenden Menschen und seiner Handlungsstrukturen auf ein Abstraktum, ein dingliches Objekt der Manipulation. Die TAYLOR-FORD-Konzeption ist somit ein Paradebeispiel bürgerlicher Sozialwissenschaft, welche die historisch gewordenen und vergänglichen kapitalistischen Verhältnisse absolut setzt und aus dieser Setzung ihre Modelle und Maßnahmen ableitet. Sie ist außerdem ein typisches Mittel zur Erhöhung der Produktivität, wie es nur innerhalb kapitalistischer Produktionsverhältnisse entwickelt werden konnte. Insofern wird es solange den Taylorismus geben, wie es den Kapitalismus gibt – wie oft man ihn auch für »überwunden« erklären mag.

Anlaß solcher Überwindung ist keineswegs, daß der arbeitende Mensch dort zum dinglichen Objekt der Manipulation gemacht wird. Die Kritik der *Psychotechnik*, des individualwissenschaftlichen Ansatzes, ist lediglich, daß TAYLORS Modell des Menschen zu einfach, zu sehr an dem Produktionsmechanismus der Maschine orientiert sei. Der Mensch sei eben »komplexer«, als TAYLOR das gedacht habe. Die Erkenntnis kommt nicht von ungefähr, sondern resultiert aus der Erfahrung, daß die Durchsetzung des Taylor-Systems keineswegs den einfügsamen Arbeiter erzeugt hat, daß seither (aus verschiedensten Gründen) die Position der Arbeiterklasse sogar gestärkt ist. Wie sehr die Psychotechnik auch als Versuch zur »Verbesserung« des Taylor-Systems auftritt, so zeigt sich an ihr doch, daß die mit dem Kapitalismus gesetzte (und vom Taylorismus konsequent durchgeführte) Reduktion des Menschen auf ein Anhängsel der Ware Arbeitskraft nicht nur zutiefst unmenschlich ist, sondern auch die weitere Entwicklung der Produktionsweise behindert. Schließlich deutet sich in der Psychotechnik auch die Erkenntnis an, daß es eine nicht nur aus der Organisation der Produktion erforderliche, sondern darüber hinaus in der Auseinandersetzung mit den Produktionsmitteln begründete, »sachliche« allgemeine Arbeitskompetenz und -motivation gibt. Freilich wird dieser Tatbestand mit unklaren Begriffen wie »Intelligenz« und »Verantwortungsbewußtsein« erfaßt, die man noch dazu als im Individuum angesiedelte, oft sogar anlagebedingte fixe Größen ansieht. So bleibt der psychotechnische Ansatz, wenn er auch dem Kapitalismus immanente Widersprüche erfaßt, weit entfernt davon, diese Widersprüche auf den Begriff zu bringen. Auch sein Menschenbild ist reduziert und abstrakt: wenn er »Anforderungen« des Arbeitsplatzes und »Eignungen« des Arbeiters in doppelter Mystifikation einander als sachliche Größen entgegensetzt, der Aneignungsprozeß auf die Aneinanderreihung von Reaktionen und Bewegungen reduziert wird usw. usf. An ein Durchdringen zur gesellschaftlichen Bestimmtheit und Veränderbarkeit der Arbeitstätigkeit ist nicht zu denken; solche Probleme sind dem eigenen wissenschaftlichen Vorgehen fern. »Zwangsläufig«, so formuliert noch 1974 HOYOS (15), »hat sich die Arbeitspsychologie jeweils mit den Arbeitstätigkeiten befaßt, die sie vorfand«.

Sollte der individualwissenschaftliche Ansatz die menschliche Natur in ihren individuellen Aspekten dem Zugriff des Kapitals unterwerfen, so will der gruppenwissenschaftliche Ansatz, also die *human-relations-Bewegung*, auch die sozialen Aspekte der menschlichen Natur für den Kapitalismus vereinnahmen, und zwar nicht mehr nur in der einfachen Form von Kooperation und Wetteifer, sondern im differenzierten wissenschaftlichen Zugriff. Die Entdeckung der »Arbeitsgruppe« bedeutet nichts anderes als die — aus der Erfahrung mit Aktionen der organisierten Arbeiterschaft entsprungene — Erkenntnis, daß es die Kompetenz und Motivation zu solidarischem Handeln bei den Arbeitern gibt, daß man diese nicht (wei TAYLOR das wollte) zerstören kann, sondern daß sie ständig durch den Produktionsprozeß selbst befestigt wird. Welch herrliche Arbeitsfront wäre auf ganz und gar freiwilliger Basis gebildet, könnte man die Arbeiter dazu bringen, als Führer ihrer Gruppen den Kapitalisten oder zumindest den Vorgesetzten zu akzeptieren! Mit solchen Überlegungen geht die Erkenntnis einher, daß die Arbeitsmotivation in der Realität nicht im TAYLORschen Sinne auf den Erwerbstrieb reduziert werden kann, wenngleich das ökonomische Verhältnis zwischen Lohnarbeiter und Kapitalisten dies und nur dies setzt. Verbindet sich doch mit diesem Verhältnis auch der Schein, Lohn bedeute Anerkennung, Bewertung der Arbeit. Auf der Basis dieses Scheins nun kann man durchaus auch immaterielle Formen der Anerkennung und Bestätigung als wichtig erkennen oder sogar als ausschlaggebend verkennen. Doch wäre solches Fortschreiten der Wissenschaft nicht möglich, resultierte aus der entwickelten großen Industrie nicht eine

»sachliche« Handlungsforderung zu sozial vermitteltem Umgang mit Maschinen bzw. durch Maschinen vermittelten Umgang mit Menschen. So deutet sich auch in den Motivierungs- und Partizipations-Modellen der human-relations-Bewegung eine veränderte allgemeine Arbeitsmotivation der Industriearbeiter an.

Der individual- wie der gruppenwissenschaftliche Ansatz hatten sich mehr oder weniger mit Randbedingungen der individuellen Arbeitstätigkeit befaßt; in den Konzepten der human-relations-Bewegung spielt der Aspekt der Arbeits*kompetenz* eine untergeordnete Rolle. So stellt der *aktionswissenschaftliche Ansatz* die Problemstellung in ihrer Ganzheit wieder her, freilich unter durchaus veränderten gesellschaftlichen Bedingungen. Die Gewerkschaften sind zu einem Faktor geworden, den hinwegzuexperimentieren man nicht mehr zu träumen wagt, Arbeiter und Arbeitsgruppen haben an Selbstbewußtsein gewonnen. Gleichzeitig reflektiert der aktionswissenschaftliche Ansatz einen veränderten Entwicklungsstand der Produktivkräfte. Zumindest in einigen Bereichen der gesellschaftlichen Produktion haben sich automatische Maschinensysteme soweit durchgesetzt, daß einfache, repetitive Verrichtungen teilweise von technischen Funktionsträgern übernommen werden und dem Menschen vorwiegend Überwachungs-, Einrichtungs- und Eingriffstätigkeiten verbleiben, bei denen aber jeder Handlungsfehler sehr großen materiellen Schaden mit sich bringt. Dieser Vorgang vollzieht sich keineswegs ungebrochen, da er ausschließlich von Rentabilitätsgesichtspunkten bestimmt wird. Auch erfordern die neuen Arbeitsplätze keine größeren Spezialqualifikationen, es handelt sich vorwiegend um Anlerntätigkeiten (vgl. hierzu die Berichte zum RKW-Projekt A 33, insbesondere KERN u. SCHUMANN 1970). Längerfristig dürfte sich jedoch die Struktur des Arbeitshandelns eines größeren Teils der Lohnarbeiter in einer bestimmten Richtung verändern: Das Hauptgewicht verlagert sich von der sensumotorischen zur perzeptiv-begrifflichen Ebene, gleichzeitig bilden die zu verarbeitenden Signale komplexere technische Vorgänge ab. Solche Handlungsforderungen bedingen und bewirken beim Arbeitenden eine veränderte allgemeine Arbeitskompetenz und -motivation.

Wir haben bereits mehrfach angedeutet, daß sich Handlungsforderungen und entsprechende Fähigkeiten und Bereitschaften danach akzentuierend unterscheiden lassen, ob sie sich vorwiegend aus der Organisation der Produktion oder aus dem Entwicklungsstand der vergegenständlichten Produktivkräfte ableiten. Das Gesamt der Handlungsforderungen bzw. Handlungsstrukturen bildet freilich eine Einheit, in der sich nicht »positive« und »negative« Sektoren scheiden lassen. Dennoch nehmen wir an, daß der sich verschärfende Widerspruch zwischen entwickelten Produktivkräften und veralteten Produktionsverhältnissen sich in Veränderungen der allgemeinen

Arbeitskompetenz und -motivation widerspiegelt. Er tut dies in der Form, daß Handlungsforderungen, die aus dem Produktionsprozeß entspringen, die kasernenhofmäßige Disziplin in ihrer alten Form ungenügend oder sogar dysfunktional machen und bestimmte Aneignungsprozesse bedingen und bewirken, die es zu TAYLORs Zeiten nicht¹ gab. Diese Handlungsforderungen können in aller Kürze beschrieben werden als Kooperation im Umgang mit komplexen technischen Anlagen. Für den Teil der Arbeiterklasse, der mit ihnen konfrontiert ist, sind sie allgemeine Handlungsforderungen, d. h. sie hängen nicht wesentlich von den Spezifika des zu fertigenden Produkts ab. Entsprechend konstituieren sich neue Formen der allgemeinen Arbeitsmotivation und -kompetenz. Insbesondere die Industriesoziologie hat sich mit ihnen beschäftigt, wobei die Darlegungen von POPITZ, BAHRDT, JÜRES und KESTING (1957) den entscheidenden Fortschritt darstellen. Vor allem deren Aussagen zu »Kooperationsformen« und »technischen Fähigkeiten« sind von bleibender Aktualität. KERN und SCHUMANN (1970) griffen diese Gedanken im Rahmen ihrer »arbeiterbezogenen Analyse« auf, welche ein erstes und brauchbares Verfahren zur Analyse der Handlungsstrukturen von Industriearbeitern darstellt. Besonders bekannt wurde ihr Konzept der »prozeßunabhängigen Qualifikationen«; die Autoren meinen damit »Fähigkeiten, die zwar an einem bestimmten Produktionsverfahren erlernt und trainiert worden sein mögen, die an dies jedoch nicht gebunden sind und ohne größere Schwierigkeiten auf neue Arbeitsbereiche übertragen werden können«. Hierzu gehören etwa »Perzeption (verstanden als Fähigkeit der Wahrnehmung von Veränderungen in einem komplexen Signalsystem)«, »technische Sensibilität (verstanden als Fähigkeit zum Einfühlen in komplexe technische Zusammenhänge)« sowie »Verantwortung (verstanden als Fähigkeit des gewissenhaften, zuverlässigen und selbständigen Arbeitsverhaltens)« (68). Derartige »sachliche« Handlungsforderungen heben als solche freilich ebensowenig Partialisierung auf, wie der »technische Wandel« allein den Kapitalismus beseitigt. In einem stets gehemmten und gebrochenen Prozeß wird sozusagen die Grenze des dem Individuum verbleibenden Handlungsspielraums nach oben verschoben, da dieses stereotype Verrichtungen an Maschinen abgibt. Der Produzent ist jedoch weiterhin von Entscheidungsprozessen ausgeschlossen, die überindividuelle Handlungsregulation tritt ihm weiterhin als Macht des Kapitals gegenüber. Auch die nunmehr gänzlich sachfremde vertikale Partialisierung, die Einschließung in einen bestimmten Tätigkeitssektor, bleibt künstlich aufrechterhalten. Verglichen mit dem Fließbandarbeiter gewinnt der Arbeiter an automatischen Systemen zwar Bereiche eigenständiger Handlungsregulation, doch bleiben diese in engen Grenzen und sind weiterhin in starre Handlungsforderungen eingezwungen.

Die veränderte Partialisierung wäre nicht Ausdruck verschärfter Widersprüche innerhalb der kapitalistischen Produktionsverhältnisse, eröffnete sie nicht grundsätzlich bessere Möglichkeiten, die Veränderungsbedürftigkeit dieser Verhältnisse zu erkennen. Doch versuchen sich diese gleichzeitig hinter stets komplexeren »Sachzwängen« zu verstecken. Die Möglichkeit individueller Leistungsbewertung und damit auch Leistungsentlohnung nimmt zwar ab, was grundsätzlich einem Durchbrechen der Illusion förderlich wäre, der Lohn stelle den Wert der Arbeit dar. Doch lassen sich auch hier neue Modelle finden, die Leistung abstrakt als individuellen Beitrag zur Gesamtproduktion »messen« und so das Prinzip des Leistungslohns beibehalten helfen. So werden neue Barrieren des Denkens und Handelns aufgerichtet, welche zu überschreiten als unsachlich und unvernünftig, ideologisch und extremistisch gekennzeichnet und bestraft wird.

Betrachtet man diesen Vorgang unter dem Aspekt der Sozialisation, so geht es vornehmlich darum, den Charakter der Ware Arbeitskraft als Quell rein abstrakter Tätigkeit beizubehalten und dennoch diese Ware den neuen Marktanforderungen anzupassen: die vielseitige Verwertbarkeit des Industriearbeiters konkreter zu machen und gleichzeitig auf eine neue Ebene zu stellen (Flexibilität und Mobilität als Qualifikationsmerkmale). Aus dem universellen Fertigkeitenverrichter soll der universelle Automatenbediener herausgezüchtet werden, die selbständige Nutzung eines erweiterten Handlungsspielraums ist funktionsgerecht zu programmieren. Freilich treten bei der Verwirklichung dieses Vorhabens erneut Widersprüche auf — dann, wenn es darum geht, die neuen Grenzen der Handlungssysteme zu fixieren. Schließlich soll die Flexibilität nicht soweit gehen, daß sie die Möglichkeiten einer Umgestaltung der Produktionsverhältnisse mit einbezieht. Der Widerspruch findet sich auch in der Diskussion um den Lernort der Berufsausbildung als eines wesentlichen Teils der beruflichen Bildung wieder: Nur in einigen Großbetrieben mit eigenen Ausbildungswerkstätten sichert der »Lernort Betrieb« noch den Erwerb der erforderlichen allgemeinen Arbeitskompetenz. Die Übernahme der Berufsausbildung durch den Staat entzöge diese jedoch der unmittelbaren Kontrolle durch das Kapital und eröffnete damit die Möglichkeit, daß jene Grenzen des Handlungsspielraums nicht korrekt gezogen werden, was zumindest zu »Anpassungsschwierigkeiten« des Ausgebildeten im Betrieb führen würde. Doch kehren wir zu unserem engeren Thema, der Arbeitswissenschaft, zurück.

Diese steht vor der Situation, daß unter den neuen Bedingungen ihre bisherigen Strategien der Intensifikation und Integration an Bedeutung verlieren. In einer Zeit internationalen Konkurrenzdrucks und zunehmenden Selbstbewußtseins der Arbeiterschaft wird gerade von den produktionstechnisch fortgeschrittensten Konzernen die neue Zurichtung der Arbeiterschaft immer dringlicher gefordert. Der Arbeitspsychologe und -soziologe wird unglaubwürdig, wenn er sich weiterhin nur mit elementaristischer Eignungsdiagnostik und Methoden der Menschenführung beschäftigt, da doch die Arbeitstätigkeit selbst strukturellen Veränderungen unterliegt. So wird der »Arbeitsinhalt« als Gegenstand der Arbeitswissenschaft neu entdeckt. Mit der ihr eigenen Eilfertigkeit macht die Sozialwissenschaft die veränderten Erfordernisse des kapitalistischen Produktionsprozesses zu neuen Einsichten in das Wesen der Menschen.

Es geht darum, sowohl hinsichtlich der Arbeitsmotivation wie der Arbeitskompetenz die »sachliche« Seite zu entwickeln und sie zugleich optimal unter die Erfordernisse des Verwertungsprozesses zu subsumieren. Das erste gibt der neuen Richtung die Legitimation, die »Überwindung des Taylorismus« und die »Humanisierung der Arbeit« für sich zu reklamieren; das zweite ist ihrem Selbstverständnis immanent und sichert ihr die Förderung durch die Herrschenden. Hinsichtlich der Arbeitskompetenz geht es darum, die »Erweiterung des Handlungsspielraums« zu propagieren und gleichzeitig aus »Sachzwängen« die Grenzen solcher Individual- und Gruppenautonomie abzuleiten. Was die Arbeitsmotivation betrifft, so soll sich »Arbeitszufriedenheit« wesentlich aus dem »Arbeitsinhalt« selbst ableiten — so sehr, daß die Arbeitenden die Frage nach der Organisation der Produktion, nach den Eigentumsverhältnissen als nebensächlich oder sachfremd abtun.

Mangelnde Einsicht in die gesellschaftliche Entwicklung wirkt sich für das Fortschreiten des Ansatzes bisweilen hemmend aus. Der Rückfall in die Idylle einer quasi-handwerklichen Tätigkeit, in die Halluzination alter spezifischer Handlungskompetenzen und -motivationen und in das vortayloristische »Initiative-System« droht sozusagen ständig. Die Anwender dieser Maßnahmen sind jedoch von solchen Illusionen zumeist frei und nutzen sie sogar in ihrem Interesse, weil die neuen Formen der Arbeitsgestaltung auch sozialromantischen Tendenzen der Betroffenen entgegenkommen und der Schein spezifischer Arbeitskompetenz das alte Disziplinierungsmittel, den Arbeiter auf wenige Tätigkeitsbereiche einzuschränken, wirksam läßt.

So trägt die aktionswissenschaftliche Stufe der Arbeitswissenschaft dazu bei, die Qualifikationserfordernisse der am meisten entwickelten Produktionsbereiche allgemein zu machen. Ganz ähnlich wie TAYLOR wendet sie sich dabei vor allem den weniger entwickelten Sektoren zu, in welchen die neuen Handlungsforderungen nicht als Zwang des Maschinensystems, sondern als Geschenk einer Wissenschaft auftreten; erneut sind die Bereiche der Montage — etwa in der Autoindustrie — bevorzugte Experimentierfelder. Schließlich wird auch das FORDsche Prinzip wieder verwirklicht, die neuen Handlungsforderungen zur sachlichen Gewalt der Arbeitsbedingungen zu machen; freilich ist es diesmal ein anderer Autokonzern, der mit seiner »modernen« Fabrik public-relations-Lorbeeren einheimst.

Die Widersprüche des kapitalistischen Systems spiegeln sich jedoch nicht nur in neuen Ansätzen herrschaftsorientierter Sozialwissenschaft, sie befördern auch die Entwicklung alternativer, an den Interessen der Arbeiter orientierter wissenschaftlicher Konzepte. Diese entstehen nicht im luftleeren Raum und auch nicht hauptsächlich aufgrund der theoretischen Einsicht einiger Intellektueller. Sie können sich nur entfalten im Dienst und Schutz einer entwickelten organisierten Arbeiterschaft. Daß sie Fortschritte machen, wird nicht zuletzt durch die zunehmenden Disziplinierungsmaßnahmen der herrschenden Klasse bis hin zu Berufsverboten bewiesen.

Im Rahmen dieser Entfaltung wird etwa die Fähigkeit und Bereitschaft der Arbeiterklasse zu solidarischem Handeln im allgemeinen untersucht (vgl. zum Beispiel das *Argument*-Sonderheft »Gewerkschaften im Klassenkampf« 1974). Konzepte einer Berufspädagogik werden erarbeitet, welche auf die Förderung eben dieser Fähigkeit und Bereitschaft ausgerichtet sind (vgl. zum Beispiel LEMPERT 1974). Kann hier auch ein Aufgabenfeld für eine handlungstheoretisch fundierte Wissenschaft vom arbeitenden Individuum im Kapitalismus und seiner beruflichen Sozialisation bestimmt werden?

Keineswegs kann es dabei darum gehen, die organisierten oder spontanen Aktionen der Arbeiterklasse lenken oder bewerten zu wollen. Wohl aber könnte die wissenschaftliche Analyse Hinweise liefern zur Ausrichtung und Einschätzung dieser Aktionen durch die Arbeiterschaft. Im Rahmen unserer Überlegungen ließen sich dafür zweierlei Ansätze umreißen: die Kritik der Arbeitswissenschaft, insbesondere der Arbeitspsychologie (einschließlich der Berufspsychologie), und die vollständige Analyse der Strukturen des Arbeitshandelns sowie seiner Entwicklung im Prozeß beruflicher Sozialisation.

Die Arbeitswissenschaft trägt auf ihre Weise dazu bei, den verdinglichten Schein gesellschaftlicher Verhältnisse der Arbeiterschaft möglichst undurchdringlich zu machen. Die von ihr gelieferten Ergebnisse und vorgeschlagenen Maßnahmen werden mit dem Schein (natur-)wissenschaftlicher Objektivität umgeben, sie sollen für den Betroffenen undurchschaubar sein und ihn dem »Zustimmungszwang« unterwerfen. Dem hat zunächst entgegenzustehen die Aufklärung über Arbeitswissenschaft, ihre gesellschaftliche Funktion und historische Entwicklung. Die Einschätzung neuer Formen der Arbeitsgestaltung durch Arbeitsgruppen, Vertrauensleute, Betriebsräte, Gewerkschaftsfunktionäre usw. könnte durch solche Information gefördert werden. Die Kritik der Arbeitswissenschaft könnte verhindern helfen, daß Pauschalurteile gefällt werden oder daß gar die Reaktionen der Gegenseite auf eine gestärkte eigene Position für Merkmale dieser gestärkten Position gehalten werden. Sie könnte schließlich eine Hilfe bei der Konzipierung von Gegenstrategien der Betroffenen sein — wenn es also darum geht, das hinter den vorgeschlagenen oder aufgezwungenen Linderungsmaßnahmen verborgene Problem zu erkennen und daraus eigene Folgerungen zur Verstärkung von Gegenmachtpositionen zu ziehen. (Vgl. hierzu ausführlicher bei VOLPERT 1974 b, 27 ff.)

Um solche Aufgaben zu erfüllen, kann sich die wissenschaftliche Analyse aber nicht mit der Kritik der bürgerlichen Arbeitswissenschaft begnügen. Sie hat zudem ein Gegenmodell zu entwerfen, das die Handlungsstrukturen und Aneignungsprozesse der Lohnarbeiter im Kapitalismus *in ihrer Ganzheit* erfaßt. Die personalen Voraussetzungen solidarischer Aktion erschienen bislang vorwiegend als irrationaler Widerstand, behebbare Fehlentwicklung oder gar als defizitäres Verharren in starren Gruppennormen. Sie sind als notwendiges und vorwärtstreibendes Moment der proletarischen Handlungsstrukturen zu erkennen und zu analysieren. Die sich verschärfenden Widersprüche im Bereich der allgemeinen Handlungskompetenz und -motivation wurden bislang vorwiegend als Schwierigkeiten bei der neuen Zurichtung der Arbeitskraft erfaßt. Der alternative Ansatz hätte sie als Ausdruck einer immer absurderen Hemmung der menschlichen Produktivkraft durch die kapitalistischen Produktionsverhältnisse zu studieren. Die Ganzheit der Handlungsstrukturen des Lohnarbeiters im Kapitalismus wird auch verfehlt, wenn man diese nur unter dem Aspekt der Herausbildung normativer Orientierungen oder der Zunahme von »Einsichten« betrachtet. Der »Bewußtwerdungsprozeß« des Proletariats ist ein praktischer Prozeß, er zeigt sich also zuerst und zuvörderst in den Handlungsstrukturen der Lohnarbeiter. Wo ist der Psychologe oder Arbeitswissenschaftler, der etwa die Vorgänge spontaner Interessendurchsetzung durch Arbeiter unter diesem Aspekt betrachtet und sie nicht als bedauerliche Resultate des Verhaltens eines fehlinformierten Managements ansieht?

Die handlungstheoretisch fundierte Sozialisationsforschung wird sich entsprechend vorrangig mit dem Erwerb der Kompetenz und Motivation zu solidarischem Handeln und der widersprüchlichen Entwicklung im Bereich der allgemeinen Arbeitskompetenz und -motivation zu befassen haben. Damit rückt der Bereich der *beruflichen Sozialisation* in den Vordergrund des Interesses. Fragestellungen wären etwa: Wie entwickeln Lehrlinge die Fähigkeit und Bereitschaft, gemeinsam (und gemeinsam mit den anderen Arbeitern) für bestimmte Forderungen zu kämpfen und diese durchzusetzen? Durch welche pädagogischen Maßnahmen kann dieser Prozeß vorangetrieben werden? (Vorarbeiten zu diesen Themen finden sich etwa bei BRANDT u. a. 1973) Oder: In welchen Situationen werden dem Auszubildenden und Ausgebildeten Verbote des Handelns und Denkens bewußt, die sich lediglich aus Herrschaftsansprüchen ableiten (zum Beispiel als Verweigerung bestimmter Informationen und Lerngelegenheiten)? Wie können solche Einsichten und die Entwicklung geeigneter Gegenstrategien gefördert werden?

Im Grund sind dies alles Fragen, die gewerkschaftlicher und politischer Arbeit im Betrieb seit langem bekannt sind. Dennoch oder gerade deswegen könnte ein ganzheitlicher handlungstheoretischer Ansatz diese Arbeit durchaus befördern. Allerdings zeigen die Fragestellungen, daß es mit einer einfachen Rezeption handlungs- und arbeitspsychologischer Modelle und Befunde aus der UdSSR oder der DDR nicht getan ist. Setzt man voraus, daß in diesen Ländern sozialistische Produktionsverhältnisse existieren, so ist anzuerkennen, daß die Forscher dieser Länder die ihnen gesetzten Aufgaben konsequent und erfolgreich zu erfüllen trachten. So geht es etwa HACKER darum, Handlungsforderungen und Handlungsstrukturen zu untersuchen, die auf eine erhöhte allgemeine Arbeitskompetenz im Sinne umfassender intellektueller Durchdringung des Produktionsprozesses ausgerichtet sind. Notwendig ist dies mit einer Kritik aller konkreten Arbeitsbedingungen verbunden, die einer Aufhebung der Partialisierung von Handlungen im Wege stehen, da diese Aufhebung von der gesellschaftlichen Verfassung her grundsätzlich möglich ist. Wer solche Fragestellungen und Lösungsversuche auf kapitalistische Produktionsverhältnisse zu übertragen sucht, wird entweder schnell und schmerzhaft die durch diese Verhältnisse gesetzten Grenzen erkennen oder aber – unter dem Vorwand, sich ohne ideologische Eskapaden mit dem Machbaren bescheiden zu wollen – lediglich zur Verfeinerung von Strategien der Arbeitsintensifikation sowie der zeitgemäßeren Zurichtung der Ware Arbeitskraft beitragen.

Wer unter kapitalistischen Verhältnissen mithelfen will, die Bedingungen für eine Aufhebung der Partialisierung zu schaffen und die Handlungskompetenz und -motivation der Arbeitenden zu erhöhen, steht vor einer wesentlich anderen Aufgabe als etwa sein Kollege in der DDR. Er muß seine Bemühungen darauf ausrichten, Kompetenz und Motivation zu einem politischen Handeln zu fördern, das den sachlichen Schein der Produktionsverhältnisse durchdringt und diese umzuwälzen imstande ist. Freilich wird dies nicht möglich sein, ohne daß auch die allgemeine Arbeitskompetenz und -motivation in ihren »sachlichen« Aspekten soweit entwickelt wird, als dies unter den gegebenen Verhältnissen möglich ist. Hier beginnt die wesentliche Arbeit einer neu ausgerichteten Wissenschaft von der Arbeitstätigkeit und der beruflichen Sozialisation. Auch wenn man sich nicht nur auf den hier vorgetragenen theoretischen Ansatz beschränkt, wird man zugeben müssen, daß von dieser Arbeit noch wenig geleistet ist.

Man wird die Entwicklungschancen des umrissenen Forschungsbereiches auch durchaus skeptisch anzusehen haben. Sie hängen davon ab, wie eng die wissenschaftliche Tätigkeit in die gewerkschaftliche und politische Praxis der Arbeiterschaft eingebunden werden kann. Nun ist nicht zu verkennen, daß Teile der Gewerkschaftsführung sich mit den propagierten Zielen der Arbeitswissenschaft durchaus im Einklang fühlen und den kritisierten Arbeitswissenschaftlern weit näherstehen als deren Kritikern, denen der Geruch der »Systemveränderer« und »Theoretiker« anhängt; manche sehen sich durch die neuen Formen der Arbeitsgestaltung ihrem alten Traum eines »humanen Kapitalismus« ein Stück näher. Auf der anderen Seite wächst in den Gewerkschaften der Widerstand gegen den Zustimmungszwang einer sich unparteiisch gebenden und doch auf der Seite des Kapitals stehenden Wissenschaft, und gerade in der Diskussion um die neuen Formen der Arbeitsgestaltung wird vielen deutlich, wie sehr die Humanisierungsversprechungen an den entscheidenden Problemen der menschlichen Arbeit und der gesellschaftlichen Produktion vorbeigehen. So wird die Auseinandersetzung um eine an den Interessen der Arbeitenden ausgerichtete Erforschung der Arbeitstätigkeit und der beruflichen Sozialisation in ihren entscheidenden Aspekten innerhalb der Gewerkschaften zu führen sein.

Literatur

ABS, H. J.: *Macht durch Mitbestimmung*. Vortragsreihe des Dt. Industrieinstituts, 1966, 16, Nr. 30.

ARENDT, W.: ›Humanisierung des Arbeitslebens‹. In: *Humanisierung des Arbeitslebens*, 7—15. Frankfurt/M.: RKW 1973.

BAETHGE, M.: *Ausbildung und Herrschaft*. Frankfurt/M.: Europ. Vlgsanst. 1970.

BÄUMLER, G., H. RIEDER & W. SEITZ: *Sportpsychologie*. Schorndorf: Hofmann 1972.

BARITZ, L.: *The servants of power*. Middletown: Wesleyan University Press 1960.

BECK, J.: *Lernen in der Klassenschule*. Reinbek: Rowohlt (rororo 6820) 1974.

BOIKO, J. I.: ›Das Problem der Fähigkeiten und Fertigkeiten in der modernen Psychologie‹. In: *Fähigkeiten und Fertigkeiten*, 37—54. Berlin (DDR): Volk und Wissen 1966.

BONI, M., F. DEPPE, M. MAASE & G. WILBERT: *Kaderschule für das Kapital*. Informationsbericht Nr. 10 des IMSE, 1972.

BRANDT, G., L. HAAS, E. MAYER & W. SCHUMM: *Berufliche Sozialisation und gesellschaftliches Bewußtsein jugendlicher Erwerbstätiger*. Frankfurt/M.: Europ. Vlgsanst. 1973.

BRUDER, K.-J.: ›Entwurf der Kritik der bürgerlichen Psychologie‹. In: BRUDER, K.-J. (Hrsg.): *Kritik der bürgerlichen Psychologie*, 92—217. Frankfurt/M.: Fischer Taschenbuch (Bd. 6198) 1973.

BRUGGEMANN, A., P. GROSKURTH & E. ULICH: *Arbeitszufriedenheit*. Bern, Stuttgart, Wien: Huber 1975.

BURISCH, W.: *Industrie- und Betriebssoziologie*. Berlin (West): de Gruyter 1969.

CHESTNUT, R. W.: ›Psychotechnik: Industrial psychology in the Weimar Republic 1918—1924.‹ *Proc. of the annual convention of the Am. Psychol. Ass.*, 1972, 7, 781—782.

CHOMSKY, N.: *Aspekte der Syntaxtheorie*. Frankfurt/M.: Suhrkamp 1969.

COCH, L. & J. R. P. FRENCH: ›Overcoming resistance to change‹. *Human Relations*, 1948, 1, 512—532.

DEPPE, F., J. v. FREYBERG, Ch. KIEVENHEIM, R. MEYER & F. WERKMEISTER: *Kritik der Mitbestimmung*. Frankfurt/M.: Suhrkamp 1969.

DRUCKER, P. F.: *Gesellschaft am Fließband*. Frankfurt/M.: Verl. d. Frankfurter Hefte, o. J. [1950].

ELIASBERG, W.: *Grundriß einer allgemeinen Arbeitspathologie*. Leipzig: Barth 1924.

FORD, H.: *Mein Leben und Werk*. Leipzig: List 1923.

FREYER, H.: *Theorie des gegenwärtigen Zeitalters*. Stuttgart: Dt. Verlags-Anst. 1955.

FRIEDMANN, G.: *Zukunft der Arbeit*. Köln: Bund 1953.

FRIEDMANN, G.: *Grenzen der Arbeitsteilung*. Frankfurt/M.: Europ. Vlgsanst. 1959.

FÜRSTENBERG, F.: *Die Soziallage der Chemiearbeiter*. Neuwied/Berlin (West): Luchterhand 1969.

GALPERIN, P. J.: ›Die Entwicklung der Untersuchungen über die Bildung geistiger Operationen‹. In: HIEBSCH, H. (Hrsg.): *Ergebnisse der sowjetischen Psychologie*, 367–405. Berlin (DDR): Akademie 1967 (Nachdruck: Stuttgart: Klett 1972).

GEHLEN, A.: *Die Seele im technischen Zeitalter*. Reinbek: Rowohlt (rde 53) 1957.

Gewerkschaften im Klassenkampf. Argument-Sonderbände AS 2, 1974.

GIESE, F.: *Philosophie der Arbeit*. Halle: Marhold 1928.

GRAF, O.: *Studien über Fließarbeitsprobleme an einer praxisnahen Experimentieranlage*. Köln/Opladen: Westdeutscher Verl. 1954.

GRAF, O. (bearb. v. J. RUTENFRANZ & E. ULICH): ›Arbeitszeit und Arbeitspausen‹. In: *Handbuch der Psychologie*, 9. Bd., 244–277. Göttingen: Hogrefe ²1970.

GUBSER, A.: *Monotonie im Industriebetrieb*. Bern/Stuttgart: Huber 1968.

HACKER, W.: ›Zur Entwicklung der Arbeitspsychologie in der wissenschaftlich-technischen Revolution‹. In: HACKER, W., W. SKELL & W. STRAUB (Hrsg.): *Arbeitspsychologie und wissenschaftlich-technische Revolution*, 11–39. Berlin (DDR), Dt. Verl. d. Wissenschaft 1968.

HACKER, W.: *Allgemeine Arbeits- und Ingenieurpsychologie*. Berlin (DDR): Dt. Verl. d. Wissenschaft 1973.

HELFERT, M.: ›Probleme und Gefahren der Arbeitsgestaltung‹. *Gewerkschaftliche Monatshefte*, 1973, 24, 40–51.

HERWIG, B.: ›Allgemeine Grundfragen zur Anpassung der Arbeitsbedingungen an den Menschen‹. In: *Handbuch der Psychologie*, 9. Bd., 69–93. Göttingen: Hogrefe ²1970.

HILDEBRANDT, W.: ›Menschliche Tagesrhythmik und variable Arbeitszeitregelung‹. *Arbeit und Leistung*, 1972, 26, 163–167.

HOFMANN, W.: ›Verelendung‹. In: *Folgen einer Theorie*, 27–60. Frankfurt/M.: Suhrkamp 1967.

HOFFMANN, R. W.: ›Die systematischen und historischen Voraussetzungen der Arbeitswissenschaften‹. In: THOMAS, K. (unter Mitarbeit von H. SEIFFERT, R. W. HOFFMANN, J. MIEHE & K. PLAGEMANN): *Analyse der Arbeit*, 102–111. Stuttgart: Enke 1969a.

HOFFMANN, R. W.: ›Der Fordismus‹. In: THOMAS, K. (unter Mitarbeit von H. SEIFFERT, R. W. HOFFMANN, J. MIEHE & K. PLAGEMANN): *Analyse der Arbeit*, 213–233. Stuttgart: Enke 1969 b.

HOLZKAMP, K.: *Sinnliche Erkenntnis*. Frankfurt/M.: Athenäum Fischer 1973.

HOYOS, C. Graf: *Arbeitspsychologie*. Stuttgart/Berlin (West)/Köln/Mainz: Kohlhammer 1974.
Humanisierung der Arbeit als gesellschaftspolitische und gewerkschaftliche Aufgabe. Frankfurt/M.: Europ. Vlgsanst. 1974.

JÄGER, A. O.: ›Personalauslese‹. In: *Handbuch der Psychologie*. 9. Bd., 613–667. Göttingen: Hogrefe ²1970.

KERN, H. & M. SCHUMANN: *Industriearbeit und Arbeiterbewußtsein*. Teil I. Frankfurt/M.: Europ. Vlgsanst. 1970.

KIRCHNER, J.-H.: ›Das emanzipatorische Interesse der Arbeitswissenschaft und ihr Beitrag zur Berufsbildungsforschung‹. *Zschr. f. Berufsbildungsforschung*, 1972, 1, H. 3, 11–16.

KLUTH, H.: *Soziologie der Großbetriebe*. Stuttgart: Poeschel 1968.

KORNHAUSER, A.: ›Industrial psychology as management technique and as social science‹. *American Psychologist*, 1947, 2, 224–229.

KOSSAKOWSKI, A.: ›Theoretische Voraussetzungen und experimentelle Untersuchungen zur Entwicklung der eigenständigen Handlungsregulation‹. In: KOSSAKOWSKI, A. & K. U. ETTRICH: *Psychologische Untersuchungen zur Entwicklung der eigenständigen Handlungsregulation*, 11–91. Berlin (DDR): Dt. Verl. d. Wissenschaft 1973.

LAHY, J.: *Taylorsystem und Physiologie der beruflichen Arbeit*. Berlin: Springer 1923.

LANG, H. & W. HELLPACH: *Gruppenfabrikation*. Berlin: Springer 1922.

LEMPERT, W.: *Berufliche Bildung als Beitrag zur gesellschaftlichen Demokratisierung*. Frankfurt/M.: Suhrkamp 1974.

LEONTJEW, A. N.: *Probleme der Entwicklung des Psychischen*. Berlin (DDR): Volk und Wissen 1971 (Nachdruck: Frankfurt/M.: Athenäum Fischer 1973).

LEONTJEW, A. N.: ›Das Problem der Tätigkeit in der Psychologie‹. *Sowjetwiss. – Gesellschaftswiss. Beiträge*, 1973, 415–435.

LEWIN, K.: ›Die Sozialisierung des Taylor-Systems.‹ *Schriftenreihe Praktischer Sozialismus*, 1920, 4, 3–36.

LIPPIT, R. & R. K. WHITE: ›An experimental study of leadership and group life‹. In: CHARTERS, W. W. jr. & N. L. GAGE: *Readings in the social psychology of education*, 141–153. Boston: Allyn & Bacon 1963.

LITTEK, W.: *Industriearbeit und Gesellschaftsstruktur*. Frankfurt/M.: Europ. Vlgsanst. 1973.

LOMPSCHER, J. (Hrsg.): *Probleme der Ausbildung geistiger Handlungen*. Berlin (DDR): Volk und Wissen 1972 (Nachdruck unter dem Titel *Sowjetische Beiträge zur Lerntheorie*. Köln: Pahl-Rugenstein 1973).

MAIKOWSKI, R.: *Psychologie und Entwicklung der Produktivkräfte*. Beitrag der »Sektion Geschichte« zur Ringvorlesung des Psychologischen Instituts (am Fachbereich 11 der FU Berlin). Wintersemester 1971/72.

MARX, K.: *Grundrisse der Kritik der politischen Ökonomie (Rohentwurf)*. Berlin (DDR): Dietz 1953.

MARX, K. & F. ENGELS: *Werke*, Berlin (DDR): Dietz 1956 ff.

MARX, K. & F. ENGELS: *Werke – Ergänzungsband*. Berlin (DDR): Dietz 1967 f.

MAYER, A.: ›Die Betriebspsychologie in einer technisierten Welt‹. In: *Handbuch der Psychologie*. Bd. 9, 3–55. Göttingen: Hogrefe [2]1970.

MAYO, E.: *Probleme industrieller Arbeitsbedingungen*. Frankfurt/M.: Verl. d. Frankfurter Hefte, o. J. [1950].

McGREGOR, D.: *Der Mensch im Unternehmen*. Düsseldorf/Wien: Econ 1973.

MICHAELS, H.: ›Zweitausendmal am Tag der gleiche Handgriff‹. *Zeit-Magazin*, Nr. 11/1972, 3–9.

MILLER, G. A., E. GALANTER & K. H. PRIBRAM: *Strategien der Handlung*. Stuttgart: Klett 1973.

Mollenhauer, K.: ›Sozialisation und Schulerfolg‹. In: H. Roth (Hrsg.): *Begabung und Lernen,* 269–296. Stuttgart: Klett 1969.

Mühlbradt, W.: BDA — Mitbestimmung — Unternehmer-Solidarität geweckt‹. *Der Arbeitgeber,* 7. 2. 1969, 8.

Münsterberg, H.: *Psychologie und Wirtschaftsleben.* Leipzig: Barth 1912. — *Psychology and industrial efficiency.* Boston, New York: Houghton Mifflin 1913.

Oevermann, U.: *Sprache und soziale Herkunft.* Frankfurt/M.: Suhrkamp 1972.

Oppelt, C., G. Schrick & A. Bremmer: *Gelernte Maschinenschlosser im industriellen Produktionsprozeß.* Berlin (West): Max-Planck-Inst. f. Bildungsforschung 1972.

Oppolzer, A. A.: *Entfremdung und Industriearbeit.* Köln: Pahl-Rugenstein 1974.

Popitz, H., H. P. Bahrdt, E. A. Jüres & H. Kesting: *Technik und Industriearbeit.* Tübingen: Mohr 1957.

Pornschlegel, H.: ›Arbeitsstudien zwischen Normenvollzug und Mitbestimmung‹. *Gewerkschaftliche Monatshefte,* 1973, 24, 68 bis 72.

Roesler, R.: Vorwort. In: Taylor, F. W.: *Die Grundsätze wissenschaftlicher Betriebsführung.* VII–XXIX. München/Berlin: Oldenbourg [2]1919.

Roethlisberger, F. J. & W. J. Dickson: *Management and the worker.* Cambridge, Mass.: Harvard Univ. Press 1939.

Rohmert, W.: *Arbeitsgestaltung.* Heidelberg: Gehlsen 1968.

Rohmert, W.: ›Arbeitswissenschaft und wissenschaftliche Betriebsführung‹. In: RKW (Hrsg.): *Produktivität und Rationalisierung,* 96–100. Frankfurt/M.: Fischer Taschenbuch (Bd. 6134) 1971.

Rohmert, W., J. Rutenfranz & E. Ulich (unter Mitarbeit von A. Iskander, J.-H. Kirchner, W. Laurig, J. Nitsch, F. Stier & W. Volpert): *Das Anlernen sensumotorischer Fertigkeiten.* Frankfurt/M.: Europ. Vlgsanst. 1971.

Rosenstiel, L. v., W. Molt & B. Rüttiger: *Organisationspsychologie.* Stuttgart/Berlin (West)/Köln/Mainz: Kohlhammer 1972.

Rosenstock, E.: *Werkstattaussiedlung.* Berlin: Springer 1922.

Rubinstein, S. L.: *Sein und Bewußtsein.* Berlin (DDR): Akademie [3]1966.

Rubinstein, S. L.: *Grundlagen der Allgemeinen Psychologie.* Berlin (DDR): Volk und Wissen [6]1968.

Rüssel, A.: *Arbeitspsychologie.* Bern, Stuttgart: Huber 1961.

Schelsky, H.: ›Aufgaben und Grenzen der Betriebssoziologie‹. In: Böhrs, H. & H. Schelsky: *Die Aufgaben der Betriebssoziologie und der Arbeitswissenschaften,* 7–40. Stuttgart/Düsseldorf: Ring 1954.

Schlecht, O.: ›Wirtschaftliche Leistung — Voraussetzung für ein hochindustrialisiertes Land‹. In: *Bildungszentrum Führungskreis* (Sonderdruck der Siemens AG), 5–10. o. O. 1974.

Schmidtke, H. & C. Graf Hoyos: ›Psychologische Aspekte der Arbeitsgestaltung in Mensch-Maschine-Systemen‹. In: *Handbuch der Psychologie,* 9. Bd., 94–145. Göttingen: Hogrefe [2]1970.

Schulke, H.-J. (Hrsg.): *Sport, Wissenschaft und Politik in der BRD.* Köln: Pahl-Rugenstein 1975.

Schunter-Kleemann, S.: *Arbeits- und Betriebspsychologie: Produk-*

tivkraft — Herrschaftstechnik — Ideologie? Beitrag der »Sektion Geschichte« zur Ringvorlesung des Psychologischen Instituts (am Fachbereich 11 der FU Berlin). Wintersemester 1971/72.

Sève, L.: *Marxismus und Theorie der Persönlichkeit.* Berlin (DDR): Dietz 1972 — Frankfurt/M.: Verl. marxist. Blätter 1972.

Seymour, W. D.: *Verkürzung der Anlernzeit.* Berlin (West)/Köln/Frankfurt/M.: Beuth 1960.

Skell, W.: ›Über Wechselbeziehungen zwischen Antizipationsleistungen und praktischer Realisierung bei der Lösung von Produktionsaufgaben‹. In: Hacker, W., K.-P. Timpe & M. Vorwerg (Hrsg.): *Arbeits-, ingenieur- und sozialpsychologische Beiträge zur sozialistischen Rationalisierung,* 78—82. Berlin (DDR): Dt. Verl. d. Wissenschaft 1973.

Stirn, H.: ›Die Arbeitsgruppe‹. In: *Handbuch der Psychologie.* 9. Bd., 487—510. Göttingen: Hogrefe 1961.

Taylor, F. W.: *Die Grundsätze wissenschaftlicher Betriebsführung.* München/Berlin: Oldenbourg [2]1919.

Tomberg, F.: *Bürgerliche Wissenschaft.* Frankfurt/M.: Fischer Taschenbuch (Bd. 6215) 1973.

Tomberg, F.: *Über die Unverzichtbarkeit des Begriffs »menschliche Natur« für eine historisch-materialistische Hermeneutik.* Thesenpapier zum Colloquium »Materialistische Hermeneutik«, Bielefeld 1975.

Triebe, J. K.: ›Eignung und Ausbildung: Vorüberlegungen zu einem eignungsdiagnostischen Konzept«. *Schweiz. Zschr. f. Psychologie,* 1975, 34, 50—67.

Ulich, E.: ›Periodische Einflüsse auf die Arbeit (Jahres-, Wochen- und Tagesschwankungen)‹. In: *Handbuch der Psychologie.* 9. Bd., 278—301. Göttingen: Hogrefe [2]1970.

Ulich, E.: ›Führungsstile‹. In: Rohmert, W. (Hrsg.): *Probleme der Menschenführung in der Industrie,* 47—57. Berlin (West)/Köln/Frankfurt/M.: Beuth 1971.

Ulich, E.: ›Arbeitswechsel und Aufgabenerweiterung‹. *Refa-Nachr.,* 1972, 25, 265—275.

Ulich, E.: ›Neue Formen der Arbeitsstrukturierung‹. *Fortschr. Betriebsführung,* 1974, 23, 187—196.

Ulich, E., P. Groskurth & A. Bruggemann: *Neue Formen der Arbeitsgestaltung.* Frankfurt/M.: Europ. Vlgsanst. 1973.

Volpert, W.: *Untersuchungen über den Einsatz des mentalen Trainings beim Erwerb einer sensumotorischen Fertigkeit.* Köln: Dt. Sporthochsch. 1969.

Volpert, W.: ›Anmerkungen zu Entwicklung und Funktion der Forschung auf dem Gebiet des sensumotorischen Lernens‹. *Sportwissensch.,* 1972, 2, 393—407.

Volpert, W.: *Sensumotorisches Lernen.* Frankfurt/M.: Limpert [2]1973 a.

Volpert, W.: ›Psychologie der Ware Arbeitskraft‹. In: Bruder, K.-J. (Hrsg.): *Kritik der bürgerlichen Psychologie,* 218—245. Frankfurt/M.: Fischer Taschenbuch (Bd. 6198) 1973 b.

Volpert, W.: ›Arbeitswissenschaftliche Grundlagen der Berufsbildungsforschung‹. In: Kirchner, J.-H., W. Rohmert, W. Volpert, H. Pornschlegel & G. Schrick: *Arbeitswissenschaftliche Studien zur Berufsbildungsforschung,* 49—105. Hannover: Jänecke 1973 c.

VOLPERT, W.: *Handlungsstrukturanalyse als Beitrag zur Qualifika-tionsforschung.* Köln: Pahl-Rugenstein 1974 a.

VOLPERT, W.: *Die »Humanisierung der Arbeit« und die Arbeitswis-senschaft.* Köln: Pahl-Rugenstein 1974 b.

VOLPERT, W.: ›Handeln, Planen, Handeln-Lernen‹. In: HARTMANN, H.: (Hrsg.): *Emanzipation im Sport?* (im Druck). Lollar: Achenbach 1975.

WEINBERG, P.: ›Staatsmonopolistische Formierung, Sport und demo-kratische Bewegung in der BRD‹. *Blätter f. dt. u. intern. Politik,* 1973, 18, 1072—1094.

WYGOTSKI, L. S.: *Denken und Sprechen.* Frankfurt/M.: S. Fischer 1969.

Peter Groskurth

Teil II: Zur Systemanalyse der »Neuen Formen der Arbeitsgestaltung«

Vorbemerkung

Die vorliegende Arbeit hat ein zweifaches Anliegen. Das erste ist eine Ergänzung zu dem Buch von ULICH, GROSKURTH u. BRUGGEMANN (1973) »Neue Formen der Arbeitsgestaltung« mit Schwerpunkt auf dem Untertitel dieses Buches: »Möglichkeiten und Probleme einer Verbesserung der Qualität des Arbeitslebens«. Wenn auch die »Neuen Formen der Arbeitsgestaltung« in der vorliegenden Arbeit kurz dargestellt werden, so ist doch die Lektüre des genannten Buches empfehlenswert.

Aus den Überlegungen zu diesem Thema ergibt sich das zweite Anliegen: eine Polemik gegen die unkritische Rede von der »Humanisierung der Arbeit«, von der »menschengerechten Arbeit« usw., welche am Ende gar die »Menschenwürde im Betrieb« sichert. Die Kritik richtet sich also nicht gegen diese Formen der Arbeitsgestaltung selbst, sondern gegen deren »ideologischen Überbau«.

Diese Kritik ist unvermeidlich eng gekoppelt mit der Kritik der Arbeit in der Klassengesellschaft. In diesem Zusammenhang soll einem möglichen Mißverständnis vorgebeugt werden: Die Aufhebung der Klassengesellschaft ist eine *notwendige,* jedoch keine *hinreichende* Voraussetzung für eine reale »Humanisierung der Arbeit.« Konkret heißt dies, daß aus der folgenden Kritik nicht etwa auf eine dahinterstehende Behauptung geschlossen werden darf, das Problem der humanen Arbeit sei in irgendeiner bestehenden Gesellschaft bereits gelöst.

Hinsichtlich dieser Kritik muß vorab auf eine Begrenzung aufmerksam gemacht werden: Bezüglich der »Möglichkeiten und Probleme *(vor allem,* d. Ref.) einer Verbesserung der Qualität des Arbeitslebens« sollen hier möglichst viele der wichtigen Aspekte angesprochen werden; angesichts des vorgegebenen Umfangs der Arbeit bleibt es jedoch unvermeidlich, daß vielen Problemen an dieser Stelle nur begrenzt nachgegangen werden kann.

Insgesamt wurde versucht (mit Ausnahme einiger komprimierter Fußnoten), sich nicht nur dem Spezialisten verständlich zu machen, sondern auch dem interessierten Laien.

Schließlich möchte ich den Kolleginnen und Kollegen danken, die sich durch das Manuskript gearbeitet und mich vor einigen Denkfehlern bewahrt haben.

1. Einleitung

Gegenstand der Arbeitspsychologie — wie allgemein der Arbeitswissenschaft — ist die Interaktion zwischen den Arbeitenden einerseits und dem Komplex der Arbeitsmittel und Arbeitsrollen (Arbeitsorganisation) andererseits. Als Gegenstand der Wissenschaft steht dieses Interaktionssystem seinerseits in Interaktion mit eben dieser Wissenschaft. Interaktion heißt in diesem Zusammenhang konkret einerseits Aufnahme von Informationen über den real vorfindlichen Zustand der Arbeitenden und der Arbeitsorganisation (sozusagen den »Ist-Zustand«) und andererseits verändernde Einwirkung auf beide im Sinne einer »Verbesserung« bzw. »Optimierung« (sozusagen eines »Soll-Zustandes«).

»Verbesserung«, »Optimierung« und »Soll-Zustand« weisen auf ein *Ziel* hin; d. h. die Arbeitspsychologie und -wissenschaft gehen von bestimmten erkenntnisleitenden *Interessen* aus. Diese Interessen — konkret bezogen auf die »Neuen Formen der Arbeitsgestaltung« — sind in aller Kürze Thema des Kapitels 3.

Die im Zusammenhang mit diesen Formen der Arbeitsgestaltung behaupteten Ziele wie »Humanisierung der Arbeit« oder »menschengerechte Arbeit« setzen eine bestimmte *Theorie* in zweierlei Hinsicht voraus: Erstens setzen sie eine Vorstellung davon voraus, was eigentlich »human« bzw. »menschengerecht« ist — ein »Menschenbild« also —, und zweitens bedarf es einer Vorstellung davon, inwieweit unter bestimmten Umständen die Arbeitsorganisation diesem »Menschenbild« angepaßt werden kann. D. h. es bedarf einer Theorie über die bestimmenden Faktoren in der Entwicklung der Arbeitsorganisation. Diese beiden vorgängigen Theorien sind Thema des Kapitels 4.

Diese vorgängigen Theorien wiederum — sowie ihre Weiterentwicklung — sind wesentlich Resultat der Entscheidung darüber, welche Fragen gestellt werden, welche »Aspekte« mit in die theoretischen Überlegungen einbezogen werden und welche Mittel eingesetzt werden, um Erkenntnisse zu gewinnen. Kurz: Als drittes Moment ist die *Methode* von Bedeutung; sie ist Thema des Kapitels 5.

Entscheidend bei allen diesen Themen ist, daß ihr Gegenstand nicht losgelöst aus seinen realen Zusammenhängen diskutiert werden darf. Sowohl die Arbeitsorganisation als auch die Arbeitenden existieren nicht »an sich«, sondern als Teilsysteme eines gesellschaftlichen Gesamtsystems. Das heißt konkret, die Arbeitsorganisation ist im vorliegenden Diskussionszusammenhang Bestandteil des *kapitalistischen* Betriebes und die Arbeitenden sind nicht einfach Besitzer von Arbeitskraft, sondern *Lohn*arbeiter mit klassen- und schichtenspezifischen Sozialisationen und dementsprechenden klassen- und schichtspezifischen Motivations- und Handlungsstrukturen.

Gleiches gilt für die thematisierten Interessen, Theorien und Methoden: als Zielgrößen, als Ideologie und als Produktivkraft sind sie unlösbar verbunden mit der — im vorliegenden Falle — kapitalistischen Produktionsweise.

Interessen, Theorien und Methoden bilden sozusagen die »Eingangsgrößen« des Teilsystems »Arbeitspsychologie« bzw. »Arbeitswissenschaft«. »Ausgangsgrößen« dieses Teilsystems sind zum einen die Modifikationen der Eingangsgrößen — welche in den gesellschaftlichen Wert- und Wissensbestand eingehen — und zum anderen die konkreten Maßnahmen hinsichtlich der Arbeitsorganisation, im vorliegenden Diskussionszusammenhang also die Einführung der »Neuen Formen der Arbeitsgestaltung« (NFA). Die kurze Darstellung dieser Form ist Gegenstand des (folgenden) Kapitels 2.

Diese neue Arbeitsgestaltung bedeutet nicht nur einfach eine Veränderung des Produktionsprozesses, sie bedeutet gleichzeitig eine Veränderung der Bedingungen beruflicher Sozialisation im Sinne des Vorwortes des vorliegenden Bandes. Die *Effekte* dieser beruflichen Sozialisation realisieren sich in zwei »Bereichen«: zum einen *innerhalb* des Betriebes und der Arbeitsorganisation und zum anderen *außerhalb*, in der »Freizeit«. Diese Effekte sind Thema des Kapitels 6.

Abbildung 1
Systematischer Zusammenhang der diskutierten Problemkreise

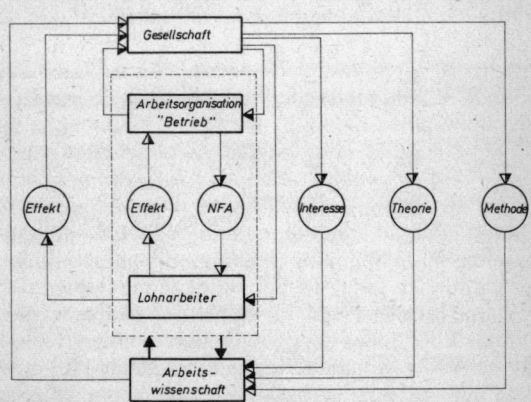

In der *Abb. 1* sind die hier angesprochenen funktionalen Zusammenhänge grobsystematisch dargestellt.

Diese Gliederung der folgenden Analyse bringt es mit sich, daß die einzelnen Kapitel weitgehend unabhängig voneinander gelesen werden können bzw. daß ihre Reihenfolge nicht zwingend eingehalten werden muß.

2. Die »Neuen Formen der Arbeitsgestaltung« (NFA)

Vorab sollen die zur Diskussion stehenden »Neuen Formen der Arbeitsgestaltung« kurz beschrieben werden. Dies kann im vorliegenden Rahmen zwangsläufig nur skizzenhaft geschehen; zur detaillierteren Information – einschließlich Fallbeispielen – vgl. ULICH, GROSKURTH u. BRUGGEMANN (1973) – an diese Arbeit lehnen wir uns in der folgenden Beschreibung an – und de JONG (1974).

Will man die sämtlichen Spielarten der NFA gemeinsame *strukturelle* Veränderung gegenüber traditionellen Arbeitsformen beschreiben, so bietet sich der Begriff des »Handlungsspielraums« (ULICH 1972, ULICH u. a. 1973) an, mit welchem die Form der Arbeitsteilung beschrieben werden kann. Dieser Handlungsspielraum ist als Resultante des Tätigkeitsspielraums (horizontale Arbeitsteilung) und des Entscheidungs- und Kontrollspielraums (vertikale Arbeitsteilung) aufzufassen. Nimmt man noch die »soziale Dimension« hinzu – gibt dem Handlungsspielraum also auch einen kollektiven »Aspekt« –, so lassen sich alle Formen der NFA als Vergrößerung des Handlungsspielraums beschreiben.

Im einzelnen lassen sich vier Formen der NFA unterscheiden, welche im folgenden kurz dargestellt werden sollen[1]:

1. Arbeitswechsel (job rotation)
2. Aufgabenvergrößerung (job enlargement)
3. Aufgabenbereicherung (job enrichment)
4. (Halb-)Autonome Arbeitsgruppen

2.1. Der Arbeitswechsel (job rotation)

Bei dieser Form handelt es sich sozusagen um die »anspruchsloseste« Version der NFA. Diese Arbeitsform zielt primär auf ergonomische Probleme im engeren Sinne. Monotonie, Übersättigung und einseitige Belastung (mit relativ schneller Ermüdung einzelner Muskelpartien) sollen dadurch vermieden werden, daß die Arbeitenden innerhalb eines variablen Zeitraums ihre Tätigkeiten untereinander austauschen. Beispielsweise werden innerhalb einer Montagegruppe

[1] Sowohl in der englisch- als auch in der deutschsprachigen Literatur hat sich bisher kein völlig einheitlicher Sprachgebrauch durchgesetzt. Wir folgen hier den bei ULICH u. a. (1973) gebrauchten Bezeichnungen.

die Plätze gewechselt, oder in einer Großbäckerei wechseln die Tätigkeiten der Ofenbeschickung, des Herausnehmens, des Wägens und des Verpackens ab. Dieses Rotationsprinzip ist sehr flexibel; es kann sämtliche Tätigkeiten einer (Produktions-)Einheit umfassen, es kann sich aber auch nur auf zwei verschiedene Tätigkeiten beschränken, je nach den arbeitsorganisatorischen Bedingungen oder auch individuellen Vorlieben.

Wichtig ist festzuhalten, daß die einzelnen Tätigkeiten selbst an keinem dieser Plätze durch das Rotationsprinzip verändert werden. Die Arbeits*teilung* bleibt unberührt, es verändert sich lediglich die (zeitliche) Aufteilung der Teilarbeiten auf die Teilarbeiter.

2.2. *Die Aufgabenvergrößerung (job enlargement)*

Im Unterschied zum Arbeitswechsel wird mit der Aufgabenvergrößerung die Arbeitsteilung selbst verändert. Der Arbeitende rotiert nicht mehr über verschiedene Arbeitsplätze, sondern in seinen festen Arbeitsplatz werden die Tätigkeiten bisher verschiedener Arbeitsplätze integriert. Strukturell sind diese verschiedenen Tätigkeiten dabei im wesentlichen gleich, es vergrößert sich lediglich der Umfang der Arbeitsaufgabe durch Verminderung der *horizontalen* Arbeitsteilung.

Aufgabenvergrößerung bedeutet also auch nicht unbedingt die Abkehr vom Fließband; ein größerer Umfang der Arbeitsaufgabe ergibt sich auch durch eine Reduzierung der Zahl der Arbeitstakte am Band. Eher typisch ist jedoch der Ersatz des Fließbandes durch Einzelarbeitsplätze, wobei im Extremfall das ganze (Teil-)Produkt von einer Person produziert wird.

Bei dieser Version der NFA kann kaum von einer »höheren« Qualifikaton der Arbeitenden gesprochen werden, eher von einer »Verbreiterung«. Gleichwohl nehmen die Anlernzeiten und damit die Produktionskosten der Qualifikation etwas zu.

Diese Form der NFA ist durchaus auch im Büro- und Dienstleistungssektor anzutreffen. Ein Beispiel hierfür gibt DRUCKER (1970, 307 f, Zit. n. ULICH u. a. 1973, 70): »Bis dahin war diese Arbeit (Bearbeitung der Kundenbriefe) nach dem Grundsatz des einen Handgriffes durchgeführt worden. Die eine Angestellte erledigte die eingegangenen Beschwerden, eine andere die Anfragen, eine dritte den Briefwechsel über Teilzahlung usw. Jede kam für ihr Gebiet mit vorgedruckten Formularen aus, und die wenigen Briefe, die einer besonderen Behandlung oder besonderer Entscheidungen bedurften, gingen an die Aufsicht. Neuerdings nun hat jede Angestellte die gesamte Korrespondenz mit den einzelnen Kunden zu führen, z. B. aller Kunden, deren Namen mit A beginnt. Nach wie vor werden

998 von 1000 Briefen durch Formbriefe beantwortet. Und insofern hat sich an der Arbeit nichts geändert, sie ist nicht weniger durchorganisiert, nicht weniger einförmig und ständig sich wiederholend als vorher. Doch die einzelne Angestellte wiederholt jetzt nicht unablässig einen Arbeitsgang, sondern hat es mit der gesamten Kette – genau gesagt mit 39 verschiedenen Tätigkeiten – zu tun, wie sie in einem Postversandhaus im Verkehr mit den Kunden eben anfallen. Und wenn auch die seltenen Briefe, die besondere Entscheidungen verlangen, nach wie vor nicht von den völlig ungelernten Kräften beantwortet werden, so sind diese doch gehalten, ihre Vorschläge für die Behandlung der Angelegenheit darauf zu schreiben, bevor der Kundenbrief zur Erledigung an die Aufsicht weitergegeben wird. Die Folge ist, daß die Produktivität um 30 % gestiegen, die Fluktuation der Arbeitskräfte aber um zwei Drittel zurückgegangen ist.«

2.3. Die Aufgabenbereicherung (job enrichment)

Im Gegensatz zur bloßen Aufgabenvergrößerung wird mit der Aufgabenbereicherung auch die vertikale Dimension des Handlungsspielraums berührt. Häufig geschieht dies durch die Integration der Kontrollfunktion in die Arbeitstätigkeit; der Arbeitende kontrolliert also sein eigenes Produkt auf Qualität und Funktionsfähigkeit. Diese Form setzt u. U. eine Umkonstruierung des Produkts voraus: solange Teilprodukte auf ihre Funktionsfähigkeit hin nicht testbar sind, ist diese Form der Aufgabenbereicherung nicht möglich.

Ein anderes Beispiel für Aufgabenbereicherung ist die Übernahme der Einrichterfunktion in die Tätigkeit des Maschinenarbeiters. Häufig ist dieser Maschinenarbeiter gleichzeitig auch zuständig für die Behebung kleinerer Störungen, er übernimmt also z. T. die Funktion eines traditionell Höherqualifizierten, des Reparaturarbeiters.

Aufgabenvergrößerung und Aufgabenbereicherung treten häufig zusammen auf. Prägnantes Beispiel hierfür ist die komplette Montage eines ganzen Fernsehapparates einschließlich der Endkontrolle durch einen einzigen Arbeitenden.

2.4. Die (halb-)autonome Arbeitsgruppe

Diese Version der NFA ist sicherlich die interessanteste und hinsichtlich ihrer möglichen Auswirkungen die bedeutsamste. Der Grad der Autonomie kann dabei höchst unterschiedlich sein. GULOWSEN (1971, übertragen von LATTMANN 1972, 30 f) nennt folgende Merkmale der Arbeitsautonomie einer Gruppe (zur detaillierteren Darstellung vgl. ULICH 1974):

»1. Die Gruppe kann auf die auf einer höheren Systemstufe erfolgende Festlegung des *Zieles ihres Einsatzes* aufgrund ihrer Mitgliedschaft im System Einfluß ausüben. In Frage stehen dabei die qualitativen Merkmale des Zieles (u. a. die Wahl des Produkts) wie dessen quantitative Merkmale.

2. Unter der Voraussetzung der Erfüllung der Grenzbedingungen kann die Gruppe darüber entscheiden,

   a) *wo* sie arbeiten soll,

   b) *wann* sie arbeiten soll,

   c) welche *Zusatztätigkeiten* von ihr zu erfüllen sind.

3. Die Gruppe kann über die Wahl der *Methode* entscheiden.

4. Die Gruppe kann darüber entscheiden, wer ihre *Mitglieder* sein sollen.

5. Die Gruppe entscheidet über die interne *Aufgabenverteilung*.

6. Die Gruppe entscheidet darüber, wer ihr *Führer* sein soll, und zwar

   a) ob sie für die Lösung *innerer Fragen* einen solchen Führer haben soll und wer diese Rolle zu übernehmen hat.

   b) ob sie einen Führer für die *Regelung des Umweltverhaltens* (bzw. der Grenzbedingungen) haben und wer dieser sein soll.

7. Darüber hinaus entscheiden die Gruppenmitglieder als einzelne, wie die von ihnen zu erfüllenden *Vollzüge* vorzunehmen sind.

Die Möglichkeit, die zuerst aufgeführte Entscheidung zu fällen, setzt jene voraus, die nachfolgende zu treffen. Die einzige äußere Begrenzung des Entscheidungsfeldes der voll selbstgesteuerten Gruppe besteht in den Grenzbedingungen.«

Es gibt praktische Beispiele, in denen — mit Ausnahme des ersten — alle diese Merkmale mehr oder weniger deutlich gegeben sind (vgl. ULICH u. a. 1973, 84 ff).

3. Die hinter den NFA stehenden Interessen

Geht man vom prinzipiellen Interessengegensatz von Kapital und Arbeit aus, so ergibt sich, daß entweder nur eine der beiden Seiten ein Interesse an den NFA haben kann oder aber, daß zwar beide Seiten ein Interesse daran haben, jedoch aus unterschiedlichen Gründen. *Gezeigt* hat bisher eher das Management sein Interesse, wenn auch erst vorsichtig und sich herantastend. Die Haltung der Gewerkschaften ist je nach politischer Orientierung unterschiedlich (vgl. DELAMOTTE 1974 und HELLBERG 1974); hinzu kommt noch das Problem, daß die Arbeitenden selbst nicht unbedingt mit ihren Gewerkschaften übereinstimmen.

Bisher sind fast alle Initiativen zur Einführung der NFA vom Management ausgegangen — wenn auch häufig aufgrund von »Denkanstößen« seitens der Arbeitswissenschaft. Woher kommt das Interesse des Managements?

Die Inhumanität industrieller Arbeitsbedingungen ist nicht neu. Angefangen von Adam SMITH über MARX bis zu kritischen Sozialwissenschaftlern wie LEWIN oder FRIEDMANN ist von einzelnen immer wieder auf dieses Problem aufmerksam gemacht worden. Auch praktische Beispiele für »humanere« Arbeitsbedingungen gab es schon früh: angefangen von den Experimenten Robert OWENS Anfang des 19. Jahrhunderts über die französischen »Communautés de travail« (vgl. BISHOP 1950 und als leichter zugängliche Sekundärliteratur FROMM 1955) bis zu den »autonomen Arbeitsgruppen«, die — wie THORSRUD (1973) feststellt — keineswegs von der Arbeitswissenschaft »erfunden« worden sind.

Wollte man manchen Arbeitswissenschaftlern und Managern glauben, dann war die bisherige Geschichte der Arbeitswissenschaft z. T. die Geschichte eines großen Irrtums, oder aber es ist — warum auch immer — einfach die humane Gesinnung hereingebrochen.

Solche subjektiven Auslöser[2] sind nicht sehr überzeugend. Sinnvoller scheint es uns zu sein, nach den objektiven Bedingungen zu fragen, welche die »Humanisierung« für die Kapitalverwertung attraktiv machen und die Auftragsforschung gedeihen lassen. Ausge-

---

[2] Es bleibt unbestritten, daß der einzelne Manager oder Arbeitswissenschaftler durchaus subjektiv die menschenfreundlichsten Zielsetzungen haben kann; dies ändert jedoch nichts an ihrer objektiven Funktion hinsichtlich der Ausbeutung und Integration der Arbeitenden.

gangen werden muß dabei vom zweifachen Ziel des kapitalistischen Betriebes: Profitoptimierung und Herrschaftssicherung[3]. Wenn eines dieser Ziele »freiwillig« reduziert wird, dann um dem jeweils anderen Ziel näherzukommen.

ULICH u. a. (1972, 83) kommen in ihrer Analyse der vorliegenden Literatur zu dem zusammenfassenden Schluß: »Alle Erfahrungen, die uns bisher im Zusammenhang mit der Aufgabenerweiterung zugänglich sind, zeigen, daß positive Ergebnisse hinsichtlich der folgenden Aspekte erwartet werden können:

1. hinsichtlich der Auswirkungen auf die Arbeitnehmer
   — geringere Ermüdung durch Verminderung einseitiger Beanspruchung
   — Verminderung der Monotonie
   — Zunahme des Interesses an der Arbeit
   — Zunahme der Arbeitszufriedenheit
2. hinsichtlich der Arbeitsorganisation
   — Verringerung der hierarchischen Positionen durch
   — Verlagerung von Einrichtungs- und Kontrollfunktionen
   — Verminderung der Improvisationsprobleme durch
   — Verminderung der Fehlzeiten
3. hinsichtlich der Produktion
   — Verbesserung der Produktionsqualität
   — Verbesserung der Produktionsquantität
   — Verbesserung der Situation auf dem Arbeitsmarkt durch
   — Verminderung der Fluktuation.«

Alle diese Effekte führen direkt oder indirekt zu einer mehr oder weniger deutlichen Produktivitätssteigerung, wenn auch häufig die Einführung der NFA mit zusätzlichen einmaligen und/oder ständigen Kosten verbunden ist und wenn es auch entscheidend ist, daß bei der Einführung keine psychologischen Fehler gemacht werden.

Es würde zu weit führen, alle diese Punkte im einzelnen zu diskutieren; der interessierte Leser sei auf die angegebene Quelle verwiesen. Im folgenden sollen lediglich — neben anderen — einige dieser Aspekte herausgegriffen und etwas ausführlicher diskutiert werden.

Vor der Diskussion der einzelnen Interessen bzw. Ziele soll darauf

---

[3] Es soll nicht bestritten werden, daß es evtl. einzelne Betriebe gibt, welche in diesem Zusammenhang tatsächlich einen humanitären Anspruch haben. Ob dieser Anspruch jedoch in die Praxis umgesetzt werden kann, hängt entscheidend von Bedingungen ab, die selten zusammentreffen: Erstens müssen es Betriebe sein, die von der Konstruktion her alle Gewinne wieder in den Betrieb investieren, und zweitens müssen es Betriebe sein, deren ökonomische Situation so ist, daß diese Reinvestitionen nicht unbedingt zur Produktivitätssteigerung eingesetzt werden müssen. Diese Bedingungen sind zum Beispiel bei marktbeherrschenden Genossenschaften gegeben. Auch staatliche Betriebe können — wenn auch in eingeschränkterem Maße — in Frage kommen.

hingewiesen werden, daß keineswegs in jedem Einzelfall *alle* diese Ziele wichtig sind. Die praktische Bedeutung für den Einzelbetrieb ergibt sich u. a. aus dem Typ der Produktion (zum Beispiel Stück-produktion oder Prozeßindustrie), aus dem Mechanisierungsgrad und aus der Arbeitsfunktion bzw. Tätigkeitsart (zum Beispiel Fertigung oder Instandhaltung).

3.1. *Die Konkurrenz der Firmen auf dem Arbeitsmarkt*

Einer der schlichtesten Gründe, die zur Einführung der NFA führen können, besteht einfach darin, daß es – in Phasen des Arbeits-kräftemangels – zunehmend schwierig wird, für monotone und langweilige Tätigkeiten überhaupt noch Arbeiter zu bekommen. Die Abneigung gegen solche Tätigkeiten ist insbesondere bei den – gemessen an der Ausbildung der vorangehenden Generation – besser ausgebildeten Jugendlichen ausgeprägt. Hinzu kommt die geringe Attraktivität der Industriearbeit durch das geringe Prestige dieser Arbeit (vgl. GINZBERG 1972, MEIDNER 1972). GINZBERG (1972) referierte auf einer internationalen Konferenz »on enhancing the quality of working life« die Befürchtung westeuropäischer Industrieller, aus diesen Gründen in absehbarer Zeit im eigenen Land nicht mehr produzieren zu können (daß dies auch eine Frage der Profitrate ist, geht hierbei etwas unter). Es scheint so, daß die »Arbeitgeber« in den Phasen der »Hochkonjunktur« häufiger in die Verlegenheit kommen, weniger die Arbeit »geben« zu können als an den Mann bringen zu müssen. Auf derselben Konferenz erklärte GALLINO (1972): »Gegenwärtig entwickelt sich eine neue Konzeption von Arbeit als einem verkäuflichen Produkt, d. h. ein Produkt, welches den Arbeitern in einer Weise zu verkaufen ist, die sich nicht sehr unterscheidet von der, mit welcher reale Produkte verkauft werden« (Übers. v. Ref.). Sieht man einmal von der etwas originellen Terminologie ab, so bleibt die zutreffende Feststellung, daß die Leute in beiden Fällen vom »Produkt« überzeugt werden müssen. Die Rede von der »Humanisierung« läßt sich insofern auch als Werbeargument interpretieren. Doch selbst VOLVO-Chef GYLLENHAMMER (o. J., 2) faßt sich mitunter sachlicher: »Um eine gute wirtschaftliche Entwicklung zu erzielen und industriell konkurrieren zu können, müssen wir die Probleme lösen, damit der Mensch in unseren Fabriken arbeiten will.«

Das Moment der Konkurrenz auf dem Arbeitsmarkt käme sicher deutlicher zur Wirkung, gäbe es nicht die Möglichkeit zum Rückgriff auf die moderne »industrielle Reservearmee« der »Gastarbeiter«.

Es ist hier nicht erforderlich, die durchsichtige Diskussion »Mitbestimmung« kontra »Mitbestimmung am Arbeitsplatz« ausführlich darzustellen. Erwähnenswert ist jedoch der historische Zusammenhang, in dem das Konzept der »(halb-)autonomen Arbeitsgruppen« breitere Beachtung fand.

Ausgangspunkt waren Streitigkeiten zwischen dem Management und den Gewerkschaften über ein Mitbestimmungsmodell, das um 1950 in einigen skandinavischen staatlichen Betrieben eingeführt wurde (vgl. THORSRUD u. EMERY 1970). Beide Seiten wandten sich gemeinsam an eine »unparteiische« dritte Seite: die Sozialwissenschaft, konkret, die Arbeitsgruppe um Einar THORSRUD. Dieser Gruppe schwebte ein Modell der »industriellen Demokratie« vor, das »mehr« als nur »formale Mitbestimmung« bieten sollte; vor allem sollte dieses Modell »funktionsgerecht« sein. Was es mit diesem inzwischen hinreichend bekannten Begriff auf sich hat, machen THORSRUD u. EMERY (1970, 191) selbst deutlich: »Eine notwendige Bedingung für permanente Machtteilung ist die Übereinstimmung über Ziele und Mittel« (Übers. v. Ref.); dies sei in der Beziehung zwischen Management und Gewerkschaften bzw. Arbeitern nicht so ohne weiteres gegeben und die Mitbestimmung auf der Unternehmensebene somit nicht vernünftig.

Wenn THORSRUD u. EMERY diese Übereinstimmung hinsichtlich der Ziele und Mittel als nicht hinreichend gegeben sehen und aus *diesem* Grund die »permanente Machtteilung« verwerfen, so beziehen sie einen ganz klaren Standpunkt zu der Frage, wer dann die *ganze* Macht haben soll. THORSRUD (1973, 117 f) — der durchaus auch einen emanzipatorischen Standpunkt vertritt — scheint selbst nicht ganz glücklich dabei zu sein und versucht, das Problem auf eine pragmatische Ebene zu verlagern: »Definitionen der Demokratie und somit auch der betrieblichen Demokratie sind vielleicht von geringerer Bedeutung als eine Klärung der *Bedingungen, unter denen sich Demokratie verwirklichen läßt.*« Die Unlogik dieses Satzes — man kann nicht die Verwirklichungsmöglichkeiten klären für etwas, was man begrifflich gar nicht erfaßt hat — offenbart THORSRUDs Dilemma: Auf der einen Seite will er »Entfremdung« aufheben und humanitäre Ideen zur »materiellen Gewalt« im Sinne von MARX werden lassen, auf der anderen Seite sieht er, daß diese materielle Gewalt höchst real in den ökonomischen Dimensionen liegt, und das *Machbare* wird ihm das praktisch Wichtige. In diesem Dilemma steht er nicht allein.

Aus den ökonomischen Bedingungen des Kapitalismus läßt sich ableiten, daß die Produktionsinstrumente — *und damit die entsprechenden Qualifikationen* — zunehmend schnell veralten. Dieses Veralten läßt sich auf das Streben nach dem durch den »technologischen
Vorsprung« ermöglichten Extraprofit sowie den tendenziellen Fall
der Profitrate zurückführen.[4] Bestandteil dieses Prozesses ist das
systematische Veralten der Konsumgüter durch frühen Verschleiß,
»Bedarfsweckung« usw. (vgl. GORZ 1973).

Dieser aus der politischen Ökonomie ableitbare Prozeß wird hinsichtlich seines Resultats von bürgerlichen Wissenschaftlern bestätigt. DAVIS (1971, 192) stellt fest: »Die sich entwickelnde Technologie macht erforderlich, daß wir die Leute darauf vorbereiten, an-
passungsfähig genug zu sein, eine Reihe von Tätigkeiten in ihrem
Leben auszuführen und sich ihrer Arbeit gegenüber verpflichtet zu
fühlen« (Übers. v. Ref.).

Die schnelle Veränderung der Qualifikationsanforderungen steht
im Widerspruch zu dem Ziel, den Wert der Arbeitskraft möglichst
niedrig zu halten. Dieser Widerspruch spiegelt sich im Bildungs-
sektor: Auf der einen Seite steht die Forderung nach komprimierten,
berufsbezogenen Ausbildungsgängen bei möglichst frühzeitiger Be-
rufsentscheidung — auf der anderen Seite die Forderung nach höherer Mobilität, Disponibilität und Anpassungsfähigkeit an sich
verändernde Tätigkeiten (vgl. HAAG 1972). Dieser Widerspruch ist
gleichzeitig ein Widerspruch zwischen den relativ kurzfristigen Verwertungsinteressen der Einzelkapitale und den weiteren Perspektiven
des Staates in seiner Eigenschaft als »ideeller Gesamtkapitalist«.

Die Lösung des Dilemmas wird erleichtert durch die Ausbildung
sogenannter »prozeßunabhängiger« Qualifikationen. Unter diesen
Qualifikationen verstehen KERN u. SCHUMANN (1970 b, 87) Flexibilität, technische Intelligenz (kausales, abstrahierendes und hypotheti-
sches Denken), Perzeption, technische Sensibilität und Verantwortung (Gewissenhaftigkeit, Zuverlässigkeit, Selbständigkeit).

Ein Vergleich mit den in Kapitel 2 dargestellten Ansätzen der NFA
zeigt, daß diese Qualifikationen unter den Bedingungen solcher
Arbeitsformen wichtiger werden, als sie es unter den Bedingungen
der stärker geteilten Arbeit waren. Dies gilt insbesondere für die
Dimensionen Flexibilität, Verantwortung und z. T. technische Intelligenz. Hinzu kommen soziale Qualifikationen wie Kooperations- und
Kommunikationsfähigkeit und -bereitschaft.

---

[4] Es ist unmöglich, diese Zusammenhänge in einigen kurzen Sätzen auch
demjenigen verständlich zu machen, der über keine Vorkenntnisse verfügt.
Die obigen Sätze sind mehr als Erinnerung gedacht. Vgl. hierzu auch
MALLET (1970).

Es ist klar, daß technologie- oder produktbedingte Umsetzungen eines Arbeiters wesentlich erleichtert werden, wenn dieser Arbeiter im Rahmen von »job rotation« (vgl. Kapitel 2.1.) ohnehin schon ständig »umgesetzt« wurde. Das gleiche gilt für »job enlargement« (vgl. Kapitel 2.2.): Das vorhandene und ständig trainierte relativ größere Verhaltensrepertoire sichert einen größeren Einsatzspielraum.

Es ist zu vermuten, daß der Gewinn nicht nur im aktuellen Verhaltensrepertoire liegt; wahrscheinlich ist, daß durch die Konfrontation mit wechselnden Arbeitsbedingungen auch die *Lernfähigkeit* zunimmt, d. h. auch für Arbeitsbedingungen, die aktuell noch gar nicht gegeben sind, dürfte sich die Einsatzfähigkeit erhöhen. Ein Indiz für diesen Zusammenhang kann im vorzeitigen Intelligenzabbau bei geistig anspruchslosen Tätigkeiten gesehen werden (vgl. SCHLEICHER 1973).

Der Planungs- und Einsatzspielraum vergrößert sich für das Management jedoch nicht nur durch die veränderten Qualifikationsstrukturen, sondern auch durch die mit den NFA ermöglichte Arbeitsorganisation. Die Anpassungsfähigkeit an Auftrags- bzw. Produktionsschwankungen wird wesentlich erhöht. Ein Beispiel: Angenommen, eine Firma hat für ein bestimmtes Produkt weniger Aufträge als gewöhnlich. Wird dieses Produkt nun mittels der Fließbandtechnik gefertigt, so stellt sich folgendes Problem: Das Band ist mehr oder weniger fest auf eine bestimmte Kapazität hin ausgelegt und erfordert die Besetzung mit einer festen Zahl von Arbeitern. Das Unterschreiten dieser Kapazität — etwa durch eine Verringerung der Bandgeschwindigkeit — ist gleichbedeutend mit einem Produktivitätsverlust. Läßt man das Band aber unter Ausnutzung der vollen Kapazität laufen — um die Arbeiter anschließend an einem anderen Band oder am umgerüsteten Band einsetzen zu können —, dann erhöhen sich die Lagerkosten, denn es würden mehr Einheiten dieses Produktes in einem bestimmten Zeitraum produziert, als für diesen Zeitraum gebraucht wurden.

Wird dieses Produkt hingegen im Rahmen des job enlargement an Einzelarbeitsplätzen gefertigt — an denen dann jeweils das *ganze* Produkt gefertigt wird —, können genausoviel Arbeiter für die Arbeit an diesem Produkt eingesetzt werden, wie es angesichts des Auftragsbestandes erforderlich ist. Die anderen Arbeiter können indessen für die Produktion eines anderen Produkts eingesetzt werden.

Ein ähnlicher Fall ist gegeben, wenn über *ein* Band *mehrere* Kleinserien laufen. In diesem Fall ist es erforderlich, diese Serien *nacheinander* zu fahren. Bei der Organisation mit Einzelarbeitsplätzen können sie *nebeneinander* laufen, und auf alle Schwankungen der einzelnen Auftragsbestände kann — innerhalb des Rahmens der Gesamtkapazität natürlich — *sofort* reagiert werden. Es fallen nicht nur Lagerkosten weg, sondern auch Kosten für die häufige Umrüstung des Bandes.

Ein drittes Beispiel ist die Anpassungsfähigkeit an Fehlzeiten. Bänder können nur gefahren werden, wenn eine gewisse Minimalbesetzung gegeben ist. Kleinere Ausfälle können noch durch »Springer« ausgeglichen werden, im schlimmeren Fall muß das Band abgeschaltet, d. h. die *gesamte* Kapazität stillgelegt werden. Bei Einzelarbeitsplätzen dagegen können nacheinander soviel Kapazitäts*anteile* stillgelegt werden, wie es Plätze gibt. Ähnliches gilt für Störungsfälle und anderes.

Ein weiterer Gewinn durch Einzelarbeitsplätze liegt im Wegfall der »Abstimmungsverluste« am Fließband: Die praktisch mögliche Bandgeschwindigkeit bemißt sich nach der Dauer der zeitlich »längsten« Einzeloperation; sie bestimmt die zeitliche Erstreckung des Arbeitstaktes. Da es nun meist nicht möglich ist, alle Einzeloperationen am Produkt auf den gleichen notwendigen zeitlichen Umfang zu bringen, ist die Mehrzahl der Arbeitenden »unterbeschäftigt«.

Es wäre falsch, wenn der Eindruck entstünde, diese Vorteile gelten nur bei der Ersetzung des Fließbandes. In diesen Fällen lassen sich nur die auch für Laien sinnfälligsten Beispiele finden. Vergleichbares gilt auch für das Beispiel eines Maschinenaggregats, an dem eine bestimmte Anzahl Arbeiter beschäftigt ist. Es ist zweifellos ein Gewinn für das Management, wenn diese Arbeiter keinen *festen* Platz an diesem Aggregat haben, sondern über alle Plätze *rotieren*: bei Ausfall eines Arbeiters ist die Situation durch einfache Intensifikation der Arbeit — die anderen übernehmen die Funktion des fehlenden Arbeiters mit — zu überbrücken. Daß dies auch zu einem Dauerzustand werden *kann*, liegt auf der Hand.

3.4. *Probleme der Macht und Kontrolle*

Nach ETZIONI (1965) ist die Hierarchie der Kontrolle das zentrale Element der Organisationsstruktur. Wenn nun die NFA auch als veränderte Organisationsstruktur gesehen werden können, stellt sich die Frage nach den Konsequenzen für die Kontrollstruktur.

Kontrolle erfolgt durch den (tatsächlichen, vermeintlichen oder möglichen) Einsatz von *Macht*. Welche Formen der Macht stehen prinzipiell zur Verfügung? Aus der Vielzahl der verschiedenen Machttypologien (vgl. die Übersicht von CARTWRIGHT 1965) soll hier diejenige von ETZIONI (1967) als Ausgangspunkt für die folgenden Überlegungen herausgegriffen werden. ETZIONI (1967, 96 f) unterscheidet »brachiale« (durch physischen Zwang), »pretiale« (durch materielle/finanzielle Zuwendung) und »normative« (durch »symbolische« Mittel wie Anerkennung, Zuneigung usw.) Macht. Bezogen auf die Arbeitssituation heißt dies konkret, daß sich jemand den

Zielen einer Organisation unterwirft, weil er entweder physisch dazu gezwungen wird oder weil er einen materiellen (finanziellen) Gewinn davon hat oder weil er hierdurch sein Bedürfnis nach Anerkennung befriedigen kann.

Diese drei Typen der Macht lassen sich offensichtlich zum einen der MASLOWschen Bedürfnishierarchie (vgl. Kap. 5.3.) und zum anderen den realen Machtstrukturen in den verschiedenen historischen Phasen gesellschaftlicher Arbeit (vgl. die Arbeit von VOLPERT in diesem Band) zuordnen.

Die Wahl zwischen diesen Machtmitteln ist nicht beliebig: Sie hängt davon ab, welche Mittel zur Verfügung stehen und welche davon anwendbar sind. Mit dem Ende der Leibeigenschaft und der Sicherung des »Existenzminimums« fällt das *(unmittelbare)* physische (Zwangs-)Machtmittel fort; es bleiben also die materiellen und die »symbolischen«. Ob diese Mittel nun optimal anwendbar sind, hängt im wesentlichen wiederum ab

1. von den Nebeneffekten des Machteinsatzes,
2. von der psychischen Struktur des Kontrollierten und
3. von der Kontrollsituation.

Zu 1: Sowohl bei den materiellen als auch bei den »symbolischen« Mitteln sind zwei Möglichkeiten des Einsatzes gegeben: Strafe (Entzug) und Belohnung (Zuwendung). Die Strategie der Strafe hat den grundsätzlichen Nachteil, daß zwar das *offene* Verhalten gesteuert wird, gleichzeitig aber eine oppositionelle Einstellung bewirkt werden kann, welche eine gegensätzliche Verhaltens*tendenz* zur Folge hat. D. h. daß der Einsatz von Strafe u. U. letztlich eine Intensivierung und Ausweitung der Kontrolle erforderlich machen kann. Wenn also die Belohnung als Methode vorzuziehen ist, stellt sich die Frage, bei welchem Mittel die Belohnung den stärkeren Effekt hat. Die Beantwortung dieser Frage hängt von der psychischen Struktur der Kontrollierten ab.

Zu 2: In der Arbeitspsychologie ist man sich heute weitgehend darüber einig, daß mit weiteren materiellen Verbesserungen kaum eine Steigerung der Leistungsmotivation bewirkt werden kann; Ausgangspunkt dieser Überzeugung ist — neben den praktischen Erfahrungen — das Modell der Bedürfnishierarchie. Aber auch der »human-relations«-Ansatz — der die Technik der Anerkennung und Beachtung entwickelte und damit den Einsatz »symbolischer« Machtmittel betonte (vgl. VOLPERT in diesem Band) — kam bald an eine Grenze. Heute scheint diese Leistungssteigerung im wesentlichen nur über die Befriedigung »intrinsischer« Bedürfnisse, welche auf den Arbeits*inhalt* selbst zielen, möglich zu sein: nur eine *attraktive* Arbeit, deren Ausübung an sich schon befriedigt, kann die im Kapitel 3 aufgezählten Effekte hinsichtlich Produktivität usw. bewirken. D. h., es ist heute der Einsatz eines neuen Typs von Macht erforderlich, einer Macht, welche in der Verfügung über »intrinsisch« befriedigende Arbeitsplätze besteht. Dieser Typ kann ebenfalls als »normative Macht« gekennzeichnet werden. Die Mittel sind jedoch keine »symbolischen« im Sinne von ETZIONI, sondern arbeitsinhaltlicher Natur. Beiden Versionen der »normativen Macht« ist jedoch der Effekt gemeinsam: normative Integration und Identifikation. Dieser Typ von Macht soll im nächsten Punkt noch etwas verdeutlicht werden.

Zu 3: Mit der Frage nach der Kontrollsituation kommen wir zum vielleicht wichtigsten Punkt. Eine Kontrolle setzt voraus, daß entweder die Arbeits*tätigkeit* oder das Arbeits*resultat* in noch ökonomisch sinnvoller Weise überwacht werden kann. Die *direkte* Überwachung der Tätigkeit setzt zweierlei voraus: erstens, daß eine größere Anzahl von Arbeitenden von *einem* Kontrolleur gleichzeitig überwacht werden kann, d. h. daß sie räumlich konzentriert ist, und zweitens, daß die kontrollierte Tätigkeit im wesentlichen weder Aufmerksamkeitsleistungen noch Denkleistungen erfordert. Wenn eine Gruppe einen LKW belädt, so ist es für einen einzelnen kontrollierbar, ob diese Leute arbeiten. Wenn aber ein Reparaturschlosser oder ein Einrichter sinnend vor seiner Maschine sitzt, ist nicht so ohne weiteres erkennbar, ob der Mann über das Problem nachdenkt oder über die überraschende Niederlage seines Fußballvereins. D. h. sobald Denkleistungen in der Tätigkeit enthalten sind, ist Voraussetzung für einen eventuellen direkten Kontrolleur eine etwa gleich hohe Qualifikation. Und das ist teuer. Hinzu kommt das Problem der fehlenden räumlichen Konzentration solcher Arbeiten.

Unsinniger noch würde die direkte Kontrolle eines Automaten-Kontrolleurs: In diesem Falle müßten Kontrolleur und Kontrollierter (der Automaten-Kontrolleur) zu zweit an der Maschine stehen bzw. ihren Rundgang machen.

Ist im Falle des Reparaturschlossers und des Einrichters noch eine *indirekte* Kontrolle über das Arbeitsresultat mehr oder weniger möglich, so ist auch diese Möglichkeit bei einem Anlagenführer oder einem Meßwartenarbeiter (zur Arbeitsaufgabenbeschreibung vgl. KERN u. SCHUMANN 1970 a) sehr eingeschränkt: Erstens ist — wie in einer Raffinerie zum Beispiel — die Fehlerquelle für eine Sollwert-Abweichung des Endprodukts manchmal nur schwer auffindbar, und zweitens sind die Kosten etwaiger Fehler bei solchen komplexen Anlagen häufig extrem hoch, so daß eine Kontrolle insofern zunächst einmal zu spät kommt.

DAVIS u. TAYLOR (1972, 16) formulieren das Problem in fünf präzisen Argumentationsschritten:

»1. Wenn die Produktion zusammenbricht, werden die ökonomischen Ziele der Organisation nicht erreicht.

2. Wenn der Arbeiter nicht angemessen auf stochastische (d. h. nicht vorherzusehende, d. Ref.) Ereignisse reagiert, bricht die Produktion zusammen.

3. Wenn der Arbeiter sich seiner Arbeit nicht verpflichtet fühlt, wird er nicht angemessen reagieren.

4. Verpflichtung kann nicht erzwungen oder erkauft werden; sie kann nur erwachsen aus der Erfahrung und dem Erleben der Lebensqualität in der Arbeitssituation.

5. Daher tendiert die automatisierte Industrie dazu, Komponenten in den Job einzubauen, die zur Entwicklung von Verpflichtung führen. Dabei sind die Hauptkomponenten Planung, Selbstkontrolle und Selbstorganisation, also Autonomie« (Übers. v. Ref.).

Es wird deutlich: Die Automation *ermöglicht* eine Produktivitätssteigerung, häufig aber nur unter der *Voraussetzung bestimmter psychischer Strukturen* als Resultat gelungener beruflicher Sozialisation der mit dieser Technologie Arbeitenden: Verpflichtung gegenüber Arbeitsaufgabe, Arbeitsorganisation und Betrieb, kurz: normative Integration. Hier aber gilt die empirisch belegte Feststellung von PAUL u. a. (1969, 75): »Höhere Bezahlung kann vielleicht vorübergehend mehr Arbeitsleistung erkaufen, aber sie erkauft keine Verpflichtung« (Übers. v. Ref.). War früher das Moment der Verpflichtung eine *zusätzliche* Quelle der Leistungsmotivation, so ist sie heute in vielen Fällen eine *unverzichtbare.* Das aber heißt — und damit kommen wir an den Ausgangspunkt des Kapitels zurück —, mit den traditionellen materiellen Machtmitteln kann in solchen Fällen keine hinreichende Kontrolle mehr ausgeübt werden. Diese Kontrolle ist nur möglich über den »ideellen« Bereich, und Voraussetzung hierfür ist eine bestimmte »affektive Qualifikation« (NEEF u. MORSCH 1973) der Arbeitenden. Die Tendenz zu Verpflichtung als *beruflicher Qualifikation* (TOURAINE 1955, 123) beschreibt nach BLAUNER (1964, 169) den wichtigsten historischen Trend in der Entwicklung der Industriearbeit. Das mag zwar übertrieben sein, aber es betont die Bedeutung dieses Faktors. Und es betont letztlich: Die »Humanisierung der Arbeit« hat ihre Grundlage u. a. in der Untauglichkeit traditioneller Kontrollmittel. Die traditionelle *Fremd*kontrolle wird ersetzt durch »*Selbst*kontrolle«. Hieraus aber zu schließen, dem Lohnarbeiter gegenüber würde keine Macht mehr eingesetzt, wäre ein Fehlschluß: Der Arbeitende wird lediglich dazu gebracht, das zu wollen, was er wollen soll, durch den Einsatz »normativer Macht« (im oben diskutierten Sinne).

Doch selbst in den Fällen, in denen die traditionellen Machtmittel noch anwendbar sind, bringen die NFA dem Management einen Gewinn. In den (halb-)autonomen Arbeitsgruppen sind die Mitglieder in ihrem Verdienst und/oder in der erforderlichen individuellen Arbeitsleistung häufig voneinander abhängig. Es ist nicht überraschend, wenn diese Arbeitsgruppen auch als Mittel zur Disziplinierung gesehen werden (SUSMAN 1972, 178).

3.5. Zusammenfassung

Zusammenfassend kann festgestellt werden, daß es eine Reihe von Gründen jenseits aller »Humanität« gibt, welche die Einführung der NFA längerfristig nahezu erzwingen (wenn auch der größere Teil des Managements sich darüber noch nicht im klaren ist). Interessant ist in diesem Zusammenhang eine historische Anmerkung von THORSRUD (1973, 137 f), der zur Verbreitung der NFA — insbesondere der (halb-)autonomen Arbeitsgruppen — ganz wesentlich beitrug: Nachdem der Autor darauf hinweist, daß das Konzept der Arbeitsgruppen schon 1949 vorlag, sich aber niemand dafür interessierte, stellt er fest: »Meiner Ansicht nach haben aber sowohl die Gewerkschaften wie die Manager das Projekt auch deshalb unterstützt, weil sie durch die EWG in Angst versetzt waren; jedenfalls war das ein ausschlaggebender Faktor.«

Tatsächlich zwangen seinerzeit die EWG-Außenzölle und -Einfuhrbeschränkungen die Anliegerstaaten zu erhöhter Produktivität. Daß die Produktivitätssteigerungen durch die NFA sehr beachtlich sein können, rechnen PAUL, ROBERTSON u. HERZBERG (1969) — in einer Arbeit mit dem bezeichnenden Titel »Job enrichment zahlt sich aus« — handfest vor: 19 % oder $ 300 000 Absatzsteigerung bei 15 Verkaufsrepräsentanten in 9 Monaten; Einsparungen von jährlich $ 125 000 durch job enrichment bei einer Gruppe von Vorarbeitern. Auf eine besorgte Anfrage hin betonen die Autoren, daß solche Umstellungen durchaus ohne Erhöhung der Löhne und Gehälter möglich sind.

Im allgemeinen werden zwar mit der Einführung der NFA die Löhne und Gehälter erhöht, die Firmen geben aber selten Auskunft über die dennoch erzielte Profitsteigerung. Dies würde allerdings auch dem Interesse am Extraprofit widersprechen.

Insgesamt scheint die Feststellung von HERRIK u. MACCOBY (1972) auf der ersten »Internationalen Konferenz zur Förderung der Qualität des Arbeitslebens« in den USA nicht übertrieben zu sein: »Die verfügbaren Erkenntnisse machen eindringlich deutlich, daß humanisierte Arbeitsarrangements produktiver sind als das traditionelle autoritäre Management, und Widerstand gegen diesen Wandel dürfte hinweggewischt werden vom nationalen ökonomischen Bedürfnis, Produktivitätsniveaus zu halten oder zu steigern« (Übers. v. Ref.).

4. Die vorgängige Theorie

In diesem Kapitel sollen einige Aspekte der den NFA zugrundeliegenden Theorien diskutiert werden. Gemäß dem Gegenstand der Arbeitspsychologie und Arbeitswissenschaft — der Interaktion von Arbeitsorganisation einerseits und Arbeitenden andererseits — beziehen sich diese Theorien auf zwei Teilbereiche, welche in den folgenden Teilkapiteln thematisiert werden.

4.1. Relevante Aspekte der Organisationstheorie

Einer der Pfeiler bürgerlicher Sozial- und Arbeitswissenschaft war — und ist es z. T. noch — die Grundannahme des »Technologischen Determinismus«. Dieser Begriff wird in zwei Bedeutungen benutzt: einmal bezogen auf eine gesellschaftlich-soziale (Makro-)Ebene und zum anderen bezogen auf eine arbeitsorganisationale (Mikro-)Ebene. Im ersten Fall vertritt die hinter diesem Begriff stehende Theorie die Ansicht, daß die technologische Entwicklung als die *allein* entscheidende Entwicklung in einer Gesellschaft anzusehen ist: Politische, wirtschaftliche und soziale Entwicklungen werden als im wesentlichen abhängig von dieser technologischen Entwicklung gesehen. »Die Formen der Wirtschaftssysteme werden nicht von ideologischen Vorstellungen, sondern von den Forderungen der Technologie und Organisation geprägt« faßt GALBRAITH (1970, 14 f) seine Ansicht zusammen. Folgerichtig wird im Rahmen dieser Theorie das Entwicklungsstadium einer Gesellschaft am technologischen Entwicklungsstadium gemessen, wobei die Produktionsverhältnisse als vergleichsweise nebensächlich erscheinen. Zentral werden somit Begriffe wie »Industriegesellschaft« oder — anspruchsvoller noch — »Zeitalter der Automation«[5]. Eine weitere Folgerung aus diesem Ansatz ist sodann die Annahme, daß diese technologische Entwicklung — mit den damit verbundenen »Sachzwängen« — zu einer strukturellen Annäherung verschiedener gesellschaftlicher Systeme — im wesentlichen Kapitalismus und Sozialismus — führt. Diese Annahme ist unter dem Stichwort »Konvergenztheorie« vertreten worden (vgl.

[5] Selbst ein sich als kritisch verstehender Autor wie VILMAR (1973 b, 185) gerät in die Nähe solcher Ansätze, wenn er von der »vorelektronischen Zeit« spricht.

Vom marxistischen Standpunkt aus wird dagegen eingewandt, daß Technologie niemals von ihrer konkreten *Anwendung* getrennt gesehen werden darf, d. h. daß in der Einschätzung der Produktivkräfte nicht von den Produktionsverhältnissen abgesehen werden kann. In einer Klassengesellschaft ist die Technologie prinzipiell ein Instrument zur Ausbeutung und zur Aufrechterhaltung von Herrschaft. So hätte zum Beispiel die Mechanisierung im Stadium des Frühkapitalismus »an sich« — da sie die Produktivität erhöhte — zur Verkürzung des Arbeitstages und/oder zur Verbesserung der Lebens- und Arbeitsbedingungen der Arbeiter führen können; die kapitalistische *Anwendung* dieser neuen Technologie führte jedoch bekanntlich zum krassen Gegenteil.

Diese Version des »Technologischen Determinismus«[6] ist im Rahmen unseres Diskussionszusammenhanges jedoch weniger zentral. Wichtiger ist hier die Version, welche stärker auf die Ebene der Arbeitsorganisation zielt. Im Rahmen dieser Theorie galt es — bisher — als ausgemachte Sache, daß es für jedes herzustellende Produkt *eine und nur eine* — zu jedem Zeitpunkt der technologischen Entwicklung u. U. verschiedene — *optimale* Produktionstechnik gibt. Diese eine optimale Technologie bestimmt dieser Ansicht nach in weitgehend eindeutiger und zwingender Weise die erforderliche Form der Arbeitsteilung und Kooperation. Wenn es zum Beispiel galt, ein Auto zu produzieren, so war es seit Fords Zeiten unzweifelhaft, daß die Fließbandtechnik mit ihren minimalen Qualifikationsanforderungen »optimal« ist.

Es fragt sich, nach welchem *Kriterium* bzw. *inwiefern* eine bestimmte Produktionstechnik »optimal« ist. Ökonomie und Arbeitswissenschaft bieten hier die »neutralen« Maße »Produktivität« und »Wirkungsgrad« an. Was unterscheidet die höhere Produktivität von der niedrigeren? Es ist hier nicht erforderlich, alle gängigen Produktivitätsmaße aufzuführen. In jedem Falle läuft die Antwort jedoch darauf hinaus, daß entweder mit demselben »Aufwand« (Input) ein besseres Ergebnis (Output) oder mit geringerem »Aufwand« dasselbe Ergebnis erzielt wird. Dies läßt sich jedoch auf wesentlich verschiedene Weisen erreichen: Die Produktivität kann sich erhöhen zum Beispiel durch den Einsatz qualitativ anderer Produktionsinstrumente, einer automatischen Maschine etwa. Die Produktivität steigt dadurch, daß der Arbeiter mit der neuen Maschine in der gleichen Zeit eine größere Menge produziert oder auch dadurch, daß nur noch ein Arbeiter erforderlich ist, wo bisher zwei arbeiteten. Der

---

[6] Mit »technologischer Ansatz« wird manchmal auch die Theorie bezeichnet, derzufolge die Technologie wesentlich Ursache der Einstellungen und Verhaltensweisen der unter den Bedingungen dieser Technologie Arbeitenden ist. Vgl. hierzu Blauner (1964), Woodward (1964) und Goldthorpe u. a. (1968 a).

materielle und psychische »Aufwand«, der auf den evtl. entlassenen Arbeiter zukommt, geht natürlich nicht in die Produktivitätsberechnung ein. Die Produktivität läßt sich aber auch noch einfacher erhöhen: Läßt man zum Beispiel ein Fließband einfach etwas schneller laufen, so »erhöht sich die Produktivität«. Tatsächlich ist jedoch lediglich die Arbeit intensiviert worden (vgl. MASUCH 1972, der entsprechend des Doppelcharakters der Arbeit — Arbeits- und Verwertungsprozeß — produktive Qualifikationen und Intensitätsqualifikationen unterscheidet). Die »Aufwände« des jetzt etwas mehr gestreßten Arbeiters gehen selbstverständlich nicht in die Berechnung ein. Wenn heute in die »erweiterten Produktivitätsmaße« auch Faktoren wie vorzeitiger körperlicher Verschleiß und die damit verbundenen Kosten mit eingehen, dann im wesentlichen aufgrund der Einsicht, daß nicht viel gewonnen werden kann, wenn Staat und Einzelkapitale die Kosten wechselseitig aufeinander abzuwälzen suchen. Die »erweiterten Produktivitätsmaße« spiegeln letztlich die Tendenz zur längerfristigen Perspektive in der Kapitalverwertung wider.

Es kann festgestellt werden: »Produktivität« ist kein Maß, das sich neutral auf den Arbeitsprozeß bezieht, sondern ein Maß, welches auf den Verwertungsprozeß der Arbeitskraft und damit des variablen Kapitals zielt. »Produktivität« ist ein Instrument zur Kalkulation der Rate des relativen Mehrwerts und des Profits.[7] Da nun aber der Prozeß der Kapitalverwertung die Aufrechterhaltung der Klassengesellschaft erfordert, kann sogar hohe Produktivität wenig »optimal« sein: Sobald diese Produktivität Qualifikationsniveaus voraussetzt, welche die Manipulierbarkeit des Arbeitenden und dessen Integration in den kapitalistischen Betrieb möglicherweise verringern, ist sie nicht mehr erwünscht. So kommen NEEF u. MORSCH (1973, 138) in ihrer Analyse der Qualifizierung von Ingenieuren zu dem Schluß: »Um die Verwertungsinteressen des Kapitals voll zu sichern, muß auf ein beträchtliches Maß an Produktivität verzichtet werden.«

Doch kehren wir zurück zur Theorie des »Technologischen Determinismus«. In einem Satz zusammengefaßt, vertritt sie den Standpunkt: Für die Herstellung eines Produktes gibt es *eine* optimale Produktionstechnik, diese Produktionstechnik bestimmt die Form und den Grad der Arbeitsteilung und der Kooperation zwischen den Teilarbeitern, und diese Arbeitsteilung und Kooperation wiederum bestimmt die Struktur des konkreten Arbeitsplatzes und der Arbeitsaufgabe. »Optimal« ist dabei diese Produktionstechnik insofern, als dieser Arbeitsplatz eine optimale »Produktivität« sichert.

Von Produktivität läßt sich natürlich nur im Zusammenhang mit

---

[7] Werden diese Maße auch in nichtkapitalistischen Gesellschaften in dieser Form verwandt, so beziehen sie sich ebenfalls auf die »Kapital«-Akkumulation.

irgendeinem Arbeitsergebnis reden, und dieses kommt nicht durch den Arbeitsplatz allein zustande, sondern durch die Interaktion dieses Arbeitsplatzes mit dem an ihm Arbeitenden. Und da nun also die Produktivität Resultat von *zwei* Faktoren ist, die Technologie jedoch nur *einen* der beiden Faktoren – den Arbeitsplatz – bestimmt, beinhaltet die Theorie folgende Annahme: Der Arbeitende ist in seinen arbeitsrelevanten Eigenschaften und Strukturen entweder konstant, oder er paßt sich an die technischen Bedingungen an. Was ist vom Standpunkt der Produktion am Arbeiter interessant? Zunächst einmal ein bestimmtes Leistungspotential, d. h. eine bestimmte Qualifikation. In *dieser Hinsicht* ist die *Annahme der Anpassung* korrekt: Der individuelle Arbeiter kann zwar in erhebliche »Anpassungsschwierigkeiten« infolge veränderter Qualifikationsanforderungen kommen, die Anpassung der Lohnabhängigen *insgesamt* ist jedoch durch die Ausbildungsinstitutionen mehr oder weniger gesichert.

Interessant ist weiterhin, ob und unter welchen Bedingungen der Arbeiter bereit ist, dieses Leistungspotential produktiv einzusetzen. Diese (psychologische) *Leistungsbereitschaft* hängt wesentlich davon ab, ob und inwieweit durch die Leistung irgendein Bedürfnis des Arbeitenden befriedigt wird. Wenn sich nun die Arbeitspsychologie im Rahmen der beruflichen Sozialisation um diese Leistungsbereitschaft bemüht, so ist es unvermeidlich, daß in die praktischen Maßnahmen eine Vorstellung von diesen Bedürfnissen, eine Bedürfnistheorie, ein »Menschenbild« eingeht. In *dieser Hinsicht galt* – und gilt letztlich noch – in der Arbeitswissenschaft die Annahme einer – wenn auch auf abstrakter Ebene – *Konstanz* der Bedürfnisse. Nicht konstant hingegen war die Meinung darüber, *was* da konstant bleibe. Ohne dem Kapitel 4.2. vorzugreifen, soll hier kurz auf die entscheidenden Veränderungen in diesen Meinungen eingegangen werden (vgl. auch die Arbeit von VOLPERT in diesem Band).

Ganz grob läßt sich die Geschichte der Theorie arbeitsrelevanter Bedürfnisse in drei Phasen einteilen. Die erste ist bestimmt vom Bild des »homo oeconomicus«: Die Theorie ging von der Annahme aus, daß es im wesentlichen nur ein Motiv für den Arbeitenden gibt, seine Arbeitskraft zur Verfügung zu stellen: Geld. Gleichgültig gegen seine Arbeit – nicht nur im philosophischen und ökonomischen, sondern auch im eigentlich psychologischen Sinne – suche er *innerhalb* der Arbeit lediglich die Voraussetzungen dafür zu schaffen, *außerhalb* der Arbeit seine Bedürfnisse befriedigen zu können. Die arbeitsrelevanten Bedürfnisse des Arbeiters wurden also als »materiell« gesehen, als auf einen bestimmten *Effekt* der Arbeit (Geld) gerichtet, und die Befriedigung dieses Bedürfnisses führte zu einer Art von Arbeitszufriedenheit, die genauer als »*Lohnzufriedenheit*« zu kennzeichnen ist. Als effektivste Möglichkeit, Leistungsbereitschaft zu erzeugen, wurde folgerichtig die Bezahlung nach Akkord gesehen.

McGregor (1970, 47 f) faßt mit seiner »Theorie X« die unausgesprochenen Glaubenssätze dieser Management-Philosophie in drei Thesen zusammen:

>»1. Der Durchschnittsmensch hat eine angeborene Abneigung gegen die Arbeit und versucht, ihr aus dem Wege zu gehen, wo er kann ...
> 2. Weil der Mensch durch Arbeitsunlust gekennzeichnet ist, muß er zumeist gezwungen, gelenkt, geführt und mit Strafe bedroht werden, um ihn mit Nachdruck dazu zu bewegen, das vom Unternehmen gesetzte Soll zu erreichen ...
> 3. Der Durchschnittsmensch zieht es vor, an die Hand genommen zu werden, möchte sich vor Verantwortung drücken, besitzt verhältnismäßig wenig Ehrgeiz und ist vor allem auf Sicherheit aus.«

Die Tatsache, daß diese Behauptungen häufig scheinbar tatsächlich zutreffen, läßt McGregor jedoch nicht gelten: Diese Tatsache erkläre sich aus dem Mechanismus der »sich selbst erfüllenden Prophezeihung«[8]. Dieser Mechanismus besagt, daß eine Voraussage nur deshalb »zutrifft«, weil diese Voraussage überhaupt gemacht wurde. Konkret heißt das im vorliegenden Fall, daß aufgrund der Vorurteile über die Motive der Arbeitenden (uninteressiert, faul usw.) Arbeitsbedingungen geschaffen wurden, die auch keinen Anlaß für Interesse, Engagement usw. bieten, und daß erst durch diese Tatsache die Arbeitenden sich dann tatsächlich uninteressiert usw. verhalten. Wären hingegen die Arbeitsbedingungen in dieser Hinsicht wesentlich anders, so würden diese Behauptungen »falsch«.

Dieser »Theorie X« stellt McGregor (1970, 61 f) seine »Theorie Y« gegenüber:

>»1. Die Verausgabung durch körperliche und geistige Anstrengung kann als ebenso natürlich gelten wie Spiel oder Ruhe ...
> 2. Von anderen überwacht und mit Strafe bedroht werden ist nicht das einzige Mittel, jemanden zu bewegen, sich für die Ziele des Unternehmens einzusetzen. Zugunsten von Zielen, denen er sich verpflichtet fühlt, wird sich der Mensch der Selbstdisziplin und Selbstkontrolle unterwerfen.
> 3. Wie sehr er sich Zielen verpflichtet fühlt, ist eine Funktion der Belohnungen, die mit ihrem Erreichen verbunden sind ...

---

[8] Dieser Mechanismus gründet auf dem »Thomas-Theorem«: Werden Darstellungen sozialer Situationen als real akzeptiert, so haben sie reale Konsequenzen. Dieser Mechanismus ist in der Psychologie als »Rosenthal-Effekt« bekannt.

4. Der Durchschnittsmensch lernt, unter geeigneten Bedingungen Verantwortung nicht nur zu übernehmen, sondern sogar zu suchen . . .

5. Die Anlage zu einem verhältnismäßig hohen Grad von Vorstellungskraft, Urteilsvermögen und Erfindungsgabe für die Lösung organisatorischer Probleme ist in der Bevölkerung weit verbreitet und nicht nur hier und da anzutreffen.

6. Unter den Bedingungen des modernen industriellen Lebens ist das Vermögen an Verstandeskräften, über das der Durchschnittsmensch verfügt, nur zum Teil genutzt.«

Mit dieser »Theorie Y« beschreibt McGREGOR wesentlich Annahmen, die für die zweite Phase[9] der Theorie arbeitsrelevanter Bedürfnisse gültig sind. Diese Phase ist dadurch gekennzeichnet, daß der Arbeiter als *soziales Wesen* »entdeckt« wurde. Die epochalen HAWTHORNE-Experimente (vgl. VOLPERT in diesem Band) sowie weitere Forschungen machten eindringlich deutlich, daß durch finanzielle Anreize die vorhandenen Leistungspotentiale nur z. T. aktiviert werden können. Leistungsbereitschaft wird durch eine Reihe von (sozial-)psychologischen Gründen in Grenzen gehalten, so daß man häufig von einem gewissen Maß an Leistungs*zurückhaltung* sprechen kann. Entscheidend ist hier, daß die Chance zur zusätzlichen Aktivierung von Leistungspotentialen in der Befriedigung von *sozialen* Bedürfnissen gesehen wurde, Bedürfnissen, die sich weniger auf den Effekt als auf den *Kontext* — die sozialen Rahmenbedingungen — der Arbeit beziehen. Die Befriedigung dieser Bedürfnisse führt zu einer Art von Arbeitszufriedenheit, die als »*Betriebszufriedenheit*« akzentuiert werden kann.

Diese Art von Zufriedenheit hat über den Leistungsaspekt hinaus den für das Management erfreulichen Effekt, daß sie die Integration in den Betrieb fördert und somit eine bessere Basis für das Konfliktmanagement bietet.

Beiden Ansätzen — sowohl dem ersten, der »Wissenschaftlichen Betriebsführung«, als auch dem zweiten, dem »human-relations«-Ansatz — ist eines gemeinsam: Die Bedürfnisse der Arbeitenden wurden ohne wesentlichen Zusammenhang mit der Arbeitsaufgabe und der Arbeitstätigkeit *selbst* gesehen. Der »human-relations«-Ansatz zielt zwar auf die Rahmenbedingungen der Arbeit, die Struktur der Arbeit — die Form der Arbeitsteilung und der Kooperation — bleibt jedoch im wesentlichen gleich. Nach wie vor wird die Arbeit — von wenigen privilegierten Ausnahmen abgesehen — als ein notwendiges Übel betrachtet, und nur durch finanzielle *Entschädigung* und/oder

[9] Bei McGREGOR finden sich zwar auch Elemente, die einen Bezug zur dritten — noch darzustellenden — Phase haben, diese erscheinen jedoch als eher sekundär.

geeignete soziale Maßnahmen (»Sozialklimbim«: von den »Mitarbeitergesprächen« bis zur betrieblichen Weihnachtsfeier) kann jemand dazu gebracht werden, dieses Übel auf sich zu nehmen. Das heißt, die Wahl der einzusetzenden Produktionstechnik — und damit kehren wir zum Ausgangspunkt »Technologischer Determinismus« zurück — hat nichts zu tun mit den angewandten Methoden zur Motivierung der Arbeitenden.

Diese vollständige Trennung von technologischen und psychosozialen Aspekten spiegelt sich in der Einseitigkeit der theoretischen Ansätze: Vertritt die »Wissenschaftliche Betriebsführung« eine Theorie der Organisation ohne Menschen, so betreibt umgekehrt der »human-relations«-Ansatz eine Theorie der Menschen ohne Organisation. Im ersten Ansatz wird der Mensch technisiert und erscheint als bloßes Anhängsel der Maschinerie, im zweiten wird hingegen das idyllische Bild der vermenschlichten Organisation gezeichnet, die zu »unserer Firma« wird. In der Struktur der Organisation verankerte Konfliktursachen werden mehr oder weniger ignoriert.

Diese Trennung der Aspekte versperrte den Zugang zu weiteren bzw. neuen Methoden der Aktivierung von Leistungsbereitschaft. Unter dem ökonomischen Zwang zu weiterer Produktivitätssteigerung wurde nach dem sozialen Wesen des Arbeitenden dessen Bedürfnis nach »Selbstverwirklichung« (vgl. Kapitel 4.2.) »entdeckt«. Diese »Selbstverwirklichung« — und das ist das entscheidend Neue dieser Theorie — wird ermöglicht durch einen geeigneten *Inhalt* der Arbeit, d. h. durch eine geeignete Struktur der Arbeit, geeignete Aufgaben und Anforderungen. THORSRUD u. EMERY (1970, 194) — die Initiatoren einer Reihe von Experimenten mit (halb-) autonomen Arbeitsgruppen in Skandinavien und England — bieten einen neuen Katalog von »Basisbedürfnissen« an, der charakteristisch ist für die dritte Phase der Bedürfnis-Theorien:

■ »das Bedürfnis nach einem Arbeitsplatz, der ein Mindestmaß an Anforderung und Abwechslung beinhaltet;

■ das Bedürfnis, durch die Arbeit weiter lernen zu können;

■ das Bedürfnis nach einem Kompetenzbereich für Entscheidungen;

■ das Bedürfnis nach einem Mindestmaß an sozialer Unterstützung und Anerkennung in der Arbeit;

■ das Bedürfnis des einzelnen, seine Arbeit und sein Arbeitsprodukt in Beziehung zu seiner gesellschaftlichen Existenz zu setzen;

■ das Bedürfnis nach dem Gefühl, daß die Arbeit einer besseren Zukunft dienlich ist« (Übers. v. Ref.).

Dieser Katalog zielt auf das, was als »intrinsische« (aus der Sache oebot entotchende) Motivation bezeichnet wird. In Ablebung von den obengenannten Arten der Arbeitszufriedenheit kann hier von »Arbeitszufriedenheit im engeren Sinne« oder von »intrinsischer Arbeitszufriedenheit« gesprochen werden.

Als zentrale Themen sind »Komplexität«, »Kompetenz« und »sozialer Bezug« erkennbar; will man diese zu einem Begriff zusammenfassen, so bietet sich die »Erweiterung des Handlungsspielraums« (ULICH 1972) an. Es ist deutlich, daß die in Kapitel 2 dargestellten Formen der Arbeitsgestaltung mehr oder weniger auf die Befriedigung dieser Bedürfnisse zielen. Diese Befriedigung hat nicht nur den Effekt, Leistungszurückhaltung abzubauen, im »günstigen« Falle kann sogar von Leistungs*bedürfnis* gesprochen werden.

Ein solcher Ansatz — will man ihn in die Praxis umsetzen — macht eine neue Theorie der Arbeitsorganisation erforderlich; das Ausgehen von Bedürfnissen, die sich auf den Inhalt der Arbeit, auf die Form der Arbeitsteilung und der Kooperation beziehen, ist unvereinbar mit der absoluten Vorrangigkeit der Produktionstechnik, wie sie mit dem »Technologischen Determinismus« vertreten wird. Die Theorien des »Sozio-technischen Systems« (vgl. die Einführungen bzw. Übersichten von EMERY u. TRIST 1960, TRIST, HIGGIN, MURRAY u. POLLOCK 1963, EMERY 1972, HERBST 1974) und des »job design«[10] (vgl. DAVIS 1966) tragen dieser Tatsache Rechnung. In diesen Theorien wird die gesamte Arbeitsorganisation analytisch aufgegliedert in ein »technisches System« — den Komplex der Arbeitsmittel — und in ein »(psycho-)soziales System« — das System der Arbeitsrollen, also das System der Arbeitsteilung und der Kooperation. Grundidee dieser Ansätze ist es nun, daß — im Gegensatz zu der oben beschriebenen Form des »Technologischen Determinismus« — das »soziale System« *nicht* als eindeutig abhängig vom »technologischen System« gesehen wird. Die Theorie des »Sozio-technischen Systems« geht zwar in den meisten Spielarten von einer gegebenen Produktionstechnik aus, betont aber den Spielraum, der für das »soziale System« besteht: die Einrichtung von (halb-)autonomen Arbeitsgruppen zum Beispiel erfordert nicht unbedingt eine Veränderung der technischen Ausrüstung.[11] DAVIS (1966) geht sogar noch einen Schritt weiter, wenn er es ablehnt, das »technische System« als gegeben zu akzeptieren: Beide Systeme beinhalten zwar jeweils Bedingungen für das andere System, von einer *einseitigen* Abhängigkeit dürfe jedoch nicht die Rede sein. Von diesem Ansatz her gewinnt DAVIS einen größeren Spielraum für die Gestaltung schon der *einzelnen* Arbeitsaufgabe. Kernstück dieser Ansätze ist die

[10] Gestaltung der Arbeitsaufgabe und des Arbeitsplatzes.
[11] Die in der breiteren Öffentlichkeit bekannt gewordenen Beispiele für solche Arbeitsgruppen beinhalten zwar — wie zum Beispiel bei VOLVO — eine spektakuläre technologische Veränderung (die Abschaffung des Fließbandes), diese Form ist jedoch keineswegs allein typisch.

Annahme, daß die Organisation ihre höchste Leistungsfähigkeit *nicht* dann erreicht, wenn diese Teil-Systeme *unabhängig* voneinander optimiert werden, sondern daß diese Leistungsfähigkeit nur erreicht wird durch *gemeinsame Optimierung* in wechselseitiger Abhängigkeit (»joint optimization«).

Der *psychologisch* wichtige Kern beider Ansätze ist darin zu sehen, daß in der Gestaltung der Arbeitsaufgaben in einem stärkeren Maße als bisher von den gegebenen oder angenommenen Bedürfnissen der Arbeitenden ausgegangen wird. Da nun diese Bedürfnisse sich ganz wesentlich auf den Handlungsspielraum und auf die Kooperationsform beziehen, kann es im extremen Fall zu einer Umkehrung der im »Technologischen Determinismus« vertretenen Abhängigkeit kommen: Nicht mehr bestimmt das System der Arbeitsmittel das »soziale System«, sondern umgekehrt kann von einer erwünschten Form der Arbeitsteilung und Kooperation ausgegangen werden und von dieser Zielsetzung her die Entscheidung über die einzusetzende Technik gefällt werden (zum Beispiel die Entscheidung, ob ein Auto mit oder ohne Fließband gefertigt wird).

In der folgenden Abbildung *(Abb. 2)* ist das bisher Besprochene graphisch dargestellt. Die durchgezogenen Linien beschreiben das Funktionsschema des »Technologischen Determinismus«, die durchgezogenen *plus* die gestrichelten Linien das Schema des »job design« und – mit Einschränkung – des »Sozio-technischen Systems«.

Abbildung 2
Funktionsschema des »Technologischen Determinismus« und des »job design« bzw. des »Sozio-technischen Systems«

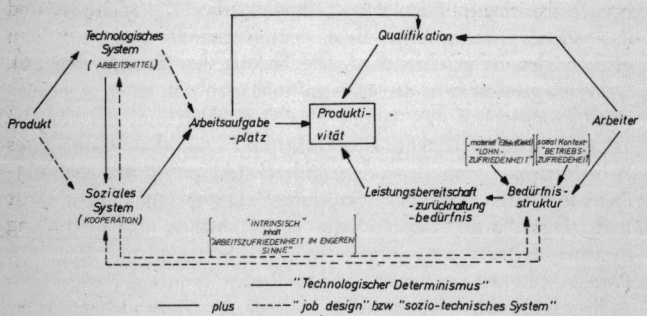

Wie sind diese neuen Ansätze einzuschätzen? Bürgerliche Sozialwissenschaftler haben immer auch eine objektive ideologische Funktion und darüber hinaus häufig subjektiv das Bedürfnis, Bedeutendes zu tun. Beides läßt sich manchmal auf einen Nenner bringen, indem neue Entwicklungen und Theorien zu etwas Umwälzendem oder

Revolutionärem erklärt werden: die Klagen über das Bisherige werden gegenstandslos, und dem Wissenschaftler sind Beachtung und Anerkennung gewiß. Dieses Phänomen ist auch in der Arbeitswissenschaft nicht neu. Neu ist vielleicht das Ausmaß der behaupteten Umwälzung: Resultat soll nichts weniger sein als die »nachindustrielle Gesellschaft«, welche mittels der »nachindustriellen Sichtweise« (DAVIS 1971) am Horizont ausgemacht wird.[12] Eine solche flotte Gangart wird dadurch möglich, daß man zuvor einige geeignete Konzepte voraussetzt. Im vorliegenden Fall ist es erforderlich, den Begriff »*Arbeit*« auf den Begriff »*Tätigkeit*« zurückzustutzen; aus gesellschaftlicher Arbeit innerhalb bestimmter Produktionsverhältnisse wird die Tätigkeit innerhalb eines »Mensch-Maschine-Systems«. Hierdurch verliert die Arbeit alle gesellschaftlichen Aspekte und Bezüge, und schon die Einführung einer neuen Technologie wird zu einer *grundsätzlichen* Veränderung. Auch das Arbeitsprodukt darf im Konzept nicht als *Ware* erscheinen, sondern schlicht nur als Auto zum Beispiel. Ein Auto ist ein Auto, und wer's nicht glaubt, der ist kein Wissenschaftler, sondern ein Ideologe. In einem Satz: Solche Behauptungen ignorieren die Produktionsverhältnisse und verabsolutieren die Produktivkräfte zum alleinigen Charakteristikum einer Gesellschaft: die »*nach*industrielle Gesellschaft« setzt die »*industrielle* Gesellschaft« voraus, d. h. eine Gesellschaft, die nur dadurch charakterisiert ist, daß sie eben industriell ist. Das aber heißt, daß die Ideologie des »Technologischen Determinismus« auf der gesellschaftlich-sozialen (Makro-)Ebene — wie zu Beginn dieses Kapitels kurz angesprochen — vertreten wird.

Andererseits wäre es jedoch auch verfehlt, in diesen neuen Ansätzen »nichts als« eine unbedeutende Spielart gegebener Verhältnisse und Ideologien zu sehen. Erstens sind unter Umständen die psychischen und sozialen Auswirkungen eventuell zu gewichtig (vgl. Kap. 6), und zweitens werfen sie theoretische Probleme auf.

Ein zentrales Problem dabei ist das Verhältnis von Technologie einerseits und Qualifikation und Bewußtsein andererseits. Dieses Verhältnis wird in der Industriesoziologie häufig mit dem »3-Phasen-Modell« beschrieben (vgl. BLAUNER 1964, DEPPE 1971, LANGE 1972). Dieses Modell unterscheidet drei Phasen in der Entwicklung der industriellen Arbeit:

1. Die Phase der handwerklichen und z. T. noch manufakturmäßigen Teilung der Arbeit. In dieser Phase hat die Arbeit einen ganzheitlichen Charakter, die Qualifikation ist hoch —
2. die Phase der »großen Maschinerie«, in der die Mechanisierung zu einer maximalen Teilung der Arbeit führt. Die Qualifikation

[12] Sehr eindrucksvoll ist auch die »Revolution«, die »schon begonnen« hat.

der Arbeiter sinkt auf einen Tiefstand; typisch ist der »repetitive Teilarbeiter«, dessen Arbeit aus einer monotonen Wiederholung einfachster Handgriffe besteht —

3. die Phase der Automation. In dieser Phase wird zwar nicht die alte handwerkliche Arbeit wiederhergestellt, aber es entstehen neue und komplexe Anforderungen an das Können der Arbeiter, so daß das Qualifikationsniveau zu einem neuen Höchststand ansteigt.

BLAUNER (1964) geht davon aus, daß die Umkehrung dieser Kurve den historischen Verlauf der Ausprägung von »Entfremdung« (vgl. Kap. 4.2.) ergibt: Weitgehende Arbeitsteilung bei geringer Qualifikation führt zu starker »Entfremdung«, und umgekehrt führt geringe Arbeitsteilung bei hoher Qualifikation zur Aufhebung dieser »Entfremdung«. In der folgenden Abbildung (Abb. 3) sind diese beiden Kurven dargestellt.

Abbildung 3
Schema des »3-Phasen-Modells«

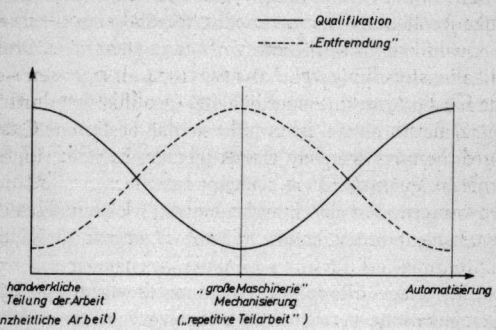

Die Automation hat die Hoffnungen vieler Autoren beflügelt, wenn auch in den verschiedenen Lagern je Verschiedenes erhofft wurde. MALLET (1971, 195) sieht in ihr eine »absolut revolutionäre Technologie«, »die wahre dialektische Negation der Parzellierung der Arbeit«. Für das Kapital ist die Automatisierung hingegen lediglich ein Instrument zur Kapitalverwertung. Es scheint, daß »das Kapital« wieder einmal die realistischeren Hoffnungen hatte. BRIGHT (1958) zeigte, daß ab einem gewissen Automatisierungsgrad die Qualifikation nicht mehr zunimmt. KERN u. SCHUMANN (1970 a) stellten fest, daß die Automatisierung keinen *einheitlichen* Effekt in dieser Hinsicht hat: Es sei ein deutlicher *Polarisierungseffekt* zu beobachten, der zwar für einige Gruppen eine Zunahme der Qualifikation bedeutet, für andere jedoch eine deutliche Abnahme. SUSMAN (1972)

schließlich betont die unterschiedlichen Auswirkungen verschiedener *Formen* der Automatisierung, wie sie zum Beispiel in der »Detroit automation« (Teil-Automatisierung im Montage-Bereich) und in der »Prozeß-Technologie« (hauptsächlich in der kontinuierlich stoffumwandelnden chemischen Industrie) gegeben sind.

Auch auf der Bewußtseinsebene sind die Resultate umstritten. Im Gegensatz zu BLAUNERS Ergebnissen waren die von GOLDTHORPE u. a. (1968 a, b, 1969) befragten Chemiearbeiter keineswegs integrierter oder weniger feindlich gegen das Management eingestellt als die Arbeiter in der mechanisierten Produktion. Noch undeutlicher wird das Bild, sobald nach den Auswirkungen auf das Klassenbewußtsein und nach der »Verbürgerlichung« befragt wird (vgl. DEPPE 1971).

Für unseren Diskussionszusammenhang ist jedoch weniger die dritte Phase des Modells wichtig als die zweite. KERN u. SCHUMANN (1970 a) stellen noch eine Zunahme der repetitiven Teilarbeit bei montierenden Prozessen fest. Gerade dieser Bereich ist einer der Hauptanwendungsbereiche der »Neuen Formen der Arbeitsgestaltung« (NFA). Nun ist es sicher problematisch, die Frage nach der Qualifikationshöhe zu beantworten, ohne daß ein allgemein akzeptierter Qualifikationsbegriff zur Verfügung steht (zum Problem der Qualifikationsforschung vgl. VOLPERT 1974 a). Es lassen sich jedoch Gründe für die Annahme einer höheren Qualifikation durch die NFA nennen. Zunächst einmal ist es nicht so, daß bestimmte Qualifikationen durch bestimmte andere ersetzt werden. Es stellt sich also nicht das Problem, qualitativ Verschiedenes auf einen gemeinsamen Maßstab zu bringen. Mit der Einführung von »job enlargement« oder »job enrichment« zum Beispiel (vgl. Kap. 2.2.) wird keine der vor der Einführung erforderlichen Qualifikationen überflüssig (wenn man nicht gerade die »Fähigkeit« zum Ertragen von Monotonie als »Qualifikation« bezeichnet), zu den vorhandenen Tätigkeitselementen kommen lediglich neue hinzu. Insbesondere Dimensionen der »prozeßunabhängigen Qualifikationen« (vgl. KERN u. SCHUMANN 1970 b) wie Flexibilität, technische Intelligenz und Verantwortung nehmen an Bedeutung zu. Die Erweiterung der Qualifikationen ergibt sich ohnehin zwangsläufig, sobald man die NFA mit »Erweiterung des Handlungsspielraums« im Sinne von ULICH (1972) gleichsetzt: Das, was vor der Einführung von NFA von *mehreren verschiedenen* qualifizierten Arbeitern getan wurde, fällt mit den NFA in den Kompetenzbereich *eines* Arbeiters. Darüber hinaus bietet sich noch ein indirektes Maß der Qualifikation an: Die Anlern- und Ausbildungszeiten werden mit der Einführung der NFA im allgemeinen länger, d. h. der Wert der Ware Arbeitskraft steigt.

Die allgemeine Gültigkeit des »3-Phasen-Modells« als Verlaufsmodell der Qualifikationsentwicklung ist also auch für die zweite

Phase zu bestreiten. Folgt nun aus der Ungültigkeit dieses Modells die Ungültigkeit des »Technologischen Determinismus«? Bzw. umgekehrt: folgt daraus, daß ein objektiver »Freiraum« gegeben ist, der auch für »Humanisierung« nutzbar gemacht werden kann? Die Beantwortung dieser Frage liefert letztlich die Theorie des »job design« bzw. des »Sozio-technischen Systems« selbst. Wesentlich für diese Theorie ist die Sicht der Arbeitsorganisation bzw. des Betriebes als ein »offenes System« im Sinne der Systemtheorie. Was heißt das für unser Problem? Solch ein offenes System — das Konzept stammt wesentlich aus der Biologie und versteht sich z. T. als Gegenbewegung zur »mechanistischen« Kybernetik (vgl. von BERTALANFFY 1962) — hat allgemein das Ziel zu *überleben*, in einem »Fließgleichgewicht« mit seiner »Umwelt« zu bleiben. Dies wird durch *Anpassung* in zweierlei Hinsicht erreicht: einmal im Sinne des *sich Anpassens* an diese Umwelt (»reaktive Anpassung«) und zum anderen im Sinne einer *Anpassung* der Umwelt *an sich* (»proaktive Anpassung«)[13], d. h. durch Integration von Teilen der Umwelt in das eigene System bzw. durch die Erweiterung der eigenen Systemgrenzen. Beide Formen der Anpassung werden perfektioniert durch die Differenzierung des Systems und die Ausbildung von Teilsystemen (»Subsystemen«), welche sich auf solche Anpassungsfunktionen spezialisieren.

Zweifellos war ein Betrieb schon immer ein solches System: Er hat das Ziel zu »überleben« — und zwar ökonomisch, d. h. für den kapitalistischen Betrieb, Profit zu produzieren —, er tauscht Material, Energie und Information mit seiner Umwelt (andere Betriebe, Märkte usw.), und er bildet spezialisierte Teilsysteme für beide Formen der Anpassung aus (zum Beispiel die Entwicklungsabteilung für die reaktive und die Marketing-Abteilung für die proaktive Anpassung; vgl. auch KATZ u. KAHN 1966). Dieser System-Aspekt war jedoch in der Vergangenheit in dem Maße weniger wichtig — und damit bewußt —, in dem die Umwelt sich weniger schnell veränderte. Die Notwendigkeit zur Anpassung nahm in dem Maße zu, in dem — neben anderen Veränderungen — a) die Verwertungsschwierigkeiten des Kapitals allgemein zunahmen, b) der neokapitalistische Staat zunehmenden Einfluß auf die Wirtschaft ausübte (»Globalsteuerung«, »konzertierte Aktion« usw.)[14] und c) die Arbeitenden individuell und als Klasse neue Bedürfnis- und Verhaltensstrukturen entwickelten, die entsprechende Anpassungsreaktio-

[13] Diese beiden Begriffe benutzte G. W. ALLPORT zur Beschreibung *psychologischer* Funktionen; sie entsprechen den Begriffen »Akkomodation« und »Assimilation« bei PIAGET. Diese Begriffe scheinen jedoch über den psychologischen Bereich hinaus zur Beschreibung von *System*funktionen allgemein tauglich zu sein.
[14] Damit soll keineswegs bestritten werden, daß diese Instrumente sehr wohl der Kapitalverwertung dienen, gleichwohl bedeuten sie für den *Einzel*betrieb einen Einfluß von »außen«, der einkalkuliert werden muß.

Gemäß der obigen Unterscheidung von zwei Anpassungsformen stehen dem Betrieb grundsätzlich zwei Strategien zur Verfügung: Entweder er paßt sich diesen veränderten Bedingungen an, oder aber er versucht, seine (Einfluß- und Macht-)Grenzen so auszuweiten, daß er die Ursachen der Veränderungen »in den Griff« bekommt. Hier von Interesse ist die Veränderung c); welche Reaktionsmöglichkeiten stehen der Organisation hier zur Verfügung?

Im Sinne der reaktiven Anpassung besteht die Möglichkeit, durch Veränderung der Arbeitsteilung und der Kooperationsbeziehungen auf diese Bedürfnisse einzugehen. Dies muß nicht gleichbedeutend sein mit einer technologischen Veränderung: Wenn zum Beispiel die Endkontrolle oder die Arbeitsablaufplanung in den Entscheidungsspielraum eines einzelnen oder einer Gruppe einbezogen werden, so ist damit im allgemeinen keine technologische Veränderung verbunden. Der Spielraum, der durch die gegebene Technologie zur Veränderung der Kooperation zur Verfügung steht, ist dabei praktisch immer größer als das Ausmaß der tatsächlichen Veränderung. Theoretisch könnte der Mann, der einen ganzen Fernsehapparat zusammenbaut – wie das bei PHILIPS (Eindhoven) der Fall ist –, auch noch im Röhrenwerk die Bildröhre produzieren oder die Entscheidung treffen, welche Qualitätsstandards anzulegen sind. Tatsächlich tut er es nicht. Warum nicht? Erstens hat er wohl meistens nicht den entsprechenden Anspruch – daß »das nicht geht«, wird ihm heute meistens einleuchten –, zweitens aber – und das ist aktuell das Entscheidendere – versucht das Management die Veränderung der Arbeitsteilung im Sinne der Produktivkraftentwicklung zu nutzen, und zwar der Produktivkraft »Kooperation«. Mit dem Aufkommen der NFA gab und gibt es sehr schnell Überlegungen darüber, bei welchem Grad von Komplexität der Arbeitsaufgabe und -tätigkeit die Arbeitsproduktivität am höchsten ist. Angenommen wird, daß die Produktivität bzw. der »Wirkungsgrad« eine umgekehrte U-Funktion beschreibt: Bei sehr geringer Komplexität ist sie – u. a. wegen der damit verbundenen Monotonie und den entsprechenden Ermüdungs- und Sättigungserscheinungen – relativ gering, mit zunehmender Komplexität steigt sie bis zu einem Gipfelpunkt und fällt wieder, sobald die Komplexität noch weiter zunimmt (vgl. ULICH 1972)[15]. D. h., wenn schon das Management unter dem Druck veränderter Bedingungen von den bisherigen Kooperationsstrukturen abweicht, dann so, daß *unter diesen Bedingungen* ein Optimum an Produktivität und Intensität der Arbeit erreicht wird.

---

[15] Für den Verlauf der Arbeitszufriedenheit wird eine ähnliche Kurve vermutet (vgl. HULIN 1971); es ist jedoch sehr fraglich, ob die beiden Gipfelpunkte an derselben Stelle liegen.

Es ist klar, daß eine Organisation, deren systemtheoretische Zielgröße die Produktion von Mehrwert bzw. Profit ist, schwerlich gleichzeitig das Ziel haben kann, die Bedürfnisse der in dieser Organisation Arbeitenden zu befriedigen; es ist andererseits aber auch klar, daß subjektive Erwartungen und Ansprüche zu einer massiven objektiven Bedingung für das System »Arbeitsorganisation« werden, sobald die Nichtbefriedigung dieser Erwartungen und Ansprüche zu einer bedeutenden »Störungsquelle« wird, welche die optimale Zielerreichung des Systems behindert. D. h. ein gewisses Maß an reaktiver Anpassung ist für das System »Betrieb« unvermeidlich.

Die gleichen ökonomischen Mechanismen, die dem kapitalistischen Betrieb das Interesse vermitteln, den Wert der Ware Arbeitskraft möglichst weit sinken zu lassen — theoretisch bis zum »Existenzminimum« —, diese gleichen Mechanismen motivieren diesen Betrieb, hinsichtlich der Arbeitsbedingungen »keine Umstände zu machen«, und in *beiden* Fällen gibt es eine *praktische* Grenze, die ein gutes Stück vor der *theoretischen* liegt. Es ist nicht Ziel dieser Arbeit, Marx-Auslegung zu betreiben, aber es ist an dieser Stelle vielleicht sinnvoll, darauf hinzuweisen, daß Marx (»Kapital«, Bd. 1, 1962, 185) selbst eine — wenn auch sehr weit hinausgeschobene — *praktische* Grenze in der Wertminderung der Arbeitskraft sah. Nachdem Marx den Wert der Arbeitskraft als gleich dem Wert der zur Reproduktion notwendigen Lebensmittel bestimmt — mit »Lebensmittel« sind gemeint: Mittel zur Befriedigung »natürlicher Bedürfnisse« wie »Nahrung, Kleidung, Heizung, Wohnung usw.« —, stellt er fest:

»Andrerseits ist der Umfang sog. notwendiger Bedürfnisse, wie die Art ihrer Befriedigung, selbst ein historisches Produkt und hängt daher großenteils von der Kulturstufe eines Landes, unter andrem auch wesentlich davon ab, unter welchen Bedingungen, und daher mit welchen Gewohnheiten und Lebensansprüchen die Klasse der freien Arbeiter sich gebildet hat. Im Gegensatz zu andren Waren enthält also die Wertbestimmung der Arbeitskraft ein historisches und moralisches Element. Für ein bestimmtes Land, zu einer bestimmten Periode jedoch, ist der Durchschnitts-Umkreis der notwendigen Lebensmittel gegeben.«

Implizit beschreibt Marx also eine historisch bestimmte praktische Grenze, bis zu welcher der Wert der Arbeitskraft vermindert werden kann.

Zu diesem Zitat drei Bemerkungen:

1. Unabhängig von der Frage, welchen Sinn der Begriff »natürliche Bedürfnisse« hier hat: Es ist nicht unmittelbar einsichtig, daß das Bedürfnis, sich nicht vorzeitig verschleißen zu lassen und nicht

den halben Tag in Stumpfsinn zu verfallen, weniger »natürlich«
ist als das Bedürfnis nach Heizung oder Kleidung.

2. Vor 50 Jahren hätte kein Arbeiter gestreikt, um ein Auto kaufen
zu können; er würde aber heute streiken, um es nicht zu verlieren. D. h. nach einer gewissen Zeit werden solche »Gewohnheiten« nur schwer wieder veräußerlich, sie zählen zu den »notwendigen Lebensmitteln«. Der gleiche Mechanismus der »Normativität des Faktischen« gilt für die Standards der Arbeitsbedingungen und -tätigkeiten: Erst einmal auf breiter Ebene durchgesetzt, werden sie zu einer objektiven »Bedingung« für die Arbeitsorganisation, die auch dann nur unter außergewöhnlichen Umständen aufhebbar ist, wenn der Profit dadurch unter dem theoretischen Maximum bleibt. Die Möglichkeit zur – zumindest mittel-
baren – Profitverminderung einfach zu bestreiten, wäre gleichbedeutend mit der Behauptung, die Arbeiterbewegung habe bis
heute noch nicht den kleinsten Erfolg erkämpft.

3. *Eine* Einschränkung der Chance zur Bildung solcher Gewohnheiten und Standards ergibt sich aus dem letzten Satz des Zitats:
Das hier und heute zur Diskussion stehende »Land«, dessen
»Durchschnitts-Umkreis der notwendigen Lebensmittel« den Wert
der Arbeitskraft bestimmt, ist zunehmend Europa. D. h. konkret,
daß die industrielle Reservearmee der »Gastarbeiter« als Waffe
gegen die Bildung von höheren Standards mißbraucht werden
kann – und wird.

Der »Erfolg«, der mit der Bildung und Durchsetzung höherer
Standards errungen wird, ist jedoch zwiespältig. Was für den Kon-
sum gilt, gilt auch für die Produktion: Der Erfolg *als solcher* schon
hat *unter Umständen* auch einen Integrationseffekt, denn ein System,
das die entsprechenden Konzessionen macht, »kann so schlimm nicht
sein«. Das gilt für den Sonnenuntergang in Öl an der Bürowand
wie für das Betriebsverfassungsgesetz und die Mitbestimmung. (Auf
dieses Problem wird in Kapitel 6.2. zurückzukommen sein.) Dieser
Integrationseffekt wird jedoch unterbleiben, wenn der Erfolg als
Teilsieg auf dem Wege zu einem weiterreichenden Ziel gesehen
wird.

Der »Erfolg« ist auch in einer weiteren Hinsicht zwiespältig. Zunächst einmal besagt er nur, daß ein Ziel erreicht wurde, er sagt
aber nichts darüber aus, warum und unter welchen Bedingungen
dieses Ziel gesetzt wurde. Ausgangspunkt der Überlegungen war
die Unterscheidung von reaktiver (sich anpassen) und proaktiver
(anpassen an sich) Anpassung; bisher ist nur die erste Form diskutiert worden. Welche Möglichkeiten bestehen für die zweite?

Bedürfnisse entstehen nicht im luftleeren Raum, vielmehr haben sie
– mittelbar oder unmittelbar – ihren Ursprung z. T. in der Arbeitsorganisation selbst. Alle Ansätze zur klassen- und schichtspezifischen

Sozialisation sind untrennbar verbunden mit der besonderen beruflichen Erfahrung der Betroffenen (vgl. als Übersicht GOTTSCHALCH, NEUMANN-SCHÖNWETTER u. SOUKUP 1974). Diese Erfahrungen sind hinsichtlich ihres Effektes häufig zwiespältig: Auf der einen Seite können sie durchaus zu einer oppositionellen Einstellung gegenüber der Arbeitsorganisation führen, auf der anderen Seite begrenzen sie objektiv den Rahmen, innerhalb dessen das Individuum sich entwikkeln kann, und das heißt nicht zuletzt, seine Bedürfnisse entwickeln kann. Die Beschränkungen durch die Arbeit müssen dabei keineswegs von vornherein an der eigenen Person erfahren werden; die Erziehung durch Eltern, welche ihrerseits keine Chance zur Entwicklung hatten, bedeutet schon die erste und grundlegende Einschränkung durch »restriktive« — den Handlungsspielraum einschränkende — Arbeit. Ein Mensch, der zeitlebens keine Chance hatte, »Handlungskompetenz« (VOLPERT 1974 b) zu erwerben und zu trainieren, keine Chance hatte, »Selbstbestimmung« zu üben, und keine Chance hatte, allgemein eine Reihe von Befriedigungsquellen als solche zu erfahren usw., diesem Menschen fehlen diese Dinge nicht nur, er wird darüber hinaus mit hoher Wahrscheinlichkeit auch kein Bedürfnis danach entwickeln, und schließlich wird er nicht einmal mehr die Phantasie besitzen, sie sich vorzustellen; und schon gar nicht kann er sie in der Erziehung weitervermitteln.

Was hier nur kurz angesprochen wird, soll eines deutlich machen: Ob gezielt und bewußt oder nicht, das System »Arbeitsorganisation« übt eine wesentliche proaktive Anpassung aus. Diese Wirkung wird in der Ausbildung des Individuums verstärkt. Die Schule als an der Arbeitsorganisation orientierter Sozialisationsagentur vermittelt ihm neben einer Reihe »nützlicher« Kenntnisse eine »kapitalistischindustrielle Moral«: Es lernt, in der Konkurrenz zu bestehen und diese normal zu finden, es lernt, sich in Hierarchien »einzufügen« und auch das normal zu finden. Es lernt schließlich in den Massenmedien, daß alles käuflich und Geld »das wahre Vermögen« (MARX) sei. In dieser Eindeutigkeit ist das zwar sicher übertrieben, aber es geht hier um die vorherrschende Tendenz.

So vorbereitet wird es schließlich selbst in die Arbeitsorganisation eingegliedert und erfährt, daß man »Realist« sein muß und daß man letztlich ein Versager ist, wenn man es nicht schafft, zufrieden zu sein. Und wenn nach einigen weiteren Jahren die letzten Träume vergessen sind, gehört es zu jenen rund 80 % der mit der Arbeit »Zufriedenen«, die »wissenschaftlich« fast überall festzustellen sind (vgl. BRUGGEMANN, GROSKURTH u. ULICH 1975). Die Frustration zeigt sich vielleicht noch, wenn sie in Aggression gegen den umschlägt, der »erst mal was leisten« soll. Selbst wenn dieses Individuum versucht, in seiner »Freizeit« »etwas ganz anderes« zu tun, so zeigt sich häufig, daß ihm hierzu das entsprechende Handlungsrepertoire fehlt

234

und es auch in diesem Bereich – was die Handlungsstruktur betrifft – sein Arbeitsverhalten weitgehend reproduziert (vgl. Kap. 6.2.). Auch in der Phantasie kann er aus diesen Geleisen nicht mehr heraus: MORSE u. WEISS (1955) fanden bei einer Befragung von Berufstätigen in den geäußerten Wunschtätigkeiten wesentliche Elemente, die der tatsächlichen Tätigkeit ähnlich waren.

Zusammenfassend läßt sich feststellen, daß das System »Arbeitsorganisation« in der proaktiven Anpassung weitgehend erfolgreich ist. Dieser Erfolg wird durch einen beherrschenden Einfluß auf alle Phasen der Sozialisation sichergestellt. Das aber bedeutet in unserem Diskussionszusammenhang:

Das, woran sich das System im Prozeß der reaktiven Anpassung »anpaßt«, ist inhaltlich zum Teil Produkt der proaktiven Anpassung durch eben dieses System.

Es ergibt sich somit eine kreisförmige Beziehung zwischen dem System einerseits und den Arbeitenden andererseits. Definiert man nun »Humanisierung der Arbeit« als Anpassung des Systems an die Bedürfnisse der Arbeitenden, so fällt diese Humanisierung *in diesem Modell* zum Teil zusammen mit »mittelbarer Anpassung des Systems an sich selbst«, oder anders formuliert, mit »Zunahme der Widerspruchsfreiheit des Systems«. Denn in dem Maße, in dem die proaktive Anpassung perfektioniert wird im Sinne einer genauen Erreichung der Ziele, in dem Maße bedeutet die reaktive Anpassung nur noch koordinierte Veränderung von System und Arbeitenden vor dem Hintergrund der Produktivkraftentwicklung.

Dazu ein Beispiel: In Skandinavien und der BRD gehen praktisch alle Initiativen zur Einführung der NFA vom Management aus. Dieses Management gibt dabei gern vor, Ziel sei die Bedürfnisbefriedigung der Arbeitenden. Unglücklicherweise haben die Betroffenen häufig gar keine entsprechenden Bedürfnisse geäußert. Das Management sieht sich also nicht selten vor dem Problem, die Arbeitenden zunächst einmal über deren Bedürfnisse »aufklären« zu müssen, um eine Chance zu haben, sich diesen Bedürfnissen endlich »anpassen« zu können.

Andererseits muß berücksichtigt werden, daß sich die gesellschaftlichen Widersprüche auch in einer Zwiespältigkeit der Sozialisationsprozesse zeigen. Neben den Anpassungseffekten ist auch die Vermittlung und Entwicklung von Klassenbewußtsein oder doch zumindest von Widerstands- und Verweigerungstechniken zu berücksichtigen. Die Zwiespältigkeit macht es jedoch unmöglich, von »Humanisierung« zu sprechen, nur weil sich das System formal an die Bedürfnisse der Arbeitenden anpaßt. D. h., es muß im einzelnen konkret aufgewiesen werden, *woher* diese Bedürfnisse kommen und *wohin* ihre Befriedigung führt.

Zusammenfassend kann festgestellt werden: Der Ansatz des »Technologischen Determinismus« ist sowohl aus empirischen[16] als auch theoretischen Gründen abzulehnen. Es ist eine empirische Tatsache, daß mit den NFA die Produktivkraft »Kooperation« gegenüber der Produktivkraft »Technologie« an Bedeutung zunimmt. Diese momentane Phase kann mit Einschränkungen, die sich aus der Tendenz zur Automatisierung ergeben, als dritte Phase eines »3-Phasen-Modells« gesehen werden, das sich jedoch nicht — wie das oben diskutierte — aus der Technologieentwicklung allein, sondern aus dem Wechselspiel der beiden Produktivkräfte Technologie und Kooperation ergibt: Die erste Phase — die Zeit der Manufaktur — ist dabei gekennzeichnet von enormen Produktivkraftsteigerungen durch bloße Arbeitsteilung, also Veränderung der Kooperation bei gleichbleibenden Produktionsinstrumenten. Die zweite Phase ist gekennzeichnet durch das Aufkommen der »großen Maschinerie«, d. h. durch die intensive Entwicklung der Produktivkraft Technologie. Als dritte Phase schließlich scheint sich mit den NFA eine erneute Betonung der Kooperationsentwicklung anzukündigen.

Wieweit die Ausprägung dieser Tendenz gehen wird, dürfte jedoch wesentlich von den Möglichkeiten zur Automatisierung abhängen.

Theoretisch ist der »Technologische Determinismus« abzulehnen, weil Technologie prinzipiell nicht von ihrer Anwendung getrennt analysiert werden darf. Diese Anwendung ist eine (sozial-)politische Frage. Übrig bleibt ein »ökonomischer Determinismus«, d. h. konkret die ökonomische Ausrichtung auf Kapitalverwertung und Profit. Inwieweit dieser Determinismus eine Chance zur Bedürfnisbefriedigung *in der Arbeit* — wenn diese nicht gleichbedeutend mit Produktivitätssteigerung ist — läßt, ist eine Frage der Macht und des Machteinsatzes seitens der Arbeiterklasse und ihrer Gewerkschaften.

Ob diese Bedürfnisbefriedigung gleichbedeutend ist mit »Humanisierung«, kann auf der rein psychologischen Ebene — wegen der Manipulierbarkeit von Bedürfnissen — nicht endgültig beantwortet werden. Zur Lösung dieser Frage ist die Ergänzung durch den Begriff *»objektive Interessen«* erforderlich (vgl. Kap. 5).

4.2. *Relevante Aspekte der Theorie über den Arbeitenden*

Im vorangehenden Kapitel wurde das Problem der Bedürfnisse und der Motivation der Arbeitenden bereits angesprochen. Es zeigte sich, daß in der zeitlichen Entwicklung der Arbeitswissenschaft verschiedene Theorien über diesen Bereich vorherrschten. In der heutigen

[16] Vgl. auch HILLMANN (1970), der auf die Differenz zwischen den formalen und informalen Arbeitsrollen verweist: Eine strikte Beschränkung auf die formale Arbeitsrolle würde sehr bald zu erheblichen Funktionsstörungen in der Arbeitsorganisation führen.

modernen Arbeitswissenschaft herrscht die Theorie vor, die HULIN u. BLOOD (1968, 50) das »Evangelium« der Arbeitspsychologen nennen: die »job-enlargement-These« — die These, derzufolge (nach HULIN 1971) das Bedürfnis nach »Selbstverwirklichung« das wesentliche Bedürfnis bei der Arbeit ist und daß daher auf den relativ niedrigen Qualifikationsebenen eine (begrenzte) Zunahme an Aufgabenkomplexität und »Selbststeuerung« zu steigender Arbeitszufriedenheit führt. HULIN (1971) sieht in dieser These die Neuauflage des schon von der »Wissenschaftlichen Betriebsführung« (bzw. dem Taylorismus) und dem »human-relations«-Ansatz begangenen Fehlers der Einseitigkeit. Dazu komme noch die Tendenz der Sozialwissenschaftler, die eigenen Mittelklasse-Werte den Arbeitenden ebenfalls zu unterstellen.

Tatsächlich sind die empirischen Ergebnisse zur Arbeitszufriedenheit alles andere als einheitlich und wenig geeignet, den alleinigen Geltungsanspruch irgendeiner Bedürfnistheorie zu stützen. BRUGGEMANN, GROSKURTH u. ULICH (1975) kommen in ihrer Analyse des umfangreichen empirischen Materials zur Frage der Bedingungen von Arbeitszufriedenheit zu dem Ergebnis, daß folgende Faktoren die konkreten Bedürfnisse und Ansprüche an die Arbeitsbedingungen wesentlich bestimmen:

■ Kulturspezifische Einstellungen

In einer Reihe von Arbeiten konnte belegt werden, daß in verschiedenen Kulturkreisen und in Regionen verschieden weit fortgeschrittener Industrialisierung recht verschiedene Bedürfnisstrukturen typisch sind. Es ist allerdings zu vermuten, daß diese Unterschiede mit der Ausbreitung der (kapitalistischen) Industrialisierung zunehmend geringer werden (vgl. INKELES 1969).

■ Arbeits- und Wertorientierung

In verschiedenen gesellschaftlichen Klassen und Schichten lassen sich verschiedene arbeitsbezogene Normen feststellen. Diese Normen beziehen sich sowohl auf die Bedeutung als auch auf den Inhalt der Arbeit und sind Bestandteil der allgemeinen ideologischen Einstellung sowie der spezifischen Sozialisation.

■ Urbanisierungsgrad

Einige Untersuchungen deuten darauf hin, daß Arbeiter aus mehr ländlichen Regionen relativ komplexe Arbeitsaufgaben eher bevorzugen als Arbeiter aus mehr städtischen Regionen (vgl. die klassische Studie von TURNER u. LAWRENCE 1965). Dieser Effekt dürfte stark von der Stabilität proletarischer Traditionen abhängen.

■ Schulbildung

Im allgemeinen nehmen mit der Qualität der Ausbildung die Ansprüche an die Arbeitsbedingungen zu. Auch hier dürfte die ideologische Sozialisation eine wichtige Funktion haben.

■ Soziale Mobilität

Die soziale Herkunft ist ein wichtiger Bezugspunkt zur Einschätzung der eigenen beruflichen Situation.

■ Geschlecht

Frauen zeigen häufig unter gleichen Arbeitsbedingungen höhere Arbeitszufriedenheit als Männer. Dies erklärt sich aus den geringeren Ansprüchen, welche sich einerseits aus der geschlechtsspezifischen Sozialisation und andererseits aus der häufig objektiv verschiedenen Lebenssituation (u. a. Doppelbelastung durch Haushalt und Beruf) ergeben.

■ Alter und Dauer der Betriebszugehörigkeit

Beide Faktoren können im Laufe der Zeit zu einer Anpassung der ursprünglich relativ weitgesteckten Ansprüche und Ziele an die »Realität« führen und somit zu einer — wenn auch resignativen — höheren Arbeitszufriedenheit.

■ Persönlichkeitspsychologische Faktoren

Als wichtige Faktoren zeigten sich in einigen Arbeiten u. a. Selbstbewußtsein, Intelligenz, Ängstlichkeit, Selbstkonzept (im Sinne eines Bildes, das jemand von sich selbst hat) und Feldabhängigkeit.

■ Über diese Faktoren hinaus wirken aktuelle Umstände der Lebenssituation, wie zum Beispiel die Situation auf dem Arbeitsmarkt.

Berücksichtigt man zudem, daß die aktuelle Arbeitssituation selbst auch einen Einfluß auf die Bedürfnisentwicklung hat, so wird deutlich, daß die individuelle Bedürfnisstruktur von einer Vielzahl von Faktoren der jeweiligen Arbeits- und Lebenssituation abhängig und somit wesentlich *historisch* ist. Selbst biologische Faktoren wie Geschlecht und Alter sind insofern historische Faktoren, als die mit ihnen verbundenen *Rollen* historisch verschieden sind.

Es stellt sich somit das Problem, daß allgemeine Theorien über Bedürfnisstrukturen in einem doppelten Sinne »historisch« sind: einmal im Sinne der Historizität jeder Wissenschaft insofern, als ihre Fragestellungen, Methoden und theoretischen Voraussetzungen historisches Produkt sind, und zum anderen im Sinne der Historizität ihres Objekts insofern, als dieses ebenfalls historisches Produkt ist. Die erste Form der Historizität — die »erkenntnistheoretische« — könnte den Optimismus lassen, daß die Wissenschaft ihr Objekt immer umfassender und differenzierter — also »richtiger« — analysiert, die zweite Form macht es jedoch unvermeidlich, daß diese Wissenschaft ihrem Objekt immer »hinterher läuft«[17].

---

[17] Andererseits ist in diesem Zusammenhang zu erwähnen, daß sie in einem gewissen Sinne eventuell dabei ist, ihr Objekt zu »überholen«: gelingt es der Sozialwissenschaft — bzw. ihren Anwendungstechnologien —, die Individuen zunehmend zu normieren, findet das theoretische Problem eine äußerst praktische »Lösung«.

Vor dem Hintergrund dieser Überlegungen stellt sich hinsichtlich der Arbeitswissenschaft konkret die Frage: War die »Theorie X« (vgl. Kap. 4.1.) ein »Irrtum«? War der Taylorismus — soweit er sich auf die Bedürfnisse bezieht — »falsch«? Und ist der Ansatz der intrinsischen (auf den Arbeitsinhalt bezogenen) Bedürfnisse »richtiger«? Im allgemeinen werden diese Fragen bejaht. Es läßt sich aber auch umgekehrt fragen: Woraus ist zu schließen, daß die Arbeitenden zu Beginn des Jahrhunderts »dieselben« waren wie die von heute? Wie die Analyse von BRUGGEMANN u. a. (1975) zeigt, sind sie ja nicht einmal heute »dieselben«.

In der Beantwortung dieser Fragen darf nicht vergessen werden, woran »richtig« und »falsch« in diesem Zusammenhang gemessen wird: Ziel war und ist die *optimale Arbeitsproduktivität unter den gegebenen Umständen.* Das aber heißt, daß sich die Frage der »Richtigkeit« gar nicht stellte und stellt, sondern die der *Zweckmäßigkeit.*

Und die »gegebenen Umstände« sind heute zweifellos andere als die der Jahrhundertwende, sowohl auf der objektiven Seite — den Qualifikationsanforderungen infolge der technologischen Entwicklung — als auch auf der subjektiven Seite — den vielfältigen »Standards« der Arbeitenden. Für historische Wahrheiten gilt, daß sie zwar *objektiv,* nicht aber *absolut* wahr sind. In einem Satz: Es kann die These vertreten werden, daß der Taylorismus — bezogen auf die optimale Arbeitsproduktivität — seinerzeit »richtig« war und heute »falsch« ist.

Zwei Einschränkungen müssen jedoch gemacht werden:

1. In dieser absoluten Entgegensetzung ist diese These genauso einseitig wie die Gegenthese. Möglicherweise war der Taylorismus auch seinerzeit *etwas* »falsch«, d. h. möglicherweise wäre mittels der NFA auch damals eine Produktivitätssteigerung zu erzielen gewesen, diese Steigerung wäre jedoch damals geringer gewesen, als es heute der Verlust ist, wenn man keine NFA einführt. D. h., der Taylorismus ist heute »falscher«, als er es damals war, und umgekehrt die NFA »richtiger«.

2. Arbeitswissenschaft ist nicht nur Produktivkraft, sondern spiegelt auch die Produktionsverhältnisse wider. Konkret heißt dies in diesem Zusammenhang, daß sie auch die Funktion hat, Herrschaftsverhältnisse abzusichern. Zur Blütezeit des Taylorismus — also kurz vor und nach dem Ersten Weltkrieg — war das Klassenbewußtsein in der Arbeiterklasse Mitteleuropas stärker ausgeprägt, als es — im großen und ganzen — heute der Fall ist. Das aber heißt, daß die Arbeitsteilung a) als Mittel zur Spaltung der Arbeiterklasse und b) als Mittel zur Disziplinierung erheblich wichtiger war, als sie es in einer Zeit ist, in der die Arbeiter weitgehend integriert und die Gedanken der Herrschenden deutlicher

die herrschenden Gedanken sind.

Doch schauen wir uns die arbeitswissenschaftliche Alternative zum Taylorismus – den Ansatz der »Selbstverwirklichung« durch Befriedigung intrinsischer Bedürfnisse im Rahmen der NFA – etwas genauer an. Was soll man sich unter »Selbstverwirklichung« vorstellen?

Der Ursprung dieses Konzeptes liegt im wesentlichen im klinischtherapeutischen Bereich (vgl. FROMM 1941, ROGERS 1942, MASLOW 1954). Die Verhaltenstechnologie des Behaviorismus wurde im therapeutischen Bereich insofern als unbefriedigend empfunden, als aus ihr zwar eine therapeutische *Technik* entwickelt werden konnte, nicht jedoch so ohne weiteres ein therapeutisches *Ziel* (sieht man einmal von dem Ziel einer einfachen Anpassung an die jeweils gegebene Umwelt ab). Gegenüber diesem Behaviorismus – dem ein *Wert* nur ein »Verstärker« ist, welcher die Überlebenschancen verbessert (vgl. als extremen Ansatz SKINNER 1973) – betont das Konzept der »Selbstverwirklichung« »... eine Grundauffassung vom Menschen, in der seine *Wertgerichtetheit* und sein Wertschaffen in den Vordergrund gerückt werden« (BÜHLER 1971, 49).

Zwar könnte eine psychologische Theorie durchaus die »Wertgerichtetheit« des Menschen als Erkenntnisobjekt haben, ohne deshalb schon selbst wertgerichtet zu sein, diese Gegenbewegung versteht sich jedoch ausdrücklich selbst als wertgerichtet. Nicht nur ihr Objekt, sondern wesentlich auch ihr Engagement macht diese Bewegung zur sogenannten »Humanistischen Psychologie«.

Die Psychoanalyse andererseits konnte die Begründer der »humanistischen Psychologie« ebenfalls nicht voll befriedigen: Die Annahme eines »Todestriebes« und der mit ihm verbundenen prinzipiellen menschlichen Zerstörungstendenz läßt einen gewissen Kulturpessimismus nie ganz verschwinden. Demgegenüber betont die »Humanistische Psychologie« die im Prinzip kaum begrenzten positiven Entwicklungsmöglichkeiten des Menschen.

Nach BÜHLER (1971, 53) ist von bestimmten »Grundtendenzen des Lebens« auszugehen: »1. (Unbewußte sowie bewußte) Tendenz zur Bedürfnisbefriedigung; 2. Tendenz zur selbstbeschränkenden Anpassung; 3. Tendenz zur schöpferischen Expansion; 4. Tendenz zur Aufrechterhaltung innerer Ordnung«. Nach TAUSCH (1960) ist der oberste Leitwert der »Humanistischen Psychologie« die »Selbstverwirklichung«. Als konkrete Inhalte sind hier zu nennen: »Offenheit für Erfahrung – kreatives Verhalten – soziale Kooperation in Gruppen und Familie – Akzeptierung der eigenen Person – Freiheit von Neurotizismus, emotionale Stabilität – angemessene Kritik dem eigenen Verhalten gegenüber – Bereitschaft, sich zu ändern und zu lernen – Einordnung in notwendige Grenzen in Konfliktsituationen ... – gewisse Unabhängigkeit von Lob, Beifall und Akzeptierung durch andere Personen — Sensitivität für Gefühle und Erfahrungen der eigenen Person und anderer Personen — non-punitives, konstruktives Verhalten in Konfliktsituationen ... — equalitäre, sozialintegrative, demokratische Verhaltensformen — Leistungsfähigkeit in verschiedenen ... Bereichen« (TAUSCH 1966, 200).

An diesen Ideen kann viel problematisiert und kritisiert werden, andererseits kann ihnen mit einigen Einschränkungen ein emanzipatives Moment zugebilligt werden. Diese Diskussion ist jedoch nicht unser Thema; wichtiger ist es, sich auf die Übertragung der Idee der »Selbstverwirklichung« auf die Arbeitssphäre zu konzentrieren. Dabei ging einiges verloren. Grundansatz dieser Übertragung ist die Annahme, daß »Selbstverwirklichung« nicht durch die Rahmenbedingungen der Arbeit ermöglicht wird, sondern entscheidend durch den *Arbeitsinhalt*, d. h. durch die Art der Tätigkeit. Innerhalb dieses Bereiches lassen sich wiederum zwei Momente als die entscheidenden unterscheiden: 1. die Möglichkeit, die eigenen Fähigkeiten und Fertigkeiten anwenden zu können, und 2. die Möglichkeit zur weiteren Entwicklung dieser und neuer Fähigkeiten und Fertigkeiten.

Es fällt zunächst auf, daß diese Fassung der »Selbstverwirklichung« erheblich formaler ist als die bei TAUSCH zitierte. Es bleibt offen, *was* für Fähigkeiten und Fertigkeiten jemand hat und *welche* er weiterentwickelt oder -entwickeln will. Innerhalb einer stark arbeitsteiligen Gesellschaft mit entsprechend breit gestreuten Inhalten der beruflichen und allgemeinen Ausbildung werden sehr verschiedene Fähigkeiten und Fertigkeiten anzutreffen sein; entsprechend verschieden müssen demzufolge die je individuellen »Selbstverwirklichungen« sein.

Gleich, wie man diesen Ansatz fortführt, es ergeben sich Probleme. In seiner engeren Fassung ist »Selbstverwirklichung« gleich der Möglichkeit zur Anwendung *gegebener* Fähigkeiten und Fertigkeiten. In diesem Fall ergeben sich zwei verschiedene Realisierungsmöglichkeiten: Entweder man gestaltet die Arbeit nach diesen Fähigkeiten und Fertigkeiten (»Anpassung der Arbeit an den Menschen«), oder aber man sorgt dafür, daß die Individuen nur *die* Fähigkeiten und Fertigkeiten entwickeln, die für die gegebenen Arbeitsstrukturen verwendbar sind (»Anpassung des Menschen an die Arbeit«). Beide Möglichkeiten — obwohl im gewissen Sinne gegensätzlich — »passen« in diese engere Fassung der »Selbstverwirklichung«, denn es handelt sich hier nur um die Formulierung eines *Verhältnisses* zwischen Qualifikation und Anforderung, und dieses bleibt — wie ein mathematischer Bruch — immer gleich, wenn man nur die beiden Faktoren gemeinsam und entsprechend verändert.

Das Problem verändert sich, wenn man die weitere Fassung der »Selbstverwirklichung« gelten läßt: Nicht nur die Anwendung *gegebener* Fähigkeiten und Fertigkeiten muß gesichert sein, sondern auch die Chance zu ihrer *weiteren* Entwicklung. SCHNEEWIND (1973, 241) versteht unter »Selbstverwirklichung« die »Aktivierung individueller Entwicklungspotenzen«. Hier ergeben sich gleich zwei Probleme. »Individuell« kann wohl nur heißen, daß entweder von wesentlichen angeborenen Unterschieden ausgegangen werden muß oder aber daß die »Selbstverwirklichung« erst nach einem gewissen Maß an Sozialisation zur Debatte steht. Aber verfolgen wir das zweite Problem: Ist die Aktivierung *aller* Entwicklungspotenzen gemeint? Vielleicht entwickelt jemand eine besonders starke Aggressivität oder eine besondere Fähigkeit zu ausgedehnter Muße? Das ist vielleicht ein bißchen spitzfindig gefragt; bleiben wir also im Bereich der *produktiven* und »*sozialen*« Fähigkeiten und Fertigkeiten, wenn auch damit ein Moment der Angepaßtheit in die »Selbstverwirklichung« kommt.

Aber es bleibt immer noch ein Problem: Z. B. hat sicherlich mindestens die Hälfte der Facharbeiter das Fähigkeits*potential* zum Schichtmeister oder Betriebsleiter. Werden diese Facharbeiter nun im Rahmen eines »Selbstverwirklichungs«- und Schulungsprogramms alle Schichtmeister oder Betriebsleiter? Wohl kaum. Die Fähigkeiten und Fertigkeiten müssen also nicht nur produktiv und »sozial« sein, sondern außerdem noch in die betriebliche Hierarchie passen. Aber vielleicht dürfen die Arbeitenden wenigstens die Fähigkeiten entwickeln, die ganze Hierarchie abzuschaffen und eine Selbstverwaltung einzuführen?

Das Fragespiel ließe sich ausweiten; das Resultat scheint jedoch auch so deutlich zu werden: »Selbstverwirklichung« — bezogen auf die Arbeit — ist ein etwas hochtrabender Begriff für eine gar nicht so dramatische Sache; es ist die Befriedigung der im vorhergehenden Kapitel diskutierten »intrinsischen« auf den Inhalt der Arbeit gerichteten Bedürfnisse. Mit den obigen Fragen ist SCHNEEWIND auch Unrecht getan worden, denn er schreibt nicht einfach »Aktivierung individueller Entwicklungspotenzen«, sondern fügt wohlweislich hinzu: »im Rahmen ihrer (der Individuen, d. Ref.) realisierbaren Lebensbedingungen«. Diese »realisierbaren Lebensbedingungen« sind jedoch keine *psychologische* Frage mehr, sondern eine Frage der gesellschaftlichen Struktur und somit eine *politische* Frage. Mithin ist eine *so* gefaßte »Selbstverwirklichung« wesentlich auch ein politisches Konzept.

Nun ist es andererseits nicht so, daß »Selbstverwirklichung« *nur* »alter Wein in neuen Schläuchen« ist. Häufig sind die NFA gekoppelt mit einem graduellen Abbau der Hierarchie, so daß nicht so ohne weiteres gesagt werden kann, das Einfügen in die Hierarchie gehöre notwendig zur »zugelassenen« »Selbstverwirklichung«. In solchen Fällen kann durchaus von einem Wechselspiel von einerseits

Anpassung (an die mit dem »Sozio-technischen System« veränderten Arbeitsrollen) und andererseits »Emanzipation« (von den *alten* Einschränkungen und Zwängen) gesprochen werden. Dialektisch ist dieses Wechselspiel insofern, als sich hier Anpassung und »Emanzipation« gegenseitig bedingen und ineinander übergehen: Die Veränderung des »subjektiven Faktors« (Ansprüche und Verhaltensweisen der Arbeitenden) beschreibt einmal eine *Entfernung* von den gegebenen Arbeitsbedingungen, bis diese »dysfunktional« hinsichtlich der Produktivität werden, beschreibt aber nach der Veränderung dieser Arbeitsbedingungen wieder eine *Annäherung* im Sinne der Einübung und der Fixierung neuer Normen und »Selbstverständlichkeiten«.

Aber *weil* »Selbstverwirklichung« faktisch ein politisches Konzept ist, sind an ein solches Konzept zwei Forderungen zu stellen:

1. Weil die einzelnen Individuen sowohl Produkt ihrer gesellschaftlichen Praxis sind als auch umgekehrt diese Praxis mitbestimmen, kann »Selbstverwirklichung« nicht rein individuell gefaßt werden. FREDRICKSSON (1968; zit. n. ISRAEL 1972, 319) stellt hierzu fest: »Da sich die Individuen gegenseitig durch ihre gesellschaftlichen Beziehungen in einem historisch gegebenen sozialen Kontext bestimmen, ist ›individuelle Selbstverwirklichung‹ nur als ein Aspekt einer kollektiven Verwirklichung möglich.« Die Aufhebung gesellschaftlicher Ungleichheit ist unvermeidlich wichtigste Voraussetzung für den Abbau individueller Entwicklungsbarrieren der Mehrheit.

2. Solange diese Ungleichheit besteht, kann es keine allgemeingültige Form der »Selbstverwirklichung« geben. Individuelle »Selbstverwirklichung« muß als Idee vielmehr die jeweils gegebene konkrete Lebenssituation berücksichtigen. Was GOTTSCHALCH u. a. (1974, 49) hinsichtlich des psychoanalytischen Ansatzes fordern, gilt sinngemäß auch für den der »Selbstverwirklichung«: ».. . kann nicht das abstrakte Ideal einer Ich-starken Persönlichkeit als Maßstab einer gelungenen Sozialisation gelten, sondern die konkrete Frage muß beantwortet werden, welche Charaktereigenschaften z. B. ein Kind der Arbeiterklasse unter den heutigen gesellschaftlichen Bedingungen wird erwerben können, um mit den für seine soziale Klasse typischen Problemen fertig zu werden.«

Ohne Erfüllung dieser beiden Forderungen läßt sich WULFFs (1969, 243) Feststellung kaum bestreiten: »Die bürgerliche Ideologie definiert dem Kapitalismus angepaßte Ich-Leistungen als individuelle Selbstverwirklichung.« Als Zeugen für die Gültigkeit dieser Behauptung lassen sich die geistigen »Väter« der »Selbstverwirklichung« selbst anführen: Sowohl MASLOW (1973, 219) — der populärste Theoretiker der »Selbstverwirklichung« — als auch MCGREGOR (1957, 1960) — der diese Idee in die Arbeitswissenschaft hineintrug — formulieren als zentrale Organisationsfrage: Wie muß die Arbeit aussehen, damit der Arbeitende seine Interessen als identisch mit denen der Organisation sieht? Von einer Kritik an der Profit- und Mehrwertproduktion ist dabei freilich nicht die Rede.

In der bürgerlichen Arbeitspsychologie und Industriesoziologie wird gern behauptet, mit der »Selbstverwirklichung« werde die »*Entfremdung*« in der Arbeit aufgehoben. Dabei wird häufig sogar ausdrücklich Bezug genommen auf den MARXschen Entfremdungsbegriff. Es ist hier weder möglich noch sinnvoll, ausführlich diesen Begriff zu diskutieren (vgl. hierzu VOLPERT in diesem Band), es soll lediglich das Grundprinzip der Entfremdung kurz angesprochen werden.

Ausgangspunkt des authentischen MARXschen Entfremdungsbegriffs ist die Warenproduktion allgemein und insbesondere das Verhältnis von Lohnarbeit und Kapital. Entscheidend ist, daß der Arbeitende in der kapitalistischen Produktion nicht mehr das *Subjekt* dieses Prozesses ist, sondern lediglich ein »Produktionsfaktor«, ein Wesen, das einen wichtigen Teil seiner selbst — seine Arbeitskraft — wortwörtlich verkauft und im wesentlichen keinen Einfluß auf den Ge- und Verbrauch dieses Teiles mehr hat. Wichtig ist ferner, daß der Kapitalist als »Charaktermaske des Kapitals« im Prinzip ebensowenig Subjekt dieses Produktionsprozesses ist und seine Leistung als *Subjekt* sich auf das Herausfinden der »besten« wirtschaftlichen Strategie und Taktik beschränkt; was aber diese objektiv »beste« Strategie und Taktik jeweils ist, wird im wesentlichen von der autonomen — und insofern irrationalen und anarchischen — Ökonomie vorgegeben.[18] Einziges Ziel des ganzen Produktionsprozesses ist der »Gewinn« — gleich durch welches Produkt —, und das Ziel ist gleichzeitig ein objektiver Zwang: das nicht zu »wollen«, bedeutet den ökonomischen Untergang.

Aus dieser ökonomischen Entwicklungsautonomie ergibt sich ein Fetisch bürgerlicher Arbeitswissenschaft: der »*Sachzwang*«. In ihm verschwindet, daß *alle* Produktionsfaktoren wesentlich *soziale* Faktoren sind, daß selbst eine konkrete Maschine eine soziale Beziehung darstellt: Als aus der Mehrwertproduktion entstandenes akkumuliertes Kapital — und als Kapital erscheint sie als Subjekt des Produktionsprozesses — ist sie Resultat und Ausdruck einer Klassenbeziehung, der Beziehung von Lohnarbeit und Kapital. *Ohne* die politökonomische Analyse ist diese Maschine schlicht zum Beispiel eine Stanze, und dem bürgerlichen Arbeitswissenschaftler erscheint das Klassenverhältnis nur noch als »Mensch-Maschine-System«.

Für das subjektive Wollen sowohl des Kapitalisten als auch des integrierten Lohnarbeiters bleibt nur der kleine Spielraum innerhalb

[18] Zur besonderen und komplexeren Funktionsweise dieses Prinzips im Neokapitalismus vgl. MANDEL (1972).

der »wirtschaftlichen Vernunft«, also der Spielraum, der Profit, Konkurrenzfähigkeit usw. noch nicht in Frage stellt. Der Interessengegensatz von Kapitalist und Lohnarbeiter wird somit reduziert auf den Gegensatz von »Wollen« und »Sachzwang«: »Die industrielle Arbeitswelt stellt sich als ein soziales Spannungsfeld dar, das auf zwei Grundvoraussetzungen beruht: den technisch-wirtschaftlich-organisatorischen Sacherfordernissen und den subjektiven Interessenlagen der beteiligten Personen und Gruppen« (FÜRSTENBERG 1973, 171).

In solchen Ansätzen werden die Verhältnisse auf den Kopf gestellt: Die objektiven Klassenbedingungen werden zu »subjektiven Interessenlagen« und die subjektive Sicht der Maschinerie als ein bloß *technisches* Gebilde wird zu den objektiven »Sacherfordernissen«. Ein solcher Ansatz ist quasi-religiös: Er mystifiziert ein gesellschaftliches Produkt – und damit ein gesellschaftliches Verhältnis – zu einem unabhängigen Faktor, dessen Forderungen man sich unterordnen muß. Der grundlegende Mechanismus ist dabei im Prinzip derselbe, wie ihn FEUERBACH im Zusammenhang mit der Gottesidee analysierte: Ein – in diesem Falle ideelles – menschliches Produkt wird nicht mehr als solches erkannt, und in dieses Gebilde wird alle Macht der Produzenten projiziert. Schließlich bleibt keine Wahl mehr, als sich dieser Macht zu unterwerfen.

Unter ausdrücklicher Berufung auf diese Analyse entwickelte MARX seine Theorie der Entfremdung, wie sie in den »Manuskripten« über die »Grundrisse« bis zum »Kapital« vorliegt. Inwieweit eine Differenz zwischen dem »jungen« und dem »reifen« MARX feststellbar ist, braucht uns hier nicht zu interessieren (vgl. hierzu LANGSLET, 1963, BACZKO 1969, ISRAEL 1972). Wichtig ist festzuhalten, daß auch dann, wenn von subjektiven Empfindungen oder Wahrnehmungen des Entfremdeten die Rede ist, das Entscheidende immer die *objektive Tatsache der Trennung von Arbeiter und Produktionsmittel* – also die Tatsache der Lohnarbeit – bleibt. Das heißt, die Entfremdung hat zwar auch einen subjektiven Aspekt, aber dieser ist untrennbar mit der objektiven Situation der Entfremdung als deren *Reflex* verbunden, und alle Formen der Entfremdung haben letztlich ihren Ursprung in der *Waren*produktion allgemein und insbesondere in der kapitalistischen Produktionsweise.

Zu Beginn des Kapitalismus fielen in dieser Hinsicht Sein und Bewußtsein relativ wenig auseinander. Der zunehmende Anpassungsdruck durch Sozialisation und Massenkommunikation – Faktoren, welche von den marxistischen Klassikern seinerzeit nicht genügend voraussehbar waren – ließ diese Einheit jedoch zunehmend verfallen: als objektive Tatsache – Nichtverfügung über die Produktionsmittel und das Produkt – ist Entfremdung nach wie vor gegeben; der subjektive Reflex auf diese Tatsache aber fehlt häufig, bleibt vage oder verschiebt sich auf andere Ebenen. Dem realen Auseinanderfallen entspricht das Auseinanderfallen auf der Ebene der bürgerlichen Theorie. LANGSLET (1963) findet zwei von MARX ausgehende Linien: erstens eine »ethisch-ontologische« Linie und zweitens eine »psychologisch-soziologische« Linie. Der Autor fordert die »Synthese« beider Linien, denn die erste sei zu »esoterisch« – also zu weit von den handfesten Problemen des Alltags entfernt –, während die zweite in der Gefahr schwebe, manipulativ zu wirken und die menschliche Existenz zu instrumentalisieren.

Das ist in der Tat ein Problem. Die erste Linie ist ausgesprochen normativ: Sie setzt eine Vorstellung vom nichtentfremdeten Menschen voraus, eine Vorstellung davon, *von was* der Mensch entfremdet ist. Insofern wäre der Entfremdungsbegriff tatsächlich der Gegenbegriff zum Selbstverwirklichungsbegriff. Ein solches überhistorisches Menschenbild ist der MARXschen Dialektik jedoch fremd. Es trifft nicht zu, wenn MILLS (1951) die Normativität des MARXschen Entfremdungsbegriffs dahingehend kritisiert, dieser orientiere sich am romantischen Ideal der handwerklichen Arbeit. MARX bestimmt zwar die Entfremdung als Trennung von Produzent und Produktionsmittel – insofern also schon eine Entfremdung *von etwas* –, aber er sagt über den vagen Begriff der »Selbstbetätigung« hinaus wenig darüber, wie der Mensch im Falle der Aufhebung dieser objektiven Entfremdung als Subjekt strukturiert ist. Gerade die *negative*[19] Fassung der Entfremdung – gegenüber der eher positiven der »Selbstverwirklichung« – schützt dieses Konzept relativ sicher vor schlechter Ideologie[20]; die positiven Konzepte verfallen allzu leicht der »Schlaraffenland-Logik«: Das Paradies ist einfach das Gegenteil der Wirklichkeit, und seine Attraktivität lebt nur vom Hunger; erst einmal gesättigt, wird den bedauernswerten Insassen sehr schnell übel werden. Diese Utopien gehen nicht über die schlechte Realität hinaus, sondern sind nur eine andere Formulierung dieser Realität.

Andererseits hebt die zweite Linie mit ihrem Verzicht auf jegliche

[19] Gemeint ist eine Fassung, in der nicht formuliert wird, wie der nichtentfremdete Mensch *ist* (»positive« Fassung), sondern wie er *nicht* ist.
[20] »Jedes Menschenbild ist Ideologie außer dem negativen. Wird heute etwa gegenüber den mit der Arbeitsteilung verfilzten Zügen der Spezialisierung an den Vollmenschen appelliert, so verspricht man dem Undifferenzierteren, Gröberen, Primitiveren eine Prämie und verherrlicht am Ende die Extroversion des go-getters, jene, die abscheulich genug sind, um im abscheulichen Leben ihren Mann zu stehen. Was immer menschlich heute wahrhaft auf einen höheren Zustand vordeutet, ist nach dem Maß des Bestehenden immer zugleich auch das Beschädigte, nicht etwa das Harmonischere« (ADORNO 1952, 20). Dieses Zitat verdeutlicht zwar in drastischer Weise das Problem der positiven Konzepte, läßt aber andererseits in dieser Radikalität kaum einen Ansatz zur Handlungsanleitung, ohne die Wissenschaft letztlich zur Meditation wird. Die *gezielte* Ablehnung des Tatsächlichen setzt eine zumindest *abstrakte* positive Idee voraus. Wichtig aber bleibt, daß positive Konzepte als prinzipiell ideologisch erkannt und insofern *relativiert* werden.

Norm das kritische Moment des Entfremdungsbegriffs unvermeidlich auf. Der Mensch erscheint nicht mehr als Potential, als *Möglichkeit*, an der die Realität gemessen wird, sondern umgekehrt erscheint er als Tatsache, als empirischer Status quo, an dem die Möglichkeiten gemessen werden. Konkret heißt dies, daß jegliche Norm als ethisch-moralischer Wert verschwindet und durch die individuellen Soll-Werte (die Ansprüche, Erwartungen usw.) ersetzt wird. »Entfremdet« ist der, welcher sich so *fühlt*, d. h. die »Entfremdung« wird zu einem Konzept mit rein psychologischem Inhalt.

Entsprechend baut SEEMAN (1961, 784), dessen »Entfremdungs«-Sammelsurium in der empirischen Soziologie heute die größte Verbreitung hat, sein Konzept – soweit er sich auf MARX beruft – auf der psychologischen Kategorie der *Erwartung* auf. »Machtlosigkeit« (powerlessness) wird gefaßt »als die Erwartung oder subjektive Wahrscheinlichkeit seitens des Individuums, daß das eigene Verhalten das Eintreffen gewünschter Resultate oder Belohnungen nicht bestimmen kann« (Übers. v. Ref.).

Es liegt in der Konsequenz dieses Ansatzes, daß prinzipiell davon abgesehen wird, ob und inwieweit diese Erwartungen *zutreffen*. Es spielt überhaupt keine Rolle, ob jemand, der »powerlessness« empfindet, tatsächlich machtlos ist oder ob er sich diese Machtlosigkeit bloß einbildet. Die Aufhebung einer solchen »Entfremdung« hat folglich nicht unbedingt etwas mit einer Veränderung der Realität zu tun – wenn dies auch ein Mittel sein *kann* –, sondern ebenso mit einer Veränderung der *subjektiven Einschätzung* dieser Realität. D. h., LANGSLETS Bedenken, solche psychologisch-soziologischen Entfremdungs-Versionen können leicht manipulativ eingesetzt werden, sind durchaus berechtigt.

Diese Ansätze haben mit dem MARXschen Entfremdungsbegriff nichts mehr gemein. Wesentlich für diesen Begriff ist, neben der objektiven Trennung von Produzenten und Produktionsmitteln, daß der objektive Zustand der Entfremdung eine *Denkstruktur* mit sich bringt, die – bzw. deren Inhalte und Resultate – LUKÁCS (1923) später »Verdinglichung« nannte. Diese Denkstruktur ist dadurch gekennzeichnet, daß Produkte und Resultate gesellschaftlicher Arbeit und allgemeiner gesellschaftlicher Interaktion nicht mehr als solche erkannt werden. »Sachzwänge«, Werte, Normen, Entwicklungen usw. erscheinen als *natürliche* Dinge, als »Selbstverständlichkeiten«, nach denen man sich eben richten muß und die nicht mehr in Frage gestellt werden.

Es ist geradezu grotesk, wie dieser Sachverhalt bei manchen »Entfremdungs«-Theoretikern auf den Kopf gestellt wird: BLAUNER (1964) – ausgehend von der SEEMANschen Konzeption – meint zum Beispiel, hinsichtlich »powerlessness« könne von der Frage des Eigentums von den Produktionsmitteln abgesehen werden, da der bestehende Zustand von den Arbeitenden als normal angesehen werde! BLAUNER sieht nicht, daß dieses Normalfinden gerade massivster Ausdruck von Verdinglichung und Entfremdung ist. »Diese Situation (das Nicht-Empfinden von Entfremdung, d. Ref.) könnte mit der eines geistig Kranken verglichen werden, dem die Einsicht in die eigene Krankheit fehlt« (ISRAEL 1972, 107).

Auf diese Weise wird »Entfremdung« unvermeidlich gleichbedeutend mit »Nicht-Angepaßtheit«: wer immer das will, was er wollen soll, der wird sich auch nicht powerlessness fühlen. »Entfremdung« wird zu einer *Einstellung*, entsprechend sind die Erhebungsinstrumente: entfremdete Arbeit liegt dann vor, wenn sie den Ansprüchen des Arbeitenden nicht genügt. »Findet der Befragte seine Arbeit zu einfach, als daß er seine besten Fähigkeiten realisieren könnte? Bietet die Arbeit eine reale Möglichkeit, eigene Ideen anzuwenden?« (SEEMAN 1971, 136; Übers. v. Ref.). Oder: »Entfremdung liegt vor, wenn die Arbeiter nicht in der Lage sind, ihren unmittelbaren Arbeitsprozeß zu kontrollieren, ein Gefühl von Sinn und funktionalem Zusammenhang ihrer Arbeit mit der Gesamtorganisation zu entwickeln, sich zugehörig zu fühlen zu integrierten industriellen Gemeinschaften und wenn sie nicht involviert sind in die Arbeit als einer Möglichkeit zur Selbstverwirklichung« (BLAUNER 1964, 15; Übers. v. Ref.). Wie stellen die Autoren fest, ob es Möglichkeiten gibt, eigene Ideen anzuwenden, ob sie ihren Arbeitsprozeß kontrollieren können, ob die Arbeit eine Möglichkeit zur »Selbstverwirklichung« bietet usw.? *Indem sie die Arbeitenden danach fragen!*

Es wird deutlich: Was diese und ähnliche industriesoziologische Ansätze »Entfremdung« nennen, ist dasselbe, was in arbeitspsychologischen Ansätzen als Mangel an »Arbeitszufriedenheit« erscheint. Es wird nichts mehr über die objektive Situation ermittelt, sondern nur noch der Grad der Übereinstimmung dieser Situation mit den entsprechenden Ansprüchen, Erwartungen usw. der Arbeitenden (vgl. Kap. 5). Folglich wird »Entfremdung« zu etwas Individuellem, und auch deren Aufhebung ist individuell: durch »Selbstverwirklichung«, was immer der einzelne damit verbinden mag. Von den *gegebenen* Ansprüchen, Bedürfnissen usw. dabei auszugehen, bedeutet, die Resultate objektiver Entfremdung zu akzeptieren und nicht mehr in Frage zu stellen. So läßt sich zusammenfassend feststellen: *Selbstverwirklichung in der Klassengesellschaft ist die subjektive Überwindung objektiver Entfremdung.*

Vor dem Hintergrund solcher »Entfremdungs«-Konzeptionen wird es geradezu lächerlich, wenn SEEMAN (1971) die »dubiosen Thesen« von MARX und MARCUSE über die entfremdete Arbeit als dem Kern aller Entfremdung empirisch widerlegen will.[21] Der dabei betriebene

[21] An dieser Stelle soll nicht die Kritik von MOULEDOUS u. MOULEDOUS (1964) vergessen werden. Nachdem die Autoren SEEMAN »plat-

methodische Aufwand — vgl. auch die Bemühungen von STRUENING u. RICHARDSON 1965, SIMMONS 1966 und NEAL u. RETTIG 1967 um die Zusammenhänge verschiedener »Entfremdungen« (alienation) — zeigt allerdings nur eines: die spezifische Form der Entfremdung mancher Sozialwissenschaftler. Nicht mehr das *Ziel* und die mit ihm verknüpften Werte sind das Kriterium für Seriosität und wissenschaftliche Dignität, sondern primär das *Mittel* — die Methode. Das heißt, ein wissenschaftliches *Produkt* (die Methode) verselbständigt sich — ganz wie materielle und sonstige ideelle Produkte — und beherrscht die »Produzenten« und die wissenschaftliche »Produktion«. Gleichwohl kann die schönste Statistik nicht darüber hinwegtäuschen, daß Unsinn — perfekt ausgewertet — eben nur perfekter Unsinn ist.

Trotz aller unbefriedigenden empirischen Ansätze zum Thema Entfremdung bleibt das Konzept selbst unverzichtbar. Nichts gewonnen ist jedoch damit, diese empirischen Fassungen in »Nicht-Arbeitszufriedenheit« aufgehen zu lassen. Entfremdung als objektiver Tatbestand der Trennung der unmittelbaren Produzenten von ihren Produkten und Produktionsmitteln kann andererseits ohnehin nicht Gegenstand einer Befragung sein. Was als relevanter subjektiver Reflex auf diese objektive Situation zu erheben bleibt, ist eher, inwieweit in dem *gesellschaftlichen Bewußtsein* der Arbeitenden materielle Basis und ideologischer Überbau noch als *gesellschaftliches Produkt* erscheinen.[22] Das heißt, in diesen Ansätzen muß wesentlich der Aspekt der *Verdinglichung* erfaßt werden. Es muß berücksichtigt werden, daß — wie ANDRIEUX u. LIGNON (1960, nach DEPPE 1971, 80) feststellen — aus dem Arbeiter, der von einer Lösung seiner Probleme wußte, ein Arbeiter geworden ist, der keine Probleme mehr wahrzunehmen imstande ist. Insofern ist BLAUNER (1964, 187) zuzustimmen, wenn er am Schluß seines Buches — in seltsamem Kontrast zum Vorangehenden — schreibt: »Aber wir dürfen nicht annehmen, daß die Menschen nùr das sind, was sie gegenwärtig sind oder was sie selbst sein wollen« (Übers. v. Ref.).

testen Empirismus« vorgeworfen und ihm mangelnde Kenntnis sowohl der Literatur als auch der realen Situation bescheinigt haben, stellen sie fest: »... eine Arbeit, die keinen anderen Zweck haben kann denn als Polemik zu dienen für das Rotter'sche Konzept vom Verhalten und für eine szientistisch-reduktionistische Soziologie, die ihr Erbe an weiten sozialen und historischen Kenntnissen und Anliegen verkauft für einen Schund an dubiosen psychologischen Techniken und an Jargon« (Übers. v. Ref.).
[22] In diese Richtung gehen etwa Statements, wie sie FRESE (1974) in einem Fragebogen formuliert: »Eine Gesellschaftsordnung ist von Menschen gemacht und kann deshalb auch von Menschen verändert werden ... Die Gesellschaftsordnung spiegelt die natürliche Ordnung wider und deshalb hat jede größere Änderung mehr Nachteile als Vorteile ... ›Unten‹ und ›oben‹, ›reich‹ und ›arm‹, das hat es immer gegeben, denn das liegt in der Natur des Menschen ...« Die Befragten werden aufgefordert, diese Statements zu bejahen oder zu verneinen.

5. Probleme der Methode

An dieser Stelle soll nicht auf einzelne empirische und experimentelle Methoden im engeren Sinne eingegangen werden; vielmehr sollen *grundsätzliche* methodische Ansätze zur »Humanisierung der Arbeit« diskutiert werden. Es soll diskutiert werden, welche Werte, normative Entscheidungen, theoretischen Voraussetzungen usw. in diese Grundsätze eingehen.

5.1. *Das Problem des Relativismus*

Der Begriff der »Humanisierung« wird z. Z. inflationär gebraucht, und es ist wohl nicht in jedem Fall bewußt, was MARKOVIC (1968, 80) feststellt: »Die Idee der Humanisierung der Welt setzt eine bestimmte anthropologische Konzeption voraus.« An solchen Konzeptionen ist kein Mangel, das Problem besteht eher im Überangebot. Selbst wenn man diese Konzeptionen bzw. »Menschenbilder« auf den Bereich der Arbeit und auf die Dimension der Bedürfnisse beschränkt, bleibt eine Reihe von Alternativen, welche sowohl historisch aufeinanderfolgen (wie in Kap. 4 kurz angesprochen) als auch nebeneinander existieren (vgl. NEUBERGER 1974, BRUGGEMANN u. a. 1975).

Die Entscheidung zwischen diesen Alternativen wird durch ein Dilemma erschwert: Entweder sind diese Konzepte inhaltlich konkret, dann sind sie praktisch immer ahistorisch angelegt und insofern problematisch, oder sie lassen einen mehr oder weniger großen Spielraum für die historische Dimension, dann aber sind sie im gleichen Maße abstrakt und formal. Gleichwohl werden sie insofern alle als theoretische Grundlage zur Humanisierungspraxis herangezogen, als die aus ihnen abgeleiteten Fassungen der »*Arbeitszufriedenheit*« in bezug zur »Humanisierung der Arbeit« gesetzt werden: aus dem Auffinden von Arbeitszufriedenheit aufgrund der Befriedigung der in diesen Konzepten vertretenen Bedürfnisse wird gern auf »humanisierte« Arbeitsbedingungen geschlossen.

Dieser Kurz-Schluß wirft auf der empirischen Ebene zwei Probleme auf:

1. Unter den *verschiedensten* Arbeitsbedingungen ist der Prozentsatz der »Zufriedenen« bemerkenswert ähnlich hoch.

2. Innerhalb *derselben* Arbeitsbedingungen sind die Befragten oft recht verschieden »zufrieden« (d. h. es gibt häufig eine nennenswerte Streuung).

Offenbar ist Arbeitszufriedenheit also nicht einfach das Resultat *eines* Faktors, sondern zumindest von zwei Faktoren: erstens der objektiven Bedingungen oder Merkmale der Arbeitssituation (die den »Ist-Zustand« ergeben) und zweitens der subjektiven Erwartungen, Ansprüche, »Standards« usw. der Arbeitenden (die den »Soll-Zustand« beschreiben). Beide Faktoren werden dabei ihrerseits von einer Reihe sekundärer Faktoren bestimmt. Das Verhältnis dieser beiden Faktoren ist jedoch nicht als statisch zu fassen. Denn

1. verändert der Arbeitende seine »Standards« unter dem Einfluß der mit seiner Arbeitssituation verbundenen Praxis, und
2. bestimmen auch umgekehrt diese »Standards« die Arbeitssituation a) durch die Wahl des Arbeitsplatzes und/oder b) durch veränderndes Verhalten seitens des Individuums und/oder seitens der Arbeiterklasse.

Dieser Rückkopplungsprozeß läuft im Prinzip ständig — mehr oder weniger ausgeprägt — ab. Ständig findet auch ein Vergleich von Ist- und Soll-Wert statt, wobei als Resultat dieses Vergleichs Quantität und Qualität der Arbeitszufriedenheit erscheint, welche ihrerseits zu den beiden Faktoren »Standards« und »Merkmale der Arbeitssituation« rückgekoppelt ist. Diese Zusammenhänge sind in der *Abb.* 4 schematisch dargestellt (vgl. hierzu GROSKURTH 1974, BRUGGEMANN u. a. 1975).

Abbildung 4
Funktionsschema der Arbeitszufriedenheit

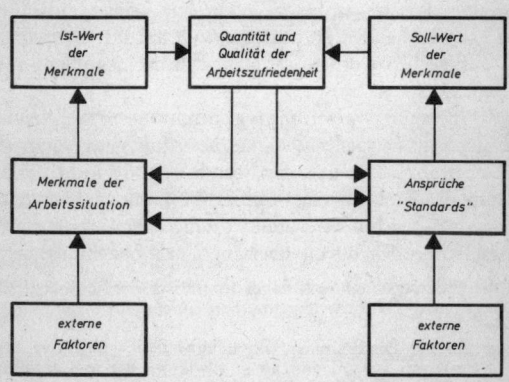

Wenn nun aber die Arbeitszufriedenheit Resultat einer *Relation* zweier Faktoren ist, dann folgt daraus, daß sie im wahrsten Sinne des Wortes »relativ« ist. Daraus wiederum folgt, daß eine »Humanisierung der Arbeit«, die an der Arbeitszufriedenheit gemessen wird, ebenfalls »relativ« ist. Für die Praxis würde wiederum folgen, daß die »Humanisierung« konkret erreicht würde einerseits durch das Bereitstellen einer breiten Palette verschiedener Arbeitsbedingungen und andererseits durch die Praxis einer differenzierten Eignungsdiagnostik. Damit wäre die Arbeitswissenschaft glücklich wieder beim alten Motto »Der richtige Mann am richtigen Platz« angelangt.[23] Befragt, was denn nun unter »Humanisierung« zu verstehen sei, müßte sie mit einem eindeutigen »Das-kommt-darauf-an« antworten.[24]

Abgesehen davon, daß solch eine Humanisierungsstrategie in der Praxis nur sehr beschränkt durchführbar wäre, ist dieser Relativismus auch theoretisch unbefriedigend. Will man nun ein Konzept der »Basis-« und »Wachstums-« Bedürfnisse aufrechterhalten, so ist es naheliegend, die empirisch feststellbare Streuung und die erstaunlich hohen Durchschnittsquoten der Arbeitszufriedenheitsgrade durch den Einfluß von »Störvariablen« zu erklären. Die Wirksamkeit solcher Einflüsse ist tatsächlich häufig belegt worden, und sie ist auch aus theoretischen Gründen anzunehmen. Die wichtigsten dieser Einflüsse dürften sein

1. die soziale Erwünschtheit (»social desirability«) bestimmter Antworten bei Befragungen. Wenn zum Beispiel in der Bezugsgruppe[25] des Befragten Zufriedenheit ein besseres »Image« hat als Unzufriedenheit, so kann der Wunsch, diesen Normen zu entsprechen, zu einer sozusagen unechten Antwort führen (vgl. KERN u. SCHUMANN 1970 a, WALL 1972).

2. die Anpassung an die »Realität«. Durch fortgesetzte Frustration kann eine Situation eintreten, in der eine Reihe von Bedürfnissen zwar noch vorhanden ist, der *Anspruch* auf ihre Befriedigung jedoch aufgegeben worden ist; d. h. daß der Betroffene resigniert hat (vgl. SEASHORE 1973).

3. die Wahrnehmungsverzerrung (vgl. SEASHORE 1973). Wenn ein Arbeitender zum Beispiel ein starkes Bedürfnis nach Verantwortung oder Unersetzbarkeit hat, dies jedoch objektiv nicht der Fall ist, so kann das Problem eine »subjektive Lösung« finden: der Betroffene bildet sich diese Verantwortung oder Unersetzbarkeit ein und ist schließlich davon überzeugt, daß ohne ihn »der Laden

[23] Daß die Eignungsdiagnostik dabei *theoretisch* durchaus über die reine Anpassungs- und Eingliederungsfunktion hinausgehen kann, hat TRIEBE (1975) dargelegt.
[24] Hinsichtlich der Dimensionen »Ermüdung« und »subjektive Beanspruchung« (vgl. BARTH 1975, UDRIS 1975) sowie auf der rein ergonomischen Ebene stellt sich das Problem u. U. weniger scharf.
[25] Zu dieser Bezugsgruppe kann in der aktuellen Befragungssituation auch der Interviewer zählen. Dem Befragten muß dabei nicht unbedingt *bewußt* sein, daß seine Antwort »unecht« ist.

nicht läuft«[26]. Diese Wahrnehmungsverzerrung steht in diesem Falle im Dienst der Aufrechterhaltung eines *Selbstkonzeptes* im Sinne eines Bildes, das jemand von sich selbst hat.

4. die Bedeutung der Arbeit. Hier ist insbesondere die *Abwertung* der Arbeit als möglicher Quelle von Befriedigung von Interesse. Ist die Motivation zur Arbeit nur noch *instrumentell* — Arbeit als Mittel zur Befriedigung von Bedürfnissen außerhalb der Arbeit —, so wirken sonst relativ unbefriedigende Arbeitsbedingungen weniger frustrierend und die »Arbeitszufriedenheit« steigt (zum Problem der »instrumentellen Orientierung« vgl. insbesondere GOLDTHORPE 166, GOLDTHORPE u. a. 1968 a, b, 1969).

Alle diese Mechanismen führen zu irreführenden empirischen Ergebnissen. Das Gefährliche an solchen empirischen Ergebnissen ist, daß sie zur Verschleierung der Situation mißbraucht werden können und somit zur Aufrechterhaltung dieser Situation beitragen. Insofern ist KORNHAUSER (1965, 184) zuzustimmen, wenn er angesichts seiner eigenen empirischen Ergebnisse zur psychischen Gesundheit (»mental health«) der Fabrikarbeiter in Detroit den Stoßseufzer formuliert: »Im Hinblick auf eine ›gute Gesellschaft‹ mag es wünschenswert sein, daß Unzufriedenheit und Protest deutlicher würden« (Übers. v. Ref.).

Wäre nun eine von solchen Einflüssen »gereinigte« »echte« Arbeitszufriedenheit ein ausreichendes Kennzeichen für humanisierte Arbeitsbedingungen? Nicht so ohne weiteres. Selbst unter dieser Bedingung ist Arbeitszufriedenheit nicht gleich Arbeitszufriedenheit. Agnes BRUGGEMANN (1974, vgl. auch BRUGGEMANN u. a. 1975) hat das Verdienst, erstmals in umfassender und systematischer Weise qualitativ verschiedene *Formen* der Arbeits(un)zufriedenheit diskutiert und dargestellt zu haben. Die Unterschiedlichkeit dieser Formen ergibt sich dabei aus der Unterschiedlichkeit der mit ihnen verbundenen *Erlebnisverarbeitung*. BRUGGEMANN geht ebenfalls von dem Modell aus, in dem die Arbeitszufriedenheit als Resultat eines Vergleichs von Ist- und Soll-Wert der Merkmale der Arbeitssituation gefaßt wird. Ist diese Differenz relativ klein oder gleich Null, so wirkt sie entlastend und stabilisierend; die resultierende Arbeitszufriedenheit wird »stabilisierende Arbeitszufriedenheit« genannt. Ist diese Differenz jedoch relativ groß, so führt sie zunächst zu einer »diffusen Arbeitsunzufriedenheit«.

Im ersten Falle ist mit einer von zwei Möglichkeiten zu rechnen: Entweder werden die bisherigen Ansprüche beibehalten — »stabilisierte Arbeitszufriedenheit« —, oder der Erfolg führt zu einer Er-

---

[26] Die aus diesem Mechanismus resultierende besondere — mehr oder weniger »pathologische« — Form der Arbeitszufriedenheit macht die Einfügung des Begriffs »subjektiv gegebene Merkmale der Arbeitssituation (Ist-Wert)« in das obige Schema erforderlich, ist aber grundsätzlich in dieses integrierbar.

höhung im Sinne einer Anspruchsentwicklung, und es kann von »progressiver Arbeitszufriedenheit« gesprochen werden.

Im zweiten Falle — der »diffusen Arbeitsunzufriedenheit« — ist ebenfalls mit einer von zwei Möglichkeiten zu rechnen: Entweder werden die Ansprüche trotz der Frustration beibehalten — dann wird je nach Art der zur Problembewältigung eingesetzten Mittel von »konstruktiver Arbeitsunzufriedenheit«, von »fixierter Arbeitsunzufriedenheit« oder von »Pseudo-Arbeitszufriedenheit« gesprochen —, oder diese Ansprüche werden reduziert, und als Resultat ergibt sich die »resignative Arbeitszufriedenheit«.

Alle diese Formen der Arbeitszufriedenheit sind mit typischen Techniken zur Verarbeitung von Befriedigung und Frustration gekoppelt und sind schließlich wieder rückgekoppelt zu den Ausgangsgrößen Ist- und Soll-Wert der Merkmale der Arbeitssituation. In der folgenden Abbildung *(Abb. 5)* ist das Funktionsschema dieser Formen wiedergegeben.

Mit dieser Differenzierung ist ein wichtiger Schritt weg von der theorielosen Empirie getan. Aber ist nun die sozusagen »positivste« Form — die »progressive Arbeitszufriedenheit« — ein ausreichendes Kennzeichen für humanisierte Arbeitsbedingungen? Nicht so ohne weiteres. In beiden Faktoren — sowohl in dem Ist-Wert als auch dem Soll-Wert — liegt ein Problem.

In Kapitel 4.1. wurde schon im Zusammenhang mit der »proaktiven Anpassung« des Systems »Arbeitsorganisation« betont, daß die Bedürfnisentwicklung entscheidend von den konkreten Existenz- und Arbeitsbedingungen des Individuums abhängt. Es wurde betont, daß diese die mögliche Entwicklung objektiv eingrenzenden Rahmenbedingungen nicht nur die Reichweite der Bedürfnisse bestimmen, sondern daß sie auch ganz wesentlich die Möglichkeit einschränken, sich alternative Existenz- und Arbeitsbedingungen auch nur vorstellen zu können. Wenn aber die gegebenen Bedingungen als die einzig denkbaren erscheinen, dann werden diese »*selbstverständlich*«, d. h., sie müssen nicht einmal begründet werden. Diese Selbstverständlichkeiten bestimmen, was »möglich« ist, was darüber hinausgeht, ist eben »unmöglich«[27].

Wenn zum Beispiel ein Arbeiter eine steile betriebliche Hierarchie für prinzipiell unabdingbar hält, dann wird er keinen Anspruch auf Enthierarchisierung entwickeln und demzufolge auch keine diesbezügliche Unzufriedenheit. Eventuell doch erlebte Frustrationen werden nur zu einer diffusen und vagen Unzufriedenheit führen, oder aber der Arbeitende wird die Ursache dieser Frustrationen personalisieren: nicht die Hierarchie als solche frustriert, sondern der Vorge-

---

[27] Diese Barriere verlängert sich bis in die didaktischen Probleme der Arbeiterbildung, in der nach NEGT (1971) »soziologische Phantasie und exemplarisches Lernen« zentrale Begriffe sind.

Abbildung 5

Formen von Arbeitszufriedenheit (AZ) als Ergebnisse von Abwägungs- und Erlebnisverarbeitungsprozessen (aus BRUGGEMANN 1974, 283)

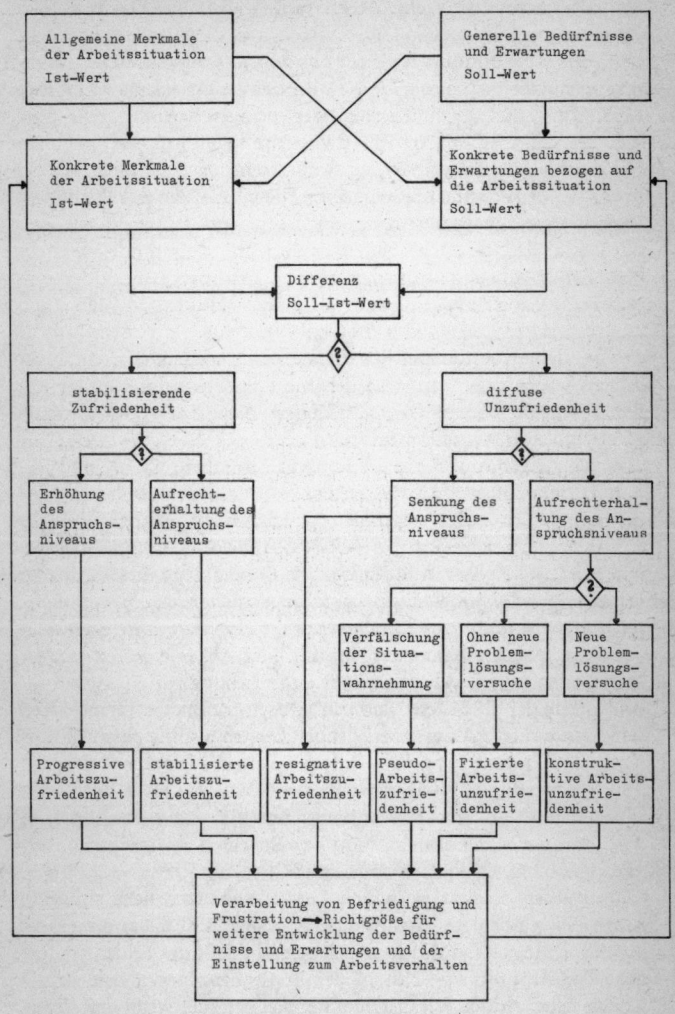

setzte Meier ist unglücklicherweise ein Fiesling.

In einem Satz zusammengefaßt, besteht das Problem beim Soll-Wert in folgendem: Auch bei einer »progressiven« Entwicklung der Bedürfnisse und der Arbeitszufriedenheit sind der Ausgangspunkt die *gegebenen* Bedürfnisse, diese aber sind das historische und konkrete Produkt der aktuellen Existenz- und Arbeitssituation.

Erheblich schwerwiegender dürfte jedoch das Problem auf der Seite des Ist-Wertes sein. Wenn Arbeitszufriedenheit das Ergebnis eines Vergleichs von Ist- und Soll-Wert ist, dann ist diese Arbeitszufriedenheit ganz wesentlich Ergebnis der *Einschätzung* der objektiven Merkmale der Arbeitssituation. Und da liegt ein entscheidendes Problem. Diese Einschätzung kann mehr oder weniger bewußt, mehr oder weniger reflektiert, mehr oder weniger rational sein und vor allen Dingen: in diese Einschätzung kann mehr oder weniger *Wissen* über diese Arbeitssituation eingehen. Die bürgerliche Arbeitspsychologie hat die Tendenz, »Arbeit« auf »Tätigkeit« zu reduzieren, und unterstellt, daß der Arbeitende dies auch tut. Tatsächlich ist dieser aber häufig erheblich kritischer als der Arbeitswissenschaftler und faßt seine Arbeit durchaus auch als gesellschaftliches Moment (vgl. die Interview-Protokolle von POPITZ, BAHRDT, JÜRES u. KESTING 1957), d. h., er hat ein bestimmtes Konzept oder eine bestimmte Theorie von seiner Arbeit (was man natürlich nicht findet, wenn man — wie üblich — nicht danach fragt. Zu diesem Aspekt des Methodenproblems vgl. auch »Quaderni Rossi« 1972).

Doch ganz gleich, was für ein Konzept der Arbeitende hat und wie differenziert und »richtig« es ist: *in jedem Falle ist es für die Bewertung der Arbeitszufriedenheit hinsichtlich ihrer Tauglichkeit als Kennzeichen humanisierter Arbeitsbedingungen von entscheidender Bedeutung, inwieweit in die subjektive Einschätzung dieser Arbeitsbedingungen Kenntnisse über die für den Arbeitenden objektiv wichtigen (gesellschaftlichen) Zusammenhänge eingehen.* Verzichtet man auf diesen Aspekt, so kommt man schnell ins Absurde. BUNZ, JANSEN u. SCHACHT (1974) stellten in ihrer Untersuchung zur Arbeitszufriedenheit in der BRD fest, daß aktive Gewerkschafter in mehreren Aspekten weniger Arbeitszufriedenheit zeigten als ihre passiven Kollegen, und TIETZE (1974, 313) trifft den Kern des Problems, wenn sie provozierend fragt: »Gewerkschaftliche Arbeit als Quelle der Unzufriedenheit: Muß eine Humanisierungspolitik, die auf artikulierte Arbeitszufriedenheit abstellt, den einzelnen davor warnen, sich aktiv gewerkschaftlich zu organisieren?«

Von solchen objektiv wichtigen Zusammenhängen ließe sich eine ganze Reihe Beispiele aufzählen. Immer stellt sich dabei die Frage, ob und inwieweit die Zufriedenheit — und damit das Fehlen weitergehender Ansprüche — sich in der Konsequenz gegen den Arbeitenden selber richtet. Dies ist zum Beispiel der Fall, wenn der Arbeitende einerseits sich zufriedengibt mit einer Arbeit, die seine sozialen (Kommunikations- und Kooperations-)Fähigkeiten degenerieren läßt, er aber andererseits darunter leidet, daß ihm in der »Privat«-Sphäre genau dieses Repertoire an sozialen Verhaltensweisen fehlt (wenn ihm dieses Fehlen auch nicht als Ursache seiner Probleme bewußt sein mag), was objektiv mehr oder weniger eng zusammenhängt. Oder: Er ist vielleicht zufrieden, weil sein konkurrenzorientiertes Leistungs- und Anerkennungsbedürfnis befriedigt wird, obwohl objektiv seine Bedürfnisse evtl. durch solidarisches Verhalten letztlich mehr befriedigt würden: dies kann auf der Ebene des Lohnes anfangen und auf der Ebene der sozialen Beziehungen aufhören. Oder: Eine wesentliche Konsequenz der Entfremdung des Lohnarbeiters besteht in dem Auseinanderfallen seiner beiden Existenzformen als Produzent einerseits und als Konsument andererseits; in beiden »Sphären« hat er subjektiv verschiedene Interessen. Objektiv ist es jedoch ein Widersinn, wenn es für seine Arbeitszufriedenheit gleichgültig ist, *was* er produziert und in welcher Qualität, wenn er gleichzeitig als Konsument von diesen Produkten frustriert wird (sei es, weil er sich allgemein einem Konsumzwang unterworfen sieht, sei es, daß diese Produkte eine besondere — für den Arbeitenden negative — wirtschaftspolitische oder militärische Bedeutung haben, oder sei es, daß sie einfach nichts taugen). Allein aus der Tatsache, daß der Arbeiter nicht nur einfach Gebrauchswerte produziert, sondern ganz wesentlich *Waren* — Tauschwerte innerhalb der Mehrwertproduktion —, läßt sich eine Vielzahl von Beispielen gewinnen.

Die Konsequenz aus diesen Überlegungen ist die, daß die »Humanisierung der Arbeit« nicht allein durch Befriedigung gegebener Bedürfnisse erreicht wird, sondern ganz wesentlich erst durch die Berücksichtigung der *objektiven Interessen* der Arbeitenden. Innerhalb der Klassengesellschaft wird das Ineinanderfallen von »Humanisierung« und Arbeitszufriedenheit erst möglich durch das Auseinanderfallen von subjektiven Bedürfnissen und objektiven Interessen. Oder andersherum: Das Ineinanderfallen von Humanisierung und Arbeitszufriedenheit ist nur in einer klassenlosen Gesellschaft möglich.[27a]

[27a] Gleichwohl bleibt das Verhältnis von subjektiven Bedürfnissen und objektiven Interessen auch in den Übergangsgesellschaften noch ein Problem. Aus dem Auseinanderfallen beider leitet sich eine zweite Form des Relativismus ab, welcher konkret in der Frage »Ist Fließband = Fließband?« sich ausdrücken kann. Auf solche Fragen sind die Antworten auch innerhalb der Übergangsgesellschaften nicht einheitlich:
Einerseits: ». . . daß nämlich die unterteilten Verrichtungen selbst am Fließband für die Integration des Arbeiters in die Gesellschaft im sozialistischen Betrieb einen grundsätzlich anderen Charakter haben als die gleiche Arbeit in einem kapitalistischen Betrieb« (STEINER 1971, 396. DDR). Andererseits: ». . . die Arbeit am laufenden Band etwa ist Arbeit am laufenden Band, unabhängig von der Gesellschaftsordnung, und nur die Arbeitsbedingungen können sich unterscheiden . . .« (SCHAFF 1970, 97.Polen.) Und auf einer anderen Ebene:
Einerseits: »Das Verhalten zum Plan und seine disziplinierte Verwirklichung werden immer mehr zu einem bestimmenden Kriterium des Entwicklungsniveaus der Gemeinschaftsarbeit und des Klassen- und Staatsbewußtseins der Werktätigen« (WEIDIG 1969, 62. DDR).

Es wird deutlich, daß — je nach Grundansatz — unter »Humanisierung« recht Verschiedenes verstanden werden kann — und wird. In einer der wenigen differenzierten und reflektierten Arbeiten zum Thema »Humanisierung« kommt Barbara TIETZE (1974, 311) zur Unterscheidung von fünf Konzepten: »a) Humanisierung als Strategie, die sich gegen eine Form von Arbeit wendet, welche als lebensverkürzender Faktor wirkt und sich in eindeutiger Weise auf die körperliche Befindlichkeit und die Leistungsfähigkeit des arbeitenden Menschen auswirkt ... b) Humanisierung als Strategie, die sich gegen die Taylorisierung der Arbeit wendet und den Verhaltens- und Entscheidungsspielraum des arbeitenden Menschen erweitern will ... c) Humanisierung als politische Mitbestimmung: Die Ausbeutung des arbeitenden Menschen soll durch die Institutionalisierung von Arbeit und Kapital als gleichberechtigten Faktoren bei gleichgewichtiger Machtverteilung vermieden werden. ... d) Humanisierung durch revolutionäre Aufhebung der Klassengesellschaft ... e) Humanisierung zielt auf die Utopie einer herrschaftsfreien Gesellschaft ...«

Ist nun das Problem der Humanisierung durch das Akzeptieren einer dieser Möglichkeiten endlich gelöst? Nicht so ohne weiteres. Die obigen fünf Konzepte unterscheiden sich u. a. darin, ob sie die »Humanisierung« mehr auf der individuellen Ebene oder mehr auf der gesellschaftlichen Ebene fassen. In der mehr gesellschaftsorientierten Version wird davon ausgegangen, daß mit der gesellschaftlichen Veränderung das Problem der individuellen Arbeitssituation sozusagen »automatisch« mitgelöst wird; dies ist jedoch wieder empirisch belegbar — es kann wohl kaum behauptet werden, in einer der heute existierenden Gesellschaften sei das Problem der »Humanisierung der Arbeit« vollständig gelöst — noch theoretisch absolut zwingend (mit politisch-sozialen Umwälzungen sind zwar die sogenannten »antagonistischen« Interessengegensätze überwindbar, es bleiben aber durchaus unterschiedliche Interessen). Bleiben wir bei der aktuellen Situation in Westeuropa, so ergibt sich folgendes Dilemma: Auf der einen Seite hat der Arbeitende das *legitime* Bedürfnis, *hier und heute* »zufrieden« zu sein und sich irgendwie zu arrangieren, auf der anderen Seite ist dieses Arrangement mehr oder weniger gleichbedeutend mit dem Verzicht auf eine bessere Zukunft, die nur durch Kampf und Frustration zu erreichen ist. D. h., es besteht ein Konflikt zwischen kurz- und langfristigen Perspektiven, ein Konflikt, der durch keine »Berechnung« mit hinreichender Sicherheit zu lösen ist.

Es besteht noch ein zweites Dilemma: Gleich, mit welchen Arbeitsbedingungen jemand zufrieden ist, und gleich, in welcher Gesell-

Andererseits: »Vom ökonomischen Standpunkt aus ist es für den Arbeiter egal, ob der Ausbeuter ein Kapitalist ist oder ein Bürokrat« (MARKOVIC 1968, 79. Jugoslawien).

schaft er lebt, in jedem Falle hat seine Arbeitszufriedenheit bzw. das mit ihr gekoppelte Verhalten Auswirkungen auf andere Arbeitenden. Dies kann auf sehr direkte Weise der Fall sein – indem er zum Beispiel wenig kooperativ ist –, es kann aber auch sehr vermittelt sein – zum Beispiel dadurch, daß seine politische Apathie und seine (wesentlich durch eine anspruchslose Arbeit bedingte) geringe Fähigkeit zu komplexerem Denken die Aufrechterhaltung oder Erringung demokratischer Strukturen behindert. Dieses Problem haben auch JADOW, ROSCHIN u. SDRAMYSLOW (1971, 141) in ihrer Analyse der Einstellung zur Arbeit bei jungen Leningrader Arbeitern vor Augen, wenn sie feststellen: »Da die Bedürfnisse aber von den Menschen nur in Form von Interessen erkannt werden, so ist folglich die Zufriedenheit ein Zustand der Realisierung entsprechender Interessen. Deshalb ist der Zustand der Zufriedenheit mit der Arbeit und der Tätigkeitsart nicht absolut, sondern in der Gegenüberstellung mit bestimmten gesellschaftlich relevanten Interessen des Arbeiters, die durch gesellschaftlich relevante Bedürfnisse der Arbeitstätigkeit bedingt werden, einzuschätzen. In diesem Sinne zeugt zum Beispiel Arbeitszufriedenheit bei einem Menschen, der einfache unqualifizierte oder monotone Arbeiten ausführt, nicht so sehr vom gesellschaftlichen Wohlbefinden, sondern vielmehr vom Gegenteil (...) Dabei sind die Fakten stets mit den *möglichen* Interessen und Bedürfnissen der Menschen gedanklich zu verbinden, und man muß sich bemühen, sie eben in diesem Zusammenhang und nicht abstrakt zu betrachten« (Hervorheb. v. Ref.).

JADOW und seinen Mitarbeitern geht es zwar an dieser Stelle um die »allseitig und harmonisch entwickelte Persönlichkeit«, es bleibt aber deutlich, daß diese Persönlichkeit *notwendige* Voraussetzung für die bessere Gesellschaft ist, die ihrerseits wieder den einzelnen zugute kommt.

Für diese Konflikte – kurz- gegen langfristige Perspektive, Individuum gegen Gesellschaft – gibt es keine schematische Lösung. In der (wertmäßigen) Beurteilung der Arbeitszufriedenheit – und damit mittelbar der Humanisierungs-Konzepte – wird man akzeptieren müssen, daß sie sozusagen einen *Eigenwert* und einen *Instrumentalwert*[28] hat, daß einerseits der Arbeitende das moralische Recht auf Zufriedenheit hier und heute hat, daß aber andererseits sowohl das wohlverstandene Eigeninteresse als auch die ethische Forderung bestehen, die Auswirkungen dieser Zufriedenheit bzw. der mit ihr gekoppelten Verhaltensweisen in die Abwägung einzubeziehen. Beide Werte – sowohl Eigenwert als auch Instrumentalwert – sind zwar nicht trennbar voneinander, aber auch nicht aufeinander reduzierbar. Die konkrete Lösung dieses Konflikts wird

[28] Dieses Begriffspaar benutzt MYRDAL (1933) in seiner Diskussion von »Zweck« und »Mittel« in der Nationalökonomie.

zwangsläufig immer ein Kompromiß oder eine Synthese sein, wobei der »optimale« Kompromiß in jeder historischen Phase und individuellen Situation ein anderer sein wird.

Dasselbe Dilemma ergibt sich für den engagierten Sozialwissenschaftler: Einerseits ist es ein Zynismus, zum Wohle der Zukunft und der Gesellschaft auf die psychische Verelendung zu setzen – eine Strategie, die vorzugsweise von Nichtbetroffenen vertreten wird –, wollte man andererseits auf eine Arbeitszufriedenheit hinarbeiten, welche relevante gesellschaftliche Zusammenhänge ignoriert, liefe dieses Vorgehen auf eine Milchmädchenrechnung hinaus, die – falls sie bewußt ist – nicht weniger zynisch ist.

Am Ende dieses Kapitels ist es zweifellos leichter zu sagen, was »Humanisierung« *nicht* ist, als zu sagen, was sie nun wirklich ist. Sicher ist, daß in der Klassengesellschaft die Arbeitszufriedenheit – gleich was für eine – kein *hinreichendes* Merkmal für »humanisierte« Arbeitsbedingungen ist. Diese Gleichsetzung ist nur sinnvoll, wenn das Ziel nicht die »guten« Arbeitsbedingungen sind, sondern die »gute Sicht« dieser Bedingungen seitens der Arbeitenden. In diesem Falle – und ist meist der Fall – wird Arbeitszufriedenheit zu einem Manipulationsinstrument, ein Instrument, das auf das Auseinanderfallen von gesellschaftlichem Sein und gesellschaftlichem Bewußtsein baut. Vom methodologischen Standpunkt aus sind solchen Ansätzen die Fehler des Reduktionismus und des Psychologismus (vgl. die Kapitel 5.2.–5.3.) vorzuwerfen.

Will man »Humanisierung« positiv fassen, so ist festzustellen, daß sie *abstrakt* gesehen ein Kompromiß zwischen Eigenwert und Instrumentalwert der Arbeitszufriedenheit ist. Welche relative Bedeutung diese beiden Werte im *konkreten* Fall haben, hängt ab einerseits von den realen Chancen zur Veränderung relevanter gesellschaftlicher und arbeitsorganisationaler Strukturen und andererseits von der Antwort auf die Frage, inwieweit bestimmte Formen der Arbeitszufriedenheit bzw. des mit ihr gekoppelten Verhaltens die Verwirklichung dieser Chancen fördern oder hemmen. Diese letzte Frage soll in Kapitel 6 ansatzweise wiederaufgenommen werden.

5.2. Das Problem des Reduktionismus

In den vorangehenden Kapiteln wurde schon das Prinzip der bürgerlichen Arbeitswissenschaft, »Arbeit« auf »Tätigkeit« zu reduzieren, angesprochen. Theoretische und methodische Voraussetzung für diese Reduktion ist, vom Produktionsprozeß als *Verwertungs*prozeß abzusehen und nur noch die Seite des *Arbeits*prozesses zu thematisieren.

In der kapitalistischen Warenproduktion ist grundsätzlich davon auszugehen, daß das primäre Ziel des Produktionsprozesses der »Gewinn« ist – was auch kaum ein bürgerlicher Ökonom bestreitet – und daß die Produktion von irgendwelchen konkreten Gütern nur das Mittel dazu ist. Der »Gewinn« resultiert dabei – und das wird der bürgerliche Ökonom entschieden bestreiten – aus dem Umstand, daß der Arbeitende für den Verkauf seiner Arbeitskraft weniger Geld erhält, als er während seiner Arbeit an Werten produziert. Diese Differenz – der Mehrwert – ergibt sich somit aus der »Verwertung« der Arbeitskraft. Wenn nun aber zugegebenermaßen die entscheidende Richtgröße für den Produktionsprozeß der Profit ist und weiterhin zugegebenermaßen die Produkte selbst gleichgültig sind (selbst der »Volksaktionär« kauft die VW-Aktie nicht, weil VW Autos baut, sondern weil diese Aktie eine »gute Kapitalanlage« ist), dann folgt daraus logischerweise, daß hinsichtlich der Arbeit für das Kapital nicht entscheidend ist, ob jemand fräst, bohrt oder preßt, sondern daß entscheidend ist, daß er Mehrwert produziert. Daraus aber folgt wiederum, daß der Aspekt der Verwertung der Arbeitskraft (»Verwertungsprozeß«) entscheidend ist gegenüber dem Aspekt der Produktion konkreter Güter unter der Anwendung bestimmter Qualifikationen (»Arbeitsprozeß«). Dies ist für den Arbeitenden spätestens dann unmittelbar erfahrbar, wenn in der »Rezession« der Betrieb eventuell zugemacht wird; die Produkte sind nach wie vor nützlich, ihre Herstellung aber ist nicht mehr profitabel. In »abgemilderter« Form ist dieser Zusammenhang auch immer dann erfahrbar, wenn im Rahmen von Rationalisierungsmaßnahmen neue Qualifikationsanforderungen gestellt werden und die alten Qualifikationen unnütz geworden sind, eben weil sie nicht mehr zur Produktivitätssteigerung und damit zur Profitoptimierung beitragen.

Es ist eine der Lieblingsideen bürgerlicher Wissenschaftler, daß die wissenschaftliche Arbeitsteilung – also die Aufteilung der Wissenschaft in die verschiedenen Einzelwissenschaften – sich aus der objektiven Realität selbst ergebe. Glaubwürdiger ist es hingegen, daß sich diese Teilung vor dem Hintergrund jeweils besonderer, materialistisch analysierbarer *Erkenntnisinteressen* vollzog (vgl. die umfangreiche Analyse von Bernal 1970). Innerhalb des Kapitalismus – *der ja gerade durch den Verwertungsprozeß gekennzeichnet ist* – kann sich dieses Erkenntnisinteresse hinsichtlich des Produktionsprozesses logischerweise nur auf den Arbeitsprozeß (einschließlich der Technologieentwicklung) richten, denn hier geht es um die Produktivität als der Grundlage des Profits. Daß sich das Erkenntnisinteresse auf den Verwertungsprozeß in einem entscheidenden Umfang gar nicht richten kann, ergibt sich zwangsläufig aus dem Umstand, daß einerseits dieser Prozeß Voraussetzung für die kapitalistische Industrie und Grundlage des kapitalistischen Staates ist, andererseits diese beiden Institutionen praktisch die gesamte Forschung und Lehre finanzieren und kontrollieren. Was passiert, wenn diese Kontrolle unwirksam zu werden droht und sich die »falschen« Erkenntnisinteressen einschleichen, wird gerade zur Zeit deutlich.

Aus dieser Reduktion des Produktionsprozesses auf den Arbeitsprozeß bei gleichzeitiger Ignorierung des Verwertungsprozesses folgt nicht nur, daß in dieser »Arbeitswissenschaft« »Arbeit« auf »Tätigkeit« reduziert wird (BUSCH 1974), sondern auch die Reduktion des »Arbeiterbewußtseins« auf eine Art von »Arbeitsbewußtsein« oder »Arbeitsplatzbewußtsein« (DEPPE 1971). Von diesen Fassungen des Bewußtseins ist es nur noch ein Schritt, um die »Humanisierung« auf »Arbeitszufriedenheit« zu reduzieren.

Wenn nun also im Produktionsprozeß die Verwertungsfunktion die Arbeitsfunktion beherrscht, wie kann dann gesagt werden, mit den neuen NFA werde die »Fremdbestimmung« zugunsten der »Selbstbestimmung« aufgehoben? In dieser pauschalen Form ist diese Behauptung sicher nicht zu halten; dies wird von den mehr differenzierenden Autoren auch nicht so formuliert. Man spricht von »tendenzieller«, »gradueller« oder »zunehmender« Selbstbestimmung und nur von *halb*-autonomen Arbeitsgruppen (vgl. Kap. 2.4.).

Wie weit die »Selbstbestimmung« aber auch gehen mag, sie bleibt auf der Ebene des Arbeitsprozesses und läßt den Verwertungsprozeß unberührt. Das aber heißt, daß die Zielgröße des ganzen Produktionsprozesses unverändert bleibt: Produktivitäts- und Intensitätssteigerung zum Zwecke der Profitoptimierung. Wie in den vorangehenden Kapiteln darzulegen versucht wurde, läßt sich dieses Ziel — *unter den gegebenen Bedingungen* (und dazu zählen wesentlich die Ansprüche und »Standards« der Arbeitenden) — oft am besten mit Hilfe der NFA im allgemeinen und den sich »selbst bestimmenden« (halb-) autonomen Arbeitsgruppen im besonderen erreichen.

Häufig wird statt von »Selbstbestimmung« auch zutreffender von »Selbststeuerung« oder »Selbstregulation« gesprochen. Und damit sind wir beim Kernproblem: Diese Begriffe stammen aus der Kybernetik (Theorie der selbstregulativen Systeme), und es stellt sich die Frage, inwieweit verfügt zum Beispiel ein Flugzeug mit einem automatischen »selbststeuernden« Zielanfluggerät über mehr »Selbstbestimmung« bzw. »Autonomie« als ein vom Piloten »fremdgesteuertes« konventionelles Flugzeug? In beiden Fällen ist das Ziel objektiv dasselbe, wie bei der (halb-)autonomen Arbeitsgruppe; der Unterschied ist jeweils ein rein technischer.

Ein weitergehender Unterschied ist rein subjektiv. »Fremdsteuerung« bzw. »Fremdbestimmung« ist nur in dem Sinne aufgehoben, daß das »sich selbst steuernde System« (Gruppe) die Funktionen des bisher Steuernden (Vorgesetzter in der Hierarchie) mit übernimmt, *ohne daß das Ziel verändert wird*. Diese Veränderung entspricht weitgehend dem Prozeß der kindlichen Sozialisation, in deren Verlauf das Kind anfangs »von außen« mit Geboten und Verboten belegt wird, bis es diese Vorschriften – d. h. *Zielsetzungen* – »internalisiert« und sich sozusagen »selbst steuert«. Gleichwohl ist es eine sehr subjektive Meinung, wenn es glaubt zu tun, was es »will«. Sozialisation – sowohl bei Kindern als auch bei Erwachsenen (im Beruf) – besteht darin, daß jemand dazu gebracht wird, zu »wollen«, was er wollen soll.[29] Es ist kein Zufall, daß die »Aufhebung der Fremdbestimmung in der Arbeit« in Skandinavien ihren Anfang nahm, wo die Gewerkschaften die loyalsten und konformsten in Europa sind. Und andersherum ist es kein Zufall, daß sich das Management in Italien am stärksten gegen diese »Autonomie« sträubt, eben weil die italienischen Arbeiter mit ihren Forderungen nicht auf der Ebene des Arbeitsprozesses stehenbleiben, sondern auch recht konkrete Meinungen zum Verwertungsprozeß haben.

5.3. *Das Problem des Psychologismus*

»Aus autonomen Individualitäten – wie man sie sich vorstellt – kann sich nichts außer Individuellem entwickeln, folglich auch keine Kooperation entstehen, die eine soziale Tatsache ist und sozialen Gesetzen unterliegt. Daher kann der Psychologe, der damit beginnt, sich auf das Ich zu beschränken, nicht ausziehen, das Nicht-Ich zu finden. Kollektives Leben ist nicht aus individuellem Leben entstanden, sondern das individuelle Leben ist im Gegenteil aus dem kollektiven hervorgegangen.«

... daß »auch die Soziologie, die vom Verhalten der Menschen in der Gesellschaft handelt, nichts anderes als angewandte Psychologie sein kann«.

Diese beiden Standpunkte sind so ziemlich das Gegenteil voneinander; sie schließen einander praktisch aus. Es ist nicht schwer zu erraten, welchen wissenschaftlichen Disziplinen die Autoren jeweils angehören: Der erste ist Soziologe (DURKHEIM 1893, 279; zit. n. ISRAEL 1972, 184), der zweite ist Psychologe (FREUD 1973, 194). Das erste Zitat kennzeichnet einen Ansatz, den man als »Soziologismus« bezeichnen kann, einen Ansatz, in dem der Anfang einer Kette von soziologischen und psychologischen Bedingungen prinzipiell eine soziologische bzw. gesellschaftliche Tatsache ist. Umgekehrt liegt dieser Anfang beim »Psychologismus« – wie er mit dem zweiten Zitat angesprochen wird – prinzipiell in einer (individual-)psychologi-

[29] Es ist also reichlich kurz gegriffen, wenn man wie VILMAR (1973 a, 16) behauptet: »Menschenwürde besteht also in der – wenn auch begrenzten – Freiheit seines Willens ...« Mit solchen Sätzen erfreut man zweifellos alle diejenigen, die heute in unserer Gesellschaft bestimmen, was die Leute wollen.

schen bzw. in einer »in den Individuen liegenden« Tatsache.

Beide Ansätze ergänzen einander und sind sozusagen die beiden Seiten derselben Münze: beide ergeben sich aus der theoretischen Zerstörung des kreisförmigen Bedingungsprozesses von (individual-)subjektiven und objektiven Faktoren; je nachdem, an welcher Stelle der Schnitt getan wird, wird entweder das »Objektive« »Ursache« und das »Subjektive« »Wirkung« oder umgekehrt.[30, 31]

Im Zusammenhang mit den NFA ist der Psychologismus von größerem Interesse.[32] Es lassen sich zwei Versionen unterscheiden: der »theoretische Psychologismus« (dem ein theoretischer Standpunkt zugrunde liegt) und der »praktische Psychologismus« (der sich zum theoretischen Problem gar nicht äußert, sondern einfach das Subjekt bzw. Psychologische als »unabhängige Variable« setzt). Die obigen Formulierungen betreffen die erste Version – den »theoretischen Psychologismus«. In Kapitel 4.2. wurde ein extremes Beispiel für diesen Ansatz diskutiert: die Theorie der »Selbstverwirklichung«. In diesem Ansatz wird angenommen, daß es sozusagen in der »Natur« des Menschen liegt, auf »Selbstverwirklichung« – sofern er nur »gesund« ist – hinzustreben. WYLIE (1968) kritisiert, daß solche Ansätze in der Gefahr der »Homunkulus«-Theorie schweben – einer Theorie also, in der die Frage nach der Ursache der Verhaltensweisen des Individuums durch Verlagerung in einen »kleinen Menschen« im Menschen »beantwortet« wird; der bekannteste »Homunkulus« ist die »Seele.«[33, 33a]

[30] Es kann begründet angenommen werden, daß solche »Schnitte« notwendig zum ideologischen Überbau von Klassengesellschaften gehören: Erklärt man einen psychologischen oder soziologischen Tatbestand zur – gegenüber den Variablen der jeweils anderen »Sphäre« – *prinzipiellen* »unabhängigen Variablen« und ignoriert ihr dialektisches Verhältnis, dann kann diese logischerweise nicht mehr Gegenstand gezielter Veränderungsprozesse sein. Insofern sind solche »-ismen« also in der Tendenz konservativ und apologetisch.

[31] Zu bestimmten Zeitpunkten kann diese wechselseitige Bedingung durchaus sehr ungleichgewichtig sein: In Phasen großer gesellschaftlicher Stabilität spielt das »Subjektive« sicherlich eine geringere Rolle als in gesellschaftlichen Übergangsphasen.

[32] Bestimmt man die Entwicklung der Technologie als *gesellschaftliches Moment*, kann der »Technologische Determinismus« als Sonderfall des Soziologismus aufgefaßt werden; dieser »-ismus« wurde jedoch schon in Kapitel 4. 1. diskutiert.

[33] Wie schon in Kapitel 4.2. bemerkt, kann MASŁOW als Haupttheoretiker der »Selbstverwirklichung« angesehen werden, und seine Theorie ist tatsächlich eher Religion als Wissenschaft. Nicht nur, daß MASLOW vom »gottähnlichen« Menschen spricht, er stellt auch ausdrücklich fest, ». . . daß ich die Humanistische Psychologie, die ›Psychologie der Dritten Kraft‹ (›Third Force Psychology‹) als vorübergehend betrachte, als Vorbereitung für eine noch ›höhere‹ ›Vierte Psychologie‹, die überpersönlich, transhuman ist, ihren Mittelpunkt im All hat, nicht in menschlichen Bedürfnissen und Interessen, und die über Menschlichkeit, Identität, Selbstverwirklichung und ähnliches hinausgeht« (1973, 11 f).
Religiös ist nicht nur MASLOWS Theorie, sondern es ist zu befürchten, daß die Einstellung seiner Gefolgsleute auch etwas Religiöses an sich hat:

Aber nicht nur dann, wenn Wertorientierungen, Zielsetzungen usw. als »vom Individuum kommend« interpretiert werden, kann von Psychologismus gesprochen werden, sondern auch dann, wenn bestimmte *Verlaufsformen* des Handelns oder der Entwicklung als »in der Natur des Menschen liegend« gesehen werden; vom *Inhalt* des Handelns bzw. der Entwicklung kann dabei durchaus gleichzeitig eine soziale Bedingtheit angenommen werden. Von den verschiedenen Verlaufsformen soll hier beispielhaft — als für das theoretische Umfeld der NFA besonders wichtig — das Modell der Hierarchie von Bedürfnissen herausgegriffen werden.

Das bekannteste Modell einer solchen Bedürfnis-Hierarchie stammt von MASLOW (1954). In diesem Modell wird — grob vereinfacht (zur detaillierten Darstellung vgl. BRUGGEMANN u. a. 1975) — angenommen, daß die sozusagen »elementaren« Bedürfnisse als erste befriedigt werden müssen, bevor »höhere« Bedürfnisse wirksam werden können. Die »Reihenfolge« der Bedürfnisbereiche gliedert sich dabei

den Glauben an »Autorität«, denn bis dato hätten Psychologen solche Äußerungen meist nur bei Geistlichen oder Patienten akzeptiert.
Jedenfalls ist kaum vorstellbar, daß ein Mann mit einem derartigen Sendungsbewußtsein — Galilei, Darwin, Einstein, Freud, Marx fallen ihm als den Vertretern der »Dritten Kraft« vergleichbare Zeitenwender ein — so objektiv die Fakten gesammelt hat, wie MASLOW es später haben will.
Zumindest hat er mit seiner Befragung — Was war der erhebendste, schönste, ergreifendste usw. Moment in Ihrem Leben? — viel Glück gehabt: Der Sportler zum Beispiel, dessen »schönster Augenblick in meinem Leben« gekommen war, als man ihm ein Stück Blech um den Hals hängte, scheint ihm jedenfalls fremd zu sein.
Schließlich ist zu untersuchen, ob seine »Theorie« nur eine Tautologie ist: »Ich sage nicht, ›er *sollte* dies oder jenes wählen‹, sondern nur, ›gesunde Menschen, denen man die freie Wahl ermöglicht, entscheiden sich *erfahrungsgemäß* für dies oder jenes‹. Das ist so, als wollte man fragen: ›Was *sind* die Werte der besten Menschen?‹ — statt zu fragen: ›Was *sollten* ihre Werte sein?‹ oder: ›Wie müßten sie sein?‹ . . .« (1973, 160 f) Berücksichtigt man noch die Tatsache, daß sich bei MASLOW (1954) der »Gesunde« nicht zuletzt gerade durch bestimmte Werte und Bedürfnisse definiert, ergibt sich keine Theorie, sondern eine schlichte *Definition* mit dem Inhalt: Ich bezeichne als gesund oder als sich selbst verwirklichend, wer diese und jene Werte verwirklicht.
MASLOWs Psychologie läßt sich wohl am ehesten psychologisch verstehen: Verständlich ist die Frustration durch die technizistische Entwicklung der akademischen Psychologie, aber eine religiöse »Selbstverwirklichungs-Theorie« ist auf der akademischen Ebene genausowenig eine Lösung, wie es die Jesus-people auf der praktischen sind. Daß diese Idee eine solche Attraktivität hat, läßt sich möglicherweise als Reflex auf die zunehmende Perfektion in der Manipulation der Individuen erklären; auch die Werbung kann den Begriff der »Freiheit« nur in dem Maße einsetzen, in dem diese Freiheit objektiv geringer wird.
Trotzdem muß MASLOW das Verdienst zugestanden werden, daß er das Thema der Werte und des Glücks für die Wissenschaft »hoffähig« gemacht hat, nur die Methode der *subjektiven* Überwindung der *objektiven* Misere bleibt zu begrenzt.
[33] WYLIE (1968) weist in diesem Zusammenhang darauf hin, das solche Teleologie-Konzepte in der Psychologie nicht sinnvoller sind als das alte Entelechie-Konzept für die Phylogenese.

folgendermaßen:

Bedürfnis nach Selbstverwirklichung
↑
Achtungsbedürfnisse
Selbstachtung, Achtung durch andere
↑
Zugehörigkeits- und Liebesbedürfnisse
↑
Sicherheitsbedürfnisse
↑
Physiologische Bedürfnisse

Im Rahmen des Psychologismus-Problems ist es nicht entscheidend, ob diese Reihenfolge empirisch »richtig« oder »falsch« ist (vgl. hierzu NEUBERGER 1974, BRUGGEMANN u. a. 1975), wichtig ist hier etwas anderes. MASLOW geht davon aus, daß der »gesunde« und glückliche Mensch kein Bedürfnis mehr nach Sicherheit, Achtung oder Zugehörigkeit verspürt (wie ein Gesättigter eben keinen Hunger mehr hat) und daß im wesentlichen nur noch das Bedürfnis nach »Selbstverwirklichung« sein Verhalten steuert. Eine in diesem Sinne eingeschränkte psychische »Gesundheit« hängt nach MASLOW mit der relativ »ungesunden« Gesellschaft zusammen, welche diese Befriedigungsmöglichkeiten eben nicht ausreichend zur Verfügung stellt. Insofern wird die psychische Gesundheit bzw. Krankheit durchaus als gesellschaftlich bedingte gesehen.

Es ist jedoch anzunehmen, daß der »lange Arm der Gesellschaft« erheblich weiter reicht: Wenn die »Gesundheit« der Individuen übersetzbar ist in die »Gesundheit« der Gesellschaft, dann kann auch die Bedürfnis-Hierarchie übersetzt werden in eine »Problem-Hierarchie« der Gesellschaft. Dann ist zum Beispiel das (materielle) Sicherheitsbedürfnis nicht »elementar«, weil das »an sich« beim Menschen so ist, sondern weil der Lohnarbeiter »frei« ist, und zwar im wesentlichen »frei« von irgendwelchen Produktionsmitteln, die seine Existenz sichern könnten. Es ist anzunehmen, daß weder in einer vorkapitalistischen Zunft- oder Sklavenhaltergesellschaft noch in einer nachkapitalistischen kommunistischen Gesellschaft ein »Sicherheitsbedürfnis« bestand bzw. bestehen wird; für dieses Bedürfnis gibt es unter diesen Bedingungen einfach keine reale Grundlage. Ähnliche Überlegungen können auch hinsichtlich der anderen Bedürfnisebenen durchgespielt werden.

Im Hinblick auf die NFA bleibt es jedoch auf der *praktischen* Ebene gleich, ob wir von einer Hierarchie der Bedürfnisse oder von einer gesellschaftlichen Problem-Hierarchie reden: die Konsequenz ist in beiden Fällen die gleiche, nämlich Veränderung der Struktur der Arbeit und ihrer Bedingungen.

Auf der *ideologischen* Ebene bleibt der Unterschied jedoch bedeutsam: Übersetzt man die gesellschaftlichen Probleme zunächst in

»Bedürfnisse«, so können sie in der »Rückübersetzung« in Probleme der objektiven Realität (in diesem Falle der Arbeitsorganisation) leichter auf den Arbeitsprozeß — absehend vom Verwertungsprozeß — beschränkt werden.

Fragt man nach den Gründen, die zum »theoretischen« und/oder »praktischen« Psychologismus führen, so ist auf die ideologische und herrschaftsstabilisierende Funktion der bürgerlichen Arbeitspsychologie zu verweisen.

Es wird gern behauptet, komplexe psycho-soziale Sachverhalte können doch auch legitimerweise hinsichtlich des »psychologischen Aspektes« analysiert werden. Es fragt sich dann aber: Was sind die möglichen Handlungsanweisungen bzw. Konsequenzen, die aus solchen Untersuchungen gefolgert werden können? Wenn zum Beispiel das subjektive Gefühl der Machtlosigkeit (vgl. Kap. 4.2.) erhoben wird, nicht aber der Frage nachgegangen wird, inwieweit dieses Gefühl dieser Situation *angemessen* ist, dann kann die Konsequenz logischerweise nicht Optimierung der Machtstruktur sein — über diese ist ja gar nichts erhoben worden —, sondern nur: Optimierung des subjektiven Reflexes darauf. Solch ein Ansatz ist prinzipiell der Ansatz einer Manipulationswissenschaft, und es ist demzufolge nicht nur eine »wissenschaftliche« Frage, wie das Problem formuliert wird. Es ist sicher kein Zufall, daß es zwar eine umfangreiche »attitude«-Forschung (Untersuchung der subjektiven Einstellung) gibt, kaum aber — außer evtl. im therapeutischen Bereich — eine Forschung hinsichtlich der *angemessenen* Einstellung. Insofern führt der Psychologismus — der selbst Konsequenz des Reduktionismus ist — zum Subjektivismus.

6. Effekte der »Neuen Formen der Arbeitsgestaltung«

In den bisherigen Kapiteln wurden die »Eingangsgrößen« der Theorie und Praxis »humanisierungs«-orientierter aktueller Arbeitswissenschaft diskutiert. Die hier entscheidenden Erkenntnisinteressen, theoretischen Vorannahmen und methodischen Ansätze sind geeignet, eine vorläufige wertende Stellungnahme zu formulieren. Die Rede von der »Humanisierung« hat einen bunten Hintergrund aus bürgerlicher Ideologie, berechnender Absicht, gutem Glauben, objektiven Bedingungen und subjektivem Wollen. Als Kernproblem zeigt sich, daß nicht nur die (arbeitsrelevante) Realität Resultat der gegebenen Produktivkräfte und Produktionsverhältnisse ist, sondern ebenso der ideologische Überbau mitsamt den individuellen und kollektiven (alternativen) Wert- und Wunschvorstellungen hinsichtlich der »wahren Humanisierung«[34]. *Insofern* reduziert sich das *Ideal* »Humanität« auf eine »Lücke« zwischen Realität und normativer (wertorientierter) Anpassung.

Gleichwohl greift man zu kurz, wenn man sich mit der Analyse dessen, »was dahinter steckt«, begnügt. Ginge man nicht davon aus, daß widersprüchliche Gesellschaften die Basis zur eigenen Überwindung selbst produzieren, wäre jegliche Kritik ohnehin nur ohnmächtiges Räsonieren oder privates Hobby. Die Kritik kann sich nicht auf die »Gründe« einer Entwicklung beschränken, sondern sie muß auch die Frage stellen, ob und inwieweit eine solche Entwicklung gesellschaftliche Widersprüche berührt, d. h., sie muß die geplanten und die ungeplanten *Effekte und Auswirkungen* dieser Entwicklung berücksichtigten. POPPER (1971, 120) definiert geradezu als Funktion der Sozialwissenschaft die Analyse unbeabsichtigter Folgen absichtsgeleiteter Maßnahmen. Die Hoffnungen, die an solche Differenzen geknüpft werden, sind freilich verschieden: Während der brave Sozialtechnologe sie möglichst kleinhalten will, kann man aber auch auf das Gedeihen des »Kuckucksei« der Demokratisierung (GRONE-

[34] Es ist nicht sehr dialektisch gedacht festzustellen, »Nicht zufällig sind die humanen Grundrechte Ausgangs- und Zielpunkt aller demokratischen Verfassungen« (VILMAR 1973 a, 261), die »Dialektik« dabei auf den Zusammenhang von Demokratisierung und »Selbstbestimmung« zu beschränken und somit indirekt eine überhistorische Humanität zu behaupten. Dem ist gegenüberzustellen, daß »nicht haltbar ist, daß der Mensch von Geburt an frei und gleich sei. Es gibt keine *angeborenen* Rechte, sie sind alle erworben oder müssen im Kampf noch erworben werden« (BLOCH 1972, 215).

MEYER 1973, 68 in seiner Diskussion von Partizipations-Modellen) hoffen.

Konkret stellt sich die Frage, wo solche »Nester« denkbar sind. Diese Frage ist wesentlich die Frage nach dem zentralen Lebens- und Erfahrungsbereich bzw. die Frage nach den entscheidenden Sozialisationsfaktoren. Innerhalb der marxistischen Tradition wird im allgemeinen die Arbeitserfahrung als zentraler Faktor gesehen. Dies gilt auch für die eher »linke« Sozialisationstheorie; so stellen GOTT-SCHALCH u. a. (1974, 78) fest: »Ausgangspunkt der Analyse schicht-spezifischer Subkulturen sind die konkreten Erfahrungen am Arbeits-platz und die davon mitbestimmten allgemeinen Orientierungsmu-ster.« Es ist zwar richtig, daß die primäre (kindliche) Sozialisation die »durchschlagendere« ist (vgl. die empirische Untersuchung von LEMPERT u. THOMSSEN 1974), es ist jedoch andererseits mit PEARLIN u. KOHN (1966) darauf zu verweisen, daß die Inhalte dieser primären Sozialisation wiederum wesentlich von den beruflichen Erfahrungen der Eltern bestimmt werden.

Die Frage nach der relativen Bedeutung der beruflichen Erfahrung ist jedoch nur zum Teil empirisch zu beantworten. Zum Teil ist es eine *theoretische* Frage, wo die Grenzen zwischen Arbeitsbereich und Nicht-Arbeitsbereich gezogen werden. Geht man davon aus, daß zum Beispiel die Ausbildungsorganisationen eine Dienstfunktion gegen-über den Arbeitsorganisationen haben, daß sie die »Einübung in die Klassengesellschaft« (HUCH 1972) betreiben, so ist begründet zu er-warten, daß die dort vermittelten Erfahrungen denen in der Arbeits-organisation ähneln. Diese Organisationen tradieren sowohl eine be-stimmte Ethik als auch eine bestimmte Autoritätsstruktur (vgl. die »normativen Arbeitsanforderungen« bei MAYER u. SCHUMM 1973). Darüber hinaus kann davon ausgegangen werden, daß die Arbeiten-den ihr Arbeitsverhalten auch außerhalb der Arbeit weitgehend re-produzieren (vgl. Kap. 6.2.), daß sie strukturell gleichartige »Erleb-nisfelder« aufsuchen, daß somit also die Möglichkeiten zu alterna-tiven Erfahrungen relativ gering sind.

Zusammenfassend kann also die These aufrechtgehalten werden, daß die Arbeitserfahrung nach wie vor der wichtigste Faktor in der Entwicklung von Einstellungen und Handlungsstrukturen ist (vgl. auch VOLPERT in diesem Band).

Die Diskussion um das aus der Arbeitssituation resultierende Be-wußtsein ist nicht neu. Einen breiteren Rahmen hat diese Diskussion in der Industriesoziologie gewonnen mit der Konzentration der Ana-lysen auf das gesellschaftliche Bewußtsein der »Technischen Intelli-genz« (hochqualifizierte Facharbeiter, Techniker, Ingenieure), welche erstens zunehmende Bedeutung gewinnt und die eventuell günstige Voraussetzungen für die Entwicklung eines kritischen Bewußtseins hat. Die Mehrheit dieser Analysen stimmt in der Betonung der objektiv widersprüchlichen Situation dieser Gruppe überein, eines Widerspruchs, der sich aus Lohnabhängigkeit einerseits und Privilegierung andererseits ergibt. Zwar bewirkt die relativ gute Qualifikation – oder sogar »Überqualifikation« – eine erhöhte Sensibilität für Herrschaftsverhältnisse, die Privilegierung hat jedoch andererseits einen starken Integrationseffekt. Für diese Gruppe der Lohnabhängigen gilt nur in einem sehr eingeschränkten Maße, daß sie »nichts zu verlieren haben als ihre Fesseln«, und die objektive Widersprüchlichkeit ihrer Existenz spiegelt sich in ihrem Bewußtsein.

Diese Analysen können nur sehr begrenzt zur Beantwortung der Frage nach den Auswirkungen der NFA auf Bewußtsein und Verhalten herangezogen werden. Unter den Bedingungen der NFA nimmt zwar die Qualifikation der unter diesen Bedingungen Arbeitenden zu – und insofern ist eine ähnliche Sensibilität für Herrschaft wie bei der »Technischen Intelligenz« zu erwarten –, es fehlt aber – sobald diese Bedingungen sich allgemein durchgesetzt haben – das integrierende Moment der Privilegierung: »nach« ihnen kommt nach wie vor nichts. In den folgenden Kapiteln sollen einige Aspekte des Themas »Emanzipation und Integration« diskutiert werden.

6.1. Effekte hinsichtlich betrieblicher (Macht-)Strukturen

Die Frage nach eventuellen *wesentlichen* Veränderungen im Betrieb setzt die Frage nach den wesentlichen Eigenschaften eines Betriebes voraus. Es ist weder möglich noch sinnvoll, an dieser Stelle einen Abriß der Politischen Ökonomie oder einen Exkurs über das Wesen der Lohnarbeit geben zu wollen, gleichwohl müssen einige Aspekte kurz angesprochen bzw. in Erinnerung gerufen werden.

Geht man davon aus, daß die grundlegendste Kategorie in der Analyse der Arbeit im Kapitalismus der *Warencharakter* der Arbeitskraft ist, so ergeben sich zwei Aspekte der Arbeit unmittelbar:

1. Als – gegen Lohn – verkaufte Ware gehört diese Arbeitskraft nicht mehr dem Arbeitenden, sondern dem Käufer, also dem Kapitaleigner. Insofern ist Lohnarbeit *prinzipiell* fremdbestimmt, Autonomie genießt ausschließlich der Käufer, der im Rahmen der Gesetze und der Vertragsbedingungen über die gekaufte Ware verfügen kann.

2. Primäres Ziel einer warenproduzierenden kapitalistischen Organisation ist nicht die Ware selbst, sondern die Produktion von Mehrwert bzw. Profit. Bestimmend beim Produktionsprozeß ist also nicht der Arbeits- und Wertbildungsprozeß, sondern die Verwertung der Ware Arbeitskraft. Es liegt naturgemäß im Interesse dieser Mehrwertproduktion, den Wert der Ware Arbeitskraft – wie den Wert der anderen »Produktionsfaktoren« wie Roh-

stoffe und Maschinen auch — möglichst gering zu halten und einen möglichst geringen Preis dafür zahlen zu müssen. Geht man weiter davon aus, daß der Wert jeder Ware — also auch der Arbeitskraft — sich nach der zur (Re-)Produktion dieser Ware erforderlichen Arbeitszeit bemißt, so folgt daraus, daß *im Prinzip* von einer Tendenz zur *Minimalqualifizierung*[35] der Arbeitenden ausgegangen werden muß, denn die Kosten der Qualifikation (Ausbildung) gehen in den Wert der Ware Arbeitskraft ein. Diese Minimalqualifikation ist am ehesten möglich unter der Voraussetzung einer je nach Art der Technologie möglichst weitgehenden Teilung der Arbeit bis hin zur sogenannten »repetitiven Teilarbeit«.

Es ergeben sich also zwei wesentliche Merkmale der Lohnarbeit (wobei das zweite Merkmal aus dem ersten folgt):

a) Fremdbestimmung
b) weitgehende Arbeitsteilung.

Die Fremdbestimmung ergibt sich vordergründig aus einem Rechtsverhältnis — dem Vertrag zwischen Kapitaleigner und »freiem« Arbeiter. Nun ist das Recht als legale *Herrschafts*struktur den realen *Macht*strukturen im wesentlichen nachgeordnet — wird von diesen bestimmt —, wenn sich auch kurzfristig die Herrschaft umgekehrt gegen die bestimmende Macht durchsetzen kann. D. h., die Fremdbestimmung ist nicht nur eine rechtliche Tatsache, sondern im wesentlichen eine *politische,* und als politische Tatsache muß sie ständig verteidigt und aufrechterhalten werden.

Die Garantie für die Aufrechterhaltung von Herrschaft liegt in der Verhinderung von Gegenmacht, d. h. die Verhinderung einer Situation, in der die der Herrschaft Unterworfenen Macht ausüben können. Diese Garantie ist am sichersten, wenn die Beherrschten diese Macht nicht nur nicht ausüben *können,* sondern auch nicht *wollen.* Erste Voraussetzung für das Nichtwollen ist, daß die Betroffenen keine gemeinsamen Interessen haben bzw. — besser gesagt — sie *systemimmanent* nicht haben. Dafür wiederum ist Voraussetzung, daß es objektive Umstände gibt, welche die Interessen-Homogenität — die Gemeinsamkeit in den Interessen — vermindern. Übliches Mittel in dieser Verhinderungsstrategie im Rahmen der beruflichen Sozialisation ist die Verteilung von — »im Prinzip« allen zugänglichen — Privilegien, denn der Kampf um diese Privilegien verschärft die Konkurrenz unter den Lohnarbeitern und damit die Interessengegensätze.

Hinsichtlich der Gruppe der Lohnarbeiter sind die klassischen Mit-

---

[35] Wie »minimal« dieses Minimum ökonomisch sinnvollerweise sein darf, hängt natürlich von der Art der verwendeten Technologie ab. Korrekter muß also von einer »optimal niedrigen Qualifikation« gesprochen werden.

tel zur Spaltung Qualifikationsdifferenzen, Differenzen in Bezahlung und Arbeitsbedingungen und — als das umgreifendste Mittel — die Hierarchisierung der einzelnen Positionen und Arbeitsrollen. Der Zusammenhang von Hierarchisierung und Herrschaftssicherung ist nicht nur theoretisch ableitbar, sondern auch empirisch überprüfbar. So kommen erst kürzlich LEMPERT u. THOMSSEN (1974, 333) zu dem Schluß: »Die Hierarchisierung von Positionen erweist sich ... nach wie vor als ein geeignetes Mittel, kollektiven Orientierungen entgegenzuwirken.«

Die Funktionsfähigkeit dieser Mittel hängt entscheidend davon ab, daß von den Arbeitenden der Kampf um Privilegien als »Null-Summen-Spiel« gesehen wird, d. h., sie müssen davon ausgehen, daß der Gewinn oder das Vorwärtskommen des einen zwangsläufig einen Verlust oder ein Stehenbleiben für den anderen bedeutet. Oder anders formuliert: Sie dürfen nicht davon ausgehen, daß solidarisches Handeln einen durchschnittlich größeren Gewinn für jeden bringen kann. Das aber heißt, daß die Grundlage des »Null-Summen-Spieles« — nämlich das System der Hierarchie und der Privilegien — nicht in Frage gestellt werden darf. So ist es durchaus verständlich, daß sich das Management während der Arbeiterkämpfe bei Alfa-Romeo so verbissen gegen die Vereinheitlichung der Qualifikation und gegen die Reduzierung der Lohngruppen wehrte und sich hinsichtlich der rein finanziellen Forderungen erheblich flexibler zeigte (vgl. ALBERS 1973): Die Arbeiter der »Assemblea autonoma« hatten ein klares Bewußtsein von der Spaltungsfunktion dieser Differenzierungen und betrachteten sie eben nicht nur als eine arbeitsorganisatorische, sondern wesentlich als eine *politische* Tatsache (vgl. Autorenkollektiv 1973). Ebenso spielte das Bewußtsein von dieser Funktion eine wesentliche Rolle im Kampf gegen die »schwarze Linie« bzw. den »kapitalistischen Weg« in der chinesischen Kulturrevolution (MACCIO 1972) und ist es immer noch auch in der Frage der Entlohnung in der VR China.

MARGLIN (1971) vertritt darüber hinaus den Standpunkt, daß nicht nur die Hierarchisierung, sondern schon die Arbeitsteilung in der Manufaktur weniger den Zweck der Produktivitätssteigerung als den der Herrschaftssicherung hatte.[36] VAHRENKAMP (1973) schließt sich dem an und betont, daß insbesondere die komplexere Technisierung zum Ziel hatte, den Arbeitenden die Kontrolle über ihre Arbeit zu nehmen.

[36] In seiner detaillierten Analyse der Entwicklung des Manufaktur- und Fabriksystems vertritt MARGLIN den Standpunkt, daß die Teilung der Arbeit und die Hierarchisierung primär das Ziel hatten, den Arbeitenden die Kontrolle über den Arbeitsablauf zu nehmen und dem Unternehmer eine koordinierende Funktion zu erhalten. Hinsichtlich der Produktivität stellt MARGLIN fest, daß deren Steigerung in der Manufaktur nicht die *Spezialisierung* der Arbeiter erfordert hätte, sondern lediglich die Teilung der Arbeit in *kontinuierlich* durchführbare Teilarbeiten. Genau dieser Weg wird mit dem »job rotation« gegangen.

Zusammenfassend läßt sich feststellen, daß die Lohnarbeit nicht nur einfach »fremdbestimmt« ist, sondern daß die Struktur der Arbeit und der ganzen Arbeitsorganisation wesentlich darauf angelegt ist, diese Fremdbestimmung zu zementieren und sogar den *Gedanken* zu ihrer Aufhebung zu unterdrücken: die Ausübung von Herrschaft erscheint subjektiv nicht mehr als politische Tatsache, sondern als sachnotwendige Konsequenz »der Technologie« und »Rationalisierung«, wobei die ökonomisch-technische und die psychologische Form der Rationalisierung zusammenfallen.

Aus diesen Überlegungen zur Funktion der horizontalen (Spezialisierung) und vertikalen (Hierarchisierung) Arbeitsteilung könnte gefolgert werden, daß eine Verringerung dieser Teilung — also eine Vergrößerung des Handlungsspielraums (ULICH 1972) — eine »emanzipatorische« Entwicklung ist. Unter der Voraussetzung, *daß keine »störenden« Faktoren wirksam sind*, ist nicht nur eine Zunahme der Kontrolle über die eigene Arbeit und eine Zunahme der beruflichen und sozialen Kompetenz (Zuständigkeit aufgrund von Fähigkeiten) zu erwarten, sondern auch eine Schwächung der objektiven Voraussetzungen für die Ausübung von Klassenherrschaft.

Die NFA haben eine solche Aufhebung der Arbeitsteilung — insbesondere in den Versionen »job enrichment« und »(halb-)autonome Arbeitsgruppe« — zum Inhalt. Ist daraus zu schließen, daß ihnen eine »emanzipatorische« Wirkung zuzusprechen ist? Nicht so ohne weiteres. Theoretisch abgeleitete Effekte müssen in der Sozialwissenschaft nicht unbedingt auch empirisch auffindbar sein; die Vielzahl der möglichen Wirkgrößen macht die reale Situation komplexer, als es das vereinfachende theoretische Modell ist. Die vorliegenden industriepsychologischen und -soziologischen Untersuchungen lassen bisher keinen differenzierten Schluß auf die Auswirkungen der NFA zu. Denn diese Formen der Arbeitsgestaltung sind — und das ist ja gerade das Besondere daran — nicht an eine bestimmte Technologie gebunden: Sie sind sowohl in der Produktion als auch im Büro- und Dienstleistungsbereich zu finden, sowohl unter den Bedingungen der Automatisierung als auch denen der einfachsten Mechanisierung, sowohl in der Stückproduktion als auch in der »Prozeßindustrie« usw. Studien, welche zum Beispiel die Auswirkungen verschiedener Technologien oder Mechanisierungsgrade untersuchen, sind also kaum für unsere Fragestellung verwertbar. Voraussetzung solcher Schlüsse auf die wahrscheinlichen Effekte der NFA wäre ein Instrument zur Aufgaben- und Anforderungsanalyse, welches zu allgemeinen Handlungsstrukturen (vgl. zu diesem Zusammenhang VOLPERT 1974) und zum Entwicklungsprozeß von Einstellungen und Wertorientierungen in Beziehung gesetzt werden kann. Ein solches Instrument gibt es jedoch bestenfalls ansatzweise; es hat also wenig Sinn, diese von bestimmten Technologien oder Mechanisierungsgraden ausgehenden Studien im einzelnen zu diskutieren.

Vor dem Hintergrund der Überlegungen zur Funktion der Arbeitsteilung stellt sich konkret die Frage, ob und inwieweit durch die NFA Machtstrukturen verändert werden und ob und inwieweit die unter den Bedingungen der NFA Arbeitenden ein Bewußtsein von Herrschaft entwickeln. Es stellt sich die Frage, ob kollektives Arbeiten — wie in den (halb-)autonomen Arbeitsgruppen — auch kollektive Interessen und kollektives Handeln fördern. Ein wesentlicher Inhalt solcher Interessen und solchen Handelns wurde von den Fiat-Arbeitern formuliert: »So geht es nicht darum, erträgliche Arbeitsrhythmen zu erreichen, sondern die Macht zu erkämpfen, diese selbst auszuhandeln und zu kontrollieren«[37] (QUADERNI ROSSI 1972, 143).

MALLET (1971, 198) faßt die Ergebnisse seiner Untersuchung ganz allgemein zusammen: »Je mehr der moderne Arbeiter *auf kollektiver Basis* die Berufsautonomie wiedergewinnt, die er in der Phase der mechanisierten Arbeit verloren hatte, desto stärker wird die Forderung nach Mitbestimmung.« MALLET (1972) sieht den Prototyp dieses neuen Arbeiters in der automatisierten Prozeßindustrie (Chemie). Die von ihm befragten Arbeiter wiesen eine hohe berufliche Kompetenz auf und hatten ein deutliches Bewußtsein einer Interessen-Differenz zum Management. Relativ hoch war der Anteil der Gewerkschaftsmitglieder.

Dieser Arbeiter-Typ ist häufiger Gegenstand industriesoziologischer Untersuchungen gewesen, ohne daß MALLETs Ergebnisse eindeutig bestätigt wurden. Die von BLAUNER (1964) befragten Raffinerie-Arbeiter arbeiteten unter vergleichbaren Bedingungen, die Auswirkungen dieser Bedingungen waren jedoch wesentlich verschieden. BLAUNERs Arbeiter identifizierten sich nicht nur mit ihrer Arbeit — wie in MALLETs Untersuchung —, sondern ganz wesentlich auch mit dem *Betrieb*, d. h. von einem bewußten Interessengegensatz zum Management konnte nicht die Rede sein. Diese Identifikation war bei BLAUNER geradezu Grundlage der »Selbstverwirklichung« (150 ff); entsprechend gering war der Anteil der gewerkschaftlich Organisierten. GOLDTHORPE u. a. (1968 b, 1969) schließlich fanden bei den befragten Laborarbeitern einen allgemeinen Trend vom »solidarischen Kollektivismus« zur »instrumentellen Orientierung« in der Haltung gegenüber den Gewerkschaften bestätigt: Die Laborarbeiter hatten zwar das Bewußtsein eines Interessengegensatzes, die Funk-

[37] In dem Maße, in dem sich die Gewerkschaften letztlich nur als Ordnungsfaktor betätigen, gilt diese Autonomie auch ihnen gegenüber. Die »Quaderni rossi« betonen, daß es einen *politischen* und keinen *technischen* Unterschied macht, ob die Arbeiter ihre Interessen selbst und unmittelbar vertreten oder ob sie sich durch ihre Gewerkschaften vertreten lassen. In den italienischen Arbeiterkämpfen zeigte sich, daß sich die Gewerkschaften bzw. deren Funktionäre mit *ihren* Interessen häufig verselbständigten.

tion der Gewerkschaft wurde jedoch ganz vorwiegend im ökonomischen und nicht im politischen Bereich gesehen; die Gruppe der Laborarbeiter forderte von allen Gruppen am wenigsten den gewerkschaftlichen Kampf um Mitbestimmung (GOLDTHORPE u. a. 1968 a).

Allein die Zunahme der »Berufsautonomie« im MALLETschen Sinne führt offenbar zu keinen eindeutigen Reaktionen hinsichtlich der gewerkschaftlichen und allgemeinpolitischen Orientierung. Genauso widersprüchlich sind die wenigen vorliegenden Ergebnisse über die Auswirkungen größerer »Berufsautonomie« im Sinne der NFA. THORSRUD (1973) stellt im Verlauf seiner Experimente mit verschiedenen Versionen der NFA in Skandinavien eine Zunahme des Anteils der Gewerkschaftsmitglieder fest. SAINSAULIEU (1969) dagegen berichtet von abnehmendem Interesse an den Gewerkschaften nach der Einführung von »job rotation« im Bereich der Wartung in einer französischen Fabrik. FOULKES (1969) schließlich berichtet von einer Zunahme der Identifikation mit der Arbeit als Folge von »job enrichment« bei Texas Instruments und American Telephone and Telegraph. Über die Entwicklung der Gewerkschaftsmitgliedszahlen und des Interesses an der gewerkschaftlichen Politik wird zwar nichts mitgeteilt, aber vor dem Hintergrund der amerikanischen Verhältnisse ist ein ähnlicher Effekt wie bei BLAUNERs Chemie-Arbeitern zu erwarten: abnehmendes Interesse an den Gewerkschaften als Folge der Identifikation mit der Arbeit und dem Betrieb.

Die nächstliegende Erklärung für solch widersprüchliche Ergebnisse ist natürlich die, daß erstens die Einstellung zu den Gewerkschaften kein geeigneter Maßstab für gesellschaftliches Bewußtsein sein *muß* und daß zweitens über diese allgemeine Feststellung hinaus diese Maßstabfunktion durch die extrem unterschiedliche Politik der Gewerkschaften — gerade auch im Zusammenhang mit den NFA — problematisch ist (vgl. DELAMOTTE 1974, HELLBERG 1974).

Befürchtungen seitens der Gewerkschaften hinsichtlich der möglichen Effekte der NFA scheinen auch in der BRD verbreitet zu sein. VILMAR (1973 c) berichtet von dem Konzept einer Gruppe von IG-Metall-Funktionären zur Einrichtung von Arbeitsgruppen, welches von einem IG-Metall-Spitzenfunktionär mit der Begründung abgelehnt wurde: »Es wird also betriebsverfassungsrechtliche Organe geben, die den Gewerkschaften entgleiten könnten« (1973 c, 353). Das Konzept der (halb-)autonomen Arbeitsgruppen sieht zwar keine betriebsverfassungsrechtliche Verankerung vor, gleichwohl ist es jedoch denkbar, daß solche Gruppen ihre Interessen relativ stark selbst vertreten; die Befürchtungen des IG-Metall-Vorstandes können also auch ohne eine solche Verankerung »berechtigt« sein. Berücksichtigt man die Möglichkeit, die selbstregulierenden Gruppen als Schritt in Richtung Arbeiterselbstverwaltung zu interpretieren, dann ist diese Haltung nur konsequent, die Selbstverwaltung steht bei den west-

deutschen Gewerkschaften nicht hoch im Kurs: »Charakteristischer-
weise hat die Mitgliedschaft in der Gewerkschaft keinen Einfluß auf
die Einstellung zur Arbeiterselbstverwaltung« (LEMPERT u. THOMS-
SEN 1974, 229).

Abstrakte Fragen nach der allgemeinen gewerkschaftlichen Orientierung oder auch nach der Einstellung zur Mitbestimmung führen
offenbar nicht sehr weit. So weist LANGE (1973) in seiner Kritik an
MALLET richtig darauf hin, daß sich hinter der Forderung nach Beteiligung an den Entscheidungen sehr verschiedene Inhalte verbergen;
bei der Gruppe der »Technischen Intelligenz« handele es sich meist
keineswegs um eine revolutionäre, sondern um eine effektivitäts-
orientierte Forderung. Es meldet sich in diesen Fällen häufig lediglich der bessere Sachverstand zu Wort, dieser Sachverstand muß aber
keineswegs systemsprengend orientiert sein.

Andererseits ist es nach wie vor eine Tatsache, daß die politisch
aktiven Kader im allgemeinen nicht aus der Gruppe der An- und
Ungelernten kommen, sondern aus dem Kreis der relativ gut qualifizierten Facharbeiter. Warum? Mit POPITZ u. a. (1957) läßt sich
diese Tatsache aus dem ›geistigen Überschuß‹ dieser Gruppe erklären. Mit GORZ (1967, 134) läßt sich dieser »Überschuß« aus dem
Dilemma der kapitalistischen Ausbildung ableiten: Ihr Ziel ist
einerseits, menschliche Fähigkeiten zu entwickeln, andererseits aber
sicherzustellen, daß diese Fähigkeiten nicht »falsch« angewandt werden; »man wünscht, daß sie kompetent, aber beschränkt sind; aktiv,
aber folgsam; intelligent, aber unwissend in allem, was über ihre
unmittelbare Funktion hinausgeht; unfähig den Blick von ihrer
Aufgabe abzuwenden. Kurz, man wünscht sich Spezialisten.«

Dieses Dilemma hat sich in den letzten Jahren eher noch verschärft. Einerseits erfordert die technologische Entwicklung in vielen
Bereichen eine zunehmende Qualifikation – insbesondere eine stär-
kere Entwicklung der »prozeßunabhängigen Qualifikationen« (vgl.
Kap. 4.1.) –, und zum anderen sind weite Teile der Lohnabhängigen zunehmend weniger bereit, die »Qualifikations-Schizophrenie«
zu akzeptieren; der Wunsch nach »Selbstverwirklichung« (vgl. Kap.
4.2.) läßt sich tatsächlich im wesentlichen als Ausdruck dieses Dilemmas beschreiben. Die Züchtung des Spezialisten – die bei GORZ noch
angenommenes Ziel ist – ist eine zunehmend unattraktiver werdende Möglichkeit. Die heute aktuelle Lösung ist nicht mehr der
Spezialist, dessen »geistiger Überschuß« eine ständige Gefahren-
quelle für bestehende Herrschaftsstrukturen darstellt und dessen
Loyalität durch Privilegien erkauft werden muß, die heute aktuelle
Lösung wird zunehmend der Lohnabhängige, dessen »geistiger Überschuß« durch die NFA aufgefangen und produktiv angewandt wird
und der sich subjektiv dabei »selbstverwirklicht«.

Die am Anfang dieses Kapitels angesprochene »emanzipatorische«

Wirkung der NFA ist recht problematisch. Zweifellos wird unter den Bedingungen der teilweisen Aufhebung der Arbeitsteilung und der Hierarchisierung die berufliche und soziale Kompetenz gesteigert. Und ebenso zweifellos bleibt ein gewisses Maß an »geistigem Überschuß«: die vor dem Hintergrund *besonderer* Arbeitsaufgaben erforderlichen Qualifikationen können immer nur in *allgemeiner* Form entwickelt werden. Wenn zum Beispiel die selbständige Planung und Organisation des Materialnachschubs erforderlich ist, dann kann keine »Material-Nachschub-Planungs«-Fähigkeit entwickelt werden, sondern eher die Fähigkeit zum längerfristigen Planen *überhaupt*; d. h., ein für die »Unterschicht« typisches Verhaltensmerkmal wird verändert. Dieses Planungsverhalten ist jedoch zunächst einmal etwas rein Formales: Offen bleibt die Frage, *was* jemand plant. Der Arbeitende kann zum Beispiel den Aufbau einer Betriebsbasisgruppe planen, er kann aber auch den individuellen Aufstieg planen. D. h., die weitgehend *formalen* Fähigkeiten können auf sehr verschiedene *Inhalte* angewandt werden. Es ist insofern ein ungerechtfertigter Optimismus, von der Aufhebung der »Fremdbestimmung der Arbeit« — welcher ein sehr unreflektierter Begriff ist — eine quasi automatische »Emanzipation« zu erwarten (was immer dieser Begriff bedeuten mag). Diese Aufhebung der »Fremdbestimmung« ist sehr wohl mit bürgerlich-individualistischer Ideologie vereinbar: THORSRUD (1973, 139) verschweigt nicht, daß (halb-) autonome Arbeitsgruppen einen Gruppenegoismus entwickeln können, der sich direkt gegen die Nichtmitglieder richtet[38], und auch im Rahmen der jugoslawischen Arbeiterselbstverwaltung kommt es zu betriebsegoistischem Verhalten (vgl. HILLMANN 1970).

Es ist zwar sicher weitgehend richtig, daß — wie VILMAR (1973 b, 190) feststellt — ein »formal denk- und artikulationsfähiges Potential« Voraussetzung jeder effektiven Demokratisierung ist und daß — wie LEMPERT u. THOMSSEN (1974, 165) betonen — berufliche Kompetenz z. T. Voraussetzung für politische Kompetenz ist; dies ist eine mehr oder weniger *notwendige*, nicht im entferntesten aber *hinreichende* Bedingung. Es ist anzunehmen, daß die von LEMPERT u. THOMSSEN (1974, 269) beobachteten Effekte typisch sind: ». . . daß die formale Weiterbildung, die alle technischen Angestellten unserer Untersuchung durchlaufen haben, zu einer besseren Artikulationsfähigkeit und zu konsequenterem Denken beigetragen hat, auch wenn gesellschaftspolitische Themen nicht Gegenstand der Weiterbildung waren . . . Konservative sind durchgängig konservativer, Progressive sind durchgängig progressiver.« D. h., verändert wurde

---

[38] VILMAR (1973 a, 139) hält es für erforderlich, THORSRUDS Beitrag zu präzisieren: in einer eingeschobenen »Anmerkung« betont er, daß das Konzept nicht von »sich isolierenden ›exclusiven‹ Hochleistungsteams« ausgeht. Praktische Erfahrungen bestätigen durchaus THORSRUDS Befürchtungen.

nur etwas wesentlich Formales — Denken und Artikulation —, diese Veränderung sagt aber — zumindest in diesem Fall — nichts über den Inhalt aus. Sicherlich ist es andererseits auch richtig, daß der gegenteilige Fehler vermieden werden muß: die abstrakte und vollständige Trennung von Form und Inhalt. Quantität schlägt irgendwann einmal in Qualität um, nimmt man aber diesen Umschlag argumentativ für sich in Anspruch, dann muß aber konkret belegt werden, warum dieser Umschlag an dieser und nicht an einer anderen Stelle der Entwicklung stattfinden soll. Alles andere ist empirisch nicht belegbare Spekulation.

Neben dem Problem von Form und Inhalt besteht noch ein zweites. BRUGGEMANN u. a. (1975) weisen auf eine Reihe von Untersuchungen hin, welche die These stützen, daß mit der — begrenzten — Erweiterung des Handlungsspielraums auch die Zufriedenheit der Arbeitenden zunimmt. Und in diesem Zusammenhang ist es für die Arbeiterbewegung ausgesprochen negativ, daß die Initiativen zu solchen Veränderungen praktisch immer vom Management ausgehen, denn durch diesen Umstand ist zu erwarten, daß die steigende *Arbeits*zufriedenheit eine steigende *Betriebs*zufriedenheit mit sich zieht: das Management erscheint als die Instanz, welche »Selbstverwirklichung« ermöglicht — während die Gewerkschaften weiter der kapitalistischen Ideologie folgen, daß alles käuflich ist, und das Arbeitsleid lediglich mit höherem Lohn ausgleichen wollen. Das Management weiß um diesen *Integrationseffekt* der NFA sehr wohl — davon kann sich jeder mit einem Blick in die Management-Zeitschriften überzeugen —, und GRONEMEYERS (1973) Frage, inwieweit Partizipation in »Integrationsdidaktik« aufgeht, ist nur zu berechtigt. GRONEMEYERS Optimismus hinsichtlich des »elementaren Widerspruchs« infolge der wissenschaftlich-technischen Revolution, die einerseits Macht produziere, andererseits aber deren Umverteilung fordere, ist jedoch nur berechtigt, solange man »Macht« mit irgendeiner »äußeren« Macht gleichsetzt. Sobald man aber »normative Macht« — die auf Identifikation und normativer Integration beruht — hinzunimmt, löst sich der »Widerspruch« auf. *Real* hat die Arbeiterklasse in Westeuropa schon lange die Möglichkeit zur Gegenmacht — kaum eine Kapitalistenklasse könnte einen von allen Lohnabhängigen getragenen politischen Generalstreik überstehen —, das Problem ist der fehlende *Wille* eines großen Teiles, und dieser Wille kommt auch durch die wissenschaftlich-technische Revolution nicht automatisch zustande. D. h., die nach ETZIONI (1967, 83) »zentrale Organisationsfrage« — »Wie soll man die Organisationsangehörigen kontrollieren, damit Leistungsfähigkeit und Erfolg maximiert werden und die Unzufriedenheit, die ja durch diesen großen Zwang zur Kontrolle hervorgerufen wird, möglichst gering gehalten wird?« — ist durch die NFA schon beantwortet worden: durch Selbstkontrolle.

Um es in einem Satz zusammenzufassen: Die Befriedigung vorhandener oder geweckter Bedürfnisse durch die Einführung der NFA hat — unter der Bedingung, daß die Initiative vom Management ausgeht — tendenziell einen Integrationseffekt, welcher eventuelle »emanzipatorische« Effekte mehr oder weniger neutralisiert.[39]

Andererseits bleiben einige positive Aspekte bestehen. Ein erster Punkt ist der Zusammenhang zwischen dem Lernverhalten und dem Gefühl der eigenen Machtlosigkeit. SEEMANN (1963, 1966, 1967) stellte in einer Reihe von Untersuchungen fest, daß Individuen, welche die Erwartung haben, ihre eigene Situation und das eigene Schicksal nicht kontrollieren zu können, weniger für diese Kontrolle wichtige Informationen aufnehmen als Individuen, welche diese Erwartung nicht haben. Es ergibt sich somit wahrscheinlich ein Teufelskreis der Machtlosigkeit: Je mehr sich jemand machtlos fühlt, desto weniger Informationen nimmt er auf, die seine subjektive Machtlosigkeit vermindern könnten, und je weniger Informationen er hat, desto größer ist die Wahrscheinlichkeit, daß seine Erwartungen bestätigt werden. Diese Mechanismen dürften auf die betriebliche Situation übertragbar sein: Der sich subjektiv machtlos Fühlende und Schicksalsergebene wird sich vermutlich weniger um seine Rechte als Arbeiter kümmern als ein Selbstbewußterer, und er wird dadurch seine aktuelle Machtlosigkeit objektiv steigern.[40]

Ein zweiter Punkt ist die Tatsache des Qualifikationsausgleichs durch die NFA und die sich häufig aus diesem Umstand ergebende relativ gleiche Bezahlung. Die Differenzierungen in diesen beiden Bereichen wurde zu Beginn dieses Kapitels als klassische Methoden zur Spaltung der Arbeiterklasse diskutiert. Insofern ist der Wegfall dieser Methoden — *bei sonst gleichen Bedingungen* — positiv. Die Frage ist, inwieweit angesichts der normativen Integration der Arbeitenden noch von »sonst gleichen Bedingungen« gesprochen werden kann.

Ein dritter Punkt ist die Frage, wie genau die psychischen Veränderungen im Zusammenhang mit den NFA kalkulierbar und kontrollierbar sind. Von Managern und Betriebspraktikern wird manchmal geäußert, daß mit der Veränderung der Wunsch nach *weiteren* Veränderungen geweckt wurde; die Arbeitenden waren

[39] Es bleibt allerdings abzuwarten, inwieweit dieser Neutralisierungseffekt an den Neuigkeitswert der NFA gebunden ist. Es ist gut denkbar, daß die NFA mit der Zeit *selbstverständlich* werden und dann keinen größeren Effekt in dieser Hinsicht haben als es zum Beispiel die Abschaffung der Stehpulte in den Büros auf den heutigen Angestellten hat.
[40] Es darf andererseits natürlich nicht vergessen werden, daß Rechtsverhältnisse Herrschaftsverhältnisse sind und demzufolge »modernisiert« werden, sobald die Anwendung des Rechts allzu bedrohlich wird. Es ist also eine Irreführung, wenn VILMAR (1973 b, 31) behauptet, legales Handeln könne die Liquidation der Linken erschweren. Zumindest der verfassungsproblematische »Radikalenerlaß« sollte zu denken geben.

sozusagen »auf den Geschmack gekommen«. THORSRUD (1973, 138) betont: ». . . *daß der zunehmende Lern-, Wachstums- und Veränderungsprozeß das Entscheidende ist und nicht die Idee von der autonomen Arbeitsgruppe, Job Enlargement oder Job Enrichment;* das ist altes Zeug.« THORSRUDs Optimismus ist zwar nicht sehr begründet, aber die Möglichkeit einer gewissen Eigendynamik bleibt ein sinnvolles Thema.

Zusammenfassend läßt sich feststellen: »An sich« haben die NFA »emanzipatorische« Aspekte und Auswirkungen. Es gibt jedoch keine Entwicklungen »an sich«, sondern nur Entwicklungen innerhalb eines jeweils bestimmten historischen Zusammenhanges. Ohne daß dieser Zusammenhang hier ausreichend bestimmt werden kann, bleibt zu berücksichtigen, erstens, daß unter den konkret gegebenen Bedingungen eventuelle »Emanzipations«-Effekte weitgehend durch einen Integrationseffekt neutralisiert werden, und zweitens, daß Auswirkungen wie größere Denk- und Artikulationsfähigkeit im wesentlichen *formaler* Natur sind. Gleichwohl bleiben einige positive Punkte, die jedoch nicht überschätzt werden sollten.

Neben den schon angesprochenen kann einer dieser Punkte die Verminderung von Angst vor der Veränderung überhaupt sein. Insofern kann VILMAR (1973 b, 260) vorsichtig zugestimmt werden, wenn er schreibt: »Wer an seinem Arbeitsplatz und in seinem Wohnbereich und Verband autoritäre Herrschaft durch Kontrolle oder Selbstorganisation abzubauen gelernt hat, wird auch durchgreifenden Umgestaltungsprogrammen der großen Parteien und Verbände zum Leben und schließlich zum politischen Sieg verhelfen, ohne Angst, daß die Entmachtung der herrschenden Kapital- oder Bürokratenkaste ›das Chaos‹ heraufbeschwört.« Verändert wird durch die praktische Erfahrung eventuell allgemein eine »Veränderungsbereitschaft« bzw. das ängstliche Verhaften am Vertrauten.

Trotzdem ist von *entscheidender* Bedeutung: Politisches Bewußtsein ergibt sich prinzipiell *nicht* allein aus der konkreten Erfahrung, es kann durch diese Erfahrung nur *bestätigt* werden. Das der aktuellen Situation verhaftete »konkretistische« Bewußtsein reicht nur bis zum spontanen, strategielosen politischen Handeln und ist daher für niemanden gefährlich. Politisches Bewußtsein ist wesentlich auch eine Folge der *theoretischen* Einsicht, und diese muß »von außen« an die Individuen herangetragen werden. Das aber heißt: Aus dem Handlungs*potential* ergibt sich noch kein Handlungs*ziel*.

Es ist an dieser Stelle nicht erforderlich, philosophisch-anthropologische Überlegungen zum Thema »Arbeit – ›Freizeit‹« anzustellen oder sich auch nur um Definitionen zu bemühen (vgl. hierzu TILGHER 1930, 1962, de GRAZIA 1962). Im vorliegenden Diskussionszusammenhang sind lediglich eventuelle Effekte der Arbeitspraxis auf die Lebenspraxis außerhalb der Arbeitsorganisation von Interesse. Daß beide »Bereiche« einen funktionalen Zusammenhang haben, ist weitgehend unbestritten: ADORNO (1969) spricht von einer »Verkettung« beider, HABERMAS (1958) von deren »Komplementarität«; BERGER (1962) betont die Abhängigkeit der »Freizeit« von der »rationalisierten Technologie«; MARTIN (1961) vergleicht »Freizeit« und Arbeit mit den »diastolischen und systolischen Phasen« des physiologischen Rhythmus; PRUDENSKI (1962) sieht eine wechselseitige »Determination«; RIESMAN u. BLOOMBERG (1957), WEISS u. RIESMAN (1961) und WILENSKY (1962) sehen »Freizeit« wesentlich als Aspekt des Themas »Industrialisierung«, und OSTERLAND u. a. (1973) schließlich sprechen – in Anlehnung an MARX – von »Freizeit« als dem Bereich der »Reproduktion der Arbeitskraft«.

Wenn ein Zusammenhang real besteht, stellt sich die Frage nach dessen Art und Intensität. ULICH, GROSKURTH u. ULICH (1974) unterscheiden in ihrer Analyse der vorliegenden Literatur vier Modelle dieses Zusammenhangs: das der (1) Generalisation bzw. Verstärkung oder allgemeiner Übertragung, der (2) Kompensation, der (3) Kongruenz und der (4) Identität.

Zu 1: In diesem Modell wird angenommen, daß das in der Arbeit erworbene Verhaltensrepertoire in der »Freizeit« reproduziert wird. Dieser Mechanismus ist insbesondere hinsichtlich der Dimensionen Aktivität, Soziabilität sowie Kreativität und Komplexität des Verhaltens zu erwarten.

Zu 2: Dieses Modell geht von einer sozusagen »ausgleichenden« Funktion der »Freizeit« aus. Dieser »Ausgleich« kann erforderlich werden entweder, weil gegebene Bedürfnisse während der Arbeit nicht befriedigt werden oder weil durch die Arbeit erst unbefriedigte Bedürfnisse entstehen. Die Kompensation kann dabei »destruktiver« oder auch »konstruktiver« Natur sein. WILENSKY (1960) ermittelte

---

[41] Ein Teil dieses Kapitels stammt aus einer Vorstudie, welche in ein Gutachten »Über einige Zusammenhänge zwischen Arbeitsgestaltung und Freizeit« für das Bayerische Staatsministerium für Arbeit und Sozialordnung von ULICH, GROSKURTH u. ULICH (1974) eingegangen ist.

[42] »Freizeit« wird hier mit Anführungszeichen geschrieben, weil die Ideologie der »freien« Zeit nicht haltbar ist. Prinzipiell ist von der Funktion der »Freizeit« für die Reproduktion der Arbeitskraft und für den Verbrauch von Waren auszugehen.

in seiner Studie über Fabrikarbeiter in Detroit einen Reaktionstyp, der seine aus der Arbeit entstehende Unzufriedenheit und Aggressivität in der »Freizeit« abreagierte. Im allgemeinen wird die Kompensation jedoch als »konstruktiv« oder allgemein »positiv« gesehen: »Freizeit« für Erholung, Unterhaltung und Persönlichkeitsentwicklung (DUMAZEDIER 1960), für Erbauung (MEYERSOHN 1972) oder Sein-für-Andere (HANHART 1968). Differenzierter formuliert FRIEDMANN (1961): »fachliche Kompensation für restringierte Arbeit, emotionelle Kompensation für die Rauheit der sozialen Beziehungen in einer Masse von Leuten, soziale Kompensation durch den Erfolg, den Freizeitaktivität mit sich bringen kann« (1961, VI-VII; zit. n. DUMAZEDIER u. LATOUCHE 1962, 14; Übers. v. Ref.).

Zu 3: »Das Problem der Freizeit stellt sich auf eine neue Weise, nicht länger als Untersuchungsfeld von Kompensationen, sondern als integraler Teil – im gleichen Sinne wie die Arbeit – des sozialen Systems« (TOURAINE 1955, 181; zit. n. DUMAZEDIER u. LATOUCHE 1962, 15; Übers. v. Ref.). Geht man zudem noch davon aus, daß dieses soziale System auf beide »Teile« im gleichen Sinne wirkt, gelangt man zum Modell der Kongruenz.

Zu 4: Das letzte Modell schließlich gilt für Individuen, welche in ihrer Arbeit das tun, was sie auch sonst tun oder tun würden; ihre Handlungen bleiben identisch. Dieses Modell dürfte jedoch vornehmlich für privilegierte Minderheiten gelten (vgl. DURANT 1938).

Versucht man nun, die Gültigkeit dieser Modelle zu überprüfen mit dem Ziel, Thesen über wahrscheinliche Effekte der NFA auf das »Freizeit«-Verhalten aufzustellen, ergibt sich ein ähnliches Dilemma wie im vorangehenden Kapitel: Auch hier erlauben die in den empirischen Untersuchungen verwendeten Klassifikationen beruflicher Tätigkeiten kaum eine Interpretation hinsichtlich der jeweiligen Handlungsspielräume. Übliche Klassifikationen in der »Freizeit«-Forschung unterscheiden etwa die Tätigkeiten von Angelernten, Facharbeitern, Angestellten und Beamten. Bei solchen Ansätzen ist jedoch prinzipiell nicht unterscheidbar, ob das ermittelte »Freizeit«-Verhalten primär Resultat der beruflichen Tätigkeit oder aber mehr das der vorherigen beruflichen (Aus-)Bildung und der sozialen Herkunft ist. Ebenso dürfte der mit der aktuellen Tätigkeit verbundene soziale Status dieses »Freizeit«-Verhalten wesentlich mitbestimmen. Für unseren Diskussionszusammenhang bleibt somit nur recht wenig Material übrig.

Eines der im vorliegenden Diskussionszusammenhang interessanten empirischen Ergebnisse liegt mit der Arbeit von ARGYRIS (1959) vor. In dem von ARGYRIS untersuchten Unternehmen befanden sich zwei größere Abteilungen, die sich ausschließlich hinsichtlich der eingesetzten Technologie unterschieden. In der Abteilung A gab es nur Arbeitsplätze, die eine relativ hohe Qualifikation erforderten und an denen ein relativ ganzheitliches, komplexes Produkt hergestellt wurde. Selbst beim Einsatz von Maschinen blieb die Qualifikation der Arbeiter entscheidend. In der Abteilung B hingegen waren die Produktionsabläufe weitgehend (teil-)automatisiert. Alle nichttechnischen Bedingungen wie zum Beispiel der Führungsstil waren gleich. Die Arbeiter reagierten auf die unterschiedlichen Arbeitsbedingungen in der zu erwartenden Weise: In der Abteilung A herrschten hohe intrinsische (auf den Arbeitsinhalt gerichtete) Motivation und das Interesse an qualitativ hochwertigen Produkten vor. Der Effekt der unterschiedlichen Arbeitsbedingungen reichte auch über die »Arbeitssphäre« hinaus: die Arbeiter, welche in der Arbeit die größeren Chancen zur »Selbstverwirklichung« hatten, betätigten sich in der »Freizeit« deutlich kreativer und produktiver als die Arbeiter, welche diese Chance nicht hatten.

ARGYRIS teilt leider nicht mit, inwieweit die Arbeiter der beiden Abteilungen *vor* Eintritt in dieses Unternehmen vergleichbare Berufserfahrungen hatten. Das Ergebnis stimmt jedoch überein mit dem von KORNHAUSER (1965), der unter den Fabrikarbeitern in Detroit nur eine kleine Minderheit mit »self-expressive hobbies« feststellte. Auch DUMAZEDIER u. LATOUCHE (1962) sehen eine Tendenz zur »Simplizität«.

Etwas mehr Material liegt zum Zusammenhang zwischen der Struktur der Arbeit und dem sozialen Verhalten vor. Zu diesem Aspekt trägt auch die schon zitierte Arbeit von ARGYRIS bei. *Ein* Merkmal der Restriktion der Arbeit wurde auch im »Freizeit«-Verhalten der sich produktiv und kreativ betätigenden Arbeiter reproduziert: Die »Selbstverwirklichung« in der Arbeit lag auf der technischen Ebene und im Rahmen von *Einzel*arbeit; die »Selbstverwirklichung« in der »Freizeit« zeigte ein ähnliches Muster: technische Ebene und relativ geringe soziale Interaktion. Dies stand ganz im Gegensatz zum Verhalten des Managements, welches — ebenfalls die eigene berufliche Situation generalisierend — eine starke Gewichtung des sozialen Aspektes aufwies.

Auch hier kommt KORNHAUSER (1965) zu ähnlichen Ergebnissen. Der Autor findet in seiner Studie einen positiven Zusammenhang zwischen Qualifikation und Soziabilität. Die repetitiven Teilarbeiter — die Gruppe mit der geringsten Qualifikation — hatten nicht nur die wenigsten sozialen Kontakte, sie waren auch die Gruppe, die diesen Kontakten die geringste Wichtigkeit einräumte. Aber bezüglich dieser Arbeit gelten die oben diskutierten interpretatorischen Schwierigkeiten: Die Effekte von Berufspraxis und Ausbildung können aus den mitgeteilten Daten nicht gesondert herausgelesen werden.

Von besonderem Interesse ist hier die Arbeit von PARKER (1964) zum »Freizeit«-Verhalten von Angestellten. Als wesentliches Charakteristikum der Arbeit, welches den »Freizeit«-Kontakt mit Kollegen und anderen Personen mit gleichem Beruf fördert, identifizierte der Autor die »Autonomie am Arbeitsplatz gemessen an der Entscheidungsbefugnis«. PARKER nimmt an, daß sich aus beruflicher Verantwortlichkeit ein Bedürfnis nach Informationsaustausch und damit nach entsprechenden Kontakten entwickelt. Dieses Ergebnis harmoniert mit BLAUNERS (1964) Befund im Vergleich von Druckerei-, Textil-, Automobil- und Chemiearbeitern: Die Druckereiarbeiter – als Prototypen der weitgehend »autonom« und handwerklich Arbeitenden – zeichneten sich durch besonders intensiven Kontakt zu Berufskollegen in der »Freizeit« aus.

Einerseits scheinen zwar intrinsisch motivierende Arbeitsstrukturen einen fördernden Einfluß auf das Sozialverhalten zu haben, andererseits müssen aber auch die Ergebnisse von GOLDTHORPE (1966) und GOLDTHORPE u. a. (1968a, b, 1969) berücksichtigt werden: Die Autoren kommen zu dem Schluß, daß die – zur intrinsischen Motivation in gewissem Sinne gegensätzliche – instrumentelle Orientierung (Arbeit als Mittel zur Befriedigung von Bedürfnissen außerhalb der Arbeit) der von ihnen befragten Arbeiter weniger ein Resultat der aktuellen Arbeitssituation war als ein Ergebnis der allgemeineren Lebenssituation und der »privaten« Existenz. Diese instrumentelle Orientierung verhindere die Bildung dauerhafter sozialer Beziehungen unter den Arbeitenden. Entsprechend gering waren – weitgehend unabhängig von der konkreten Arbeitsorganisation – die Kontakte zu den Kollegen in der »Freizeit«.

Als besondere Form sozialer Interaktion ist die Partizipation an Organisationen und Vereinen außerhalb der Arbeit von Interesse. Hier sind die Ergebnisse von MEISSNER (1971) von besonderer Bedeutung, weil der Autor nicht von Berufsklassifikationen, sondern vom Ausmaß »technischer Zwänge« – welche als den Handlungsspielraum einschränkend interpretiert werden können – ausgeht. MEISSNER findet einen ausgeprägten negativen Zusammenhang zwischen dem Ausmaß dieser Zwänge und der Partizipation an außerbetrieblichen Organisationen. In einer Zusammenfassung dieser Ergebnisse stellen ULICH u. a. (1974, 50) fest, »... daß Arbeiter mit weniger ausgeprägten Arbeitszwängen und weniger eingeschränkten Möglichkeiten sozialer Kommunikation am Arbeitsplatz auch außerhalb der Arbeit zu erweiterter ›Sozialität‹ tendierten, während Arbeiter mit technologisch stark gebundenen Tätigkeiten und eingeschränkten Möglichkeiten sozialer Kontaktnahme am Arbeitsplatz auch außerhalb der Arbeit zu eingeschränkter ›Sozialität‹ neigten. In der arbeitsfreien Zeit engagierten sich diese weniger als jene an solche Betätigungen, die Planung, Koordination und zielbewußte Aktivität fordern, sondern wendeten vermehrt Zeit auf für gesellige und expressive Aktivitäten. D. h., wenn die Möglichkeit der Wahl von Handlungsalternativen durch die räumlichen, zeitlichen und funktionalen Zwänge von Arbeitsprozessen eingeschränkt oder unterdrückt wird, so wird damit gleichzeitig die Fähigkeit reduziert, Anforderungen solcher Freizeitaktivitäten zu erfüllen, die ›Handlungskompetenz‹ (VOLPERT 1974) erfordern.«

Ein ähnliches Ergebnis — ausdrücklich als Effekt der NFA interpretiert — berichtet WALTON (1972, nach HERRICK u. MACCOBY 1972): Arbeiter der Topeka-Werke von General Foods entwickelten nach Einführung von »job rotation«, autonomen Arbeitsgruppen und anderen arbeitsorganisatorischen Maßnahmen eine außergewöhnliche Aktivität im kommunalen Bereich.

ULICH u. a. (1974) kommen in ihrer Literaturanalyse zu dem zusammenfassenden Schluß, daß das »Freizeit«-Verhalten der Arbeitenden — insbesondere auf den unteren Qualifikationsebenen — zwar häufig subjektiv »Kompensation« zum Ziel hat, objektiv jedoch das von der Arbeit geprägte Verhaltensrepertoire weitgehend reproduziert wird, insofern also das »Generalisations«-Modell gilt. Aus dieser Tatsache — insbesondere im Hinblick auf die Ergebnisse von MEISSNER und WALTON — könnte der Schluß gezogen werden, die Einführung der NFA habe wegen der mit ihnen verbundenen Milderung der Restriktionen in der Arbeit und der Erweiterung des Handlungsspielraums eine »emanzipatorische« Funktion hinsichtlich des »Freizeit«-Verhaltens. Dieser Schluß wäre jedoch *zum Teil* ebenso problematisch wie der entsprechende Schluß im vorangehenden Kapitel. Dort wurde betont, daß erstens eventuelle »Emanzipations«-Effekte weitgehend durch einen Integrationseffekt neutralisiert werden und daß zweitens Auswirkungen, wie eine Erweiterung des Denk- und Verhaltensrepertoires, zunächst einmal wesentlich *formaler* Natur sind, welche noch nichts über ein Handlungsziel aussagen.

Der Integrationseffekt innerhalb der Arbeitsorganisation ist eng mit der Arbeitszufriedenheit verknüpft, über eine ähnliche Verknüpfung kann u. U. ein Integrationseffekt auch im »Freizeit«-Bereich auftreten: Es besteht ein enger Zusammenhang zwischen der Arbeitszufriedenheit und der Zufriedenheit mit anderen Lebensbereichen. KORNHAUSER (1965) erhob in seiner Befragung der Fabrikarbeiter in Detroit neben der Arbeitszufriedenheit auch »Lebenszufriedenheit«, »Zufriedenheit mit Familie und Heim«, »Freizeitzufriedenheit« und »Zufriedenheit mit Wohngemeinde und gesellschaftlichen Kontakten« (community satisfaction); der Autor kommt zu dem Schluß, ». . . daß das Leben innerhalb und außerhalb der Arbeit nicht sehr differiert hinsichtlich der Balance von Zufriedenheit und Unzufriedenheit« (KORNHAUSER 1965, 190; Übers. v. Ref.). Zu ähnlichen Ergebnissen kommen auch HANHART (1968) und IRIS u. BARRETT (1972).

Geht man — wie KORNHAUSER — davon aus, daß eher die Arbeitszufriedenheit die Zufriedenheit mit anderen Lebensbereichen nach sich zieht als umgekehrt, dann gewinnt die Feststellung von DUMAZEDIER u. LATOUCHE (1962, 27) eine hohe Bedeutung: »... jene, die besonders zufrieden sind mit der Arbeit, haben die Tendenz, in allen möglichen Organisationen mehr Verantwortung und Führungsfunktion administrativer oder technischer Art zu übernehmen, *jedoch außer in politischen Gruppierungen*, wo mehr Arbeiter anzutreffen waren, die nicht an ihrer beruflichen Tätigkeit interessiert sind« (Übers. und Hervorh. v. Ref.). Das aber heißt: Verbindet man mit »Emanzipation« auch eine politische Veränderung, dann ist die »emanzipatorische« Funktion der NFA auch hier problematisch. Allerdings ist das bisher vorliegende Material zu dürftig, als daß hinreichend begründete Thesen formuliert werden könnten. Es ist jedoch an dieser Stelle zu wiederholen: Aus dem Handlungs*potential* ergibt sich noch kein Handlungs*ziel*.

Schlußbemerkung

In der »Vorbemerkung« wurde betont, daß es weniger um die Kritik der NFA selbst geht als um deren ideologische Verbrämung. Folgt nun aus der Ablehnung der Ideologie der »Humanisierung der Arbeit« auch die Ablehnung der dieser »Humanisierung« zugrundeliegenden Formen der Arbeitsgestaltung?

Keinesfalls. Zunächst einmal ist es ein legitimes Bedürfnis der Arbeitenden, daß ihre Arbeit weniger langweilig und belastend ist. Wie schon bemerkt, wäre es ein Zynismus, dieses Bedürfnis zu ignorieren. Ein Problem stellt der Integrationseffekt der NFA dar, der diese Arbeitsformen zu einer Abwehrstrategie des Kapitals macht. Dieser Effekt ist jedoch keineswegs unvermeidlich mit den NFA gekoppelt, er ist vielmehr weitgehend ein Resultat der Strategie der Arbeitenden und ihrer Gewerkschaften: Solange dem Management und der von ihm bezahlten Auftragsforschung die Initiative hinsichtlich der »Humanisierung der Arbeit« überlassen bleibt und das Management als Verkünder der »Selbstverwirklichung« und als Erlöser von der »Entfremdung« auftreten kann, ist dieser Effekt nur natürlich. Dieses Überlassen der Initiative war und ist ein strategischer und taktischer Fehler seitens der Gewerkschaften. Wollten sie nun aber die Einführung solcher Arbeitsformen ablehnen oder auch nur passiv bleiben, so würde dem ersten Fehler ein zweiter hinzugefügt: die NFA werden sich früher oder später weitgehend durchsetzen, nicht wegen der »Humanität«, sondern wegen der Ökonomie; Gewerkschaften, welche dann an der durch diese Arbeitsformen vermittelten relativen Befriedigung der Arbeitenden keinen Anteil haben, werden bei diesen Arbeitenden an Attraktivität verlieren. Im Gegenteil müssen die Gewerkschaften eine Vorwärtsstrategie entwickeln, die Rede von der der »Humanisierung« wörtlich nehmen und die Einführung der NFA auch dort fordern, wo das Interesse des Managements nicht mehr hinreicht. So kann der prinzipielle Interessengegensatz zwischen Lohnarbeit und Kapital wieder sichtbar gemacht werden, soweit er durch die »Humanisierung« verschleiert wird.

In dem Maße, in dem die Einführung solcher Arbeitsformen als Sieg der Arbeitenden gegen die Verwertungsinteressen des Kapitals erscheint, im selben Maße wird der psychologische Effekt weniger Integration sein als eine Stärkung des Selbstbewußtseins der Arbeitenden und eine Stärkung ihres Vertrauens in die eigenen Möglichkeiten.

Ein offenes Problem bleibt das Verhältnis von Handlungsrepertoire und Handlungsziel soweit ersteres durch die NFA erweitert wird. Sicher ist, daß dieses Repertoire für sehr verschiedene Ziele eingesetzt werden kann. Sicher ist aber auch, daß die Entwicklung und/oder Aufrechterhaltung intellektueller und sozialer Potentiale eine bessere *Basis* für die Vermittlung komplexer gesellschaftlicher Sachverhalte und für die Entwicklung längerfristigen kooperativen Verhaltens mit sich bringt. Das mit den NFA verbundene Wegfallen einiger klassischer Spaltungstechniken trägt ebenfalls zur Verbesserung dieser Basis bei.

Die Bedeutung der NFA für die berufliche Sozialisation ist eventuell höher einzuschätzen als die Bedeutung relativ abstrakter Partizipationen etwa nach dem »Ahrensburger Modell«; die empirischen Resultate von BALLERSTEDT (1971) zeigen kaum einen »emanzipatorischen« Effekt dieser Partizipation, und auch die Erfahrungen mit der jugoslawischen Selbstverwaltung machen Probleme deutlich (vgl. OBRADOVIC, FRENCH u. RODGERS 1970, RUS 1970, ZUPANOV 1973). Um die Effekte dieser sehr verschiedenen Formen der Verminderung von Arbeitsteilung richtig einschätzen zu können, bedarf es jedoch noch erheblicher wissenschaftlicher Bemühungen.

Abschließend ist eine Bemerkung zur Einstellung vieler »Linker« gegenüber der Arbeitswissenschaft und der Arbeitspsychologie im Kapitalismus vonnöten. Die Bedeutung dieser Disziplinen für die berufliche Sozialisation — und damit für die Sozialisation allgemein — ist offenkundig. Als *politisch Engagierter* diese Disziplinen *aus Prinzip* zu ignorieren, ist nicht konsequent, dann sollte man vielleicht doch gleich den ganzen Kapitalismus »ignorieren«.

Andererseits sei aber auch vor einer Überschätzung der »emanzipatorischen« Möglichkeiten der Arbeitswissenschaft und der Arbeitspsychologie gewarnt:

»Die Freiheit in diesem Gebiet kann nur darin bestehn, daß der vergesellschaftete Mensch, die assoziierten Produzenten, diesen ihren Stoffwechsel mit der Natur rationell regeln, unter ihre gemeinschaftliche Kontrolle bringen, statt von ihm als von einer blinden Macht beherrscht zu werden; ihn mit dem geringsten Kraftaufwand und unter den ihrer menschlichen Natur würdigsten und adäquatesten Bedingungen vollziehn. Aber es bleibt dies immer ein Reich der Notwendigkeit. Jenseits desselben beginnt die menschliche Kraftentwicklung, die sich als Selbstzweck gilt, das wahre Reich der Freiheit, das aber nur auf jenem Reich der Notwendigkeit als seiner Basis aufblühn kann. Die Verkürzung des Arbeitstags ist die Grundbedingung« (MARX, *Kapital*, Bd. III, 1971, 828).

Literatur

ADORNO, Th. W.: ›Zum Verhältnis von Psychologie und Soziologie‹. *Psyche*, 1952, 6, 1—18.

ADORNO, Th. W.: *Stichworte*. Frankfurt/M.: Suhrkamp 1969.

ALBERS, D.: ›Streik für humanere Arbeitsbedingungen bei Alfa Romeo‹. In: VILMAR, F. (Hrsg.): *Menschenwürde im Betrieb*. Reinbek: Rowohlt, (rororo 1604) 1973.

ANDRIEUX, A. & J. LIGNON: *L'ouvrier d'aujourd'hui*. Paris 1960.

ARGYRIS, C.: ›The individual and organization: An empirical test‹. *Administrative Science Quarterly*, 1959, 4, 145—167.

ARON, R.: *Dixhuit leçons sur la Société industrielle*. Paris 1962. Deutsch: *Die industrielle Gesellschaft*. Frankfurt/M. 1964.

AUTORENKOLLEKTIV: *Tagebuch eines Betriebskampfes*. Herausgegeben von Genossen der »Assemblea Autonoma« von Alfa Romeo. München: Trikont 1973.

BACZKO, B: *Weltanschauung, Metaphysik, Entfremdung. Philosophische Versuche*. Frankfurt/M.: Suhrkamp 1969.

BALLERSTEDT, E.: *Soziologische Aspekte der innerbetrieblichen Partnerschaft*. München: Piper 1971.

BARTH, H.-R.: *Arbeitsorganisation und erlebte Beanspruchung bei Arbeiten im Bürobereich*. Unveröff. Diplomarbeit. Zürich 1975.

BERGER, B. M.: ›The Sociology of Leisure: Some Suggestions‹. *Industrial Relations*, 1962, 1, 31—45.

BERNAL, J. D.: *Wissenschaft. Science in History*. 4 Bände. Reinbek: Rowohlt (rororo 6759) 1970.

BERTALANFFY, L. v.: ›General system theory — a critical review‹. *General Systems*, 1962, 7, 1—20.

BISHOP, C. L.: *All Things Common*. New York: Harper 1950.

BLAUNER, R.: *Alienation and Freedom*. Chicago: The University of Chicago Press 1964.

BLOCH, E.: *Naturrecht und menschliche Würde*. Frankfurt/M.: Suhrkamp 1972.

BRIGTH, J. R.: *Automation and Management*. Boston: Harvard University Press 1958.

BRUGGEMANN, A.: ›Zur Unterscheidung verschiedener Formen von »Arbeitszufriedenheit«‹. *Arbeit und Leistung*, 1974, 28, 281—284.

BRUGGEMANN, A., P. GROSKURTH & E. ULICH: *Arbeitszufriedenheit*. Schriften zur Arbeitspsychologie, Nr. 17. Hrsg. v. E. ULICH. Bern: Huber 1975.

BÜHLER, Ch.: ›Grundbegriffe der humanistischen Psychologie‹. *Psychologie und Praxis*, 1971, 15, 49—57.

BUNZ, A. R., R. JANSEN & K. SCHACHT: *Qualität des Arbeitslebens. Soziale Kennziffern zu Arbeitszufriedenheit und Berufschancen*. Forschungsbericht des Bundesministeriums für Arbeit und Sozialordnung. Bonn 1974.

BUSCH, H. W.: ›Zur wissenschaftstheoretischen und praktischen Begründung von Arbeitswissenschaft‹. *Arbeit und Leistung*, 1974, 28, 13—16.

CARTWRIGHT, D.: ›Influence, Leadership, Control‹. In: MARCH, J. G.: *Handbook of Organisations*. Chicago: Rand McNally 1965.

DAVIS, L. E.: ›The design of jobs‹. *Industrial Relations*, 1966, 6, 21—45.

DAVIS, L. E.: ›Job satisfaction research: The post-industrial view‹. *Industrial Relations*, 1971, 10, 176—193.

DAVIS, L. E. & J. TAYLOR: *Technology, organization and job structure*. Papers presented at the International Conference on Enhancing the Quality of Working Life. Arden House (Harriman, N. Y.), September 24—29, 1972.

DELAMOTTE, Y.: ›Die Auffassungen der französischen und italienischen Gewerkschaften zur Humanisierung der Arbeitswelt.‹ In: *Humanisierung der Arbeit als gesellschaftspolitische und gewerkschaftliche Aufgabe*. Frankfurt/M.: Europäische Verlagsanstalt 1974.

DEPPE, F.: *Das Bewußtsein der Arbeiter*. Köln: Pahl-Rugenstein 1971.

DRUCKER, P. F.: *Die Praxis des Management*. Düsseldorf: Econ 1956 (Taschenbuchausgabe: München: Knaur Nr. 237, 1970).

DUMAZEDIER, J.: ›Current problems of the sociology of leisure‹. *International Social Science Journal*, 1960, 12. Wiederabdruck in: SCHEUCH, E. K. & R. MEYERSOHN (Hrsg.): *Soziologie der Freizeit*. Köln: Kiepenheuer & Witsch 1972.

DUMAZEDIER, J. & N. LATOUCHE: ›Work and leisure in French sociology‹. *Industrial Relations*, 1962, 1, 13—30.

DURANT, H. W.: *The Problems of Leisure*. London: Routledge and Sons 1938.

DURKHEIM, E.: *De la division du travail social*. Paris 1893.

EMERY, F. E.: ›Characteristics of Socio-technical Systems (Excerpts)‹. In: DAVIS, L. E. & J. C. TAYLOR (Eds.): *Design of Jobs*. Harmondsworth: Penguin Books 1972.

EMERY, F. E. & E. L. TRIST: ›Socio-technical systems‹. In: *Management sciences models and techniques*. Vol. 2. London: Pergamon 1960.

ETZIONI, A.: ›Organizational Control Structure‹. In: MARCH, J. G. (Ed.): *Handbook of Organisations*. Chicago: Rand McNally 1965.

ETZIONI, A.: *Soziologie der Organisationen*. München: Juventa 1967.

FOULKES, F. F.: *Creating more meaningful work*. American Management Association, Inc, 1969, 222 pp.

FREDRIKSSON, F.: ›Alienation eller reifikation‹. *Socialistik Debatt*, 1968, 3.

FRESE, M.: *Unveröffentlichter Fragebogen über das Bewußtsein von Arbeitern*. Berlin 1974.

FREUD, S.: *Gesammelte Werke*. Bd. XV: *Neue Folge der Vorlesungen zur Einführung in die Psychoanalyse*. Frankfurt/M: S. Fischer 1973.

FRIEDMANN, G.: *The anatomy of work*. New York: Free Press of Glencoe 1961.

FROMM, E.: *Escape from Freedom*. New York: Holt, Rinehart & Winston 1941. Deutsch: *Die Furcht vor der Freiheit*. Frankfurt/ M: Europ. Vlgsanst. 1972.

FROMM, E.: *The Sane society*. New York: Rinehard 1955. Deutsch: *Der moderne Mensch und seine Zukunft*. Frankfurt/M.: Europ. Vlgsanst. 1960.

FÜRSTENBERG, F.: ›Die Bedeutung der Mitbestimmung am Arbeitsplatz für die industrielle Demokratie‹. In: VILMAR, F. (Hrsg.): *Menschenwürde im Betrieb*. Reinbek: Rowohlt (rororo 1604) 1973.

GALBRAITH, J. K.: *The New Industrial State*. Boston 1967. Deutsch: *Die moderne Industriegesellschaft*. München: Knaur (Nr. 219) 1970.

GALLINO, L.: *The quality of working life as a company product and as workers' demand: some difficulties in making the ends meet*. Paper presented at the International Conference on Enhancing the Quality of Working Life. Arden House (Harriman, N. Y.) September, 24–29, 1972.

GINZBERG, E.: *Work structuring and manpower realities*. Paper presented at the International Conference on Enhancing the Quality of Working Life. Arden House (Harriman, N. Y.) September, 24–29, 1972.

GOLDTHORPE, J. H.: ›Attitudes and behavior of car assembly workers: A deviant case and theoretical critique‹. *British Journal of Sociology*, 1966, 17, 227–244.

GOLDTHORPE, J. H., D. LOCKWOOD, F. BECHHOFER & J. PLATT: *The Affluent Worker: Industrial Attitudes and Behaviour*. London: Cambridge University Press 1968 a. Deutsch: *Der »wohlhabende« Arbeiter in England. Industrielles Verhalten und Gesellschaft*. München: Goldmann 1970a.

GOLDTHORPE, J. H., D. LOCKWOOD, F. BECHHOFER & J. PLATT: *The Affluent Worker: Political Attitudes and Behaviour*. London: Cambridge University Press 1968 b. Deutsch: *Der »wohlhabende« Arbeiter in England. Politisches Verhalten und Gesellschaft*. München: Goldmann 1970 b.

GOLDTHORPE, J. H., D. LOCKWOOD, F. BECHHOFER & J. PLATT: *The Affluent Worker in the Class Structure*. London: Cambridge University Press 1969. Deutsch: *Der »wohlhabende« Arbeiter in der Klassenstruktur*. München: Goldmann 1971.

GORZ, A.: *Zur Strategie der Arbeiterbewegung im Neokapitalismus*. Frankfurt/M.: Europ. Vlgsanst. 1967.

GORZ, A.: ›Technische Intelligenz und kapitalistische Arbeitsteilung‹. In: VAHRENKAMP, R. (Hrsg.): *Technologie und Kapital*. Frankfurt/M.: Suhrkamp 1973.

GOTTSCHALCH, W., M. NEUMANN-SCHÖNWETTER & G. SOUKUP: *Sozialisationsforschung*. Frankfurt/M.: Fischer Taschenbuch (Bd. 6503) 1974.

GRAZIA, S. de: *Of time, work, and leisure*. New York: Twentieth Century Fund 1962.

GRONEMEYER, R.: *Integration durch Partizipation?* Frankfurt/M.: Fischer Taschenbuch (Bd. 6517) 1973.

GROSKURTH, P.: ›Arbeitszufriedenheit als normatives Problem‹. *Arbeit und Leistung*, 1974, 28, 285–288.

GULOWSEN, J.: *Selvstyrte Arbeidsgrupper*. Oslo: Tanum 1971.

GYLLENHAMMER, P. G.: *Presseinformation 1412–LA/ub 730502, o. J.*

HAAG, F.: ›Sozialforschung als Aktionsforschung‹. In: HAAG, F.,

H. Krüger, W. Schwärzel & J. Wildt (Hrsg.): *Aktionsforschung.* München: Juventa 1972.

Habermas, J.: ›Soziologische Notizen zum Verhältnis von Arbeit und Freizeit.‹ In: Funke, G. (Hrsg.): *Konkrete Vernunft.* Bonn: Bouvier 1958.

Hanhart, D.: *The leisure of workers in modern society.* Genf: United Nations 1968. Wiederabdruck in: Scheuch, E. K. & R. Meyersohn (Hrsg.): *Soziologie der Freizeit.* Köln: Kiepenheuer & Witsch 1972.

Hellberg, P.: ›Erfahrungen betriebsdemokratischer Experimente in Skandinavien.‹ In: *Humanisierung der Arbeit als gesellschafts-politische und gewerkschaftliche Aufgabe.* Frankfurt/M.: Europäische Verlagsanstalt 1974.

Herbst, P. G.: *Socio-technical Design: Strategies in Multidisciplinary Research.* London: Tavistock Publications 1974.

Herrick, N. & M. Maccoby: *Humanizing work: A priority goal of the 1970's.* Paper presented at the International Conference on Enhancing the Quality of Working Life. Arden House (Harriman, N. Y.), September, 24–29, 1972.

Hillmann, G.: *Die Befreiung der Arbeit.* Reinbek: Rowohlt (rde 342) 1970.

Huch, K. J.: *Einübung in die Klassengesellschaft.* Frankfurt/M.: Fischer Taschenbuch (Bd. 6276) 1975.

Hulin, C. L.: ›Individual Differences and Job Enrichment – The Case Against General Treatments‹. In: Maher, J. R. (Ed.): *New Perspektives in Job Enrichment.* New York: van Nostrand & Reinhold 1971.

Hulin, C. L. & M. R. Blood: ›Job enlargement, individual differences, and worker responses‹. *Psychological Bulletin,* 1968, 69, 41–55.

Inkeles, A.: ›Making men modern: On the causes and consequences of individual change in six developing countries‹. *American Journal of Sociology,* 1969, 75, 208–225.

Iris, B. & G. V. Barrett: ›Some relations between job and life satisfaction and job importance‹. *Journal of Applied Psychology,* 1972, 56, 301–304.

Israel, J.: *Der Begriff Entfremdung.* Reinbek: Rowohlt (rde 359) 1972.

Jadow, W. A., W. P. Roschin & A. G. Sdrawomyslow: *Der Mensch und seine Arbeit.* Berlin (DDR): Dietz Verlag 1971.

Jong, J. R. de: *Tendenzen zur Partizipation, Erweiterung der Arbeitsinhalte und ihre Beziehung zu Prozessen beruflicher Bildung.* Berlin: Bundesinstitut für Berufsbildungsforschung 1974.

Katz, D. & R. L. Kahn: *The Social Psychology of Organizations.* New York: Wiley 1966.

Kern, H. & M. Schumann: *Industriearbeit und Arbeiterbewußtsein.* Teil I. Frankfurt/M.: Europ. Vlgsanst. 1970 a.

Kern, H. & M. Schumann: *Industriearbeit und Arbeiterbewußtsein.* Teil II. Frankfurt/M.: Europ. Vlgsanst. 1970 b.

Kornhauser, A.: *Mental health of the industrial worker: A Detroit study.* New York: Wiley 1965.

Lange, H.: *Wissenschaftliche Intelligenz. Neue Bourgeoisie oder neue Arbeiterklasse?* Köln: Pahl-Rugenstein 1972.

LANGE, H.: ›Gewerkschaftliche Aktion und politisches Bewußtsein der wissenschaftlich-technischen Intelligenz in Frankreich‹. In: VAHRENKAMP, R. (Hrsg.): *Technologie und Kapital*. Frankfurt/M.: Suhrkamp 1973.

LANGSLET, L. R.: ›Young Marx and alienation in western debate‹. *Inquiry*, 1963, 6, 3—17.

LATTMANN, Ch.: *Das norwegische Modell der selbstgesteuerten Arbeitsgruppe*. Betriebswirtsch. Mitt. Bd. 56. Bern: Haupt 1972.

LEMPERT, W. & W. THOMSSEN: *Berufliche Erfahrung und gesellschaftliches Bewußtsein*. Stuttgart: Klett 1974.

LUKÁCS, G.: *Geschichte und Klassenbewußtsein*. Berlin: Malik 1923.

MACCIO, M.: ›Partei, Techniker und Arbeiterklasse in der chinesischen Revolution‹. In: VARGA, E. S., Ch. BETTELHEIM & M. MACCIO: *Sowjetunion und China. Zwei Wege des sozialistischen Aufbaus*. München: Trikont 1972.

MALLET, S.: ›La nouvelle classe ouvrière en France‹. *Cahiers Internationaux de Sociologie*, 1965, 12, 57—65. Deutsch: ›Die neue Arbeiterklasse in Frankreich‹. In: HÖRNING, K. H. (Hrsg.): *Der »neue« Arbeiter. Zum Wandel sozialer Schichstrukturen*. Frankfurt/M.: Fischer Taschenbuch (Bd. 6502) 1971.

MALLET, S.: ›Sozialismus und die neue Arbeiterklasse‹. In: DEPPE, F., H. LANGE & L. PETER (Hrsg.): *Die neue Arbeiterklasse*. Frankfurt/M.: Europ. Vlgsanst. 1970.

MALLET, S.: *Die neue Arbeiterklasse*. Neuwied/Berlin: Luchterhand 1972.

MANDEL, E.: *Marxistische Wirtschaftstheorie*. Frankfurt/M.: Suhrkamp 1972.

MARGLIN, S. A.: *What Do Bosses Do? The Origins and Functions of Hierarchy in Capitalist Production*. Boston: Harvard University Pr. 1971. (Im Manuskript vervielfältigt.)

MARKOVIĆ, M.: ›Möglichkeiten einer radikalen Humanisierung der Industriekultur‹. In: MARKOVIĆ, M. (Hrsg.): *Dialektik der Praxis*. Frankfurt/M.: Suhrkamp 1968.

MARTIN, A. R.: ›Self-alienation and the loss of leisure‹. *American Journal of Psychoanalysis*, 1961, 21, 156—165.

MARX, K.: *Das Kapital*. Bd. I (MEW 23). Berlin (DDR): Dietz 1962.

MARX, K.: *Das Kapital*. Bd. III (MEW 25). Berlin (DDR): Dietz 1971.

MASLOW, A. H.: *Motivation and Personality*. New York: Harper & Row 1954.

MASLOW, A. H.: *Psychologie des Seins*. München: Kindler 1973.

MASUCH, M.: *Politische Ökonomie der Ausbildung*. Reinbek: Rowohlt (rororo 6813) 1972.

MAYER, E. & W. SCHUMM: ›Berufliche Sozialisation und politische Bildung‹. *Die Deutsche Berufs- und Fachschule*, 1973, 69, 764 bis 775.

McGREGOR, D. M.: *The human side of enterprise from: »Adventure in thought and action«*. Proceedings of the fifth anniversary convocation of the school of industrial management, Massachusetts institute of technology. Mass. Institute of Technology, Cambr. (Mass.) 1957.

McGREGOR, D.: *The Human Side of Enterprise*. New York: McGraw-Hill 1960. Deutsch: *Der Mensch im Unternehmen*. Düsseldorf/Wien: Econ 1970.

MEIDNER, R.: *What duties does the labor market of the future expect of companies and society?* Paper presented at the International Conference on Enhancing the Quality Working Life. Arden House (Harriman, N. Y.), September, 24–29, 1972.

MEISSNER, M.: ›The long arm of the job: A study of work and leisure‹. *Industrial Relations*, 1971, 10, 239–260.

MEYERSOHN, R.: ›Grundformen und Bedeutung‹. In: SCHEUCH, E. K. & R. MEYERSOHN (Hrsg.): *Soziologie der Freizeit.* Köln: Kiepenheuer & Witsch 1972.

MILLS, C. W.: *White Collar: The American Middle Classes.* New York: Oxford University Press 1951. Deutsch: *Menschen im Büro: Ein Beitrag zur Soziologie der Angestellten.* Köln: Bunz-Verlag 1955.

MORSE, N. C. & R. S. WEISS: ›The function and meaning of work and the job‹. *American Sociological Review*, 1955, 20, 191–198.

MOULEDOUS, J. & E. C. MOULEDOUS: ›Criticism of the concept of alienation‹. *American Journal of Sociology*, 1964, 70, 78–82.

MYRDAL, G.: ›Das Zweck-Mittel-Denken in der Nationalökonomie‹. *Zeitschrift für Nationalökonomie*, 1933, 4. Wiederabdruck in: MYRDAL, G.: *Das Wertproblem in der Sozialwissenschaft.* Hannover: Verlag f. Literatur u. Zeitgeschehen 1958.

NEAL, A. & S. RETTIG: ›On the multi-dimensionality of alienation‹. *American Sociological Review*, 1967, 32, 54–64.

NEEF, W. & R. MORSCH: ›Veränderungen im Arbeitsprozeß, ihre Auswirkungen auf das Bewußtsein von Naturwissenschaftlern und Ingenieuren sowie Folgerungen für die Ausbildung der technischen Intelligenz‹. In: VAHRENKAMP, R. (Hrsg.): *Technologie und Kapital.* Frankfurt/M.: Suhrkamp 1973.

NEGT, O.: *Soziologische Phantasie und exemplarisches Lernen. Zur Theorie und Praxis der Arbeiterbildung.* Frankfurt/M.: Europ. Vlgsanst. 1971.

NEUBERGER, O.: *Theorien der Arbeitszufriedenheit.* Stuttgart: Kohlhammer 1974.

OBRADOVIĆ J., J. R. FRENCH & W. L. RODGERS: ›Worker's councils in Yugoslavia: Effects on perceived participation and satisfaction of workers‹. *Human Relations*, 1970, 23, 459–471.

OSTERLAND, M., W. DEPPE, F. GERLACH, U. MERGNER, K. PELTE & M. SCHLOSSER: *Materialien zur Lebens- und Arbeitssituation der Industriearbeiter in der BRD.* Frankfurt/M.: Europ. Vlgsanst. 1973.

PARKER, S. R.: ›Type of work, friendship patterns, and leisure‹. *Human Relations*, 1964, 3.

PAUL, W. J., K. B. ROBERTSON & F. HERZBERG: ›Job enrichment pays off‹. *Harvard Business Review*, 1969, 61–78.

PEARLIN, L. I. & M. L. KOHN: ›Social class, occupation, and parental values. A cross national study‹. *American Sociological Review*, 1966, 31, 466–472.

POPITZ, H., H. P. BAHRDT, E. A. JÜRES & H. KESTING: *Das Gesellschaftsbild des Arbeiters.* Tübingen: Mohr 1957.

POPPER, K. R.: ›Prognose und Prophetie in den Sozialwissenschaften‹. In: TOPITSCH, E. (Hrsg.): *Logik der Sozialwissenschaften.* Köln/Berlin: Kiepenhauer & Witsch 1971.

PRUDENSKI, G. A.: ›The concept of leisure in the USSR‹. *Industrial Relations*, 1962, 2, 97–100.

»Quaderni Rossi«: *Arbeiteruntersuchung und kapitalistische Organisation der Produktion*. München: Trikont 1972.

Riesman, D. & W. Bloomberg: ›Work and leisure: Fusion or polarity?‹ In: Arensberg, C. M. (Ed.): *Research in industrial and human relations*. New York: Harper 1957.

Rogers, C. R.: *Counseling and psychotherapy*. Boston: Houghton Mifflin 1942.

Rostow, W. W.: *The Stages of Economic Growth. A Non Communist Manifeste*. London: Cambridge University Press 1960.

Rus, V.: ›Influence structure Yugoslav enterprise‹. *Industrial Relations*, 1970, 9, 148—160.

Sainsaulieu, R.: ›Incidences du Changement Technique‹ *Personnel*, 1969, 123, 16—26.

Schaff, A.: *Marxismus und das menschliche Individuum*. Reinbek: Rowohlt (rde 332) 1970.

Schleicher, R.: ›Die Intelligenzleistung Erwachsener in Abhängigkeit vom Niveau der beruflichen Tätigkeit‹. *Probleme und Ergebnisse der Psychologie*, 1973, 44, 25—55.

Schneewind, K. A.: ›Zum Selbstverständnis der Psychologie als anwendungsorientierter Wissenschaft vom menschlichen Handeln und Erleben‹. *Psychologische Rundschau*, 1973, 24, 227—247.

Seashore, S. E.: ›Job satisfaction: A dynamic predictor of adaptive and defensive behavior‹. *Studies in Personnel Psychology*, 1973, 5, 7—20.

Seeman, M.: ›On the meaning of alienation‹. *American Sociological Review*, 1961, 26, 783—791.

Seeman, M.: ›Alienation and social learning in a reformatory‹. *American Journal of Sociology*, 1963, 69, 270—284.

Seeman, M.: ›Alienation, membership, and political knowledge: A comparative study‹. *Public Opinion Quarterly*, 1966, 30, 353 bis 367.

Seeman, M.: ›Powerlessness and knowledge: A comparative study of alienation and learning‹. *Sociometry*, 1967, 30, 105—123.

Seeman, M.: ›The urban alienation: some dubious thesis from Marx to Marcuse‹. *Journal of Personality and Social Psychology*, 1971, 19, 135—143.

Simmons, J. L.: ›Some intercorrelations among ›alienation‹ measures‹. *Social Forces*, 1966, 44, 370—372.

Skinner, B. F.: *Jenseits von Freiheit und Würde*. Reinbek: Rowohlt 1973.

Steiner, H.: Nachwort zur deutschen Ausgabe von: Jadow, W. A., W. P. Roschin & A. G. Sdrawomyslow: *Der Mensch und seine Arbeit*. Berlin (DDR): Dietz 1971.

Struening, E. L. & A. H. Richardson: ›A factor analytic exploration of the alienation, anomia and authoritarism domain‹. *American Sociological Review*, 1965, 30, 768—776.

Susman, G. I.: ›Automation, alienation, and work group autonomy‹. *Human Relations*, 1972, 25, 171—180.

Tausch, R.: *Gesprächspsychotherapie*. Göttingen: Hogrefe 1960.

Tausch, R.: ›Variablen und psychologische Zusammenhänge der sozialen Interaktion zwichen Erwachsenen und Jugendlichen‹. In: Herrmann, T. (Hrsg.): *Psychologie der Erziehungsziele*. Göttingen: Hogrefe 1966.

THORSRUD, E.: ›Demokratisierung der Arbeitsorganisation‹. In: VILMAR, F. (Hrsg.): *Menschenwürde im Betrieb*. Reinbek: Rowohlt (rororo 1604) 1973.

THORSRUD, E. & F. E. EMERY: ›Industrial Democracy in Norway‹. *Industrial Relations*, 1970, 9, 187—196.

TIETZE, B.: ›Humanisierung der Arbeitswelt: Theoretisches Programm und politische Praxis‹. *Arbeit und Leistung*, 1974, 28, 309—315.

TILGHER, A.: *Work: What it has meant to men through the ages*. New York: Harcourt, Brace 1930.

TILGHER, A.: ›Work trough the ages‹. In: NOSOW, S. & W. H. FORM (Eds.): *Man, work, and society*. New York: Basic Books 1962.

TOURAINE, A.: *L' évolution du travail ouvrièr aux usines Renault*. Paris: Centre National de la Recherche Scientifique 1955.

TRIEBE, J. K.: ›Eignung und Ausbildung: Vorüberlegungen zu einem eignungsdiagnostischen Konzept‹. *Schweizerische Zeitschrift für Psychologie*, 1975, 34, 50—67.

TRIST, E. L., G. W. HIGGIN, H. MURRAY & A. B. POLLOCK: *Organizational Choice*. London: Tavistock Publications 1963.

TURNER, A. N. & P. R. LAWRENCE: *Industrial Jobs and the Worker*. Boston: Harvard University Pr. 1965.

UDRIS, I.: *Beanspruchungsaspekte der Arbeitsorganisation im Dienstleistungssektor*. Referat auf der 17. Arbeitstagung der Sektion Arbeits- und Betriebspsychologie im BDP. Kiel 1975.

ULICH, E. ›Arbeitswechsel und Aufgabenerweiterung‹. *REFA-Nachrichten*, 1972, 25, 265—275.

ULICH, E.: ›Neue Formen der Arbeitsstrukturierung‹. *Fortschrittliche Betriebsführung*, 1974, 23, 187—196.

ULICH, E., P. GROSKURTH & A. BRUGGEMANN: *Neue Formen der Arbeitsgestaltung. Möglichkeiten und Probleme einer Verbesserung der Qualität des Arbeitslebens*. Frankfurt/M.: Europ. Vlgsanst. 1973.

ULICH, E., P. GROSKURTH & H. ULICH: *Über einige Zusammenhänge zwischen Arbeitsgestaltung und Freizeit*. Gutachten für das Bayerische Staatsministerium für Arbeit und Sozialordnung. Zürich 1974.

VAHRENKAMP, R.: ›Entwicklungsmöglichkeiten der Technologie als Produktionsverhältnis‹. In: VAHRENKAMP, R. (Hrsg.): *Technologie und Kapital*. Frankfurt/M.: Suhrkamp 1973.

VILMAR, F. (Hrsg.): *Menschenwürde im Betrieb*. Reinbek: Rowohlt (rororo 1604) 1973a.

VILMAR, F. (Hrsg.): *Strategien der Demokratisierung. Bd. I: Theorie der Praxis*. Darmstadt/Neuwied: Luchterhand 1973 b.

VILMAR, F.: *Strategien der Demokratisierung. Bd. II: Modelle und Kämpfe der Praxis*. Darmstadt/Neuwied: Luchterhand 1973 c.

VOLPERT, W.: *Handlungsstrukturanalyse als Beitrag zur Qualifikationsforschung*. Köln: Pahl-Rugenstein 1974 a.

VOLPERT, W.: ›Handlungskompetenz und Sozialisation‹. In: GÜLDENPFENNIG, S,, W. VOLPERT & P. WEINBERG (Hrsg.): *Sensumotorisches Lernen und Sport als Reproduktion der Arbeitskraft*. Köln: Pahl-Rugenstein 1974 b.

WALL, T. D.: ›Overall job satisfaction in relation to »social desirability«, age, length of employment, and social class‹. *British Journal of Social & Clinical Psychology*, 1972, 11, 72—81.

WALTON, R. E.: *Work Place Alienation and the Need for Major Innovation.* May 1972 (Unveröffentlichtes Manuskript).

WEIDIG, R.: *Sozialistische Gemeinschaftsarbeit.* Berlin (DDR): Dietz 1969.

WEISS, R. S. & D. RIESMAN: ›Some issues in the future of leisure‹. *Social Problems,* 1961, 9, 78—86.

WILENSKY, H. L.: ›Work, careers, and social integration‹. *International Social Science Journal,* 1960, 12, 543—560.

WILENSKY, H. L.: ›Labor and leisure: Intellectual traditions‹. *Industrial Relations,* 1962, 1, 1—12.

WOODWARD, J.: ›Industrial behaviour — is there a science?‹ *New Society,* 1964, 8.

WULFF, E.: ›Grundfragen transkultureller Psychiatrie‹. *Das Argument,* 1969, 50, 223—260.

WYLIE, R. C.: ›The Present Status of Self Theory‹. In: BORGATTA, E. F. & W. W. LAMBERT (Eds.): *Handbook of Personality Theory and Research.* Chicago: Rand McNally 1968.

ZUPANOV, J.: ›Two patterns of conflict management in industry‹. *Industrial Relations,* 1973, 12, 213—223.

Register

Werkkreis
Literatur der Arbeitswelt

Helmut Creutz
Gehen oder kaputtgehen
Betriebstagebuch
Band 1367

Liebe Kollegin
Texte zur Emanzipation
der Frau in
der Bundesrepublik
Band 1379

Stories für uns
Band 1393

Schichtarbeit
Schicht- und
Nachtarbeiter-Report
Band 1413

Herbert Somplatzki
Muskelschrott
Roman
Band 1429

**Der rote Großvater
erzählt**
Berichte und Erzählungen
von Veteranen der
Arbeiterbewegung aus der
Zeit von 1914 bis 1945
Band 1445

**Geht dir da nicht
ein Auge auf**
Gedichte. Band 1478

Josef Ippers
Am Kanthaken
Roman. Band 1489

Heiner Dorroch
Wer die Gewalt sät
Reportagen. Band 1510

**Mit 15 hat man noch
Träume . . .**
Arbeiterjugend
in der BRD. Band 1535

**Dieser Betrieb wird
bestreikt**
Berichte über die Arbeitskämpfe in der BRD
Band 1561

Ich stehe meine Frau
Roman. Band 1617 (Juli)

Zwischen den Stühlen
Über die Schwierigkeit,
nicht ganz unten, aber
auch nicht oben zu sein
Band 1642 (Oktober)

FISCHER
TASCHENBÜCHER